谨以此书献给

我国钎焊超硬磨料工具技术的奠基人

徐鸿钧 教授

我国古代数学工具算术的奠基人

余叔通 参撰

刘九生 补充

"十二五"国家重点图书出版规划项目
21世纪先进制造技术丛书

钎焊超硬磨料砂轮高效磨削理论与技术

傅玉灿 徐九华 丁文锋 苏宏华 陈燕 杨长勇 著

科学出版社
北京

内 容 简 介

本书系统总结了南京航空航天大学在钎焊超硬磨料砂轮高效磨削基础理论和实际应用中的研究成果。全书共 7 章，除第 1 章绪论外，其余部分主要包括高效磨削机理与工具(第 2~4 章)和难加工材料高效磨削工艺技术(第 5~7 章)两部分内容。在高效磨削机理与工具部分，重点论述了高效磨削过程材料成屑去除机理、基于磨粒切厚控制的砂轮地貌优化、金刚石与 CBN 超硬磨料钎焊机理与损伤控制技术、高效磨削弧区热作用机理与强化冷却技术。在难加工材料高效磨削工艺技术部分，分别针对高强韧性钛合金与高温合金、高硬脆性陶瓷与石材以及树脂基复合材料三类难加工材料，重点讨论了高效磨削工艺技术应用中涉及磨削加工性与表面完整性评价、磨削工艺优化、磨削工具研制与修整技术等。

本书可作为高等院校从事磨削加工技术教学人员和机械制造专业本科生与研究生的参考书，也可作为从事高效磨削加工技术领域研究的科研人员的参考书，并可为从事高效磨削技术领域应用开发的工程技术人员提供指导。

图书在版编目(CIP)数据

钎焊超硬磨料砂轮高效磨削理论与技术/傅玉灿等著. —北京：科学出版社，2016

("十二五"国家重点图书出版规划项目：21 世纪先进制造技术丛书)

ISBN 978-7-03-048325-6

Ⅰ.①钎… Ⅱ.①傅… Ⅲ.①钎焊—超硬磨料—砂轮—磨削 Ⅳ.①TG580.1

中国版本图书馆 CIP 数据核字(2016) 第 109631 号

责任编辑：惠 雪 / 责任校对：郭瑞芝
责任印制：吴兆东 / 封面设计：许 瑞

科学出版社 出版
北京东黄城根北街 16 号
邮政编码：100717
http://www.sciencep.com

北京中科印刷有限公司印刷
科学出版社发行 各地新华书店经销

*

2016 年 8 月第 一 版　　开本：720×1000 1/16
2025 年 1 月第二次印刷　印张：24 1/4
字数：489 000
定价：149.00 元
(如有印装质量问题，我社负责调换)

《21世纪先进制造技术丛书》编委会

主　编：熊有伦（华中科技大学）

编　委：（按姓氏笔画排序）

丁　汉（上海交通大学/华中科技大学）　　张宪民（华南理工大学）
王　煜（香港中文大学）　　周仲荣（西南交通大学）
王田苗（北京航空航天大学）　　赵淳生（南京航空航天大学）
王立鼎（大连理工大学）　　查建中（北京交通大学）
王国彪（国家自然科学基金委员会）　　柳百成（清华大学）
王越超（中科院沈阳自动化所）　　钟志华（湖南大学）
冯　刚（香港城市大学）　　顾佩华（汕头大学）
冯培恩（浙江大学）　　徐滨士（解放军装甲兵工程学院）
任露泉（吉林大学）　　黄　田（天津大学）
刘洪海（朴次茅斯大学）　　黄　真（燕山大学）
江平宇（西安交通大学）　　黄　强（北京理工大学）
孙立宁（哈尔滨工业大学）　　管晓宏（西安交通大学）
李泽湘（香港科技大学）　　雒建斌（清华大学）
李涤尘（西安交通大学）　　谭　民（中科院自动化研究所）
李涵雄（香港城市大学/中南大学）　　谭建荣（浙江大学）
宋玉泉（吉林大学）　　熊蔡华（华中科技大学）
张玉茹（北京航空航天大学）　　翟婉明（西南交通大学）

《21 世纪先进制造技术丛书》序

21世纪，先进制造技术呈现出精微化、数字化、信息化、智能化和网络化的显著特点，同时也代表了技术科学综合交叉融合的发展趋势。高技术领域如光电子、纳电子、机器视觉、控制理论、生物医学、航空航天等学科的发展，为先进制造技术提供了更多更好的新理论、新方法和新技术，出现了微纳制造、生物制造和电子制造等先进制造新领域。随着制造学科与信息科学、生命科学、材料科学、管理科学、纳米科技的交叉融合，产生了仿生机械学、纳米摩擦学、制造信息学、制造管理学等新兴交叉科学。21世纪地球资源和环境面临空前的严峻挑战，要求制造技术比以往任何时候都更重视环境保护、节能减排、循环制造和可持续发展，激发了产品的安全性和绿色度、产品的可拆卸性和再利用、机电装备的再制造等基础研究的开展。

《21世纪先进制造技术丛书》旨在展示先进制造领域的最新研究成果，促进多学科多领域的交叉融合，推动国际间的学术交流与合作，提升制造学科的学术水平。我们相信，有广大先进制造领域的专家、学者的积极参与和大力支持，以及编委们的共同努力，本丛书将为发展制造科学，推广先进制造技术，增强企业创新能力做出应有的贡献。

先进机器人和先进制造技术一样是多学科交叉融合的产物，在制造业中的应用范围很广，从喷漆、焊接到装配、抛光和修理，成为重要的先进制造装备。机器人操作是将机器人本体及其作业任务整合为一体的学科，已成为智能机器人和智能制造研究的焦点之一，并在机械装配、多指抓取、协调操作和工件夹持等方面取得显著进展，因此，本系列丛书也包含先进机器人的有关著作。

最后，我们衷心地感谢所有关心本丛书并为丛书出版尽力的专家们，感谢科学出版社及有关学术机构的大力支持和资助，感谢广大读者对丛书的厚爱。

熊有伦

华中科技大学

2008 年 4 月

序

  高效磨削技术在保证零件加工精度和加工表面质量的前提下可以大幅度提高加工效率，是一项应用前景广阔的加工技术，尤其在难加工材料的高效加工领域具有很大的发展潜力。

  钎焊超硬磨料砂轮是一种新型的超硬磨料砂轮。它借助高温钎焊时在磨料、钎料和基体界面上发生的冶金键合作用，可以从根本上改善钎料合金对超硬磨料和工具基体的把持强度；同时可以实现砂轮表面磨料的相对有序合理排布，有效控制磨粒切厚，提高砂轮的动、静态锋利度，增大容屑空间，降低磨削比能，能够适应难加工材料高效磨削工艺的要求。该书阐述了钎焊超硬磨料砂轮高效磨削的基础理论、关键技术和发展及其应用，特别是在超硬磨料钎焊技术基础、磨削弧区热作用机理和典型难加工材料的高效磨削工艺等方面进行详细阐述。

  徐鸿钧教授是我国磨削加工领域的著名学者，是钎焊超硬磨料砂轮高效磨削技术的开创者。他的研究团队在高效磨削加工理论与技术研究方面具有较高的学术造诣。该书是在总结徐鸿钧教授及其团队主要研究成果的基础上撰写而成的，内容翔实、文笔流畅，具有严谨的科学学风、新颖的研究前沿动态和完整的学术体系。全书较全面地反映了钎焊超硬磨料砂轮高效磨削理论与技术的最新进展，深入浅出，层次分明，并有典型的应用实例，有很好的可读性和借鉴性。

  该书对于磨削加工技术和应用的研究人员具有很好的参考价值。该书的首次出版将大大推动我国磨削加工技术的发展和应用，将为世界磨削加工技术的发展和应用做出重要贡献！因此，我向广大读者推荐此书。

中国科学院院士
2016 年 4 月 12 日

前　言

当前，随着诸如钛合金、镍基高温合金、金属间化合物、高温结构与功能陶瓷、金属基/陶瓷基/树脂基复合材料等一大批具有优异使用性能但却又特别难加工的新型材料的不断推出，世界加工制造业正承受着巨大的压力，也面临着究竟还能否为这些材料提供高效精密加工技术支持的严峻挑战。确实，其中的某些材料已是现有的工具，包括超硬材料工具都无法"啃动"的超级难加工材料。总体而言，发达国家在关于材料加工（包括工具、机床、工艺）技术的基础水平上一直占有比较明显的领先优势。我国作为制造大国，虽然拥有的生产企业已经覆盖到了包括航空航天、能源动力、高档机床、高速列车等几乎所有的装备行业，但相对于工业发达国家，在加工制造业方面并无特殊优势，并非制造强国。

高效磨削依靠砂轮工作面上众多磨粒的微切削可实现材料的高效去除，也就是说用单一的超硬切削刀具无法完成的任务可由众多磨粒的分解协同完成。特别是以缓进深切磨削、高速超高速磨削、高效深切磨削为代表的高效磨削技术改变了"粗切精磨"的传统分工模式，它在获得零件要求加工精度的同时所能提供的去余量能力在很多情况下远远超过了切削加工，甚至可使材料磨削加工性从根本上发生难易逆转。

近年来，虽然高效磨削技术在理论研究和应用推广方面令人鼓舞，但在充分肯定成绩的同时，仍应清醒地看到，到目前为止国内外为发展高效磨削所做的工作事实上仍存在很大的局限性，尤其是在难加工材料高效磨削的推广应用中还存在许多问题，特别是磨削热的产生问题和磨削弧区的换热问题。

进一步开发高效磨削的潜力实质就是解决在保证加工精度和加工表面完整性的前提下大幅度提高材料极限去除率的问题。解决这个问题不外乎两种基本方法：①尽可能提高砂轮的锋利度，大幅度降低磨削比能以减少产生的磨削热；②尽可能强化弧区换热以最大限度地疏导已经产生的积聚在弧区的磨削热。据此，本书提出综合了尽最大可能降低磨削比能和最大限度地强化弧区换热的高效磨削理论与技术，将可开拓高效磨削领域的一个极富活力的主要研究方向，并可能将国内外现有高效磨削工艺完善和提高到一个新的水平。

本书是对南京航空航天大学徐鸿钧教授及其四十余名研究生二十年研究成果的总结，详见书末所列文献[1-86]；其他同行的相关研究成果也已在参考文献[87-200]中引用。由于篇幅有限，有些学者和单位未能一一列举，特此说明。谨向所有相关的学者和单位致以诚挚的感谢！

傅玉灿、徐九华编写了第 1 章和第 4 章，丁文锋、杨长勇编写了第 2 章和第 5 章，苏宏华编写了第 6 章，陈燕编写了第 3 章和第 7 章，杨长勇还对全书的文字和图表进行了校对与修正。同时，在本书的编写过程中，博士研究生陈玉荣、戴晨伟、苗情、李征、仇博、朱烨均、戴剑博等做了大量的图表处理工作，在此表示衷心的感谢。

由于著者水平有限，书中难免有错误与疏漏之处，敬请读者批评指正，不胜感激。

著 者

2015 年 10 月

目　　录

《21 世纪先进制造技术丛书》序
序
前言
第 1 章　绪论···1
　1.1　高效磨削发展概况··1
　1.2　高效磨削在推广应用中存在的主要问题··4
　1.3　关于进一步开发高效磨削潜力的研究构想··6
　1.4　本书的编著思路与主要内容···7
第 2 章　磨削成屑机理与磨粒切厚控制···9
　2.1　基于单颗磨粒磨削的成屑机理研究方法与平台···································9
　　　2.1.1　基于磨粒滑擦的传统磨削成屑机理研究方法·································9
　　　2.1.2　基于单颗磨粒磨削的成屑机理研究方法····································12
　　　2.1.3　单颗磨粒磨削成屑机理研究平台···15
　2.2　单颗磨粒磨削磨屑形成机理··18
　　　2.2.1　单颗磨粒磨削过程阶段划分···18
　　　2.2.2　临界成屑厚度的定量分析··23
　　　2.2.3　单颗磨粒磨削力···25
　2.3　单颗磨粒磨屑形貌··31
　　　2.3.1　磨屑形貌··31
　　　2.3.2　磨屑绝热剪切变形特征···34
　　　2.3.3　工件磨痕形貌及隆起特征··37
　2.4　基于切厚控制的超硬磨料砂轮地貌优化··40
　　　2.4.1　面向强韧材料高效磨削的超硬磨料砂轮地貌优化设计···················40
　　　2.4.2　面向硬脆材料高效磨削的超硬磨料砂轮地貌优化设计···················59
第 3 章　超硬磨料钎焊技术基础··67
　3.1　超硬磨料钎焊的热力学分析··67
　　　3.1.1　钎料选择··67
　　　3.1.2　超硬磨料与钎料界面反应热力学分析·······································70
　3.2　超硬磨料钎焊界面形成与控制···73
　　　3.2.1　钎焊金刚石磨粒界面形成与控制···73

3.2.2　钎焊立方氮化硼磨粒界面形成与控制 ……………………………… 94
3.3　超硬磨粒钎焊损伤表征与控制 ………………………………………………… 104
3.3.1　超硬磨粒钎焊损伤的表征 …………………………………………… 105
3.3.2　超硬磨粒钎焊损伤的控制 …………………………………………… 117

第 4 章　高效磨削弧区热作用机理与强化冷却技术 …………………………… 132
4.1　高压水射流冲击强化冷却技术 ………………………………………………… 134
4.1.1　关于高压水射流冲击强化换热的传热学基础试验 ………………… 135
4.1.2　弧区径向高压水射流冲击强化冷却效果的验证性磨削试验 ……… 143
4.2　低温喷雾射流冷却技术 ………………………………………………………… 148
4.2.1　低温喷雾射流冷却系统的研制与参数测定 ………………………… 148
4.2.2　低温喷雾射流冷却在钛合金磨削中的应用 ………………………… 152
4.3　基于热管技术的磨削弧区强化冷却技术 ……………………………………… 153
4.3.1　热管砂轮的结构及工作原理 ………………………………………… 154
4.3.2　热管砂轮的传热性能 ………………………………………………… 157
4.3.3　热管砂轮的磨削性能 ………………………………………………… 165

第 5 章　强韧难加工材料高效磨削技术 …………………………………………… 173
5.1　钛合金高效磨削 ………………………………………………………………… 173
5.1.1　钛合金及其磨削加工特点 …………………………………………… 173
5.1.2　钛合金缓进深切磨削 ………………………………………………… 174
5.1.3　钛合金高速磨削 ……………………………………………………… 185
5.1.4　钛合金干磨抛 ………………………………………………………… 194
5.1.5　钛合金榫头高效成型磨削加工 ……………………………………… 199
5.2　镍基高温合金高效磨削 ………………………………………………………… 210
5.2.1　镍基高温合金及其磨削加工特点 …………………………………… 210
5.2.2　镍基高温合金缓进深切磨削 ………………………………………… 211
5.2.3　镍基高温合金高速超高速磨削 ……………………………………… 218
5.2.4　镍基高温合金高效深切磨削 ………………………………………… 232
5.2.5　镍基高温合金典型型槽试件高效成型磨削 ………………………… 247
5.2.6　镍基高温合金叶片榫头高效成型磨削 ……………………………… 250

第 6 章　硬脆材料高效磨削技术 …………………………………………………… 254
6.1　粗磨粒金刚石砂轮高效精密磨削硬脆材料 …………………………………… 255
6.1.1　硬脆材料磨削去除机理 ……………………………………………… 255
6.1.2　单层钎焊金刚石砂轮修整技术 ……………………………………… 258
6.1.3　机械化学复合修整中的砂轮状态 …………………………………… 261
6.1.4　单层钎焊粗磨粒金刚石砂轮高速磨削陶瓷材料 …………………… 267

    6.1.5 单层钎焊粗磨粒金刚石砂轮超声辅助磨削 278
  6.2 多孔金属结合剂金刚石砂轮磨削氧化铝陶瓷 286
    6.2.1 多孔金属结合剂金刚石砂轮结构特点 287
    6.2.2 氧化铝陶瓷磨削 289
  6.3 有序排布多层钎焊金刚石锯片的石材锯切加工 296
    6.3.1 有序排布多层钎焊金刚石锯片结构特点 296
    6.3.2 花岗石锯切对比 297

第 7 章 碳纤维树脂基复合材料高效磨削技术 303
  7.1 CFRP 材料制孔加工 303
    7.1.1 钎焊金刚石套料钻研制 303
    7.1.2 钎焊金刚石套料钻的加工机理研究 313
    7.1.3 CFRP 材料加工缺陷的控制 323
    7.1.4 孔壁粗糙度的控制 332
  7.2 CFRP 材料铣磨加工 335
    7.2.1 磨削力 335
    7.2.2 CFRP 铣磨加工表面形貌及粗糙度 340
    7.2.3 CFRP 铣磨加工表层缺陷分析 344

参考文献 354
索引 367

第1章 绪　　论

1.1 高效磨削发展概况

本书是对南京航空航天大学高效精密加工技术研究所近二十年来有关钎焊超硬磨料砂轮高效磨削理论与技术研究成果的总结[1-86]。

有文献提到磨削加工的历史似乎可以追溯到远古的石器时代，因为根据出土的石器有理由推想人类的远祖就曾经利用砂石来修磨他们的石制器械。关于磨削最早的记载，一般认为来自公元前两千多年的古埃及，丰富的考古发现使很多人相信在古埃及时期就已经开始了对金属器械的修磨加工。不过应该说，直到19世纪在工业作坊中出现专用的磨床和人造磨料磨具以后，才开始有了今天意义上的磨削加工。现代磨削加工则是在更近期才被确立的。追溯这一段历史还可以发现，在20世纪50~60年代以前的漫长历程中，就从毛坯到零件的加工作业而言，磨削与切削一直有着明确的分工，切削通常承担着绝大部分的去余量工作，而磨削则一直扮演着赋予零件最终要求的尺寸形状精度、表面粗糙度和表面完整性的小余量精加工的角色。不过最近三四十年来，磨削与切削的这种传统的分工模式已经发生了很大改变。以磨削加工为例，它在获得零件要求的加工精度的同时，所能提供的去余量能力在很多情况下甚至远远超过了通常的切削加工，每小时去除余量的重量居然可以用吨来计算。磨削加工所发生的这种令人瞠目的变化就是在国外首先崛起的新一代高效磨削工艺所创造的奇迹。

一般而言，工艺的发展总是由科技和生产的需求驱动的，但具体到某一项新工艺的推出则往往又依赖于工艺从业研究人员杰出的创新构思。在近三四十年中先后涌现并已在生产中得到推广应用的以下几项高效磨削新工艺就是最好的例证[56,87-97]。

1) 高速磨削工艺

平面磨削时单颗磨粒的平均切厚公式

$$a_\mathrm{g} = \frac{1}{N_\mathrm{d} l_\mathrm{s}} \cdot \frac{v_\mathrm{w} a_\mathrm{p}}{v_\mathrm{s}} = \frac{1}{N_\mathrm{d} \sqrt{d_\mathrm{s}}} \cdot \frac{v_\mathrm{w} \sqrt{a_\mathrm{p}}}{v_\mathrm{s}} \tag{1.1}$$

其中，v_s，v_w 分别为砂轮线速度，工件速度；a_p，d_s 分别为砂轮切深，砂轮直径；l_s 为砂轮与工件接触弧长；N_d 为单位圆周长度上的动态有效磨粒数。

由上述公式容易分析得到，提高砂轮线速度 v_s，由于可以增加单位时间内参与切削的磨粒数而使单颗磨粒平均切厚减小,因而在保持单颗磨粒平均切厚不变的条件下就可以通过相应提高工件进给速度 v_w 来提高磨削的材料去除率 $v_w a_p$。不过,高速磨削可以提高效率的原因其实远不止于此,亦即我们还不能简单地从纯几何干涉运动的角度来理解高速磨削的工艺优势[98-101]。众所周知,高速磨削这一杰出的工艺构想源起德国的著名学者 C. Salomon 博士。他在 1931 年就曾经预言,材料的切磨削加工在高速超高速领域有可能会变得更加容易和轻松。尽管限于历史条件,这一预言在当时尚缺乏充分的试验支持,但众多有识之士一直对此寄予厚望。因此在 20 世纪 60 年代初期,当由美国军方资助的以接近 1000m/s 的模拟高速 (相当于加农炮弹的出口速度) 进行的一项有关高速超高速切磨削机理的基础试验研究终于确证了 Salomon 的预言时,关于高速磨削的实用化研究便迅即加快了步伐。随着诸如高频电主轴、陶瓷滚子轴承、磁悬浮轴承、快进给系统包括直线电机驱动的快进给系统以及可承受高速超高速的超硬磨料砂轮及其在线动平衡等配套技术的开发成功和不断完善,生产用高速磨床磨头的速度便步步登高,60 年代中后期还只在 60m/s 上下,80 年代就已达到 80~120m/s,90 年代又进一步提高到了 150~180m/s。实验室用磨床速度增长更快,已达到 500m/s,相当于步枪子弹的出口速度,有 700m/s 左右。高速磨削近期在国外的发展势头之所以如此强劲,客观上说明它在生产中推广应用后确已收到了极其显著的技术经济效果,而且预计进一步的开发和投入还可望取得更大的回报。

关于高速磨削机理的后续研究已经揭示,事实上它的突出工艺优势更主要是来源于高速下磨削力、磨削比能以及材料临界成屑厚度的下降特性,这三者的下降特性的综合既意味着高速下材料可磨削加工性的根本改善,也可以理解为是高速下砂轮动态锋利度的显著提高,其结果正如 Salomon 博士在早年所预言的一样,材料的磨削加工在高速超高速条件下确实可以变得更加容易和轻松。文献指出,在严格控制的恒压力磨削试验中,当砂轮线速度从 20m/s 提高到 90m/s,即 v_s 提高 4.5 倍时,材料去除率即可提高 11 倍之多,高速磨削的优势和效果由此可见一斑。

2) 缓进给磨削工艺

缓磨工艺在 20 世纪 60 年代初期诞生于当时的联邦德国。由于缓磨的用量条件与传统磨削几乎完全相悖,对于用砂轮磨削一次切深居然可以达到十几至二十毫米,人们在观念上确实一时很难接受,因而在它刚一被推出时曾经在磨削界引起过轩然大波,虽不乏赞赏的,但更多的是怀疑,上下一片哗然。随着时间的推移,人们才逐步意识到它的价值,才开始承认缓磨工艺的确是以杰出的创新工艺构想成功解决当时生产需求的最值得称道的一个典范。重新回味缓磨工艺从推出到完善的一段历史,对今天的工艺开发研究是有借鉴意义的。

20 世纪 60 年代初期,航空发动机上因为引入镍基高温合金材料而使得涡轮叶片榫头的榫槽加工遇到了困难,由于叶片榫槽属深沟槽,加工余量大,又是配合面,其型面精度和表面粗糙度要求都比较高,再加上新引入的镍基高温合金材料本身特别难加工,因而在事实已经证明硬质合金成形铣刀根本无法加工的情况下,开始考虑转向磨削谋求出路。不过尽管刚玉砂轮比硬质合金铣刀更适合加工高温合金材料,但磨削的传统小余量作业方式显然也不适合榫槽型面的大余量加工要求。为了提高磨削效率当然可以考虑走高速磨削的路子,但是在 60 年代初期,所谓高速磨的砂轮线速度也仅在 45m/s 上下,可供开发的潜力不大,这就是当时所面临的尴尬局面。正是在这种近乎走投无路的情况下,一种完全突破传统观念的解决问题的创新工艺构想被推到了前台。

其实,若从磨削的纯几何干涉运动角度考察,为了提高材料去除率,除了提高砂轮线速度以增加单位时间内参与切削的磨粒数以外,起码还存在着另外一种可供选择的方案,即采用大切深方案,大幅度增加砂轮工作面上同时参与切削的磨粒数。后一种方案尽管有悖于小余量磨削的传统观念,加之此前从未有人做过类似的设想,听来自然易被人们讥为异想天开,但从上面列出的单颗磨粒平均切厚的公式分析可以发现它倒是切实可行的,因为若选择砂轮切深使之提高 n 倍,则原则上只需将工件速度减小为原来的 $\frac{1}{\sqrt{n}}$,即可保持单颗磨粒的平均切厚不变,而这时材料去除率却提高到原来的 $\sqrt{n}$ 倍。这就是缓磨工艺的原始构想,亦即大切深的磨削方式尽管有悖于常规,但只要加上配套的缓进给措施,就可以在保持单颗磨粒切除负荷不变的条件下大幅度提高磨削效率。尤其值得称赞的是,大切深这种磨削方式正好可以满足当时深沟槽类型面零件的加工要求。当然,作为一项新工艺的推出,当时还考虑了一些相关的细节,譬如,虽然单颗磨粒平均切厚并不增加 (事实上缓磨推出当时并不完全着眼于提高材料去除率,关心的只是能否一次把榫槽型面合格地加工出来,所以单颗磨粒平均切厚实际取得比普通磨削小得多),但因单颗磨粒切削路径加长,切屑体积增加很多,因而当时的缓磨采用的是一种专门制作的大气孔砂轮,意在增加容屑空间,避免可能发生的切屑堵塞。另外由于材料本身特别难加工,加上切除量增加,为了避免烧伤发生,缓磨时还采用了大流量高压喷注磨削液的强冷却措施 (大气孔砂轮同时也有贮运更多的磨削液进入弧区的作用)[102-104]。

在 60 年代初期,成功推出的这一项大切深慢进给的创新磨削工艺虽然可以有条件解决当时镍基高温合金叶片榫槽的加工难题,但是由于一直无法有效地控制生产中常突发的磨削烧伤问题,因而还不能认为是一项成熟的工艺。在进一步完善此项缓磨新工艺的过程中,英国布里斯托大学的 C. Andrew 教授做出了极其重要的贡献,他通过基础研究所阐明的缓磨烧伤的发生机制以及作为控制烧伤的对策所提供的缓磨时砂轮的连续修整方案,为缓磨工艺最终能在生产中大面积推广应用奠定了基础。尤其是考虑到正是在经过完善的缓磨工艺的基础上,导引发展了一代新的高效深切磨削工艺,布里斯托大学 C. Andrew 教授领导的工艺实验室的工作的确是功不可没。

3) 高效深切磨削工艺

将高速磨与缓进给磨结合在一起是德国学者 P. G. Werner 在 1979 年提出的一项创意，由此构成的所谓高效深切磨削工艺是由于自然综合了高速磨与缓进给磨两项工艺的优势，因而发展势头最为强劲，作为一项被普遍看好的主流技术，40 年来，它的发展一直代表着国外高效磨削工艺发展的最高水平[105]。

4) 高效砂带磨削工艺

砂带磨削可被视作国外高效磨削工艺发展中的一个相对独立的特例，它同时也是至今唯一一项借磨料的相对有序合理排布，大幅度提高磨具的静态锋利度，实现高效磨削的成功范例。至今仍属专利的静电植砂技术由于可使有一定长径比的磨料一律锋刃向外以合理的间距直立排布在砂带的工作面上，从而就赋予砂带以超常的静态锋利度。以此种静电植砂带磨削钢材，其比能可被降低到接近切削比能的水平，材料去除率则高达 200mm³/(mm·s)。由于磨削比能低，热效应低，因此砂带磨常可在不加冷却液的条件下实现高效作业。

表 1.1 列出的是与普通往复磨对照的几种主要的高效磨削工艺 (未包括砂带磨削) 的用量选择范围和它们各自可以达到的材料去除率水平。

表 1.1 高效磨削用量及效率的对比

用量参数	磨削工艺			
	普通往复磨削	缓进深切磨削	高速磨削	高效深切磨削
磨削深度 a_p/mm	小，0.001～0.05	大，0.1～30	小，0.003～0.05	大，0.1～30
工件速度 v_w/(m/min)	高，1～30	低，0.05～0.5	高，1.0～10	高，0.5～10
砂轮圆周速度 v_s/(m/s)	低，20～60	低，20～60	高，80～200	高，80～200
材料去除率 Z/[mm³/(mm·s)]	低，0.1～10	低，0.1～10	中，<60	高，50～2000

从表 1.1 中高效深切磨削的材料去除率数据容易看出，它确实代表了当今高效磨削工艺发展的最高水平。但是应该强调的是，高效磨削今天已经达到的水平并不表示就是它能够达到的极限水平，由于在开发高效磨削的过程中从一开始就忽略了关于弧区热作用机理的基础研究，没有及时采取一些本来应该采取的对策措施，因而必然就会在很大程度上束缚高效磨削潜力的更充分的发挥。事实上，只要认识到这一点，并且不采取回避的态度，我们就容易从分析存在问题的症结中自然找到进一步开发高效磨削潜力的思路和对策。

1.2 高效磨削在推广应用中存在的主要问题

高效磨削技术实用化的成功以及已经达到的水平，无疑是令人鼓舞的。不过在充分肯定成绩的同时，仍应清醒地看到，到目前为止国内外为发展高效磨削所做的工作，事实上仍存在很大的局限性，在推广应用中也存在许多问题，这些问题突出表现在以下两个方面：

1) 磨削热的产生问题

高效磨削时砂轮线速度的提高，虽然可以增加砂轮的动态锋利度并可以收到诸如增加单位时间内参与切削的磨粒数、降低单颗磨粒临界切厚等效果，但无可否认，它同时也带来了空载功耗急剧增加（可达磨削有效功率的 4 倍以上）、磨削弧区高温、工件特别是难加工材料工件烧伤等一系列难于解决的问题。从根本上讲，为使高效磨削产生的磨削热最小就应该力求确保磨削比能最小，作者曾按单颗磨粒切厚核算过相关文献提供的若干高效磨削的应用实例数据，发现它们大多均深深地工作在由尺寸效应所决定的最高比能状态下，这无疑是非常不科学的。这说明现有高效磨削仅着眼于利用砂轮在高速下的动态锋利效应来降低比能是显然不够的，因为事实上除了速度因素以外，诸如砂轮的结构（开槽与否）、工作面地貌以及用量组合条件等都可以对磨削比能产生显著影响。因此，如何更为有效地控制和降低磨削比能以减少产生的磨削热，应该是进一步开发和完善现有高效磨削技术的关键问题。至于 Andrew 教授当时为推广应用缓进给磨削工艺而提出的砂轮连续修整方案，其着眼点仅在使砂轮能保持初始锋利状态，因此充其量只能称得上是一种在低水平上控制烧伤的权宜对策，并无进一步开发高效磨削潜力的功效。

2) 磨削弧区的换热问题

1975 年，Andrew 教授指导的博士生 G. R. Shafto 将缓磨情况与传热学中受热液流管内沸腾换热的情况相类比，首先解释了缓磨烧伤的发生机理。Shafto 博士认为，在磨削热流密度 q 接近但不超过临界热流密度 q_{lim}，磨削液处于泡核沸腾状态时，由于磨削液可以直接从工件表面吸收大量汽化潜热，不仅换热效率最高，而且工件表面温度也可稳定维持在磨削液发生成膜沸腾的临界温度 120~130°C 或以下。但磨削热流密度是随着砂轮钝化增长的，这种情况在磨削镍基高温合金、钛合金等难加工材料时尤为严重，因而上述理想换热状态是无法稳定维持的，磨削热流密度一旦增长到超过临界热流密度 q_{lim}，弧区磨削液发生成膜沸腾后，磨削液就会因汽膜层阻挡而无法再与工件表面接触，于是原本可由磨削液汽化带走的磨削热便会被迫改道进入工件，从而导致工件表层急剧温升并很快发生烧伤。

国内外关于磨削烧伤机理的研究虽然揭示了磨削弧区发生成膜是导致磨削烧伤的原因，但从未有人考虑过如何突破成膜沸腾这一障碍，使在更高的热流密度下仍能获得最佳的换热效果。事实上，这个问题不仅可以解决，而且潜力巨大。应该承认，弧区换热技术在多年时间里未见有质的改进和提高，其根源就在于未能摆脱学科界限的束缚。

针对磨削烧伤问题，虽然人们曾构想了包括常规供液、高压喷注顺流供液、有气流挡板辅助供液以及利用砂轮气孔的内外渗漏供液等各种将磨削液引入弧区的方法，但却都是将磨削时弧区的热疏导工作简单地理解为只需将足量磨削液引入弧区便可确保换热效果。然而，从传热学角度考虑，这其实是一种误解。这种误解是由于磨削界对磨削液成膜沸腾存在一种十分保守和错误的认识，即认为临界热流密度是仅由磨削液本身性质决定，因而发生在弧区的成膜沸腾是一种只能认识但无法人为干预的客观物理现象。正因此，磨削界至今仍在按照既定的磨削液临界热流密度值来界定可以正常工作的磨削热流密度极限。很明显，正是磨削界在认识上的这一误区极大地限制了高效磨削工艺潜力的进一步开发。因此，纵观已有的弧区冷却工作，基本上只做到了将磨削液引入到弧区使其能参与弧区的换热过程为止，而不能确保引入弧区的磨削液产生满意的换热效果，更无法进行有效的强化换热以获得最佳的换热效果，这就大大地限制了高效磨削时材料去除率的进一步提高。

1.3 关于进一步开发高效磨削潜力的研究构想

进一步开发高效磨削的潜力概括起来就是如何大幅度提高不发生烧伤的材料极限去除率的问题。解决这个问题总不外乎以下两种基本方法：

1) 尽可能提高砂轮的锋利度、大幅度降低磨削比能以减少产生的磨削热

要尽可能提高砂轮的锋利度、大幅度降低磨削比能以减少产生的磨削热，就要求砂轮的工作面具有理想的锋利地貌。因此，我们提出砂轮表面磨料相对有序合理排布实现磨粒切厚可控的新概念，因为磨料的相对有序排布可提高砂轮的动静态锋利度，增大容屑空间，降低磨削比能，使设计制造的砂轮更能够适应高效磨削工艺的要求。同时，进一步深入研究按照不同加工要求和磨削用量组合条件，以比能最小为目标优化砂轮的结构地貌并按优化的结构地貌排布磨料制作高锋利度砂轮的方法和技术，它将更为有效地控制和降低磨削比能以进一步开发和完善现有的高效磨削技术。

2) 尽可能强化弧区换热以最大限度地疏导已经产生的积聚在弧区的磨削热

在砂轮与用量组合条件已定，磨削比能不可能再有大的改善的情况下，弧区换热效率便是决定材料去除率的第一要素，因此，弧区强化传热技术上的任何突破都足以改变高效磨削工艺的现状，使材料去除率跃登上更高的台阶。为了实现弧区的强化换热，我们认为可以借鉴热工领域强化传热的思想，突破成膜沸腾的障碍，使换热系数大幅度地提高，在远高于临界值的磨削热流密度下仍可最大限度地稳定发挥泡核沸腾的换热优势，获得满意的换热效果。将弧区换热提高到一个全新的水平上，便可有效地避免和抑制烧伤。

综上所述，我们提出的综合了尽最大可能降低磨削比能和最大限度地强化弧区换热两项技术的高效磨削新构想，预计可开拓高效磨削领域一个极富活力的主要研究方向，并可能将国内外现有高效磨削工艺完善并提高到一个新的水平。另

1.4 本书的编著思路与主要内容

外,它还可以进一步拓宽高效磨削的应用面,有效地解决目前因弧区高温尚无法解决的难加工材料的高效磨削问题,其技术经济意义十分重大。

按照上述提出的综合了尽最大可能降低磨削比能和最大限度地强化弧区换热两项技术的高效磨削新构想,本书依据基础理论探索—关键技术突破—工程实践应用的思路,着重阐述南京航空航天大学近二十年来在高效磨削理论与技术研究中取得的一些重要成果。

在基础理论探索方面,主要涉及高效磨削过程中材料成屑去除机理、金刚石与立方氮化硼(CBN)超硬磨料钎焊连接机理、高效磨削弧区强化换热机理等;在关键技术方面,主要包括基于单颗磨粒磨削的材料成屑实现方法、超硬磨料钎焊热损伤控制技术、磨削弧区强化换热技术、高速超高速磨削砂轮研制技术、超硬磨料砂轮修整技术等;在工程实践应用方面,重点论述在航空航天重要结构零件高效磨削技术领域的代表性应用研究成果,主要包括镍基高温合金与钛合金叶片榫头高效磨削工艺优化、硬脆陶瓷材料及零件高效磨削工艺优化、树脂基复合材料以磨代切工艺技术及应用等。

简而言之,除第1章绪论外,本书其余各章的主要内容包括:

第2章,磨削成屑机理与磨粒切厚控制。针对以往磨削成屑机理研究方法的不足,设计单颗磨粒磨削试验装置与方法,研究高效磨削过程中单颗磨粒磨削沟槽隆起高度、临界成屑厚度以及单颗磨粒磨削力等,揭示高效磨削成屑机制。在此基础上,以磨削比能最小为目标函数,磨削弧区热流密度、表面粗糙度、容屑空间、磨粒弯曲强度为约束函数,优化设计砂轮地貌并按优化结果排布磨料制作砂轮,确保单颗磨粒切厚在优化范围内,为实现高效磨削奠定基础。

第3章,超硬磨料钎焊技术基础。围绕金刚石与立方氮化硼两类超硬磨料的钎焊关键技术,进行超硬磨料的钎焊热力学分析,重点研究了超硬磨料钎焊界面微结构的形成,从钎料种类、钎焊温度、保温时间与活性元素等方面对超硬磨料钎焊界面产物进行控制;并分析超硬磨料钎焊热损伤特征,从钎焊温度、化学侵蚀与残余应力等方面对超硬磨料钎焊热损伤进行控制,为钎焊超硬磨料工具的应用奠定基础。

第4章,高效磨削弧区热作用机理与强化冷却技术。在深入研究高效磨削时弧区热作用机理的基础上,将热工领域有关强化传热的思想引入磨削加工中,并提出利用高压水射流冲击、低温气动喷雾射流、旋转热管砂轮强化弧区换热的构想。为考查这些构想可能提供的极限换热能力,搭建传热性能试验平台,开展强化换热的传热学基础试验研究,并通过高效磨削试验最终确证强化冷却效果。磨削弧区换热技术可开拓出高效磨削的一个极富潜力的重要研究方向,继续完善此项研究必将对高效磨削特别是难加工材料的高效磨削工艺的未来发展产生重大影响。

第 5 章,强韧难加工材料高效磨削技术。以钛合金和镍基高温合金为强韧性难加工材料的代表,重点研究钎焊 CBN 砂轮在高效磨削强韧材料过程中磨削力、磨削温度、加工表面完整性与砂轮磨损,对强韧材料在不同高效磨削工艺条件下 (如缓进给磨削、高速磨削、高效深切磨削、砂带磨削) 的磨削加工性进行全面评价,阐明磨削工艺与磨削质量之间的匹配性,并阐述高效磨削在叶片榫头加工方面的应用成果。

第 6 章,硬脆材料高效磨削技术。围绕粗磨粒单层钎焊金刚石砂轮、多孔金属结合剂金刚石砂轮以及有序排布钎焊金刚石锯片三类典型金刚石磨料工具在硬脆材料高效精密磨削中的应用,研究硬脆材料磨削去除机理,并就砂轮修整技术、磨削用量参数等关键工艺条件对硬脆材料磨削加工的影响以及砂轮地貌与磨粒形态在磨削过程中的演变进行讨论。

第 7 章,碳纤维树脂基复合材料高效磨削技术。以碳纤维增强树脂基复合材料 (CFRP) 为复合材料的典型代表,重点研究钎焊金刚石套料钻在 CFRP 钻削过程中的钻削力、钻削温度与切屑形成机理,阐明钎焊金刚石套料钻对 CFRP 加工缺陷的控制机理;并阐述钎焊有序排布金刚石铣磨刀具加工 CFRP 过程中,工件倾角、加工参数、铺层结构及表层纤维方向对磨削力、加工表面形貌、加工缺陷形式变化规律及产生机制的影响规律。

第 2 章 磨削成屑机理与磨粒切厚控制

高效磨削过程中,工件材料在极短的时间内,以极高应变率微切削成屑去除[106]。这一极高应变率条件下的材料变形行为与不同磨削速度条件下材料的变形行为存在一定差异,因此,系统研究磨削速度的提高对单颗磨粒接触区工件材料的变形和成屑机制的影响具有重要意义。同时,超硬磨料砂轮的磨削性能不仅取决于砂轮静态的结构特征,如磨料种类、粒度、结合剂材料、砂轮硬度和砂轮组织等,且更多取决于砂轮地貌特征。砂轮地貌特性是指砂轮表面上磨料的分布状态,又称动态特征,如磨料的三维分布及其等高性、动态有效磨粒数、容屑空间等[107-121]。传统树脂、电镀、陶瓷结合剂金刚石或 CBN 砂轮磨粒的相对无序排布,无法预知砂轮地貌参数而控制磨削过程。如果能够按照不同加工要求(材料去除率、表面粗糙度与完整性)和用量组合条件,优化设计砂轮地貌并按优化结果排布磨料制作砂轮,则可取得更好的磨削效果。

有鉴于此,本章设计了单颗磨粒磨削试验装置与方法,实现了单颗磨粒磨削沟槽隆起高度和临界成屑厚度以及单颗磨粒磨削力的研究,揭示高效磨削成屑机制。在此基础上,以磨削比能最小为目标函数,磨削弧区热流密度、表面粗糙度、容屑空间、磨粒弯曲强度为约束函数,优化设计砂轮地貌并按优化结果排布磨料制作砂轮,确保单颗磨粒切厚在优化范围内,为实现高效磨削奠定基础。

2.1 基于单颗磨粒磨削的成屑机理研究方法与平台

2.1.1 基于磨粒滑擦的传统磨削成屑机理研究方法

磨削过程的材料成屑去除机理研究通常采用磨粒滑擦方法。单颗磨粒滑擦过程与正交切削类似,唯一不同的是负前角的存在,但与车削、铣削等加工方法不同的是,磨削过程中材料的去除主要是由离散分布于砂轮表面磨粒与工件材料按一定几何运动关系相互干涉并形成切屑而完成的,且磨屑的尺寸要小很多。如图 2.1 所示,由砂轮上任一单颗磨粒与工件相互干涉的运动学可知,单颗磨屑截面积均沿弧长方向由大到小变化,呈楔形,这表明砂轮上任一磨粒与工件干涉形成的单颗磨粒切厚逐渐增加,厚度的变化导致了单颗磨粒与被加工工件材料相互作用机理发生了转变。据此,将磨削成屑过程分为三个阶段:滑擦、耕犁和成屑[55,67]。

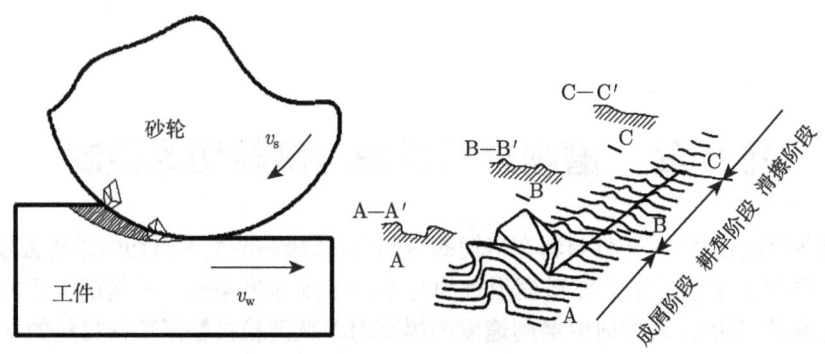

图 2.1 单颗磨粒的磨削过程

1) 滑擦阶段

该阶段磨粒切刃与工件相接触伊始，由于磨粒切入厚度为零，工件只发生弹性变形，随着切入深度的增加，磨刃切过工件表面，材料进一步发生变形，法向磨削力与切向的摩擦力逐渐稳步上升，材料被挤压在磨粒底部，磨刃切过后，干涉区域材料弹性回复，因此，该阶段磨刃不起切削作用，只在工件表面滑擦。

2) 耕犁阶段

磨粒切入深度的进一步增加，导致工件材料受到的法向力与切向力进一步增大，直至超过材料的屈服强度，同时磨粒与工件之间的摩擦加剧，磨削热也逐渐上升，材料因此发生塑性变形，随着磨粒的挤入，材料受到法向力的作用向磨粒前进方向与两侧流动并堆积，导致隆起的形成，因此被称为耕犁阶段，该阶段由于材料只发生塑性变形，且塑性变形后的材料以堆积方式为主，故并不形成切屑。

3) 成屑阶段

第三阶段为成屑阶段，由于磨粒切入深度的增加，更多的材料被推挤，因此，并不是所有材料都流向磨粒两侧，其绝大部分将在磨粒前端堆积并受到磨粒切刃的进一步切削作用，从而形成切屑。由此可见，存在一个临界成屑厚度，即当磨粒的切削厚度小于临界成屑厚度 a_{lim}，磨粒只在工件表面滑擦，不形成切屑。临界成屑厚度 a_{lim} 是能够产生切削作用最小切入量，与磨削速度、工件材料及磨刃状况等有关，而与磨料种类无关。

临界成屑厚度 a_{lim} 与磨粒尖端圆弧半径 ρ_g 及表征材料成屑能力的 k 值之间的关系如下式：

$$k = \frac{a_{\text{lim}}}{\rho_g} \tag{2.1}$$

由此可见，材料韧性越大，a_{lim} 越大，切削不同材料成屑能力 k 值越大，见表 2.1。磨削速度 v_s 增加，临界成屑厚度减小，也就是说，即便磨粒尖端圆弧半径值较大的钝磨粒也能在高速下生成切屑，也就意味着高速磨削提高了砂轮的动态锋利度。

2.1 基于单颗磨粒磨削的成屑机理研究方法与平台

表 2.1 几种材料的相关参数

工件材料	$\rho_g/\mu m$	$a_{\lim}/\mu m$	k
淬硬的碳钢 (0.4%C)	6	1.5	0.25
青铜	6	2	0.30
铸铁	6	3	0.5
硅铝合金	6	5	0.83
铜	6	5	0.83
黄铜	6	7	1.17

以研究实际磨削中砂轮上单颗磨粒磨削过程为目的,建立符合实际磨削的单颗磨粒磨削试验具有重要的现实意义。如图 2.2 所示,到目前为止,常见的单颗磨粒滑擦试验根据磨粒与工件之间运动干涉轨迹所形成的单颗磨屑纵截面形状可分为 3 种:等切厚滑擦、梭形切屑滑擦以及三角形切屑滑擦。

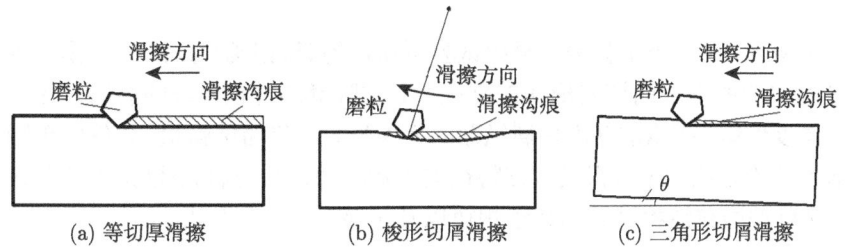

图 2.2 单颗磨粒滑擦试验运动几何示意图

(1) 等切厚滑擦。所谓等切厚就是切屑的几何计算厚度为定值,且等于磨粒切入工件的深度,即切深。常见的等切厚滑擦为正交切削方式,即磨粒以确定的进给速度及深度,划过工件表面,以正交切削方式去除材料,从而形成等厚度的切屑。最早进行单颗磨粒磨削试验的 Y. Ohbuchi 就是采用该方式。车削式滑擦是最常用的,将被加工材料做成圆盘状,安装于磨床或车床旋转轴上,底部的单颗磨粒或单晶金刚石车刀固定于底座上,以车削方式完成单颗滑擦成屑,因此形成的切屑是等厚度的;另一种是以研磨盘方式进行的单颗磨粒试验,根据几何干涉关系可知,该方式生成的磨屑也是等厚度的。

(2) 梭形切屑单颗磨粒滑擦。顾名思义,就是单颗切屑截面形状如梭子,两头尖中间厚。该方式是目前单颗滑擦的主流方式。如图 2.3 所示,以该方式进行单颗磨粒滑擦试验的是法国学者 Matthie,他将车刀固定在圆盘上形成 $-45°$ 的前角,以此对 AISI 4142 钢代替单颗磨粒进行滑擦试验,工件表面形成的梭子形状的沟槽;另一种常用的梭形单颗磨粒滑擦试验为钟摆式,单颗磨粒以钟摆轨迹运动,因此形成两头尖的磨削沟槽,同时也形成了如梭子状的单颗磨粒滑擦切屑。

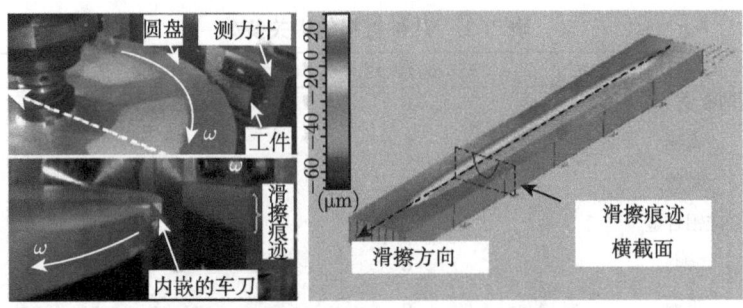

图 2.3 梭形切屑的单颗磨粒滑擦试验

(3) 三角形切屑单颗磨粒滑擦。此类滑擦为了获得截面形状为三角形的切屑和深度缓慢变化的磨削沟痕，所采取的方法就是在被滑擦工件底部放置一垫片使其滑擦表面倾斜并与水平方向呈一微小角度。该类方法虽然能获得不同厚度的切屑，但滑擦的倾斜角度取决于垫片的高度且为定制，即磨屑厚度变化快慢程度不易控制。

综上所述，这三类单颗磨粒滑擦试验所获得的磨屑形状均与图 2.1 所示的实际磨削过程中的所生成的切屑形状差别很大，实际磨削过程生成的磨屑首先为非等厚的且厚度值缓慢变化，其次切屑纵截面为楔形且边缘为圆弧状，传统的单颗磨粒高速磨削试验方法均未获得具有该特征的单颗滑擦试验磨屑。因此，本节从运动学考虑，对单颗磨粒滑擦试验的运动规律以及试验方法进行分析。

2.1.2 基于单颗磨粒磨削的成屑机理研究方法

单颗磨粒磨削实现方法主要可分为单步法与两步法[24]。

1) 单步法

如前所述，单颗磨粒磨削试验具有两点基本要求：其一，要保证单颗切屑与砂轮磨削切屑形状特征 (薄且呈楔形) 相同；其二，要能够保留磨削过程，便于观察滑擦、耕犁与成屑三阶段。单颗磨粒的切削轨迹的理论计算是试验方法设计的基础。依据磨削几何学及运动学可知：磨削过程中砂轮上一颗磨刃相对于工件的运动轨迹为砂轮圆周运动与工件进给运动两者的复合运动所形成的摆线轨迹，如图 2.4 所示。图 2.4 中，s 表示相邻磨刃间隔时间内的工件平移量，其表达式为工件进给速度 v_w 与两次连续切削间隔时间 (λ/v_s) 的乘积，即

$$s = \frac{\lambda v_w}{v_s} \tag{2.2}$$

图 2.4 中 A 表示磨刃切入点到磨刃切入工件最低点的时间间隔内工件平移量，其表达式为

$$A = \sqrt{a_p(d_s + a_p)} \tag{2.3}$$

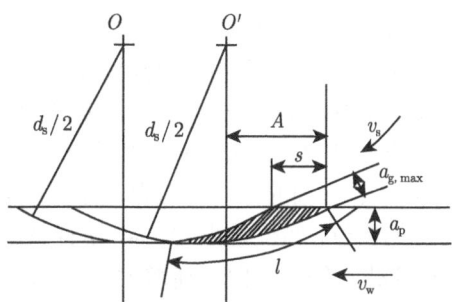

图 2.4 单颗磨粒磨削试验运动轨迹分析

由图 2.4 可知，实际磨削过程中磨屑的形状为楔形状，单颗磨粒磨削试验磨粒的运动轨迹若要符合如图 2.4 所示的轨迹，需满足以下条件：

s 远远小于 A，根据式 (2.2) 与式 (2.3) 可知，即

$$s = \frac{\lambda v_w}{v_s} \ll A = \sqrt{a_p(d_s + a_p)} \tag{2.4}$$

单颗磨粒磨削试验中，λ 等于单颗磨粒砂轮外圆周长，因此要满足 s 小于 A，v_w 就必须远远小于 v_s，才能保证单颗磨粒磨削试验所得到的磨屑形状与实际磨削相一致。

满足上述条件的单颗磨粒磨削试验得到的单颗磨粒最大切厚 $a_{g,\max}$ 可按使用砂轮的实际磨削单颗磨粒最大切厚公式 $a'_{g,\max}$ 计算得到：

$$2\lambda'\frac{v'_w}{v'_s}\sqrt{\frac{a'_p}{d_s}} = a'_{g,\max} = a_{g,\max} = 2\lambda\frac{v_w}{v_s}\sqrt{\frac{a_p}{d_s}} \tag{2.5}$$

即

$$\frac{v_w\sqrt{a_p}}{v_s} = \frac{\lambda' v'_w\sqrt{a'_p}}{\lambda v'_s} \tag{2.6}$$

式中，λ 为单颗磨粒磨削试验砂轮外圆周长，也即实际磨削的砂轮磨粒间距；v'_s、v'_w、a'_p 为实际磨削的磨削用量；v_s、v_w、a_p 则为单颗磨粒磨削试验的磨削用量；实际磨削的砂轮直径与单颗磨粒磨削试验的砂轮直径相同，均为 d_s。

依照此单颗磨削试验方法得到的磨屑与实际磨削过程中得到的磨屑形状一致，呈条状楔形，厚度薄，甚至可以得到切屑厚度为 1μm 以下的磨屑。单步法适用于单颗磨粒切厚为定值条件下磨屑的收集与隆起高度测量试验。

2) 双步法

单步法能够保证其单颗切屑与砂轮磨削切屑形状特征 (薄且呈楔形) 相同，但却不能保留磨削过程以便于观察滑擦、耕犁与成屑三阶段。单颗磨粒磨削双步法如图 2.5 所示。顾名思义，该方法分两步：第一步称为 "初始滑擦"，即在轴向进给 v_f

与工件进给速度 v_w 作用下,砂轮中心相对于工件沿与 x 轴呈 θ 角的方向运动,由 O_1 点位移至 O_2 点,且 $O_1O_2 = l_1$,然后沿原路返回至 O_1 点,工件表面形成初始划痕;第二步砂轮中心只沿 x 轴方向从 O_1 点运动到 O_3 点,$O_1O_3 = l_2$,且要保证 $l_1 > l_2$,便于将两步形成的划痕区分开,称此步为"二次滑擦",表面形成二次划痕。如图 2.6 所示,沿垂直于 x 轴的任一剖面内,由于 θ 角的存在造成初始沟痕与二次沟痕在 y 轴方向上的错位,错位量为 O_2O_3,这样就导致二次滑擦所形成的屑子形状呈楔形,且错位量沿 x 轴正方向逐渐增大,因此,图 2.6 所示各剖面上的切屑厚度也是逐渐增大的,即 $0 \leqslant d_1 < d_2 < d_3 < d_4$,这样就满足了磨屑形状与实际磨屑形状一致的要求。另外二次滑擦时,在轴向进给 v_w 和砂轮线速度 v_s 的作用下,单颗磨粒运动轨迹呈螺旋线型,造成单颗划痕之间错位,互不干涉,且错位间距为螺旋线导程,因此保留了单颗磨粒回转一圈形成的完整滑擦痕迹。

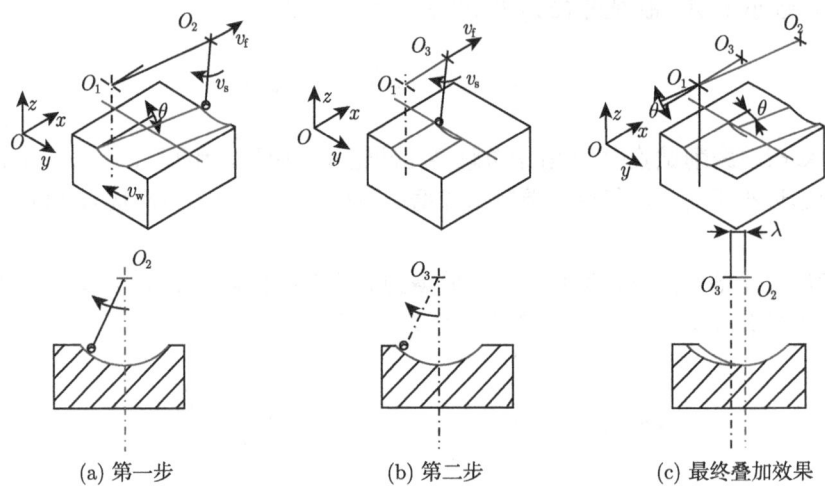

(a) 第一步 (b) 第二步 (c) 最终叠加效果

图 2.5 单颗磨粒磨削双步法示意图

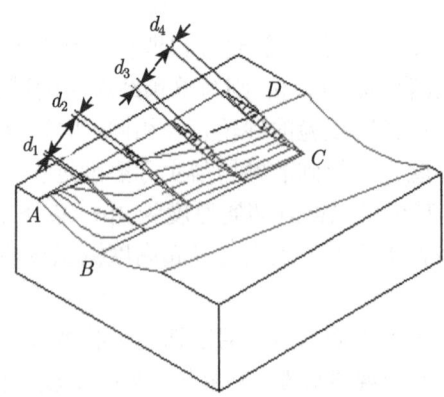

图 2.6 单颗磨粒磨削几何干涉模型

结合上述运动特征分析,获得如图 2.7 所示单颗磨粒磨削工件理论磨痕几何模型,理论上 "二次滑擦" 所形成的磨痕区为图示 ABCD 区域,BC 为 "初次滑擦" 磨痕与 "二次滑擦" 磨痕的理论交线。由该模型可知,该区域内单颗磨粒切厚沿对角线 BD 方向由小变大,因此,将该区域内切厚等于某确定值的等厚点连成线就形成一系列等厚线,显而易见,BC 即为单颗磨粒切厚为零的等厚线。根据磨削原理可知,材料特性、磨削用量、磨粒几何形状一定的情况下,临界成屑厚度值也就确定,因此,磨削痕迹表面必然存在一条等厚线为临界成屑厚度线,如图 2.7 所示虚线即为理论临界成屑线。双步法适用于对磨削过程三阶段的观察、临界成屑厚度及磨削力的测量。

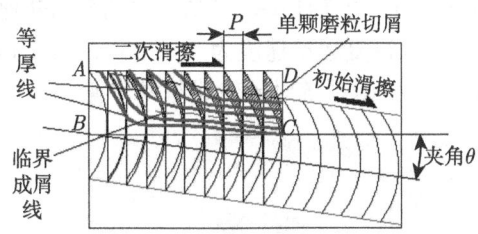

图 2.7 单颗磨粒磨削工件表面磨痕几何模型

2.1.3 单颗磨粒磨削成屑机理研究平台

1. 研究平台组成

图 2.8 显示了单颗磨粒磨削试验平台。该平台集单颗磨粒磨削力测量与分析、磨屑收集与分析、磨沟表面形貌观察与分析及磨粒磨损分析于一体。

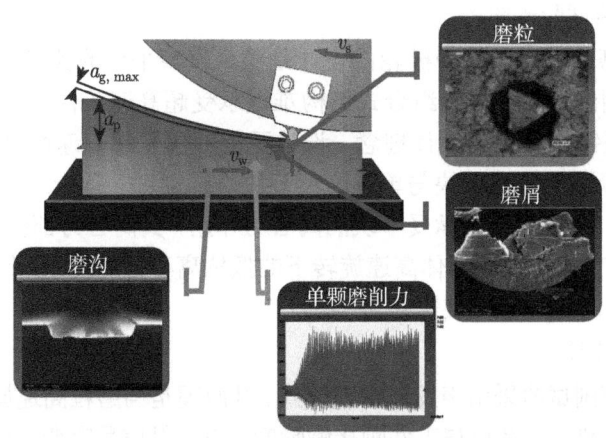

图 2.8 单颗磨粒磨削试验平台

根据单颗磨粒磨削试验的目的与适用范围（砂轮线速度 20~180m/s，单颗磨粒最大切厚 0.01~10μm），确定磨削试验平台的设计要求如下：安全回转极限线速度大于 250m/s；定位可靠，能够承受超高速（$v_s > 120$m/s）离心力；为方便磨粒观察，要能够实现快装快卸；磨粒把持强度高，出露高度大，磨粒形状可控；精确对刀；能够实现低的工件进给速度，要小于 15mm/min；要包括切屑收集装置。根据上述七大设计要求，该平台由提供运动的高速机床、高速回转试验砂轮、对刀系统和磨屑收集装置 4 部分构成。

1) 机床

单颗磨粒高速磨削试验是在高速平面磨床（PROFIMAT MT408）上进行，如图 2.9 所示。其相关参数如下：主轴功率 45kW；主轴最高转速为 8000r/min；砂轮最高线速度 175m/s；工作台往复运动速度为 15~25 000mm/min；冷却液出口压力为 1.5MPa；采用 M5000 动平衡系统对砂轮进行动平衡。

图 2.9　高速平面磨床

2) 高速回转试验砂轮

单颗磨粒磨削试验装置中砂轮的设计是整个试验平台的关键。考虑到快装快卸要求，需采用组合机构，但组合式结构难以承受超高速条件下的离心力破坏作用，为此，参照镶块砂轮的设计理念，设计了能够用于超高速磨削的单颗磨粒砂轮，如图 2.10 所示。平衡节块与单颗磨粒节块通过螺钉一顶一压固定于砂轮基体的 "V" 形槽内。由于螺钉不承受节块的离心力作用，其离心力都作用在 "V" 形面上，从而提高了节块在砂轮基体高速旋转下的抵抗离心力的强度，此结构又起到自定心的作用，同时还具有快装快卸功能。

3) 声发射对刀

单颗磨粒磨削试验采用声发射对刀方式。其原理是当磨粒高速旋转时，以固定进给逐渐接近工件，当磨粒与工件刚接触瞬间，声发射信号突变，对刀成功。声发射装置如图 2.10 所示。

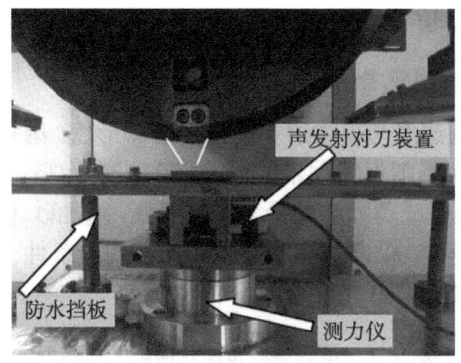

图 2.10 单颗磨粒磨削装置

4) 磨屑收集装置

磨屑收集装置位于磨削液喷嘴处，磨屑在离心力作用下进入磨屑收集装置。

2. 单颗磨粒磨削试验过程

(1) 单颗超硬磨粒钎焊。由于单颗磨粒晶形对高速磨削试验结果具有很大影响，为保证单颗磨粒磨削试验条件一致，优选晶形规则的金刚石磨粒进行试验，并钎焊固定于镶块外圆面上。磨粒粒度为 30/35 目，粒径大小为 500～600μm，如图 2.11 所示，磨粒刃边垂直于砂轮回转反向。

(a) 磨粒正面

(b) 磨粒侧面

图 2.11 钎焊后金刚石磨粒形貌

(2) 试样制备。平磨试件表面，并用石墨砂轮抛光，确保表面粗糙度 R_a 优于 0.4μm。

(3) 单颗磨粒磨削试验。首先使用动平衡仪对单颗磨粒磨削砂轮进行动平衡调节；其次进行对刀，对刀过程为，以每次 5μm 的砂轮进给量进行磨削，每进给一次就观察磨削表面，直到表面第一次出现划痕，即为对刀点；最后按工艺方案进行单颗磨粒磨削试验并测量试验过程中的单颗磨粒磨削力，同时收集磨屑、观察工件磨后表面形貌及磨粒磨损状况。

3. 单颗磨粒高速磨削试验方案

为了研究不同磨削速度与单颗磨粒切厚对磨屑形貌、磨痕表面隆起特征、临界成屑厚度以及单颗磨粒磨削力等因素的影响，单颗磨粒高速磨削试验方案如下：

固定速比 $q = v_s/v_w$ 或单颗磨粒最大切厚不变，增加砂轮磨削速度的同时以相同比例增加工件进给速度，以研究在相同单颗磨粒切厚条件下，磨削速度对成屑过程的影响。磨削工艺参数见表 2.2。

表 2.2 单颗磨粒定速比磨削工艺参数

工艺参数序号	v_s/(m/s)	v_w/(mm/min)	速比 $q/(v_s/v_w)$	a_p/mm	$a_{g,max}$/μm(单步法)
1	20~165	20~165	60000	0.03	0.36
2	20~165	303~2500	3960	0.03	5.4

2.2 单颗磨粒磨削磨屑形成机理

2.2.1 单颗磨粒磨削过程阶段划分

磨削速度为 20m/s 时单颗磨粒磨削所形成的工件表面磨痕形貌如图 2.12 所示。可以看出，二次滑擦痕迹与初次滑擦痕迹的交线为弧 $B'C$，并非图 2.7 所示理论上的 BC 线，这是由磨削后材料弹性变形恢复造成的。同时，在 $AB'CD$ 区域内，由于磨粒切入深度增加，磨粒两侧材料隆起高度的差异导致 $AB'CD$ 区域内划痕呈现不同颜色。根据颜色差异，自上而下可分成白、黑、白三个区域，区域交线分别用虚线、点划线以及实线表示，其中虚线与理论临界成屑厚度曲线的形状类似。图 2.13 为图 2.12 中所表示的同一条竖直线上自上而下 a、b、c、d 四区域的局部放大图，即同一切痕不同切厚处的形貌图。图 2.12 中 a 区处于呈拱形带状白色区域内，典型特征（图 2.13(a)）为断续状条纹，由于此时切厚较小，磨粒与工件初始接触，磨粒擦过工件形成直线沟痕即形成图中所示条纹，此沟痕宽度较小，且条纹间距不均匀，这充分说明磨粒微刃的存在。随着磨粒进一步切入，进入图 2.12 所示黑色区域 b，其微观形貌如图 2.13(b) 所示，与 a 区明显不同，材料明显隆起，由于隆起高度较低，因此表面光滑且形成镜面效果，在数字显微镜下呈现黑色，磨粒切深增加使得切除材料体积增加，导致材料堆积于磨粒两侧而形成隆起状条纹，这是典型的耕犁特征。图 2.13(d) 为图 2.12 中的大面积白色区域 d，此时切屑厚度较大，被去除的材料增多，隆起加剧，高度明显增大，与 b 区明显不同的是隆起条纹较窄但分布均匀，间距测量值为 0.02mm，条纹间光滑，这说明随着材料在磨粒前端累计量增加，一部分沿着磨粒表面远离工件表面形成切屑，另一部分则沿磨粒两侧形成隆起，因此隆起高度较大，同时磨粒底部与工件接触挤压形成光滑区域，这

2.2 单颗磨粒磨削磨屑形成机理

是典型的成屑特征。图 2.13(c) 为图 2.12 虚线处微观形貌图，左右两侧特征区分明显，左侧材料隆起明显 (成屑特征)，右侧则光滑呈细小隆起 (耕犁特征)。因此，这一局部特征差别表明图 2.12 中的虚线为临界成屑厚度线。

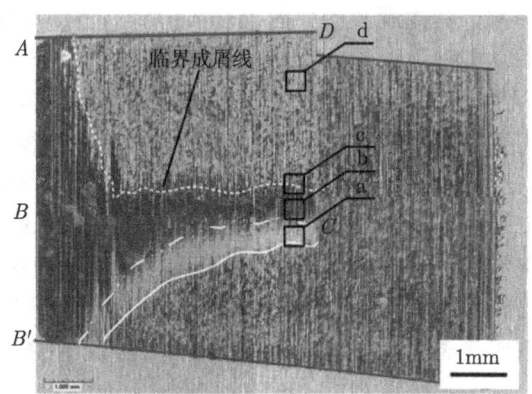

图 2.12　磨削痕迹形貌图 (GH4169, $v_s=20\mathrm{m/s}$)

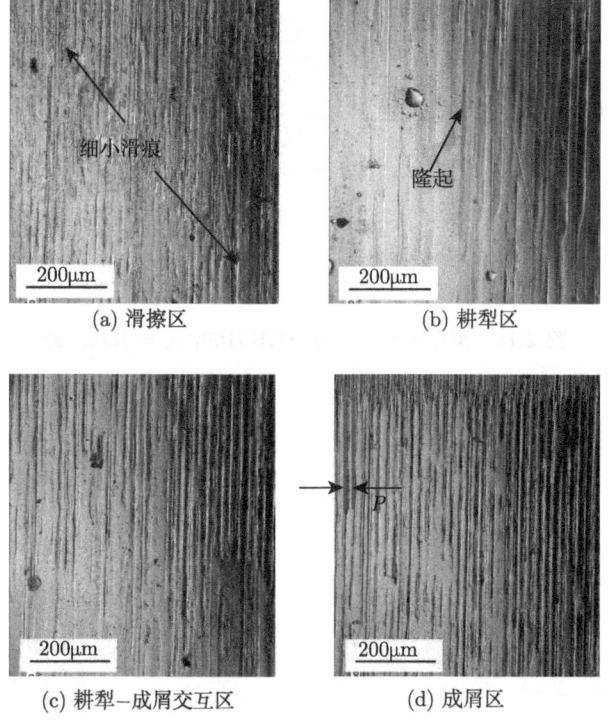

图 2.13　磨削痕迹局部放大形貌图 ($v_s=20\mathrm{m/s}$)

图 2.14 所示为砂轮线速度为 100m/s 时的工件表面磨痕,并未同 20m/s 那样具有明显的耕犁、滑擦及成屑三阶段,而是以光滑黑色区域为主要特征。如图 2.15(a) 所示,明显可以看出初次滑擦所形成的隆起条纹碾压被推挤而扭曲的痕迹,这是二次滑擦时磨粒与工件接触伊始,材料便发生剧烈碾压所致。图 2.14 虚线处存在一条明显的白色带状区域,其微观放大如图 2.15(b) 所示,为切屑被碾压痕迹,随着切入深度的进一步增大,出现明显的条纹及磨屑痕迹 (图 2.15(c),图 2.15(d)),这说明虚线前后,材料去除机理发生了变化,材料经历了挤压—成屑挤压—成屑三过程。这是由于磨削速度的增加导致材料去除速度增大,材料应变率上升使得材料塑性降低,流动性差。当切厚较小时,材料被挤压,而当切厚增大,材料被推挤形成小的隆起;但由于加工硬化作用一部分并不能被去除而是进入磨粒底部被碾压。切厚进一步增大时,单颗磨粒磨削力增加,材料直接生成切屑而被去除。总之,磨削速度提高使得材料塑性流动性降低,表面磨削痕迹以光滑平整为主要特征,隆起不明显,这说明速度效应显著影响材料成屑机制。

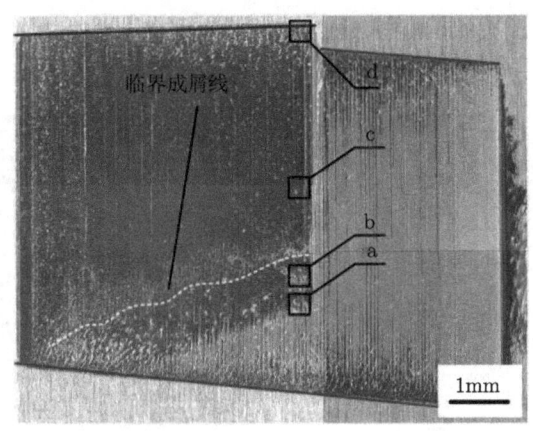

图 2.14　磨削痕迹形貌图 (GH4169,$v_s = 100$m/s)

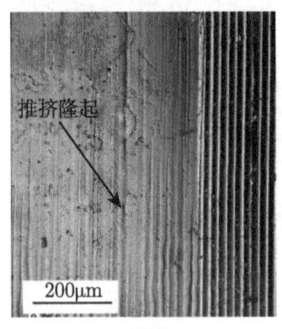

(a) 滑擦区　　　　　　　　　　　　(b) 耕犁区

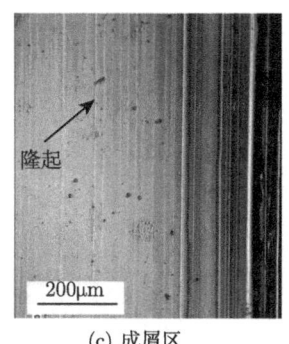 

(c) 成屑区　　　　　　　(d) 成屑区磨屑

图 2.15　磨削痕迹局部放大形貌图 ($v_s = 100\text{m/s}$)

如图 2.16 所示,砂轮线速度为 165m/s 时,工件表面再次呈现明显的三阶段。该三阶段颜色划分与 20m/s 不同,自上而下呈黑、白、黑分布,图 2.17(a) 所示为切厚较小的黑色区域,表面光滑,但仍可见细小划痕,为磨粒滑擦形成。图 2.17(b) 显示随着单颗切深的增加,隆起条纹特征明显,隆起材料之间光滑平整,条纹连续且间距均匀,这表明白色区域为磨削过程的隆起阶段。如图 2.17(c) 所示,其成屑阶段与特征相似,隆起条纹断续,但其高度值比 100m/s 要大,这说明 165m/s 时材料塑性较好,流动性好,可能是温度上升所致。

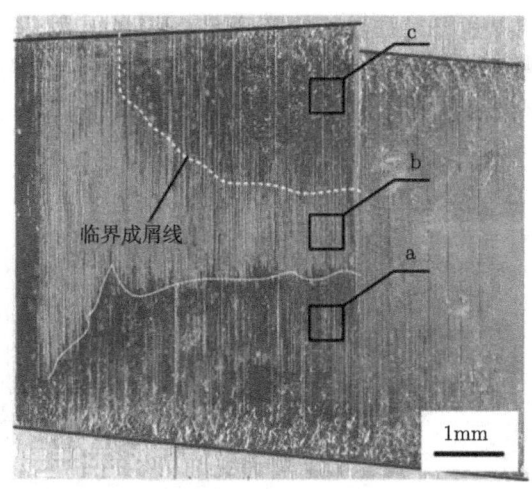

图 2.16　磨削痕迹形貌图 (GH4169, $v_s = 165\text{m/s}$)

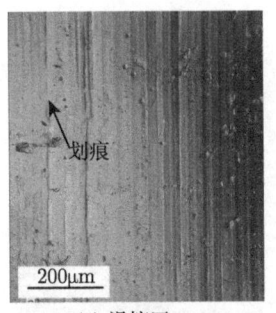
(a) 滑擦区

(b) 耕犁区

(c) 成屑区

图 2.17 磨削痕迹局部放大形貌图 ($v_s = 165\text{m/s}$)

TC4 钛合金磨痕表面形貌如图 2.18 所示，由于塑性较高，不易断屑，因此在成屑区残存未剥离的磨屑，由此可以判断成屑区域边界，确定临界成屑线。如图 2.19 所示，钛合金成屑区域面积随着磨削速度的提高呈先增大后减小的趋势，说明钛合金材料的临界成屑厚度是先减小后增大。

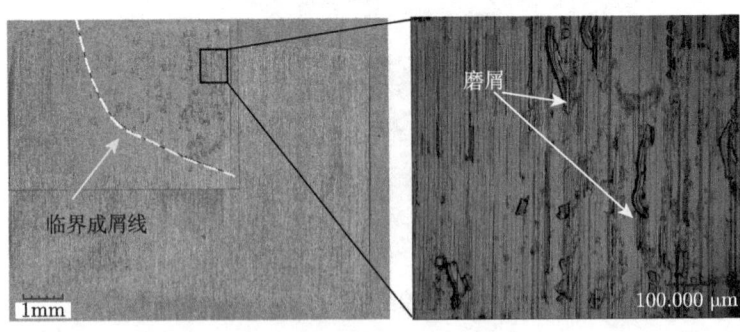

图 2.18 磨削痕迹形貌图 (TC4, $v_s = 120\text{m/s}$)

2.2 单颗磨粒磨削磨屑形成机理

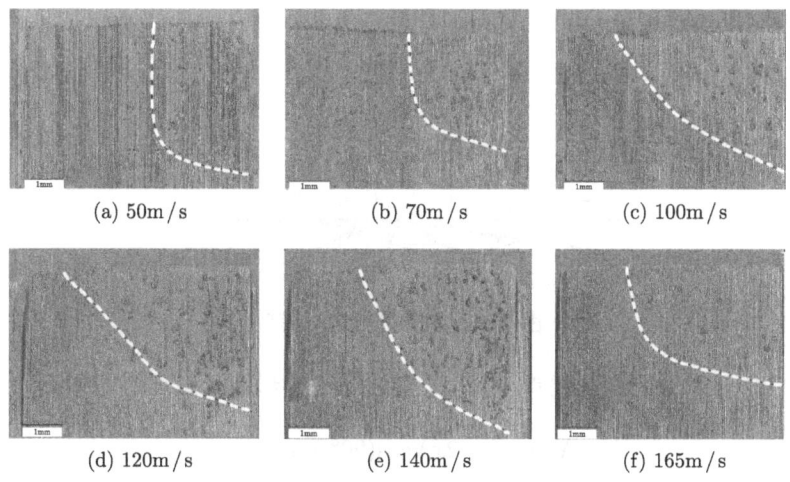

图 2.19 不同磨削速度条件下的磨削痕迹形貌图 (TC4)

由此可知，单颗磨粒最大切厚一致，磨削速度的提高导致材料在不同砂轮线速度阶段表现出不同的加工特性。材料加工性的改变直接通过单颗磨粒磨削痕迹反映出来，并由此引起临界成屑线位置的变动，也就是说临界成屑厚度大小发生了变化。

2.2.2 临界成屑厚度的定量分析

三阶段的划分为临界成屑厚度的定量提供了依据。根据磨粒与工件几何运动关系可建立临界成屑厚度计算模型。如图 2.20 所示，在沿竖直方向某一单颗磨粒切屑剖面内，初始滑擦与二次滑擦的错位量为 λ，设临界成屑厚度线离 D 点的距离为 $l_{\lim}$，根据图 2.21 所示运动的几何关系，可知

$$\alpha = \arcsin\left[(\sqrt{2ra_p} - l_{\lim})/r\right] \quad (l_{\lim} > \lambda) \tag{2.7}$$

式中，a_p 为单颗磨粒切削深度，取 0.03mm；r 为单颗磨粒回转半径，取 200mm。

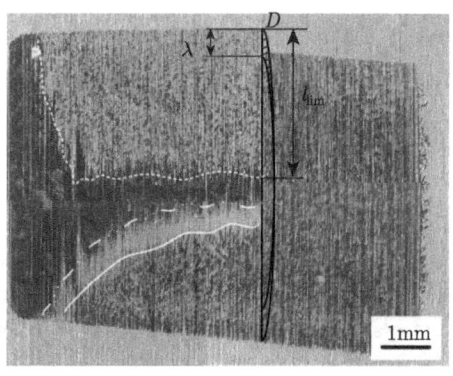

图 2.20 临界成屑厚度计算模型

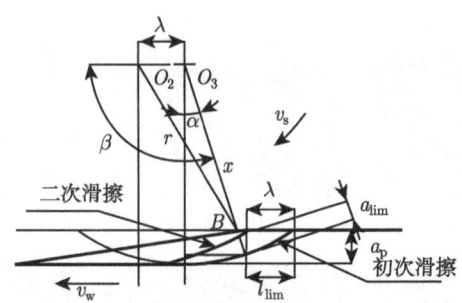

图 2.21 单颗磨粒运动模型

设 O_3B 为 x，则在三角形 O_2O_3B 中运用三角形余弦定理得到如下关系式：

$$\lambda^2 + x^2 - 2x\lambda\cos(90° - \alpha) = r \tag{2.8}$$

这样就可获得对应于 $l_{\lim}$ 的单颗磨粒切厚 $a_{g,\lim}$，

$$a_{g,\lim} = r - x \tag{2.9}$$

依据图 2.20，可获得临界成屑厚度线的位置为 $l_{\lim}$，则根据式 (2.7) ～ 式 (2.9) 可获得临界成屑厚度数值。在单颗磨粒切厚恒定条件下，速度效应对临界成屑厚度 $a_{g,\lim}$ 的影响规律如图 2.22 所示。高温合金在 20～100m/s，钛合金材料在 20～60m/s 的磨削速度范围内，临界成屑厚度 $a_{\lim}$ 均随 v_s 提高而减小。由于应变率效应，材料塑性降低，成屑容易，即使是钝磨粒也能成屑，然而这一趋势分别在 100m/s(GH4169) 和 140m/s(TC4) 出现转折。随着磨削速度进一步提高，临界成屑厚度则不再降低，相反稳步提升，这是由于温度升高导致材料软化，不易成屑所致。然而当速度增加至 165m/s 时，临界成屑厚度增加幅度却略有降低。临界成屑厚度曲线发生转折说明高速磨削条件下，高强韧难加工材料在高温与高应变率环境中表现出不同于准静态条件下的材料加工性。

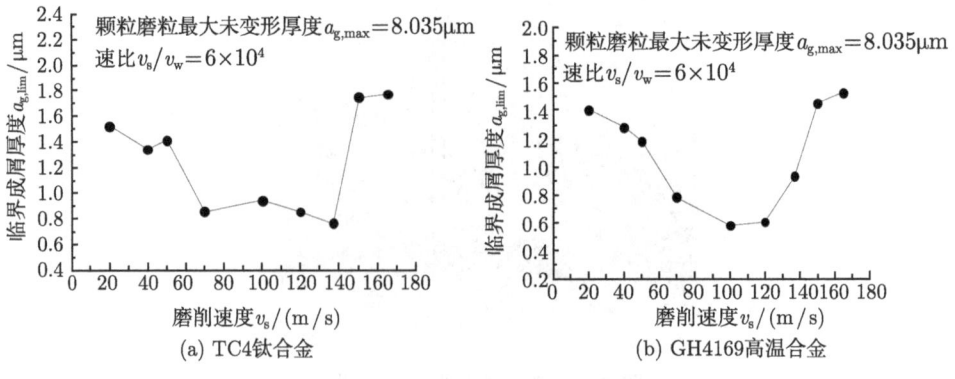

图 2.22 临界成屑厚度的速度效应

2.2.3 单颗磨粒磨削力

1. GH4169 高温合金磨削力

材料加工性的转变必然引起单颗磨粒磨削力变化，为此采用四向压电式测力仪 KISTLER9272 对高温合金材料的单颗磨粒磨削力进行测量，采样频率为 1MHz，典型单颗磨粒磨削力信号如图 2.23 所示。初始滑擦切削厚度均为 0.03mm，因此磨削力振荡且幅值相等，振荡周期为砂轮转动周期，二次滑擦单颗切厚逐渐增大，因此磨削力幅值也逐渐增大。单颗磨粒磨削试验采用如图 2.24 所示的双喷嘴冷却系统。为对比不同冷却条件对试验结果的影响，本试验采用干磨、单喷嘴和双喷嘴冷却三种方式进行对比研究。

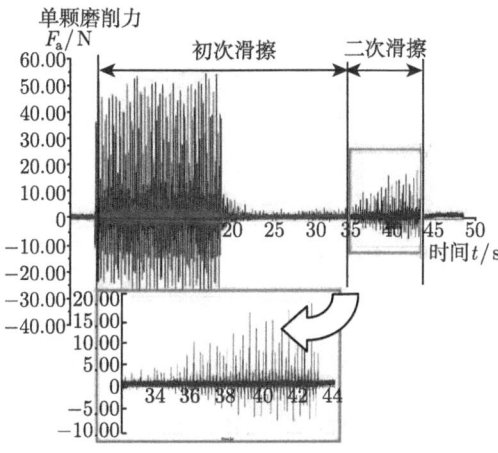

图 2.23 磨削力信号分析

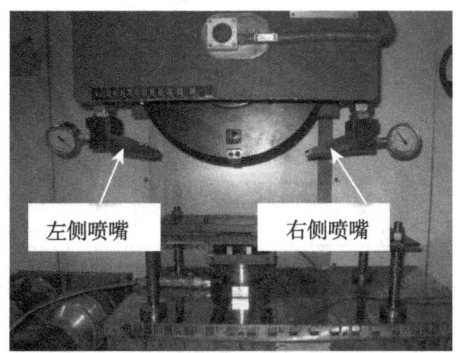

图 2.24 冷却喷嘴

单颗磨粒最大切厚恒定条件下，磨削速度由 20m/s 至 165m/s 变化过程中，GH4169 高温合金材料磨削力变化特征如图 2.25(a) 所示，单喷嘴冷却时，速度对单颗磨粒法向力 (F_{ng}) 的影响过程可分为三个阶段：第一阶段 20~70m/s，磨削力随着砂轮线速度增加而增加；第二阶段 70~150m/s，速度增加并不能引起单颗磨粒磨削力增加，而呈下降趋势；第三阶段 165m/s，单颗磨粒磨削法向力略有上升。同时，在整个变化过程中，切向磨削力 (F_{tg}) 始终保持稳定上升，但上升幅度很小。单颗磨粒磨削力比呈现先上升后下降再上升的趋势，说明磨粒切入工件的难易发生了根本变化，即由易变难再入易。研究结果还表明，磨削冷却条件对磨削力的影响较大，如图 2.25(b) 所示，干磨时，磨削温度较高，单颗磨粒切向磨削力随着磨削速度的提高则呈下降趋势，磨削力比呈上升趋势。图 2.25(c) 所示的双喷嘴冷却条件下，由于磨削温度较低，因此磨削力随磨削速度的增加持续走高。

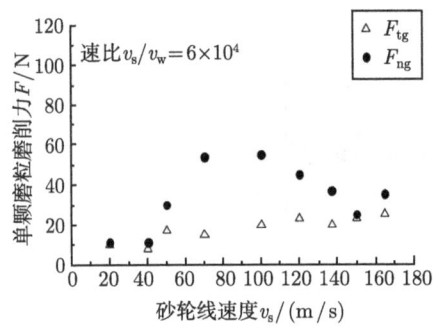
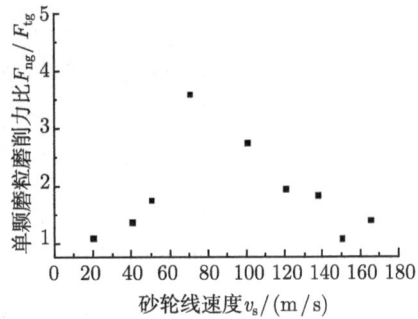

(a) 单喷嘴冷却情况

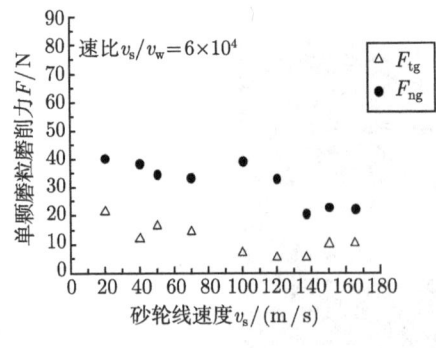
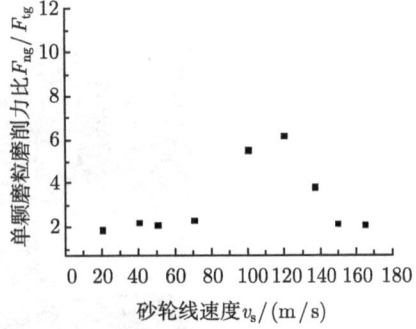

(b) 干磨情况

2.2 单颗磨粒磨削磨屑形成机理

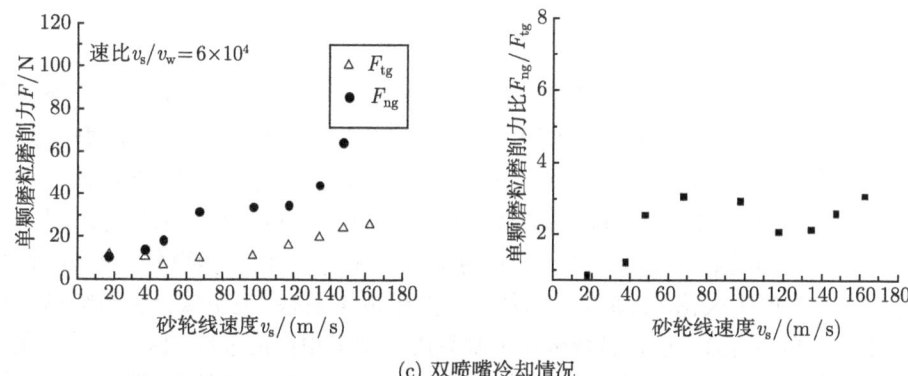

(c) 双喷嘴冷却情况

图 2.25 不同冷却方式下高温合金单颗磨粒磨削力曲线

总之,磨削速度提高,材料变形应变率迅速上升,此时由于材料塑性变形产生的热量转化为工件温升的热量比例增加,即温度效应也起作用。干磨时,材料变形温度急剧上升,温度效应引起的热软化效应显著与磨削速度上升引起的应变率强化效应,导致单颗磨粒磨削力下降,温度上升,材料黏附,磨粒磨损加剧,磨削力比升高;双喷嘴冷却条件下,磨削液带走大量热量,工件温升得以抑制,应变率强化效应导致材料变形,抗力增加。

由几何关系可知,双步法中二次滑擦阶段的单颗磨粒最大切厚是逐渐增大的,因此,可根据图 2.23 所示的二次滑擦阶段磨削力信号获得相同磨削速度下,单颗磨粒最大切厚与单颗磨粒磨削力的关系曲线。如图 2.26 所示,GH4169 高温合金材料的单颗磨粒切厚或切屑截面积增加,单颗磨粒磨削切向力和法向力均呈增加趋势,单颗磨粒磨削力是单位面积上的磨削力乘以单颗磨粒切屑截面积,当磨削速度一定时,单位面积上的磨削力变化很小,因此,切屑截面积的增大必然导致单颗磨粒磨削力的增加。

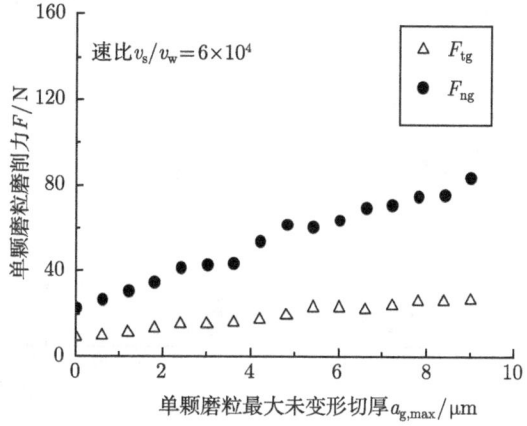

图 2.26 单颗磨粒最大切厚与磨削力关系 (双喷嘴冷却,GH4169,$v_s = 165$m/s)

2. TC4 钛合金磨削力

单颗磨粒磨削钛合金的磨削力与磨削速度的关系如图 2.27 所示。充分冷却条件下，磨削速度使得单颗磨粒磨削力增加，干磨则由于应变率强化作用磨削力迅速上升，随后温度迅速上升，热软化作用增强，磨削力减小。由于 TC4 钛合金与 GH4169 镍基高温合金的材料特性类似，导热性均较差，极易发生绝热剪切，因此，单颗磨粒磨削力随磨削速度的变化趋势也类似。由 2.3 节切屑形貌分析可知，钛合金磨屑很容易产生火花，高速阶段磨屑已燃烧形成熔融态，说明钛合金的绝热水平要明显高于高温合金，且高温合金在很高温度仍保有很高的强度，因此，无论在何种冷却状态下，钛合金的单颗磨粒磨削力均小于高温合金，普通速度即可达到失稳剪切状态。单喷嘴冷却条件下，随着磨削速度的提高，应变率进一步提高，塑性降低，材料变形抗力增加，滑擦耕犁作用减小，因此磨削力上升。而当进一步提高磨削速度，温度上升，材料易黏附磨粒，F_{ng}/F_{tg} 力比增大，热软化作用导致磨削力呈下降趋势。

总之，对于 TC4 钛合金与 GH4169 镍基高温合金，磨削速度在 40m/s 以上时，速度的提高有利于降低材料塑性，黏附减弱，应变率强化作用显著。

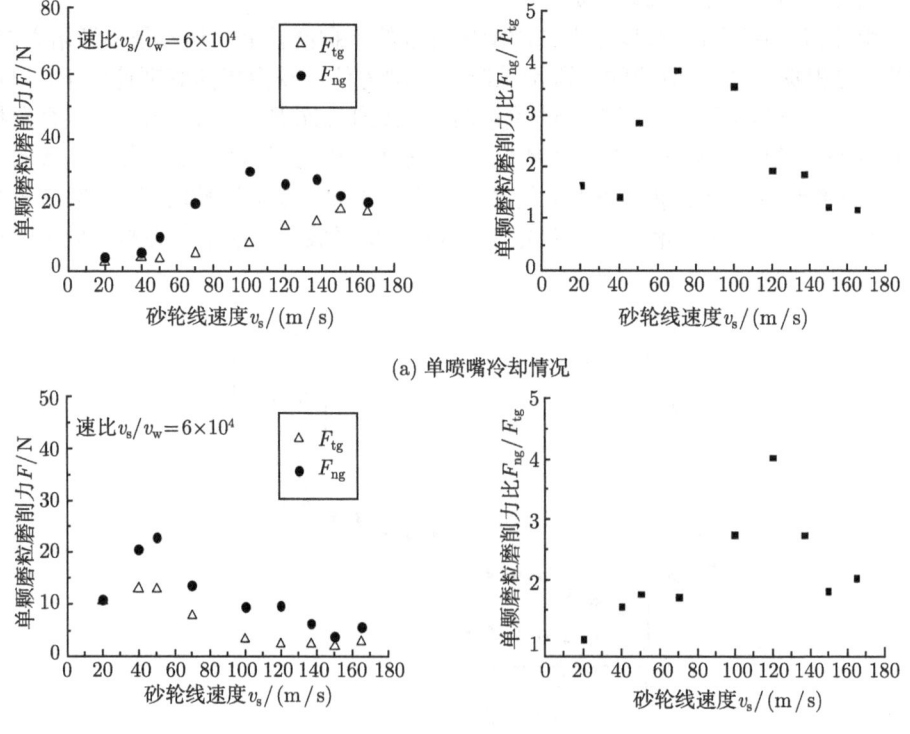

(a) 单喷嘴冷却情况

(b) 干磨情况

2.2 单颗磨粒磨削磨屑形成机理

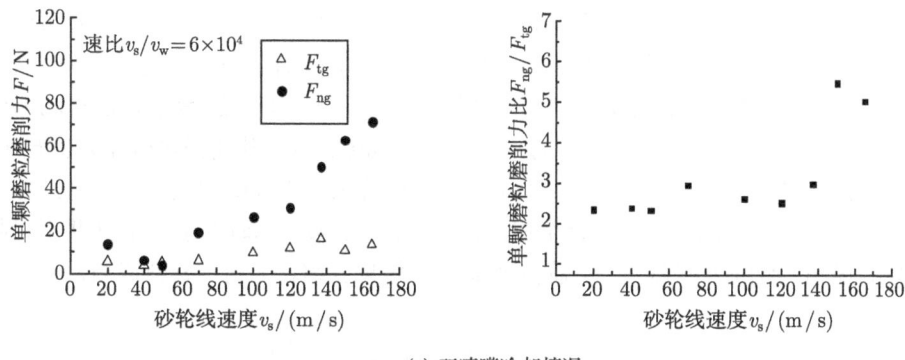

(c) 双喷嘴冷却情况

图 2.27 不同冷却方式下钛合金单颗磨粒磨削力曲线

单颗磨粒最大切厚是影响单颗磨粒磨削力的另一重要因素。如图 2.28 所示，与镍基高温合金类似，单颗磨粒最大切厚增加，钛合金单颗磨粒磨削力也增加。切屑截面积增加是导致单颗磨粒磨削力上升的主要原因；其实，根据尺寸效应可知，单颗磨粒切厚增大会导致单位磨削力增加，因此，这也可能是单颗磨粒磨削力上升的原因之一。

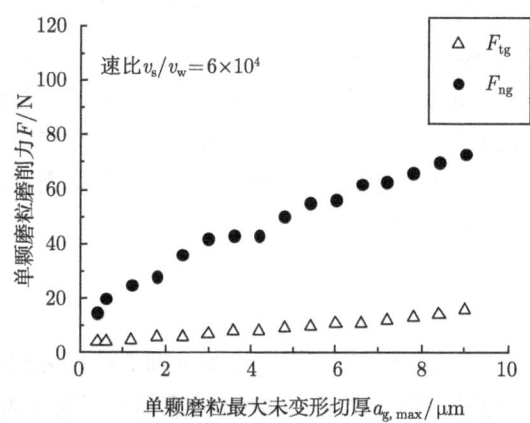

图 2.28 单颗磨粒最大切厚与磨削力的关系 (双喷嘴冷却，TC4, $v_s = 165$m/s)

综上所述，单颗磨粒最大切厚 $a_{g,max}$ 与磨削速度 v_s 是决定材料变形区应变率与绝热失稳水平的两个重要因素，进而直接影响单颗磨粒磨削力。由前述图 2.25(a)与图 2.27(a) 可知：当速比一定，单颗磨粒最大切厚恒定，磨削速度对单颗磨粒磨削力的影响是显著的。

根据磨削原理可知，材料的磨削加工性与材料的变形速度密切相关，而磨削速度的提高必然导致材料变形速度升高。变形速度与材料塑性的关系曲线如图 2.29 所示，在 ab 阶段，应变率效应大于热软化效应，材料变形抗力缓慢增大且塑性降低，韧性增强，这是 GH4169 高温合金材料易成屑、临界成屑厚度减小以及单颗磨粒磨削力上升的主要原因，而且磨痕能够表现出完整且明显的三个阶段划分，这些特征构成了速度效应对磨削过程影响的第一阶段。随着变形速度也就是磨削速度的进一步提高，进入图 2.29 所示的 bcd 段，变形温度的上升使得热软化效应显著，材料塑性升高，这也是造成临界成屑厚度增加、单颗磨粒磨削力下降的主要原因。而当磨削速度继续增大，高温合金进入高温脆区 de 段，此时温度的上升并不引起塑性的提高，磨削力略微上升，临界成屑厚度增幅变缓，有利于材料成屑。

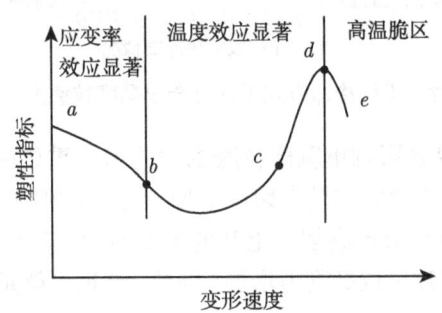

图 2.29 变形速度对塑性的影响示意图

高速磨削这样快的塑性变形速度可能引起被加工材料的以下两种变化：
(1) 如果温度不升高的话，就会发生材料硬度提高和延性降低；
(2) 如果在变形的同时有相当高的温升，就会发生材料的软化和延性提高。

如果材料强度特性的变化是由硬化引起的，则以 $\Delta\sigma_v$ 表示；若是由软化引起的，则以 $\Delta\sigma_\theta$ 表示，其变化结果为

$$\Delta\sigma = \frac{\Delta\sigma_v}{\Delta\sigma_\theta} \tag{2.10}$$

式中，$\Delta\sigma = f(v_s, a_{g,\max})$，即 $\Delta\sigma$ 为磨削速度与单颗磨粒最大切厚的函数。

考虑到单颗磨粒切厚的影响作用，单颗磨粒磨削力可表示为

$$F_{tg} = \sigma \times a_g = (\sigma_0 a_{g,\max}^m) \left[1 + \ln\left(\frac{\Delta\sigma_v}{\Delta\sigma_\theta}\right)\right] \tag{2.11}$$

式中，m 为材料的塑形指标；当 $\Delta\sigma > 1$，$\ln\left(\dfrac{\Delta\sigma_v}{\Delta\sigma_\theta}\right) > 0$ 即意味着磨削速度的机械效应起主要作用；当 $\Delta\sigma < 1$，$\ln\left(\dfrac{\Delta\sigma_v}{\Delta\sigma_\theta}\right) < 0$ 则表示温度软化效应器起决定作用，屈服应力降低、延性增加。

2.3 单颗磨粒磨屑形貌

2.3.1 磨屑形貌

将单颗磨粒磨削试验所获得的切屑与实际砂轮磨削获得的切屑做对比，其形貌的微观特征极其相似，如图 2.30 所示。这说明单颗磨粒高速磨削试验能够真实反映实际磨削的成屑过程。

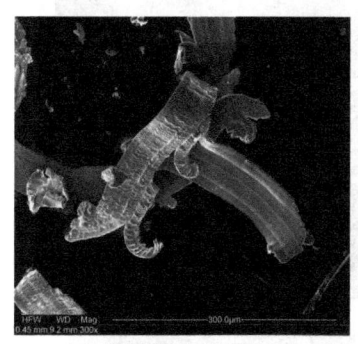

(a) 单颗磨粒磨削磨屑　　　　　　(b) 砂轮磨削磨屑

图 2.30　单颗磨粒磨削与砂轮磨削磨屑形貌对比

1. 工件材料对磨屑形貌的影响

图 2.31 和图 2.32 分别显示了 GH4169 镍基高温合金和 TC4 钛合金材料在不同砂轮线速度下的单颗磨屑形貌。可以看出，在钛合金、高温合金磨屑的自由表面均存在垂直于单颗磨屑流出方向的相互平行且间距均匀一致的突起条纹，而在单颗磨屑与磨粒接触的表面 (简称 "刀屑面") 均比较平整，划痕不明显且该划痕与单颗磨屑流出方向平行，这是由于高强韧难加工材料钛合金与高温合金材料易黏附于磨粒刃口，从而形成类似积屑瘤的硬质颗粒，在磨屑流动时，硬质颗粒划伤刀屑面产生划痕。上述这些特征与铣削切屑 (图 2.31(d)) 微观形貌特征相似，这主要是由于对磨削及切削过程而言，材料应变率相当高，切削过程的应变率为 $10^4 \sim 10^5 \mathrm{s}^{-1}$，而磨削过程应变率则要超过切削过程几个数量级。因此，在如此高的应变率条件下，单颗磨粒作用区材料变形是一个绝热剪切过程，如图 2.31(c)、图 2.32(c) 所示。材料由于发生绝热剪切滑移而形成的平行条纹，该条纹间距为 L_c，可称其为单颗磨屑的绝热剪切滑移距离[76]。

钛合金、高温合金虽然均属于高强韧难加工材料，磨屑均存在明显的绝热剪切特征，但是两者在加工性、摩擦机制与传热机制等方面仍有所不同，因此，成屑机制也存在差异。如图 2.31(c)、图 2.32(d) 所示，在绝热剪切滑移处，高温合金滑移面较光滑，呈片层结构，条纹线条连贯流畅；而钛合金则具有极细的柱状微结构，边界分明，排列整齐，且柱状结构尖端具有白色熔融卷曲特征，表明该磨屑经历了一个极快的融化与固化阶段。这主要是由于钛合金材料导热率较高温合金低，单颗磨粒磨削时仍产生大量磨削热，导致温度上升，极小的磨屑在空气中发生了氧化反应，柱状结构为钛合金迅速冷却收缩而形成；同时，单颗磨粒高速磨削试验过程中还发现，钛合金极易产生火花，而高温合金由于耐高温，因此磨屑不易燃烧，这也是导致两者磨屑形态差异的另一主要原因[122]。

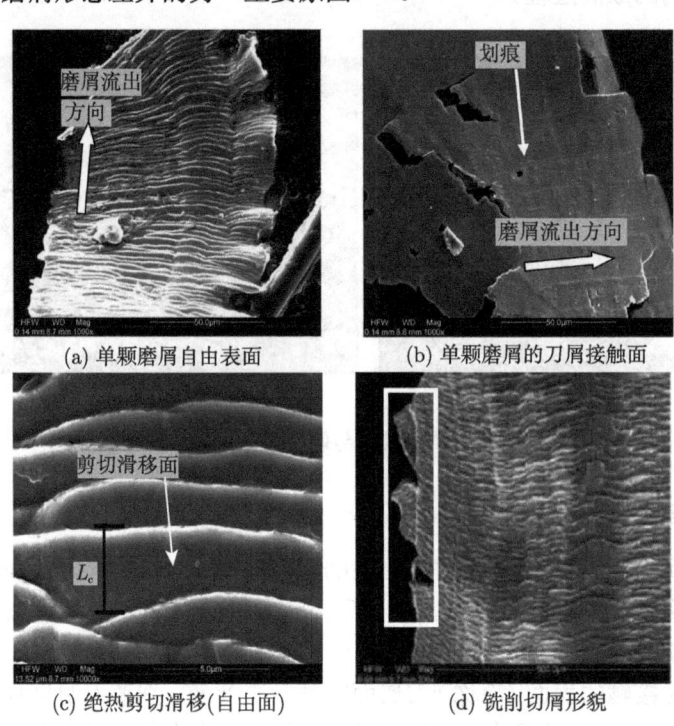

图 2.31 GH4169 高温合金磨屑自由表面的微观形貌 ($v_s = 140\text{m/s}$)

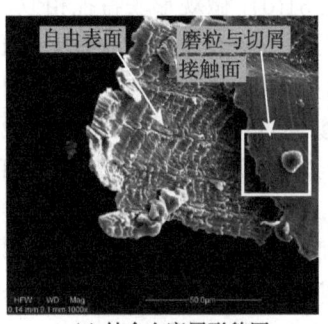

(a) 钛合金磨屑形貌图

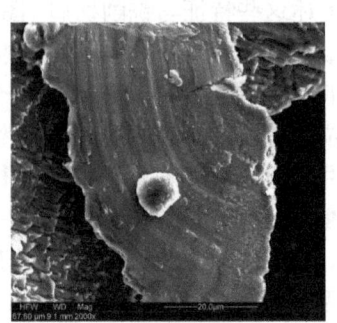

(b) 刀屑面划痕

2.3 单颗磨粒磨屑形貌

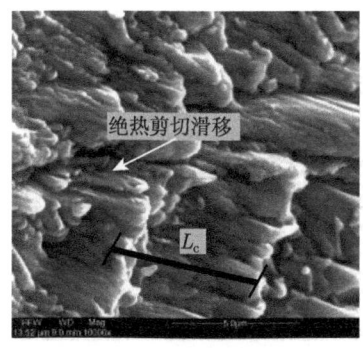 

(c) 绝热剪切滑移　　　　　　　　(d) 磨屑自由面局部放大图

图 2.32　TC4 钛合金磨屑自由表面的微观形貌 ($v_s = 100\text{m/s}$)

2. 磨削速度对磨屑形貌的影响

图 2.33 所示为不同磨削速度条件下 GH4169 材料的单颗磨粒磨屑形貌。从收集到的磨屑微观形貌可以看出，在整个试验速度范围内，磨屑均以锯齿状的片层结构为主，说明砂轮线速度在 20～165m/s，高温合金均以绝热剪切成屑为主，这主要是由该材料热导率低、高温条件下仍具较高强度与硬度的特性所决定的。磨屑片层间滑移距离随砂轮线速度增加而增加的特点说明，高温合金材料变形程度随砂轮线速度的增大而加剧，即材料的绝热剪切作用增强。

由于 TC4 钛合金具有与 GH4169 高温合金材料相类似的材料特性，导热率低，剪切区应变率与绝热水平很高，因此，TC4 材料易产生绝热剪切失稳，如图 2.34 所示，其单颗磨屑的剪切滑移距离也随磨削速度的提高而增加，这是由温度上升、热软化作用增强所致，不同的是，TC4 导热率低于 GH4169，绝热水平更高，在普通磨削速度 20m/s 条件下即能发生失稳。

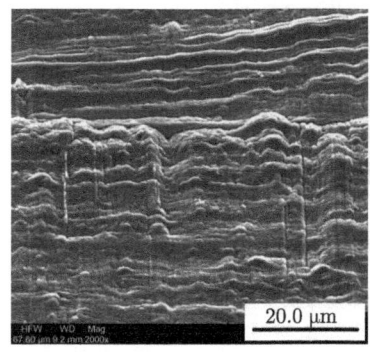 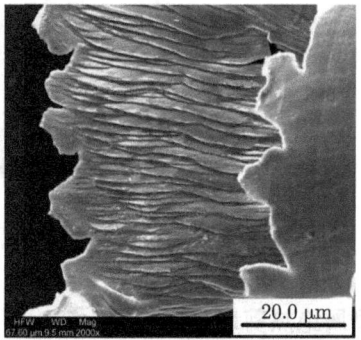

(a) 20m/s　　　　　　　　　　(b) 100m/s

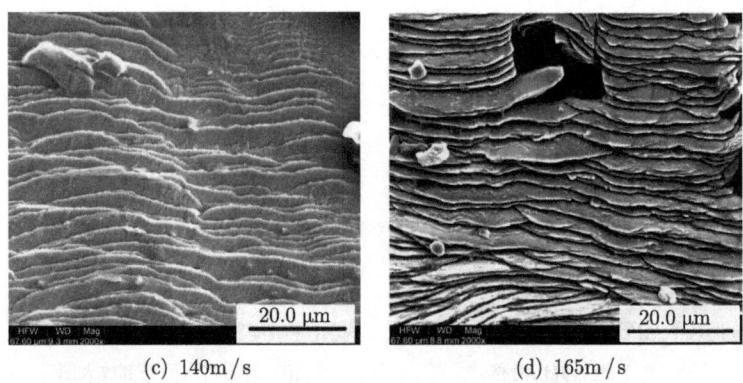

(c) 140m/s (d) 165m/s

图 2.33 GH4169 高温合金磨屑微观形貌与磨削速度的关系

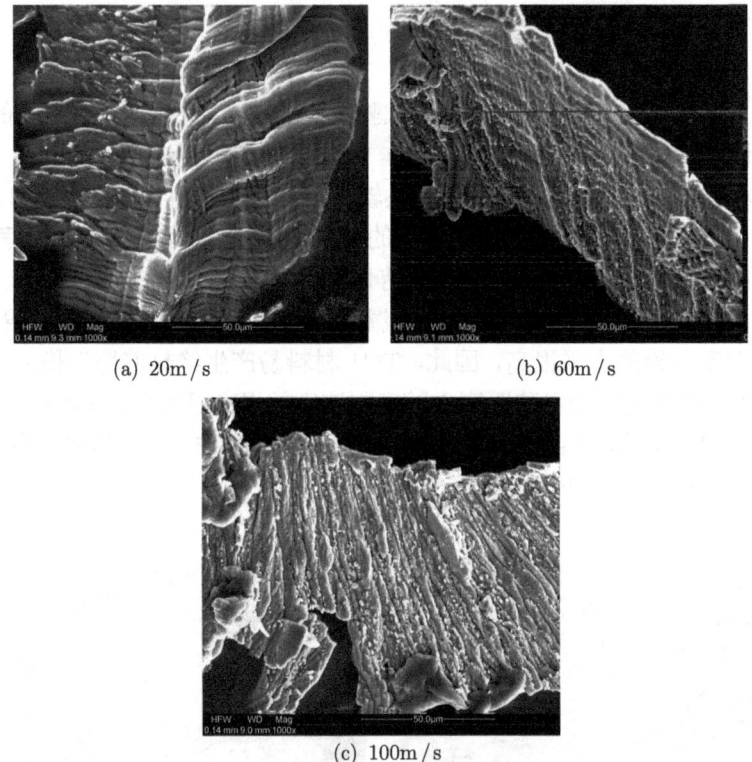

(a) 20m/s (b) 60m/s

(c) 100m/s

图 2.34 TC4 钛合金磨屑微观形貌与磨削速度的关系

2.3.2 磨屑绝热剪切变形特征

依据钛合金与高温合金单颗磨粒磨屑形貌特征可知,磨削过程中磨屑自由表面发生了集中剪切滑移现象,形成了不连续的类似锯齿状的片层结构磨屑[63]。绝

2.3 单颗磨粒磨屑形貌

热剪切是指在冲击载荷的作用下，应变率极高，材料发生塑性变形并在极短的时间内产生大量的热，由于热导率较低，热量来不及传出被局限在剪切滑移区，形成绝热环境，从而产生局部高温，增强了热软化作用，最终导致剪切失稳。单颗磨屑材料集中剪切模型如图 2.35 所示。

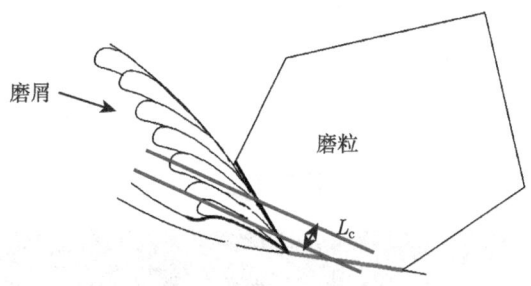

图 2.35 磨屑绝热剪切特征

通常材料热导率越低越容易引起集中剪切滑移，如导热性能较好的铝合金，在切削速度 50~300m/s 的范围内都不会发生集中剪切滑移，而导热性能较差的钛合金 TC4 的热扩散率为 $3.2\times10^{-6} m^2/s$，当切削速度高于 42m/min 时就会发生集中剪切滑移。GH4169 镍基高温合金热扩散率约为 $4.5\times10^{-6} m^2/s$，因此也容易发生集中剪切滑移。与其他切削方式不同的是，单颗磨粒磨削过程中，由于磨粒负前角的存在，摩擦更剧烈，应变率更高，材料更易发生失稳绝热剪切。在车、铣加工中，锯齿形切屑具有明显的周期性，切削原理中通常利用集中剪切频率来描述锯齿形切屑的形成特点，切屑单元形成频率 f 可由式 (2.12) 计算得到：

$$f = \frac{1}{T} = \frac{v}{L_c} \tag{2.12}$$

式中，v 为切屑流动速度；L_c 为切屑齿距。

为了获得单颗磨屑的集中剪切频率，采用三维激光形貌分析仪 VK-X100 对磨屑形貌特征进行定量分析。根据图 2.18 测量结果可获得节块的水平距离 L_x 以及节块倾斜角度 α，并据其几何关系可得到如下关系式：

$$f = \frac{v}{L_c} = \frac{v}{L_x \cdot \sin\alpha} \tag{2.13}$$

如图 2.36 所示，以 GH4169 高温合金为例，其单颗磨粒磨屑截面图显示自由面呈三角形锯齿波形态，相邻两齿间的水平距离即节块的水平距离 L_x，对比两图可知，165m/s 的磨屑绝热剪切滑移的距离要明显大于 20m/s，且 165m/s 锯齿间距 L_x 并不恒定，相反 20m/s 的锯齿波则很均匀，说明普通速度条件下材料变形较均匀；而高速条件下，高速磨削时应变率增加导致材料变形不均匀，因此，节块间距值波动较大。

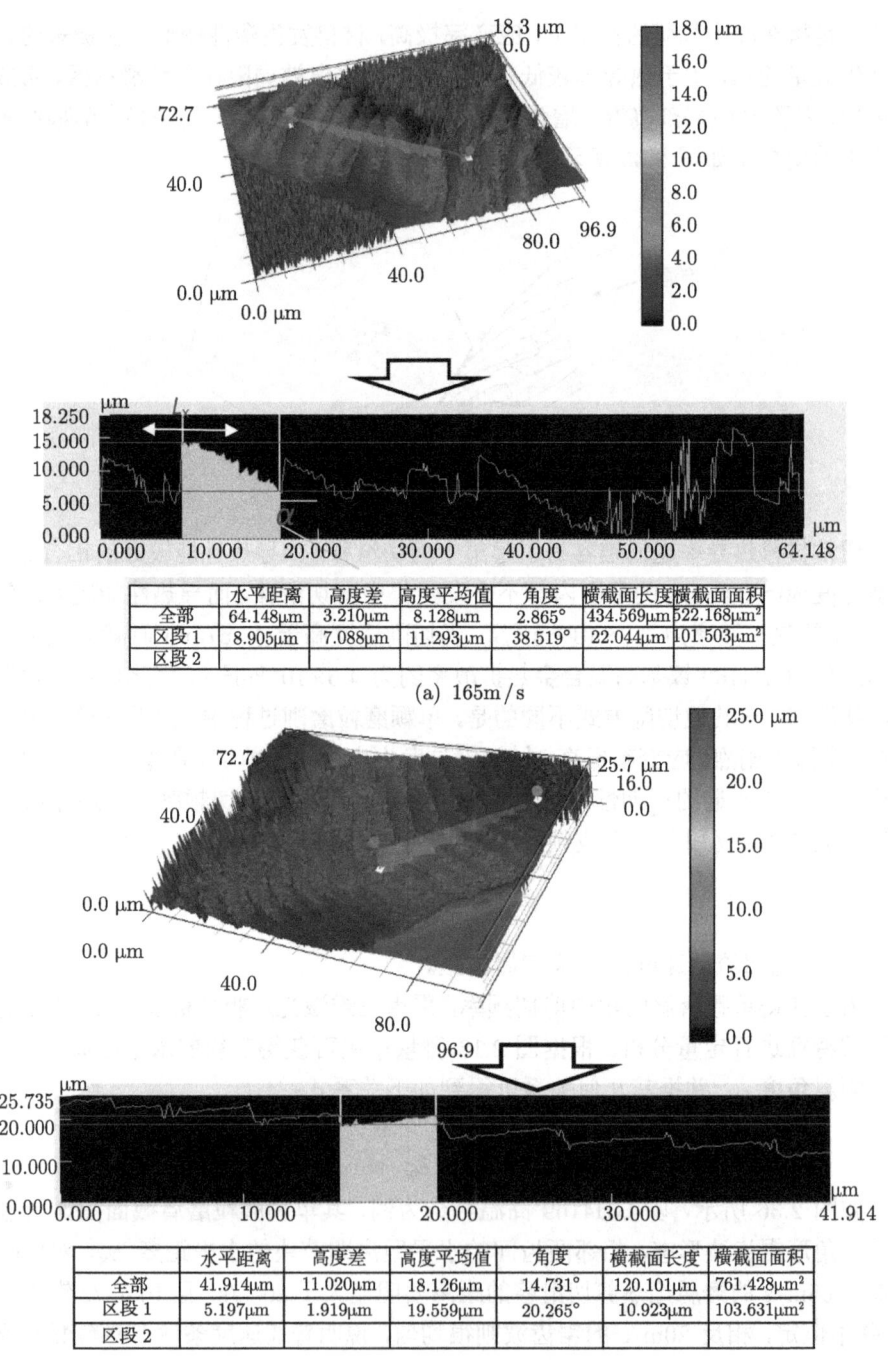

图 2.36 GH4169 高温合金磨屑三维微观形貌分析

2.3 单颗磨粒磨屑形貌

磨削速度对 TC4 钛合金与 GH4169 高温合金两种材料的单颗磨粒磨屑剪切频率的影响曲线如图 2.37 所示。随着砂轮线速度提高，集中剪切频率呈线性增加趋势。这是由于砂轮线速度的增加导致材料的应变率增大，更容易产生集中剪切，车铣削也得出了同样的结论，锯齿集中剪切频率较大，说明锯齿单元节块面积较小，绝热剪切的临界变形能降低，有利于降低单位磨削力，从而对磨削加工有利。

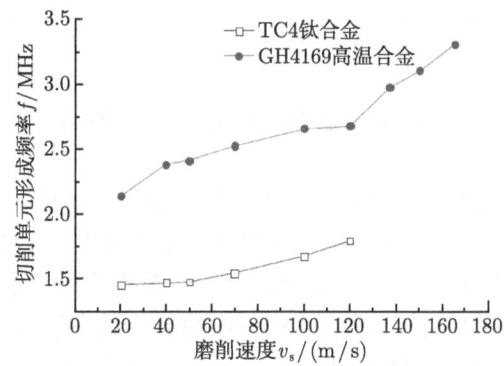

图 2.37 切屑单元形成频率随磨削速度的变化规律

2.3.3 工件磨痕形貌及隆起特征

图 2.38 所示为保证单颗磨粒切入工件深度恒定条件下，不同砂轮线速度的 TC4 钛合金单颗磨粒磨削沟痕断面特征，其沟痕两侧隆起高度的变化反映了材料塑性变形特征的变化。随着磨削速度提高，沟痕两侧隆起材料体积越来越大，其形状由原来的团状逐渐转变为条状。磨削沟痕深度随磨削速度的增加而增加，最终恒定为磨粒切入深度。这是由于在较低速度时，由于钛合金材料弹性模量较小，材料在磨粒作用下变形并回弹且回弹量取决于变形的程度，因此，理论磨削沟痕深度大于实际的沟痕深度。而随着磨削速度增加，材料去除速率加快，未充分变形就被以切屑的形式去除，因此，理论磨削沟痕深度接近实际的磨沟深度 (即单颗磨粒切入工件深度)，说明材料耕犁滑擦变形减弱。因此，磨削钛合金时，提高磨削速度有利于改善磨粒切削状态。

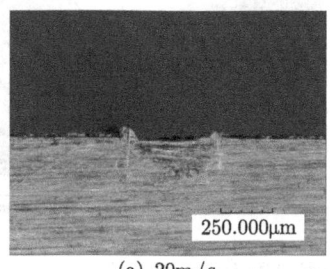 

(a) 20m/s　　　　　　　　(b) 100m/s

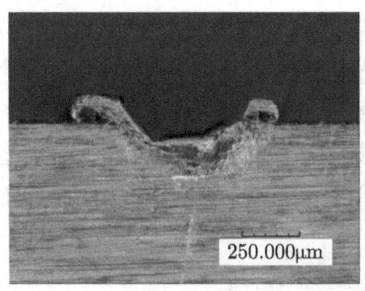
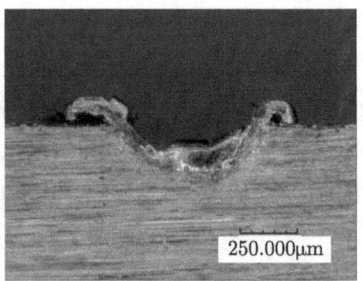

(c) 140m/s　　　　　　　　　　(d) 165m/s

图 2.38　钛合金单颗磨粒磨削沟痕断面形貌

GH4169 镍基高温合金材料的隆起形貌随着砂轮线速度的提高而变化的情况如图 2.39 所示，100m/s 时的隆起高度明显比 20m/s 条件下的要小，且 165m/s 条件下隆起高度最高，但是相同的磨削用量条件下，钛合金的隆起材料体积明显比高温合金要多，这是由材料的塑性特性决定的。钛合金的塑性明显要高于高温合金，而高温合金则具有很好的热强性，因此，钛合金材料易于在磨粒前堆积，从而形成隆起。

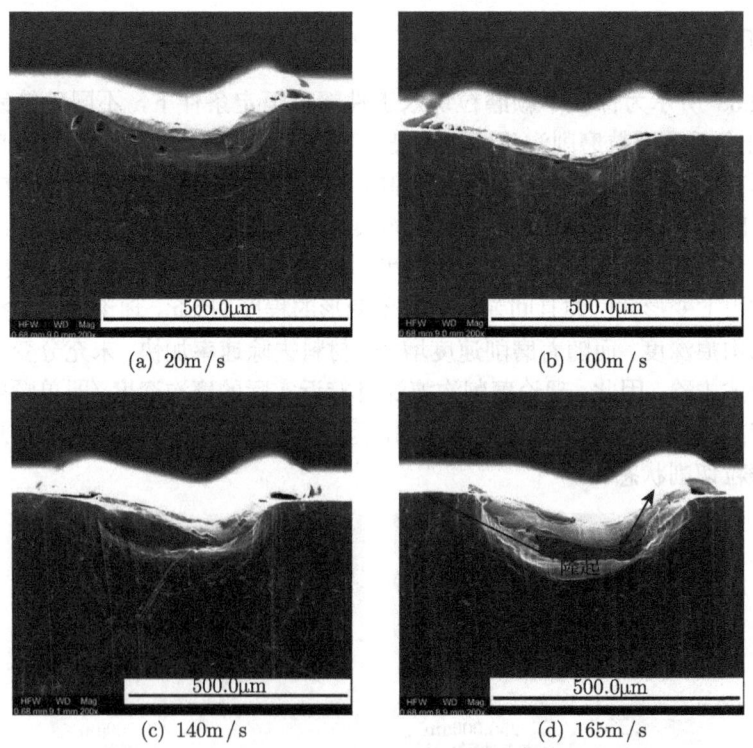

图 2.39　高温合金单颗磨粒磨削沟痕断面形貌

2.3 单颗磨粒磨屑形貌

为进一步说明材料隆起高度与磨削速度的关系,如图 2.40 所示,将单颗磨粒磨削沟痕两侧隆起面积分别设为 B_1 与 B_2,工件材料平面以下磨削沟痕面积为 A,可获得表征隆起的特征参数 R_s (隆起比) 的表达式为

$$R_s = (B_1 + B_2)/A \tag{2.14}$$

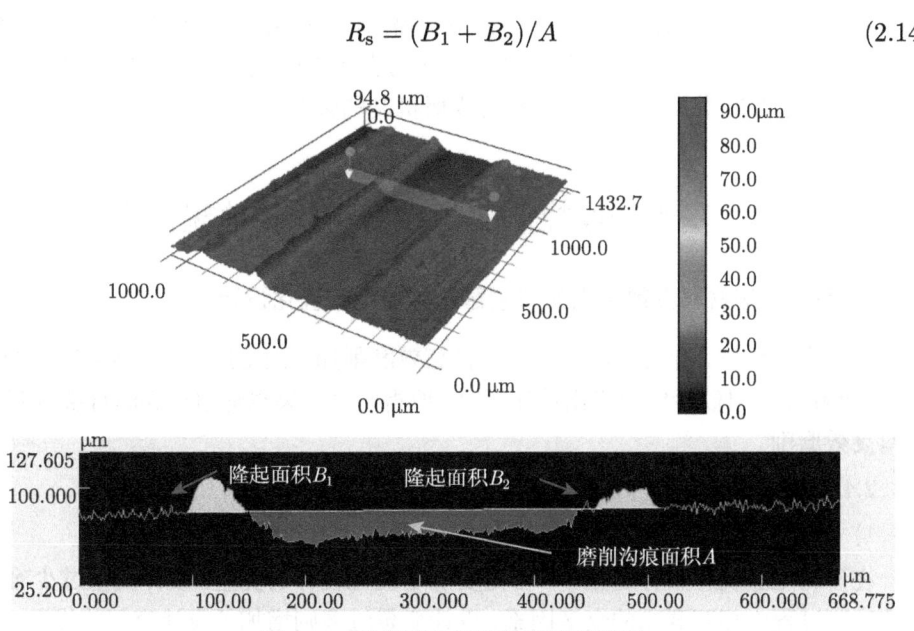

图 2.40　单颗磨粒磨削沟痕隆起截面

根据上述计算公式可获得如图 2.41 所示 TC4 钛合金与 GH4169 高温合金两种材料的隆起与磨削速度的关系曲线。可见,在单颗磨粒切厚恒定条件下,磨削速度的增加使得 TC4 材料的隆起比在整个速度变化范围内均呈上升趋势,而高温合

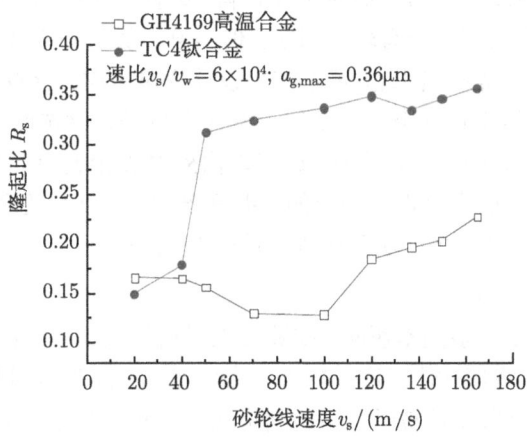

图 2.41　不同磨削速度条件下的实际磨削深度

金材料则呈先减小再增加的趋势，但总体水平低于钛合金。这说明，相对于 TC4 钛合金而言，GH4169 高温合金材料塑性较低，且随着磨削速度的提高，应变率强化效应使得材料变形抗力增加，愈加难以变形，导致隆起高度降低；随着磨削速度进一步上升，材料变形温度上升显著，塑性提高，这是隆起高度增加的主要原因。因此，切屑绝热剪切程度与隆起高度的变化均表明在应变率强化与热软化综合作用下，磨削速度的增加确实引起了材料成屑机制的转变。

2.4 基于切厚控制的超硬磨料砂轮地貌优化

2.4.1 面向强韧材料高效磨削的超硬磨料砂轮地貌优化设计

以钛合金为例，针对强韧难加工材料高效磨削加工对 CBN 超硬磨料砂轮的要求，开展超硬磨料砂轮地貌优化设计研究。所得研究结果也适用于高温合金等强韧材料高效磨削。

2.4.1.1 砂轮地貌优化设计变量与目标

1) 设计变量的确定

在砂轮地貌优化设计过程中，首先要确定优化设计的变量。设计变量过少难以反映磨削过程中相互联系的众多因素，设计变量过多则增加了设计空间的维数，使优化求解过于复杂。因此，确定设计变量时，应抓住问题的主要方面，即磨削过程中静态与动态关系，从分析砂轮表面的动静态参数与磨削过程的关系入手，确定适当的优化设计空间[32,60,123,124]。

根据上述原则，可确定动态有效磨粒间距 P、砂轮圆周速度 v_s、工件进给速度 v_w 和磨削深度 a_p 为设计变量，而对工件材料、磨粒的一些物理性能参数如热导系数、强度等，虽然对磨削性能有较大影响，但当磨料类型和工件材料确定时，这些参数变成为目标中的常量，因此，可不作为设计变量考虑。能够反映砂轮表面形貌特征的几何参数虽然不止一个，可以作为设计变量进行优选而又对生产具有指导意义的参数主要是有效磨粒间距 P，这与国内外对砂轮表面形貌优化研究中一直以动态有效磨粒数为研究重点是一致的。更重要的是，以有效磨粒间距 P 为设计变量进行研究，可以解释生产实际中提出的一些问题。

2) 优化目标的选择

磨削比能本身受诸多因素影响，如被加工材料性质、工具的利钝、单颗磨粒平均切厚、切削速度，等等。对高效磨削 TC4 钛合金而言，磨削过程中表现出磨削力和能耗大、磨削发热量多且易于发生磨削烧伤等特点。因此，对其磨削过程，以切除单位体积材料所能消耗的能量即磨削比能最小作为优化目标函数较为适宜。磨

2.4 基于切厚控制的超硬磨料砂轮地貌优化

削比能的计算式为

$$e_{\mathrm{s}} = \frac{F_{\mathrm{t}} v_{\mathrm{s}}}{1000 v_{\mathrm{w}} a_{\mathrm{p}} b} \tag{2.15}$$

式中，F_{t} 为切向磨削力；a_{p} 为切深；v_{s} 为砂轮线速度；v_{w} 为工件速度；b 为磨削宽度。

由式 (2.15) 可见，建立磨削比能最小的目标函数关键是确定切向磨削力 F_{t}。下面通过对单颗磨粒磨削力的分析来计算 F_{t}。

对于平面磨削而言，单颗磨粒最大未变形切厚 $a_{\mathrm{g,max}} = 2P \dfrac{v_{\mathrm{w}}}{v_{\mathrm{s}}} \sqrt{\dfrac{a_{\mathrm{p}}}{D}}$。

由图 2.42 所示单颗磨粒未变形切屑的等效变换，可得单颗磨粒平均未变形切削厚度为

$$a_{\mathrm{g}} = P \frac{v_{\mathrm{w}}}{v_{\mathrm{s}}} \sqrt{\frac{a_{\mathrm{p}}}{D}} \tag{2.16}$$

式中，有效磨粒间距 P、砂轮直径 D 与工件速度 v_{w}、砂轮速度 v_{s} 与切深 a_{p} 共同决定了单颗磨粒未变形切厚 a_{g}。单颗磨粒未变形切屑厚度 a_{g} 对磨削过程具有较大影响，它不仅影响到作用在磨粒上力的大小，同时也影响到磨削比能的大小以及磨削区的温度，从而造成对砂轮的磨损以及对加工表面完整性的影响。

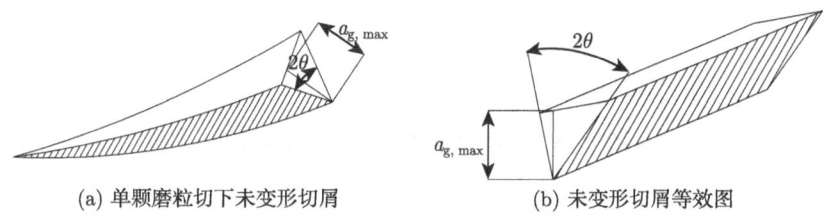

(a) 单颗磨粒切下未变形切屑　　(b) 未变形切屑等效图

图 2.42　切屑的等效变换

磨削时，单个磨粒切刃的磨削力 F_{tg} 与平均未变形切厚 a_{g} 的关系式为

$$F_{\mathrm{tg}} = K a_{\mathrm{g}}^{m} \quad (0 < m < 1) \tag{2.17}$$

式中，K 为单位宽度的磨削力，N/mm，可理解为微切削状态下的比磨削力。静态时，理想强韧性金属材料 $K = \sqrt{\dfrac{2E(\gamma_{\rho} + \gamma_{\mathrm{s}})}{\pi}}$（$\gamma_{\rho}$ 是塑性变形切应变，γ_{s} 是表面能）；动态时，K 不仅与材料的特性有关，且与磨削参数有关。指数 m 反映了磨粒切削过程中变形力和摩擦力所占的比例。$m = 1$ 时，可理解为纯剪切变形过程；$m = 0$ 时，可理解为纯摩擦过程。

2.4.1.2　优化目标函数的确定

通过设计制作单层钎焊 CBN 砂轮开展 TC4 钛合金磨削试验，获取单颗磨粒

所受的切向力 F_{tg}，确定其与单颗磨粒平均未变形切厚 a_g 之间的关系，从而获取切向磨削力的关系式。

为准确计算单颗磨粒所受磨削力，将单层钎焊 CBN 砂轮设计成直条密排状。为确保磨削接触弧区内仅有单排磨粒参与切削，根据接触弧长计算公式 $l_c = \sqrt{a_p D}$，若设定磨削切深 $a_p = 0.3$mm，砂轮直径 $D = 270$mm，则 $l_c = 9$mm。要使 $P > l_c$，故将砂轮的有效磨粒间距 P 设计为 10mm，其磨粒的排布方式和成型的砂轮如图 2.43 所示。

图 2.43　CBN 砂轮磨粒排布及成型砂轮

为获取所需的试验参数，制订如下试验方案。

试验条件：MMD7125 型精密平面磨床，KISTLER9265B 型三向压电式测力仪；KISTLER5019A 型电荷放大器以及相应的数据采集与处理系统。

工件材料：TC4 钛合金。

砂轮：单层钎焊 CBN 砂轮，磨粒间距 $P = 10$mm，砂轮直径 $D = 270$mm。

磨削方式：切入式缓进给磨削。

磨削液：3%乳化液，普通供液系统。

试验条件：试验所选参数见表 2.3。

表 2.3　单层钎焊 CBN 砂轮磨削 TC4 钛合金试验参数

试验序号	磨削切深 a_p/mm	工件进给速度 v_w/(m/min)	砂轮圆周速度 v_s/(m/s)	速度比 q	切向力 F_t/N	单颗磨粒切厚 a_g/μm
1	0.02	0.1	17.5	10 500	4.82	0.0082
2	0.02	0.2	17.5	5250	6.63	0.0164
3	0.02	0.3	17.5	3500	9.41	0.0246

2.4 基于切厚控制的超硬磨料砂轮地貌优化

续表

试验序号	磨削切深 a_p/mm	工件进给速度 v_w/(m/min)	砂轮圆周速度 v_s/(m/s)	速度比 q	切向力 F_t/N	单颗磨粒切厚 a_g/μm
4	0.02	0.4	17.5	2625	11.32	0.0328
5	0.02	0.5	17.5	2100	13.74	0.0410
6	0.02	0.6	17.5	1750	12.95	0.0492
7	0.02	0.8	17.5	1312.5	16.83	0.0656
8	0.02	1.0	17.5	1050	20.39	0.082
9	0.02	1.5	17.5	700	27.97	0.123

试验目的：缓进给磨削 TC4 钛合金时，保持磨削切深 a_p 和砂轮线速度 v_s 不变的前提下，不断改变工件速度 v_w，测量不同工件速度下的磨削力 F_t，即测量不同单颗磨粒平均切厚 a_g 下的磨削力。由于磨削宽度已知，可以获取单颗磨粒的切向磨削力 F_{tg}，建立 F_{tg} 与单颗磨粒平均切厚 a_g 之间的关系式。图 2.44 显示了不同工件速度下切向磨削力的变化情况。

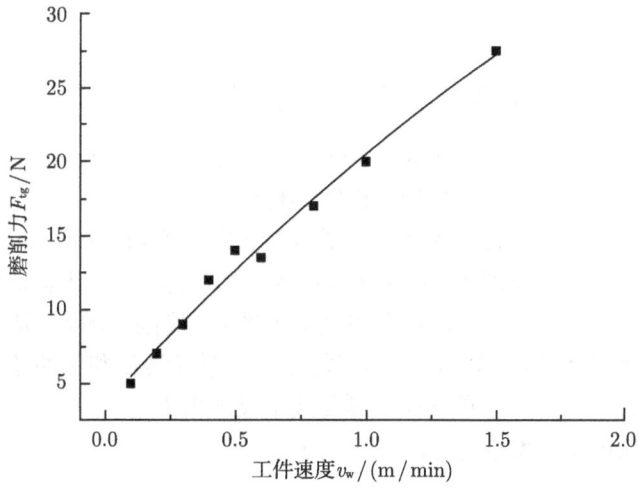

图 2.44 不同工件速度下 CBN 砂轮的切向磨削力的变化情况

根据测得的磨削力，计算单颗磨粒所受磨削力，获得如图 2.45 所示的单颗磨粒平均切厚与单颗磨粒受力的关系曲线。可以看出，单颗磨粒磨削力随单颗磨粒平均切厚的增大而增大。

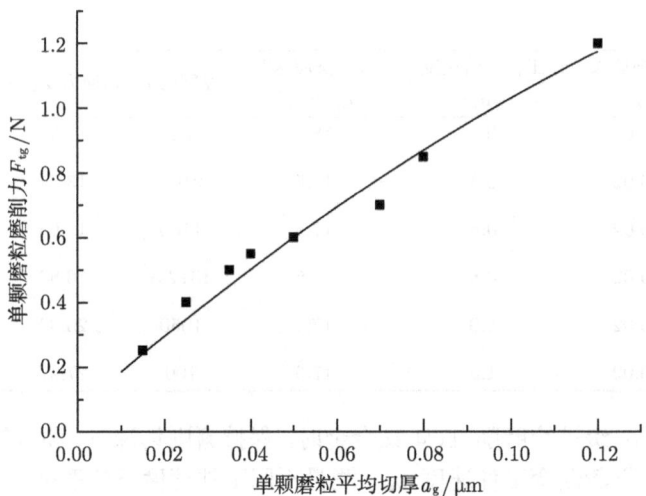

图 2.45　钎焊 CBN 砂轮单颗磨粒磨削力 F_{tg} 与单颗磨粒平均切厚 a_g 的关系曲线

拟合图 2.45 中的曲线可获得的单颗磨粒切向磨削力与单颗磨粒未变形切屑厚度之间的关系式为

$$F_{tg} = 1014.6 a_g^{0.746} \tag{2.18}$$

即

$$F_{tg} = 1014.6 P^{0.746} v_w^{0.746} v_s^{-0.746} a_p^{0.864} D^{-0.864} \tag{2.19}$$

分析式 (2.19) 可知，切深增大，不仅使单颗磨粒的未变形切厚增大，还使砂轮与工件的磨削接触弧长加长，参加工作的磨粒数增多，因而使磨削力增大；砂轮速度增大，单位时间内参加切削的磨粒数增多，使单颗磨粒的未变形切厚减小，磨削力随之减小；而工件速度增大，单颗磨粒的未变形切厚增大，因而磨削力增大；有效磨粒间距增大时，未变形切厚亦会出现增大现象，磨削力增大。通过式 (2.19) 中各设计变量的指数大小，可以发现有效磨粒间距、砂轮速度和工件速度对磨削力的影响较大，此关系也可从单颗磨粒切厚公式中反映出来。

由此，砂轮的切向磨削力 F_t 可表示为

$$F_t = N_d F_t \tag{2.20}$$

式中，N_d 为砂轮磨削时的动态有效磨粒数。对于钎焊 CBN 砂轮而言，若在砂轮制作过程中严格分选 CBN 磨粒，减小磨粒尺寸的分散范围，并采用适当的制作工艺，可使磨粒顶端近似分布于同一个弧面上。为此，在假设磨粒形状相同、磨粒等高分布的情况下，给定砂轮磨粒的有效排布间距 P，即可获取砂轮的动态有效磨粒数 N_d。

2.4 基于切厚控制的超硬磨料砂轮地貌优化

对于图 2.43 所示排布的单层钎焊 CBN 砂轮，其动态有效磨粒即可表示为

$$N_d = l_c b N_{eff} \tag{2.21}$$

式中，b 为磨削宽度；l_c 接触弧长；N_{eff} 为砂轮单位面积有效切刃数，$N_{eff}=1/(P \times d_g)$。
故切向磨削力 F_t 可表示为

$$F_t = 1014.6 P^{-0.254} v_w^{0.746} v_s^{-0.746} a_p^{0.873} D^{0.127} d_g^{-1} b \tag{2.22}$$

因而，磨削比能的关系式可表示为

$$e_s = 1.015 P^{-0.254} v_w^{-0.254} v_s^{0.254} a_p^{-0.127} D^{0.127} d_g^{-1} \tag{2.23}$$

根据试验中获取的切向磨削力 F_t，计算不同工件速度 v_w 下的磨削比能，获得如图 2.46 所示的单颗磨粒未变形切厚 a_g 与磨削比能 e_s 之间的关系曲线。

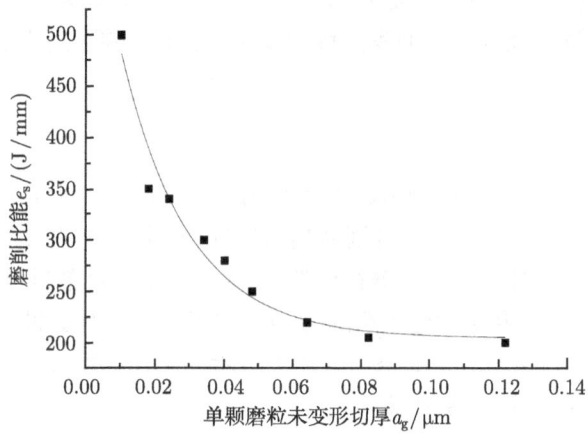

图 2.46 磨削比能 e_s 与未变形切屑厚度 a_g 的关系曲线

由图 2.46 可见，磨削比能随着单颗磨粒未变形切屑厚度的增大反而减小，即符合尺寸效应。所谓的尺寸效应就是指随磨粒切厚的减小，磨削比能愈大，即去除单位体积材料需要更多的能量。

2.4.1.3 超硬磨料砂轮地貌优化模型的约束函数

1. 约束条件及其函数

钛合金材料磨削过程中，由于加工设备、加工条件以及工件质量要求等技术条件的限制，所选择的设计变量的取值范围是有限的，在进行优化时，必须考虑这些条件对设计变量的限制。为此将约束条件确定为磨削弧区平均热流密度、表面粗糙度、容屑空间、磨粒的弯曲强度以及缓进磨削的特殊工艺要求。

磨削弧区平均热流密度。对于平面缓进给磨削而言,工件的热流分布模型如图 2.47 所示。

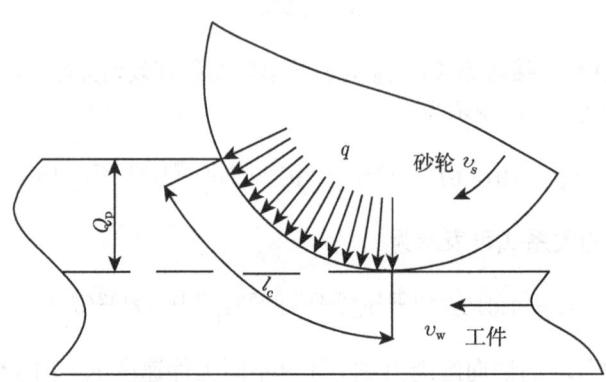

图 2.47 平面缓进磨削热流分布模型

为了简化分析,假设热源在砂轮与工件接触弧区内为均匀而恒定的面热源,即均布热源,其单位时间内单位面积区域的发热量为磨削弧区平均热流密度,表达式为

$$q = \frac{R_w F_t v_s}{1000 J l_c b} \tag{2.24}$$

式中,F_t 和 v_s 分别为切向磨削力、砂轮线速度;b 和 l_c 分别为磨削宽度、磨削弧区长度,$l_c = \sqrt{a_p \cdot D}$;J 和 R_w 分别为热功当量、传入工件的热量比例。

传入工件的热量比例 R_w 因磨料种类、工件材料、结合剂材料、磨削液类型不同而改变,如小切深氧化铝砂轮干磨削时,R_w 高达 90%;对于润滑良好的 CBN 砂轮缓进磨削比率在 3%~8%,且参考表 2.4 所示的 CBN 磨粒和 TC4 钛合金热学性能,缓进磨削 TC4 钛合金中取 R_w 为 8%。

表 2.4 CBN 磨粒和 TC4 钛合金热学性能

材料	热导率 $k/[\mathrm{W/(m\cdot K)}]$	热扩散率 $\alpha/(\mathrm{mm}^2/\mathrm{s})$	比热容 $c/[\mathrm{J/(kg\cdot K)}]$
CBN	130	7.39	1.84
TC4	7.955	0.51	678.30

由此可得

$$q = 0.019 P^{-0.254} v_w^{0.746} v_s^{0.254} a_p^{0.373} D^{-0.373} d_g^{-1} \tag{2.25}$$

依据式 (2.25) 可知,工件速度对热流密度的影响显著。对于给定的砂轮,当砂轮速度及切深固定不变时,工件速度 v_w 提高,虽然降低了磨削比能 e_s,但热流密度却升高。提高砂轮速度 v_s,增大了磨削比能,热流密度随之上升。当热流密度超过某一极限值——临界热流密度 $q_{\lim}$ 时,将导致工件表层急剧温升并很快发生烧

2.4 基于切厚控制的超硬磨料砂轮地貌优化

伤,因此,优化时要考虑热流密度对设计变量的限制,即优化出工件不发生烧伤条件下的最小磨削比能,由此构造出磨削弧区平均热流密度的约束函数为

$$q = 0.019 P^{-0.254} v_{\mathrm{w}}^{0.746} v_{\mathrm{s}}^{0.254} a_{\mathrm{p}}^{0.373} D^{-0.373} d_{\mathrm{g}}^{-1} \leqslant q_{\lim} \tag{2.26}$$

该约束函数中,$q_{\lim}$ 的选取要依冷却条件的不同而定,它反映了磨削时弧区换热条件对磨削过程的影响。当换热条件较好时,即使在较大的磨削用量条件下和临界热流密度大幅度提高的情况下,也可将磨削温度控制在烧伤温度之下。

2. 表面粗糙度

磨削所产生的细观表面形态主要由磨粒切刃与工件的干涉作用产生的沟痕叠加而成。磨削表面粗糙度的获得是砂轮表面单位面积磨粒数和磨粒分布、磨削参数、磨粒点和工件之间的三维相互作用的结果。根据图 2.48 所示随机排布磨粒下划槽轮廓,磨削过程中磨粒在工件表面留下的划槽的横截面形状为三角形。图中 h 为单颗磨粒未变形切厚 (等同于划槽深)。砂轮磨粒随机排布情况下,未变形切厚 h 服从概率分布。

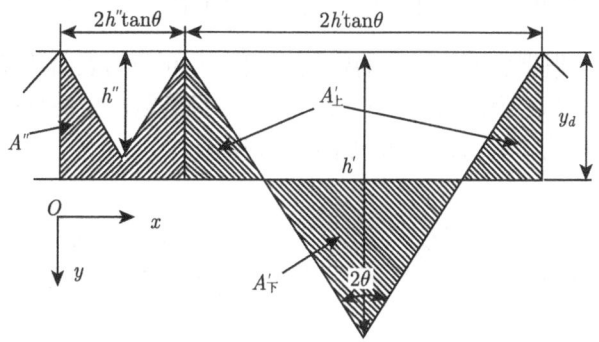

图 2.48 磨粒切削产生的划槽理论轮廓

表面粗糙度 R_{a} 定义为在取样长度 l 内,轮廓线上各点到中线之间偏差的绝对值的算术平均值,即

$$R_{\mathrm{a}} = \frac{1}{l} \int_0^l |y - y_{\mathrm{cl}}| \mathrm{d}l \tag{2.27}$$

式中,y_{cl} 表示中线距离。由于平行于加工方向的粗糙度值远小于垂直于加工方向的粗糙度值,故此只考虑垂直于磨削加工方向的粗糙度 R_{a} 即可。为了建立表面粗糙度 R_{a} 模型,需作以下假设:

(1) 所有磨粒完全等高,不考虑磨粒磨损;
(2) 所有磨粒的切削刃的顶角均相等,为 2θ;
(3) 所有的磨粒的切削刃在三维 (砂轮周向、轴向、深度方向) 均匀分布;

(4) 磨去的材料全部形成切屑,无隆起、滑擦、耕犁等现象,因此磨粒留在工件上的痕迹就是它本身的形状。

下面特针对磨粒有序排布建立表面粗糙度模型。

磨粒在砂轮宽度方向密排(即两磨粒间距为其平均直径 d_g),砂轮圆周方向以有效磨粒间距 P 排列,且根据单层钎焊砂轮的制作工艺,可假设磨粒等高。由单颗磨粒未变形切厚可知,由于磨粒间距一样,磨粒切削产生的划槽深度应该具有相同的形式。考虑前后排磨粒的相互干涉作用,为便于理论计算,可简化考虑若干排的相互干涉作用,而后续磨粒的切痕与前面磨粒的切痕完全重合,其留下的表面划槽如图 2.49 所示。

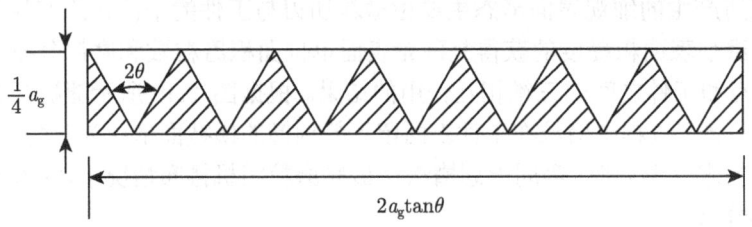

图 2.49 有序排布磨粒切削作用产生的划槽理论轮廓

同上述分析,根据表面粗糙度的定义,对图 2.49 中的表面计算粗糙度 R_a。由于划槽形状完全一致,因此,R_a 的计算可以由单颗磨粒产生的划槽宽度进行计算,即取样长度 l 可取为 $l = 2a_g \tan\theta$,如图 2.50 所示。

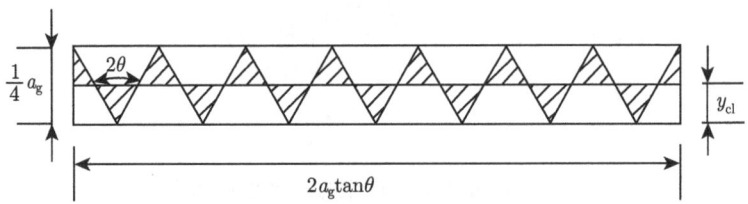

图 2.50 磨粒的划槽示意图

由粗糙度定义可知,y_{cl} 线以上的面积等于其以下的面积,可容易求出 y_{cl} 的位置,即 $y_{cl} = \frac{1}{8} a_g$,因此可计算 R_a:

$$R_a = \frac{28 \times \frac{1}{8} a_g \times \frac{1}{8} a_g \tan\theta \times \frac{1}{2}}{2 a_g \tan\theta} = \frac{7}{64} a_g \tag{2.28}$$

由于磨粒在切削过程中,切厚不断变化,所以式 (2.28) 可表达为

$$E(R_a) = \frac{7}{64} E(a_g) \tag{2.29}$$

2.4 基于切厚控制的超硬磨料砂轮地貌优化

下面通过计算 $E(a_g)$ 获取表面粗糙度。根据单颗磨粒的等效变换图,因此,单颗磨粒横截面积 A_{ch} 为

$$A_{ch} = a_g^2 \tan\theta \tag{2.30}$$

所有垂直于切削方向的同时参与切削的磨粒所形成的总横截面积的期望值为

$$E(A_t) = N_d E(A_{ch}) \tag{2.31}$$

式中,N_d 为 $l_c b N_{eff}$;b 为磨削宽度;l_c 接触弧长;N_{eff} 为动态有效磨粒密度。

将式 (2.30) 代入式 (2.31) 得

$$E(A_t) = N_d \tan\theta E(a_g^2) \tag{2.32}$$

假设磨削过程中不发生体积变化,则总的磨粒切除体积应等于砂轮的去除率,即

$$E(A_t)v_s = v_w a_p b \tag{2.33}$$

由式 (2.33) 推导得

$$E(a_g) = \sqrt{\frac{d_g P}{\tan\theta} \frac{v_w}{v_s}} \sqrt{\frac{a_p}{D}} \tag{2.34}$$

所以,

$$E(R_a) = \frac{7}{64}\sqrt{\frac{d_g P}{\tan\theta} \frac{v_w}{v_s}} \sqrt{\frac{a_p}{D}} \tag{2.35}$$

因此,得到粗糙度约束关系式为

$$R_a = \frac{7}{64}\sqrt{\frac{d_g P}{\tan\theta} \frac{v_w}{v_s}} \sqrt{\frac{a_p}{D}} \leqslant R_{a0} \tag{2.36}$$

由表面粗糙度关系式 (2.36) 可见,砂轮的粒径较大,砂轮单位面积上的磨粒数越少,磨削表面的划痕就越宽,表面粗糙度大;粒度较细时,磨粒切削能力强,因而粗糙度较小。若降低砂轮速度,可减少单位时间内参与磨削的磨粒数,则单颗磨粒负荷增大,工件塑性变形和犁沟两侧塑性隆起增大,因此表面粗糙度增大;若增大工件速度将减少工件单位长度上磨削的磨粒数,使单颗磨粒的磨削厚度和金属切削量增加,将增大表面粗糙度;增大磨削深度将增加塑性变形的程度,从而使表面粗糙度增大。

3. 砂轮容屑空间

对于单层钎焊超硬磨料砂轮而言,磨粒间的空隙就是容屑空间。传统陶瓷结合剂砂轮的组织号只能笼统地说明砂轮结构的紧密程度,不能明确说明容屑空间的结构特征及其容屑能力。此处定义砂轮的容屑系数,即砂轮上相对于单颗磨粒的空

隙体积内所能容纳的切屑体积，它表明砂轮磨削时的容屑能力。容屑系数 C_s 可用式 (2.37) 表达：

$$C_s = \frac{Q_p}{Q_{ch}} \geqslant 1 \tag{2.37}$$

式中，Q_p 为砂轮上对应于每一磨粒的空隙体积；Q_{ch} 为砂轮上对应于每一磨粒切下的切屑的占空体积。

对于单层钎焊超硬磨料砂轮，其磨粒排布和磨粒出露结构如图 2.51 所示 (假设磨粒为出露在砂轮表面的顶角为 2θ、底面直径为 d_g 的圆锥，P 为磨粒间距、h_i 为磨粒出露高度)。

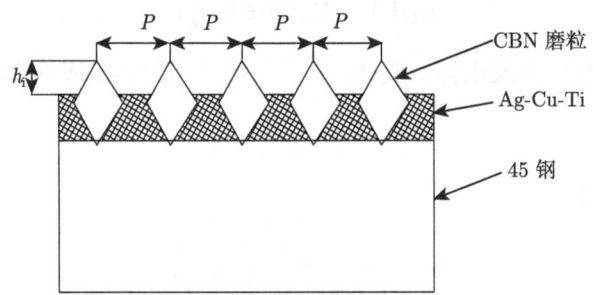

图 2.51 单层钎焊 CBN 超硬磨料砂轮的磨粒排布示意图

假设 CBN 磨粒的平均出露高度为 h_i，单颗磨粒的平均出露体积为 V_e，则单颗磨粒容屑空间为

$$Q_p = 2h_i^2 P \tan\theta - V_e \tag{2.38}$$

单颗磨粒切下未变形切屑的占空体积为

$$Q_{ch} = \frac{1}{2} l_c a_g b_g = P^2 \left(\frac{v_w}{v_s}\right)^2 \frac{a_p}{D} \sqrt{\frac{a_p}{D}} \tan\theta \tag{2.39}$$

式中，b_g 为单颗磨粒的切削宽度。

因此，在如图 2.51 所示的排布方式下，单层钎焊 CBN 砂轮的容屑系数 C_s 可表示为

$$C_s = \frac{2h_i^2 P \tan\theta - V_e}{P^2 \left(\dfrac{v_w}{v_s}\right)^2 \dfrac{a_p}{D} \sqrt{\dfrac{a_p}{D}} \tan\theta} \tag{2.40}$$

依据式 (2.40)，增大有效磨粒间距 P、提高砂轮线速度 v_s 均有利于提高容屑空间。一般情况下，磨粒出露高度增加，砂轮表面容屑系数增大，然而并非随着磨粒出露高度的增大一味增大，存在一个最佳磨粒出露高度，此时获得最大容屑系数；若磨粒出露高度继续增加，非但不会增大容屑系数，反而造成结合强度不够，造成磨粒脱落。

2.4 基于切厚控制的超硬磨料砂轮地貌优化

正常磨削时，容屑空间必须满足于切屑体积，即单位时间内单颗磨粒出露于结合剂所拥有的容屑空间 Q_p 必须不小于单位时间内的材料去除率 Q_{ch}，即容屑系数 $C_s \geqslant 1$，则容屑空间的约束函数为

$$2h_i^2 P \tan\theta - V_e \geqslant P^2 \left(\frac{v_w}{v_s}\right)^2 \frac{a_p}{D} \sqrt{\frac{a_p}{D}} \tan\theta \tag{2.41}$$

4. 弯曲强度

磨削过程中，假设单颗 CBN 磨粒受力均作用在其顶部，其加工过程中的力学模型可以简化为图 2.52。其中，F_{tg} 为单颗 CBN 磨粒所受切向力，F_{ng} 为单颗 CBN 磨粒所受法向力，h_i 为 CBN 颗粒出露高度。

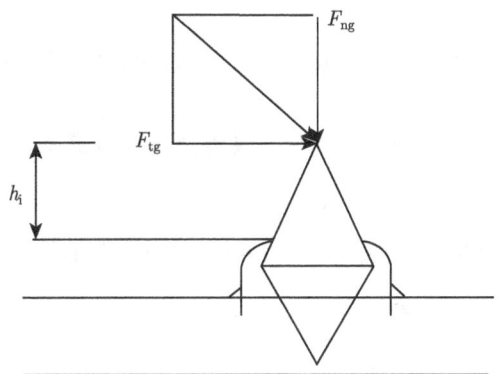

图 2.52 CBN 加工过程中的力学模型

可将图 2.52 中所示 CBN 磨粒受力简化为悬臂梁，其最大弯矩发生于钎料与磨粒的结合处，所受最大弯矩为

$$M_{\max} = F_{tg} \times h_i \tag{2.42}$$

单颗磨粒钎料结合处所受弯曲应力为

$$\sigma = \frac{M_{\max}}{W} = \frac{M_{\max}}{\frac{1}{6}n^3} = 5.48 \times 10^4 P^{0.746} v_w^{0.746} v_s^{-0.746} a_p^{0.373} D^{-0.373} d_g^{-2} \tag{2.43}$$

式中，n 为假设截面为正四边形时的棱长。若取磨粒出露高度 $h_i = \frac{1}{3}d_g$，则 $n = \frac{1}{3}d_g$。得到弯曲强度约束函数为

$$\sigma = 5.48 \times 10^4 P^{0.746} v_w^{0.746} v_s^{-0.746} a_p^{0.373} D^{-0.373} d_g^{-2} \leqslant [\sigma] \tag{2.44}$$

式中，$[\sigma]$ 为 CBN 磨粒的弯曲许用强度。

5. 关于其他约束条件的说明

1) 砂轮线速度 v_s 与工件速度 v_w

根据所使用磨床的条件和缓进磨削对速比的要求确定砂轮速度与工件速度的取值范围，即

$$1.67 \text{mm/s} \leqslant v_w \leqslant 8.33 \text{mm/s} \tag{2.45}$$

$$15 \text{m/s} \leqslant v_s \leqslant 35 \text{m/s} \tag{2.46}$$

2) 切深 a_p

根据现有常用磨床设备条件，约定磨削切深的取值范围为

$$0.1 \text{mm} \leqslant a_p \leqslant 30 \text{mm} \tag{2.47}$$

根据上述构建的目标函数、约束函数及其确定的设计变量选择范围，即可构成一个完整的优化数学模型。

2.4.1.4 缓进给磨削用砂轮地貌优化模型及其求解算例

1. 地貌优化模型确定

综合上述各式可得到单层钎焊 CBN 砂轮磨削钛合金的地貌优化模型，如下：

$$\left.\begin{aligned}
&e_s = 1.015 P^{-0.254} v_w^{-0.254} v_s^{0.254} a_p^{-0.127} D^{0.127} d_g^{-1} \\
&q = 0.019 P^{-0.254} v_w^{0.746} v_s^{0.254} a_p^{0.373} D^{-0.373} d_g^{-1} \leqslant q_{\lim} \\
&R_a = \frac{7}{64} \sqrt{\frac{d_g P}{\tan\theta} \frac{v_w}{v_s}} \sqrt{\frac{a_p}{D}} \leqslant R_{a0} \\
&2 h_i^2 P \tan\theta - V_e \geqslant P^2 \left(\frac{v_w}{v_s}\right)^2 \frac{a_p}{D} \sqrt{\frac{a_p}{D}} \tan\theta \\
&\sigma = 5.48 \times 10^4 P^{0.746} v_w^{0.746} v_s^{-0.746} a_p^{0.373} D^{-0.373} d_g^{-2} \leqslant [\sigma] \\
&15 \text{m/s} \leqslant v_s \leqslant 35 \text{m/s} \\
&1.67 \text{mm/s} \leqslant v_w \leqslant 8.33 \text{mm/s} \\
&0.1 \text{mm} \leqslant a_p \leqslant 30 \text{mm}
\end{aligned}\right\} \tag{2.48}$$

分析上述模型可知，目标函数和约束函数中有若干函数是非线性的，而且约束条件又是不等式约束条件，在运筹学中此类问题属于比较复杂的不等式约束条件的非线性规划问题。在求解这一类问题时，除了要使目标函数值不断下降之外，还要时刻注意解的可行性问题，即看是否处于约束条件所限定的范围之内，这就给寻

2.4 基于切厚控制的超硬磨料砂轮地貌优化

优工作带来了很大困难。为了简化其优化工作，可采用以下方法：将不等式的约束化为等式约束；将约束问题化为无约束问题；将非线性规划问题化为线性规划问题，也就是用线性逼近的方法来近似求解非线性规划问题。总之，是设法将复杂的问题变换成较简单的问题求解。

基于以上求解思想，将目标函数和经等价变换后的约束函数两边同时取对数，即可将非线性问题线性化。由于这种变换既不会改变目标函数的单调性，又不会使变换后约束条件形成的可行域发生变化，因此，在这种情况下求得的新目标函数和使新目标函数取得极小值的设计变量组合经反变换后得到的便是原目标函数和要求的最佳设计变量。

2. 约束条件参数确定

1) 临界磨削区热流密度的确定

依据试验，CBN 砂轮磨削 TC4 钛合金控制磨削烧伤的热流密度，取 $q_{\lim} = 8\text{W}/\text{mm}^2$。

2) 容屑空间约束的简化

由于容屑空间的约束函数不利于线性化处理，因此采用略微加强的约束代替原约束，即

$$h_i^2 \geqslant P\left(\frac{v_w}{v_s}\right)^2 \frac{a_p}{D}\sqrt{\frac{a_p}{D}} \tag{2.49}$$

3) 弯曲强度的确定

CBN 磨粒的弯曲强度为 300MPa，即 $[\sigma] = 300\text{N}/\text{mm}^2$。

4) 磨粒出露高度 h_i 的确定

磨粒出露高度取 $h_i = \frac{1}{3}d_g$。

3. 优化求解解析

优化模型的优化求解过程。

首先，优化模型的线性化，将上述优化模型中各式进行对数变化，令 $y = \lg e_s$, $x_1 = \lg v_w$, $x_2 = \lg v_s$, $x_3 = \lg a_p$, $x_4 = \lg P$，经整理归纳得到如下模型。

$$\left.\begin{aligned}
&\text{目标：} y = -0.254x_1 + 0.254x_2 - 0.127x_3 - 0.254x_4 + 1.575 \\
&\text{约束：} 0.746x_1 + 0.254x_2 + 0.373x_3 - 0.254x_4 \leqslant 2.786 \\
&\qquad 0.5x_1 - 0.5x_2 + 0.25x_3 + 0.5x_4 \leqslant -1.275 \\
&\qquad 2x_1 - 2x_2 + 1.5x_3 + x_4 \leqslant 1.203 \\
&\qquad 0.746x_1 - 0.746x_2 + 0.373x_3 + 0.746x_4 \leqslant -2.845 \\
&\qquad 0.222 \leqslant x_1 \leqslant 0.921 \\
&\qquad 4.176 \leqslant x_2 \leqslant 4.544 \\
&\qquad -1 \leqslant x_3 \leqslant 1.477
\end{aligned}\right\} \tag{2.50}$$

为求解该模型，直接调用 MATLAB6.1 中优化工具的 Linprog(f,A,b,[],[],lb,ub) 函数求解。可以得到如表 2.5 所示结果：

表 2.5 缓进给磨削砂轮地貌优化结果

v_w/(mm/s)	v_s/(m/s)	a_p/mm	P/mm	e_s/(J/mm^3)
2.80	20.6	0.16	2.87	349.70

4. 已知砂轮地貌参数与加工要求优化磨削参数

算例：已知单层钎焊 CBN 砂轮，加工工件为 TC4 钛合金，普通供液系统，冷却液为乳化液，要求表面粗糙度 R_a 不超过 0.8μm，无磨削烧伤发生。反映砂轮地貌的主要参数为：砂轮直径 D，磨粒粒径 d_g，磨粒平均出露高度 h_i，有效磨粒间距 P，改变各参数时求解使得磨削比能最小的磨削用量组合。

(1) 砂轮直径变化时，其余地貌参数为：磨粒粒度 100 目，磨粒间距 $P=5$mm，出露高度 $h_i=30\%$。优化的磨削用量参数见表 2.6。

表 2.6 缓进磨削砂轮直径改变时磨削用量的优化组合

砂轮地貌参数				磨削用量组合			e_s/(J/mm^3)
直径 D/mm	有效磨粒间距 P/mm	粒度	出露高度/%	a_p/mm	v_w/(mm/s)	v_s/(m/s)	
220				0.30	4.06	16.0	231.47
270	5	100 目	30	0.13	1.73	20.3	349.62
320				0.13	1.73	18.9	356.62

(2) 砂轮磨粒粒度变化时，其余地貌参数为：砂轮直径 $D=270$mm，磨粒间距 $P=5$mm，出露高度 $h_i=30\%$。优化的磨削用量参数见表 2.7。

表 2.7 缓进磨削砂轮磨粒粒度变化时磨削用量的优化组合

砂轮地貌参数					磨削用量组合			e_s/(J/mm^3)
粒度	基本尺寸/μm	直径 D/mm	有效磨粒间距 P/mm	出露高度/%	a_p/mm	v_w/(mm/s)	v_s/(m/s)	
50/60目	317.5				0.10	6.87	15.8	108.14
80/100目	180	270	5	30	0.13	1.73	20.3	349.62
140/170目	90				0.10	1.65	24.7	404.98

(3) 磨粒出露高度变化时，其余地貌参数为：磨粒粒度 100 目，砂轮直径 $D=270$mm，磨粒间距 $P=5$mm。优化的磨削用量参数见表 2.8。

2.4 基于切厚控制的超硬磨料砂轮地貌优化

表 2.8 缓进磨削磨粒出露高度变化时磨削用量的优化组合

砂轮地貌参数				磨削用量组合			
出露高度/%	直径 D/mm	粒度	有效磨粒间距 P/mm	a_p/mm	v_w/(mm/s)	v_s/(m/s)	e_s/(J/mm³)
30				0.13	1.73	20.3	349.62
50	270	100 目	5	0.16	4.19	16.1	265.28
70				4.18	4.37	15.8	166.92

(4) 砂轮有效磨粒间距变化时,其余地貌参数为:磨粒粒度 100 目,砂轮直径 $D=270$mm,磨粒出露高度 $h_i=30\%$。优化的磨削用量参数见表 2.9。

表 2.9 缓进磨削砂轮有效磨粒间距变化时磨削用量的优化组合

砂轮地貌参数				磨削用量组合			
有效磨粒间距 P/mm	直径 D/mm	粒度	出露高度/%	a_p/mm	v_w/(mm/s)	v_s/(m/s)	e_s/(J/mm³)
1.5				0.20	3.23	15.7	417.06
3	270	100 目	30	0.14	2.42	16.5	349.70
5				0.13	1.73	20.3	349.62

由上述优化结果可见:

(1) 砂轮直径改变时,存在着与之相适应的最佳磨削用量组合,在满足约束条件的同时,获取最小的磨削比能。

(2) 砂轮磨粒粒度改变时,磨粒直径越大,磨削接触弧区内有效磨粒数减小。若其他参数不变,有利于降低磨削比能和弧区热流密度,改善容屑能力,降低磨粒和钎料结合处的弯曲应力,从而有利于材料去除率的提高,磨削比能的降低。

(3) 磨粒出露高度变化时,有利于提高砂轮的容屑能力。在不同磨粒出露高度各自最佳的磨削用量组合条件下,磨粒出露高度从 30%增大到 50%时,磨削比能显著下降;而从 50%增大到 70%时,磨削比能下降幅度很小,分析其主要原因是容屑空间足够大以后,已足以容纳下切屑,再增加已经无意义了。

(4) 砂轮有效磨粒间距变化时,可通过磨削用量的最优组合,保证在不同磨粒间距条件下,获取使磨削比能最小的最佳未变形切厚条件,使磨削过程处于最佳工作状态。

5. 已知加工要求和用量条件优化砂轮地貌

CBN砂轮平面缓进给磨削 TC4 钛合金时,磨削用量范围为:$v_s=15\sim25$m/s,$v_w=1.67\sim8.33$mm/s,$a_p=0.1\sim30$mm。加工要求为表面粗糙度 R_a 不超过 0.8μm,无磨削烧伤发生。磨粒粒度 100 目,砂轮直径 $D=270$mm,磨粒出露高度 $h_i=30\%$。不同磨削用量条件下优化得到的磨粒间距 P 见表 2.10。

表 2.10　不同磨削用量下有效磨粒间距的优化解

v_s/(m/s)	v_w/(mm/s)	a_p/mm	优化解 P/mm
15	1.67	1.0	1.38
		5.0	0.62
	3	1.0	0.77
25	1.67	1.0	2.30
		5.0	1.03
		10	0.73
		15	0.59
	3	1.0	1.28
35	1.67	1.0	3.22
		5.0	1.81
		10	1.28
		15	0.83
		20	0.72
		25	0.64
		30	0.59
	3	1.0	1.79
		5.0	0.80
		10	0.57

由表 2.10 可见，磨削用量条件不同，与之相适应的地貌也有所不同。当砂轮直径和磨粒粒度一定时，相同砂轮速度和切深条件下，工件速度增大，单颗磨粒的平均切厚增大，磨粒载荷增大，有效磨粒间距的减小有利于增加接触弧区内参与工作的磨粒数，降低磨粒载荷，保证磨粒正常工作。而当工件速度和切深一定时，提高砂轮速度虽在一定程度上有利于降低磨粒载荷，提高容屑能力，但磨削比能和磨削弧区热流密度均会显著上升，有效磨粒间距的增大有利于降低磨削比能和磨削弧区热流密度，不会发生磨削烧伤。在一定砂轮速度和工件速度条件下，增大切深增加了单颗磨粒的平均切厚，引起热流密度的增大，而且表面粗糙度也会加大，磨粒载荷增大，不利于磨削，有效磨粒间距的降低，增加参与工作的磨粒数，可以降低单颗磨粒平均切厚，改善磨削表面质量。

2.4.1.5　高效深切磨削用砂轮地貌优化模型及其求解算例

1. 优化模型的确立

高效深切磨削技术是近几年发展起来的一种集砂轮高速度、高进给速度和大切深为一体的高效率磨削技术。在高效深切磨削中，采用极高的砂轮线速度行深切磨削，如将工件进给速度提高至 1～4m/min 或以上，有利于改善磨削取得传热条件，使进入下方工件的磨削热减少，提高进给速度所带来的改善传热条件的效应，要超过由于磨除率的提高造成的发热量增大的效果。

2.4 基于切厚控制的超硬磨料砂轮地貌优化

对于砂轮来说，必须具有很高的抗破碎强度、很好的形状精度保持性以及尽可能高的耐用度，以减少转动时离心力的影响和缩短更换砂轮所需的时间。传统的陶瓷和树脂结合剂砂轮已不能满足高性能磨削的需要，必须采用新型的砂轮以适应高速和大切深。单层钎焊 CBN 砂轮磨粒耐磨性高，钎料与磨粒间结合强度大不易脱落，有利于保持砂轮锋利性，适合在高效深切磨削领域的应用。如果能够按照高效深切磨削工艺的特殊加工工艺优化出适合该工艺的砂轮地貌，则更能发挥 CBN 砂轮优异的磨削性能。

根据上述建模过程并结合高效深切磨削工艺的工艺参数，建立如下模型：

$$\left.\begin{aligned}
&e_{\mathrm{s}} = 1.015 P^{-0.254} v_{\mathrm{w}}^{-0.254} v_{\mathrm{s}}^{0.254} a_{\mathrm{p}}^{-0.127} D^{0.127} d_{\mathrm{g}}^{-1} \\
&q = 0.098 P^{-0.254} v_{\mathrm{w}}^{0.746} v_{\mathrm{s}}^{0.254} a_{\mathrm{p}}^{0.373} D^{-0.373} d_{\mathrm{g}}^{-1} \leqslant q_{\lim} \\
&R_{\mathrm{a}} = \frac{7}{64}\sqrt{\frac{d_{\mathrm{g}} P}{\tan\theta}\frac{v_{\mathrm{w}}}{v_{\mathrm{s}}}}\sqrt{\frac{a_{\mathrm{p}}}{D}} \leqslant R_{\mathrm{a}0} \\
&2 h_{\mathrm{i}}^2 P \tan\theta - V_{\mathrm{e}} \geqslant P^2 \left(\frac{v_{\mathrm{w}}}{v_{\mathrm{s}}}\right)^2 \frac{a_{\mathrm{p}}}{D}\sqrt{\frac{a_{\mathrm{p}}}{D}}\tan\theta \\
&\sigma = 5.48\times 10^4 P^{0.746} v_{\mathrm{w}}^{0.746} v_{\mathrm{s}}^{-0.746} a_{\mathrm{p}}^{0.373} D^{-0.373} d_{\mathrm{g}}^{-2} \leqslant [\sigma] \\
&150\mathrm{m/s} \leqslant v_{\mathrm{s}} \leqslant 200\mathrm{m/s} \\
&8.33\mathrm{mm/s} \leqslant v_{\mathrm{w}} \leqslant 166.67\mathrm{mm/s} \\
&0.1\mathrm{mm} \leqslant a_{\mathrm{p}} \leqslant 30\mathrm{mm}
\end{aligned}\right\} \quad (2.51)$$

将上述优化模型中各式进行对数变换，令 $y = \lg e_{\mathrm{s}}, x_1 = \lg v_{\mathrm{w}}, x_2 = \lg v_{\mathrm{s}}, x_3 = \lg a_{\mathrm{p}}, x_4 = \lg P$，经整理归纳可以得到如下模型。

$$\left.\begin{aligned}
&\text{目标：} y = -0.254 x_1 + 0.254 x_2 - 0.127 x_3 - 0.254 x_4 + 1.575 \\
&\text{约束：} 0.746 x_1 + 0.254 x_2 + 0.373 x_3 - 0.254 x_4 \leqslant 2.074 \\
&\qquad 0.5 x_1 - 0.5 x_2 + 0.25 x_3 + 0.5 x_4 \leqslant -1.275 \\
&\qquad 2 x_1 - 2 x_2 + 1.5 x_3 + x_4 \leqslant 1.203 \\
&\qquad 0.746 x_1 - 0.746 x_2 + 0.373 x_3 + 0.746 x_4 \leqslant -2.845 \\
&\qquad 0.921 \leqslant x_1 \leqslant 2.222 \\
&\qquad 5.176 \leqslant x_2 \leqslant 5.301 \\
&\qquad -1 \leqslant x_3 \leqslant 1.477
\end{aligned}\right\} \quad (2.52)$$

2. 已知砂轮地貌参数与加工要求优化磨削参数

算例：已知单层钎焊 CBN 砂轮，加工工件为 TC4 钛合金，普通供液系统，磨削液为乳化液，要求表面粗糙度 R_{a} 不超过 0.8 μm，无磨削烧伤发生。反映砂轮地貌的主要参数为:砂轮直径 D,磨粒粒径 d_g,磨粒平均出露高度 h_i,有效磨粒间距 P,改变各参数时求解使得磨削比能最小的磨削用量组合。

(1) 砂轮直径变化时,其余地貌参数为:磨粒粒度 100 目,磨粒间距 $P=3$mm,出露高度 $h_i=30\%$。优化的磨削用量参数见表 2.11。

表 2.11 高效深切磨削砂轮直径改变时磨削用量的优化组合

砂轮地貌参数				磨削用量组合			$e_s/(\text{J}/\text{mm}^3)$
直径 $D/$mm	有效磨粒间距 $P/$mm	粒度	出露高度 $h_i/\%$	$a_p/$mm	$v_w/(\text{mm/s})$	$v_s/(\text{m/s})$	
220				0.13	21.76	168	348.26
270	3	100 目	30	0.11	29.23	190	349.30
320				0.11	31.10	184	330.52

(2) 砂轮磨料粒度变化时,其余地貌参数为:砂轮直径 $D=270$mm,磨粒间距 $P=3$mm,出露高度 $h_i=30\%$。优化的磨削用量参数见表 2.12。

表 2.12 高效深切磨削砂轮磨粒粒度变化时磨削用量的优化组合

砂轮地貌参数					磨削用量组合			$e_s/(\text{J}/\text{mm}^3)$
粒度/目	基本尺寸/μm	直径 $D/$mm	有效磨粒间距 $P/$mm	出露高度 $h_i/\%$	$a_p/$mm	$v_w/(\text{mm/s})$	$v_s/(\text{m/s})$	
50/60	317.5				0.34	55.28	150	155.37
80/100	180	270	3	30	0.11	29.23	190	349.30
140/170	90				0.10	11.32	150	590.15

(3) 磨粒出露高度变化时,其余地貌参数为:磨粒粒度 100 目,砂轮直径 $D=270$mm,磨粒间距 $P=3$mm。优化的磨削用量参数见表 2.13。

表 2.13 高效深切磨削磨粒出露高度变化时磨削用量的优化组合

砂轮地貌参数				磨削用量组合			$e_s/(\text{J}/\text{mm}^3)$
出露高度 $h_i/\%$	直径 $D/$mm	粒度	有效磨粒间距 $P/$mm	$a_p/$mm	$v_w/(\text{mm/s})$	$v_s/(\text{m/s})$	
30				0.11	29.23	190	349.30
50	270	100 目	3	0.11	44.77	150	294.44
70				0.23	31.91	150	278.80

(4) 砂轮有效磨粒间距变化时,其余地貌参数为:磨粒粒度 100 目,砂轮直径 $D=270$mm,出露高度 $h_i=30\%$。优化的磨削用量参数见表 2.14。

2.4 基于切厚控制的超硬磨料砂轮地貌优化

表 2.14 高效深切磨削有效磨粒间距变化时磨削用量的优化组合

砂轮地貌参数			磨削用量组合			
有效磨粒间距 P/mm	直径 D/mm	粒度	出露高度/%	a_p/mm	v_w/(mm/s)	v_s/(m/s)	e_s/(J/mm³)
1.5				0.13	33.12	150	349.38
3	270	100目	30	0.11	29.23	190	349.30
5				0.19	12.47	179	349.22

3. 已知加工要求和用量条件优化砂轮地貌

CBN 砂轮高效深切磨削 TC4 钛合金时，磨削用量范围为：$v_s = 150 \sim 200$m/s，$v_w = 8.33 \sim 166.67$mm/s，$a_p = 0.1 \sim 30$mm。加工要求为表面粗糙度不超过 0.8μm，无磨削烧伤发生。磨粒粒度100目，砂轮直径 $D = 270$mm，磨粒出露高度 $h_i = 30\%$。不同磨削用量条件下优化得到的磨粒间距 P 如表 2.15。

表 2.15 高效深切磨削不同磨削用量条件下有效磨粒间距的优化解

v_s/(m/s)	v_w/(mm/s)	a_p/mm	优化解 P/mm
150	8.33	1.0	2.76
		5.0	1.02
		10	0.87
	20	1.0	1.15
		5.0	0.51
180	8.33	1.0	3.09
		5.0	1.38
		10	0.98
		20	0.69
		30	0.56
	20	1.0	1.29
		5.0	0.58
200	8.33	1.0	3.68
		5.0	1.65
		10	1.16
		20	0.82
		30	0.67
	20	1.0	1.54
		5.0	0.69

2.4.2 面向硬脆材料高效磨削的超硬磨料砂轮地貌优化设计

硬脆材料主要指玻璃、陶瓷等材料。这些材料的高硬度使得它们很难被加工，且高脆性使得已加工表面总是残留有裂纹，降低了工件的断裂强度，缩短了使用寿命。对这些硬脆材料的加工，金刚石砂轮磨削是常用的方法之一。为了实现硬脆材料在保证加工质量的前提下，实现高效低耗磨削加工，结合强韧性材料的砂轮地貌优化模型，建立了硬脆材料的单层钎焊金刚石砂轮地貌优化模型。

2.4.2.1 优化目标及其函数

1. 设计变量的确定

硬脆材料磨削过程中，单颗磨粒最大切厚是一个关键变量，其他所用的变量都围绕着它进行。实际上，优化的最终目标就是找到一个合适的磨粒切厚。单颗磨粒最大切厚 h_m 公式为

$$h_m = 2\frac{P}{q}\sqrt{\frac{a_e}{d_g}} \tag{2.53}$$

式 (2.53) 是磨粒连续切刃间距 P、速比 q ($q = v_s/v_w$)、切深 a_e 的函数。因此，优化设计变量选为：磨粒连续切刃间距 P、速比 q、切深 a_e。

2. 优化目标及其函数

磨削过程中，综合反映磨削热、砂轮磨损以及磨削表面质量的指标是磨削比能。为了能在硬脆材料磨削过程中以较小的能量消耗获得较大的去除率，以解决当前硬脆材料磨削过程中出现的高耗、低效问题，实现硬脆材料的高效磨削，选择磨削比能最小作为优化的目标。

建立了以脆性断裂为主的硬脆材料粗磨过程的磨削比能关系式，

$$u = \frac{3\pi}{4}H\left(2 + \mu\sqrt{\frac{2R_g}{h}}\right) + 4\gamma_s\left(\frac{1.8544K_c}{\chi H_v}\right)^{2/3} h^{-4/3} \tag{2.54}$$

式 (2.54) 中的磨粒切厚 h 可视为实际磨削中磨粒平均切厚 $\bar{h}$，根据单颗磨粒最大切厚与平均切厚的关系：$h_m = 2\bar{h}$，式 (2.54) 变为

$$u = \frac{3\pi}{2}H\left(1 + \mu\sqrt{\frac{2R_g}{h_m}}\right) + 10\gamma_s\left(\frac{1.8544K_c}{\chi H_v}\right)^{2/3} h_m^{-4/3} \tag{2.55}$$

可见，随着单颗磨粒最大切厚的增加比能减小。

3. 约束条件及其函数

与强韧性材料高效磨削砂轮地貌优化模型的约束条件相比，硬脆材料高效磨削的砂轮地貌优化模型涉及约束条件总体上相同，只是在临界切厚和裂纹形成方面有所不同。

1) 临界切厚

硬脆材料的粗磨加工要解决的问题主要是如何提高加工效率，由硬脆材料的磨削机理可知，提高硬脆材料的加工效率就要使其工作于脆性断裂方式，即要满足单颗磨粒平均切厚 $\bar{h}$ 大于脆塑转变的临界切深 h_c。因此有

$$\bar{h} > h_c \Rightarrow P\frac{V_w}{V_s}\sqrt{\frac{a_e}{d_e}} > \beta(E/H)(K_c/H)^2 \tag{2.56}$$

式中，$\beta = 0.15$。

2) 表面裂纹

硬脆材料高效磨削处于靠裂纹扩展的脆性断裂方式，一方面提高了加工效率，但另一方面也会在加工表面留下裂纹。该裂纹通常与压痕试验中尖压头作用下的中央/径向裂纹类似。本节主要是以压痕试验中形成的中央/径向裂纹来近似代替实际加工中的裂纹。对硬脆材料而言，加工中形成的裂纹一方面降低了工件材料的机械强度，影响使用寿命；另一方面，如果前道工序留下的裂纹过深，必然会给后续工序的加工造成困难，因为后续工序必须去除掉前道工序留下的裂纹层才能保证工件的机械强度。

因此，必须对加工过程中留下的中央/径向裂纹层深度进行控制。计算中央/裂纹深度：

$$c = \left[\alpha F \left(\frac{E}{H} \right)^{1/2} K_c^{-1} \right]^{2/3} \tag{2.57}$$

式中，α 为几何参数，对于常用的维氏锥压头，$\alpha = 0.0154$。

图 2.53 所示为单颗磨粒切厚为 h 时，压痕半径 r、磨粒半径 R_g 与切深 h 三者之间的关系，

$$r = \sqrt{2hR_g - h^2} \tag{2.58}$$

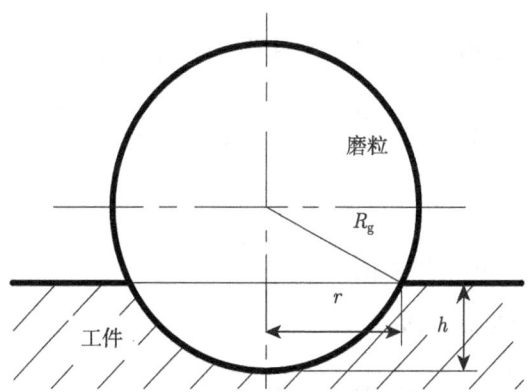

图 2.53 单颗磨粒切深 h、压痕半径 r 与磨粒直径 R_g 关系示意图

在切削过程中，当单颗磨粒达到最大未变形切厚 h_m 时，由式 (2.58) 可知，此时压痕半径 r 达到最大，因而压痕力也就最大：

$$F_{\max} = \beta_0 H r^2 \tag{2.59}$$

将式 (2.59) 带入式 (2.53) 得到当单颗磨粒切厚最大时的最大裂纹 $c'_{\max}$ 的表达式：

$$c'_{\max} = (2h_\mathrm{m}R_\mathrm{g} - h_\mathrm{m}^2)^{2/3}[\alpha\beta_0(EH)^{1/2}K_\mathrm{c}^{-1}]^{2/3} \tag{2.60}$$

或

$$c'_{\max} = \varpi_0(2h_\mathrm{m}R_\mathrm{g} - h_\mathrm{m}^2)^{2/3} \tag{2.61}$$

式中，$h_\mathrm{m} \leqslant R_\mathrm{g}$；$\varpi_0 = [\alpha\beta_0(EH)^{1/2}K_\mathrm{c}^{-1}]^{2/3}$。

从式 (2.61) 中可以看出裂纹深度与材料、单颗磨粒最大切厚和磨粒粒径有关，单颗磨粒切厚大显然产生的裂纹深度大。同时也可以看出，磨粒粒径的影响：在工件材料、单颗磨粒最大切厚都相同的情况下，大磨粒粒径所产生的裂纹深度大于小磨粒粒径所产生的裂纹深度，而大磨粒粒径砂轮往往用于粗磨阶段，可见脆性材料粗磨阶段将会产生裂纹损伤。由此，得到关于裂纹深度的约束关系式：

$$c'_{\max} = \varpi_0(2h_\mathrm{m}R_\mathrm{g} - h_\mathrm{m}^2)^{2/3} < [c] \tag{2.62}$$

这里，$[c]$ 值的确定，应该小于后续各加工工序去除余量的总和，即要保证后续加工能够将前道工序产生的裂纹层去除掉。

2.4.2.2 硬脆材料高效磨削用砂轮地貌优化模型及其求解算例

1. 优化模型确定

通过上面的分析，得到了砂轮地貌优化数学模型，即

$$\begin{aligned}
&\min u = \frac{3\pi}{2}H\left(1 + \mu\sqrt{\frac{R_\mathrm{g}}{h_\mathrm{m}}}\right) + 10\gamma_\mathrm{s}\left(\frac{1.8544K_\mathrm{c}}{\chi H_\mathrm{v}}\right)^{2/3} h_\mathrm{m}^{-4/3} \\
&\text{s.t.} \\
&\varpi_0(2h_\mathrm{m}R_\mathrm{g} - h_\mathrm{m}^2)^{2/3} < [c] \\
&h_\mathrm{i}(P - \tan\theta h_\mathrm{i})q > Pa_\mathrm{e} \\
&P\left(\frac{V_\mathrm{w}}{V_\mathrm{s}}\right)\sqrt{\frac{a_\mathrm{e}}{d_\mathrm{e}}} > \beta(E/H)(K_\mathrm{c}/H)^2 \\
&\frac{1}{4}\sqrt{\frac{d_\mathrm{g}P}{\tan\theta}\frac{1}{q}}\sqrt{\frac{a_\mathrm{e}}{d_\mathrm{e}}} < [R_\mathrm{a}] \\
&q = V_\mathrm{s}/V_\mathrm{w} > 0 \\
&a_\mathrm{e} > 0 \\
&P > 0
\end{aligned} \tag{2.63}$$

式中，$h_{\mathrm{m}} = 2P\left(\dfrac{V_{\mathrm{w}}}{V_{\mathrm{s}}}\right)\sqrt{\dfrac{a_{\mathrm{e}}}{d_{\mathrm{e}}}}$；$\varpi_0 = [\alpha\beta_0(EH)^{1/2}K_{\mathrm{c}}^{-1}]^{2/3}$；$\beta = 0.15$；$\theta = 60°$。

分析式 (2.63) 可以看出，比能是一个关于单颗磨粒最大切厚 h_{m} 的减函数，而 h_{m} 又是一个关于连续切刃间距 P、速比 q 和切深 a_{e} 的多元函数，其中是关于 P 和 a_{e} 是增函数，关于 q 是减函数。根据函数增减性判断规则，可以得到：比能是关于 P 或 a_{e} 的减函数，是关于 q 的增函数。因此，根据加工要求和用量优化地貌或按照加工要求和地貌优化用量，在这里就简化为：通过式 (2.63)，在已知 q、a_{e} 以及加工要求下求解 P，或者在已知 P 和加工要求下求解 q 和 a_{e}。

2. 已知砂轮地貌参数与加工要求优化磨削参数

磨粒为金刚石，砂轮直径 d_{e}，磨粒直径 d_{g}，磨粒出露高度 h_{i}，有效磨间 P。材料为氧化铝陶瓷，材料参数为：弹性模量 $E = 400\mathrm{GPa}$，硬度 $H = 16\mathrm{GPa}$，断裂韧性 $K_{\mathrm{c}} = 4.0\mathrm{MPa\cdot m^{1/2}}$。加工要求：$R_{\mathrm{a}}$ 不超过 $2\mu\mathrm{m}$，裂纹深度不超过 $20\mu\mathrm{m}$。

(1) 砂轮直径变化时，切深与速比的关系见表 2.16。砂轮地貌参数：$d_{\mathrm{g}} = 180\mu\mathrm{m}$，$h_{\mathrm{i}} = 0.3d_{\mathrm{g}}$，$P = 5\mathrm{mm}$。

表 2.16 砂轮直径 d_{e} 与切深 a_{e}、速比 q 的关系

砂轮直径 d_{e}/mm	切深 a_{e}/mm	速比 q	
		速比变化范围	最优解
200	0.1	182～477	182
200	0.2	256～574	256
250	0.1	162～426	162
250	0.2	230～603	230
300	0.1	148～389	148
300	0.2	210～551	210

由表 2.16 中的数据可知：①砂轮直径改变对速比的影响：直径越小，在相同切深条件下，速比越大，但影响程度不大。②砂轮直径相同时，切深越大，速比越大。

可以用单颗磨粒切厚模型来解释，当直径变小，切厚增大，虽然比能下降，但大切厚同时又造成了粗糙度恶化、裂纹过深的缺陷。因此，优化模型自动地调整切厚，使其减小到符合加工质量要求的合适值，可以通过增加速比来抵消直径减小对切厚的影响。对切深也可做同样的分析。

(2) 砂轮磨料粒度变化时，切深与速比的关系见表 2.17。砂轮地貌参数：$d_{\mathrm{e}} = 300\mathrm{mm}$，$h_{\mathrm{i}} = 0.3d_{\mathrm{g}}$，$P = 5\mathrm{mm}$。

表 2.17 砂轮磨粒粒度变化时切深与速比的关系

粒度		切深 a_e/mm	速比 q	
粒度/目	基本尺寸/μm		速比变化范围	最优解
40/50	402.5	0.1	331~389	331
40/50	402.5	0.2	469~551	469
50/60	317.5	0.1	261~389	261
50/60	317.5	0.2	370~551	370
80/100	167	0.1	138~389	138
80/100	167	0.2	194~551	194

由表 2.17 中数据可知：①砂轮磨料粒度改变对速比的影响：在相同切深条件下，粒度号越大，粒径越小，速比范围的下限值和最优值越小，但对取值范围的上限无影响。这一点与塑性材料有很大区别，塑性材料正好相反。分析其原因主要是粒径大的磨粒加工粗糙度大，为了达到相同的粗糙度，在其他条件都不变的情况下，通过增加速比来抵消磨粒增大对粗糙度的影响，所以粒径大的速比高，而粒径小的速比就低。②砂轮磨料粒度不变时，切深越大，速比越大。用磨粒切厚模型很容易解释。

(3) 砂轮磨粒出露高度变化时，切深与速比的关系见表 2.18。砂轮地貌参数：$d_e = 300$mm，$d_g = 180$μm，$P = 5$mm。

表 2.18 砂轮磨粒出露高度变化时切深与速比的关系

磨粒出露高度 h_i/%	切深 a_e/mm	速比 q	
		速比变化范围	最优解
20	0.5	331~870	331
20	1	469~1231	469
30	0.5	331~870	331
30	1	469~1231	469

由表 2.18 中数据可知，随着出露高度增加，相同切深下，速比范围和最优解均无变化，分析其原因主要是容屑空间足够大以后，已足以容纳下切屑，再增加已经无意义。因此，从容屑的角度来看，只要保持一定的出露高度即可。当然，从砂轮正常磨损来看，出露高些的寿命要比出露低的长些，但对于非正常磨损而言，出露高的非正常磨损要比出露低的可能性大。

(4) 砂轮连续切刃间距变化时，切深与速比的关系见表 2.19。砂轮地貌参数：$d_e = 300$mm，$d_g = 180$μm，$h_i = 0.3d_g$。

2.4 基于切厚控制的超硬磨料砂轮地貌优化

表 2.19 砂轮连续切刃间距变化时切深与速比的关系

连续切刃间距 P/mm	切深 a_e/mm	速比 q 速比变化范围	速比 q 最优解
2	0.1	59～156	59
2	0.2	84～220	84
5	0.1	148～389	148
5	0.2	210～551	210
8	0.1	237～623	237
8	0.2	335～881	335

由表 2.19 中数据可见：①当砂轮连续切刃间距改变对速比的影响：在相同切深条件下，连续切刃间距越大，速比越大，并且连续切刃间距对速比的影响程度较大。②砂轮连续切刃间距不变时，切深越大，速比越大。

3. 已知加工要求和用量条件优化砂轮地貌

对用金刚石砂轮加工氧化铝陶瓷材料而言，当采用普通的往返式平面磨削时，推荐磨削用量为：$v_s = 20$～28m/s，$v_w = 12$m/min，$a_e = 0.03$mm (粗磨)，磨粒粒径号为 100/120 目。陶瓷材料磨削用量同上，加工要求为裂纹长度不超过 2μm，R_a 不超过 2μm，砂轮直径选 300mm。表 2.20 列出了普通往返平面磨削和深切缓磨这两种工艺下的砂轮地貌 (连续切刃间距)。

表 2.20 优化的连续切刃间距

v_s/(m/s)	v_w/(m/min)	$q = v_s/v_w$	a_e/mm	优化解 P/mm
20		100		3.3
24	12	120	0.03	4
28		140		4.6
20		6000		20
24	0.2	7200	3	24
28		8400		26.5

由表 2.20 数据可见：①普通磨削的连续磨粒切刃间距小于深切缓磨条件下的连续切刃间距，主要是因为缓磨速比很大，其他条件不变的情况下，磨粒切厚就很小，比能就很大，为了使比能最小，则可以通过增大磨刃间距来增大磨粒切厚，最终使比能处于一个最小值。②随着用量条件的变化，连续切刃间距也在变化，意味着要不断更换砂轮，显然在实际生产中不现实。因此，通过先优选几种磨粒的排布间距，然后再根据加工要求，优化磨削用量，这样更具意义。

分析表 2.16～表 2.20 的优化结果，可以得到以下结论：①当砂轮地貌参数如

砂轮直径 d_e、平均磨粒直径 d_g、出露高度 h_i 及连续切刃间距 P 发生改变时，根据所确定的加工要求，相应改变磨削用量，如切深 a_e、速比 q，才能使磨削比能最小。②在保持比能不变的前提下，连续切刃间距 P 一定时，速比愈大，则切深也就愈大；切深 a_e 一定时，连续切刃间距 P 越大，速比 q 也就越大。③磨粒出露高度不一定越高越好，应当处于一个合适的范围。④根据砂轮的地貌参数和加工要求来优化磨削用量，要比由用量条件和加工要求确定地貌更具意义。

第3章 超硬磨料钎焊技术基础

随着制造技术的飞速发展，以磨料磨具为工具的磨削加工，已成为机械加工中非常重要的一类方法，而且是精密加工和超精密加工最基本的和首选的加工方法，在生产中得到了广泛应用。传统的碳化硅和刚玉普通磨料磨具已不能完全满足当前高速、高效、高精度的磨削要求，在某些情况下必须采用超硬磨料磨具。因此，人造金刚石和立方氮化硼(CBN)超硬磨料及其工具的相继问世与广泛应用成为了当今磨削领域的亮点[125-139]。

由于传统的多层烧结与单层电镀超硬磨料工具中磨粒与胎体或镀层材料仅仅通过机械镶嵌作用结合，存在磨粒把持强度低、容屑空间狭小等问题，使得重负荷磨削过程中砂轮工作面容易出现磨粒过早脱落，甚至电镀砂轮的局部结合剂层从基体表面剥离的现象，这势必制约了超硬磨料砂轮磨削性能的充分发挥，也限制了加工效率与质量的进一步提高[3,4,30,84-86,140]。为有效控制加工过程中磨粒非正常性的大量脱落，国外在20世纪90年代初提出用高温钎焊单层超硬磨料工具，其出发点就是希望能借助高温钎焊时在磨料、钎料和基体界面上发生的化学和冶金作用，从根本上改善钎料合金对超硬磨料和工具基体的把持强度。本章详细地阐述了超硬磨料高温钎焊中有关磨料界面结构和磨料可能产生的热损伤两大关键技术，旨在为钎焊超硬磨料工具的应用奠定基础[6,7,141,142]。

3.1 超硬磨料钎焊的热力学分析

钎焊是采用比母材熔化温度低的钎料，钎焊温度采取低于母材液相线而高于钎料液相线的一种焊接技术[143-145]。超硬磨料钎焊不使用钎剂，为了使钎料润湿母材和防止金属表面氧化，重要的一环是保证气氛的纯度。根据超硬磨料钎焊时载能的类型，超硬磨料钎焊可分为束流加热和电流加热两种。其中束流加热主要是指激光钎焊，由于激光束的能量密度很高，钎缝的热影响区很小；电流加热是指电阻炉加热或是高频、中频感应加热钎焊。钎焊是在还原性气氛、惰性气氛或真空中进行[146]。

3.1.1 钎料选择

钎料在钎焊过程中起着非常重要的作用，它是钎焊时的填充材料。钎焊件依靠熔化的钎料连接起来，钎料自身的性能及其与母材间的相互作用在很大程度上决定了钎焊接头的性能，因此，钎焊接头的质量主要取决于钎料。

3.1.1.1 钎焊金刚石磨料的钎料体系

根据对合金钎料与金刚石表面发生浸润及在界面形成化学冶金结合等需求，以及单层钎焊金刚石工具对结合剂层性能的特殊要求，对钎焊单层金刚石的钎料应有如下特性[8,15,17,28,39,147~150]：

(1) 钎料应具有稳定和均匀的成分。

(2) 对金刚石和钢基体要有较好的浸润性，与钢基体能形成冶金结合，以确保钎料结合层厚度均匀一致，结合强度高。

(3) 钎料对金刚石的钎焊是通过能与碳形成中间碳化物层并且对它的浸润来实现的，因此，钎料中应含有能强烈地与碳生成碳化物的元素，但又不过度侵蚀金刚石，如 Ti、Cr 等第 4~6 周期、IVB~VIB 族的过渡族副族元素。

(4) 在钎焊温度下钎料有适宜的流动性，以保证在毛细作用下钎料流动和铺展。

(5) 钎料中的合金元素在钎焊温度下必须有低的挥发性。

(6) 由于只有单层磨料，钎料要有较好的机械性能和理化性能，如有足够的强度，有高的抗冲击韧性、耐蚀、耐热和抗高温氧化等综合性能。

(7) 钎焊温度应低于金刚石开始石墨化转变的温度。

(8) 钎料的膨胀系数与金刚石差异越小越好，钎料的形态 (粉料、片料或线料等) 应符合制作工艺的要求。

(9) 考虑到钎料的经济性，应尽量少含或不含稀有金属和贵金属。

(10) 钎料应具有合理的耐磨性。

根据以上选择原则以及钎料本身特性，以下 3 种钎料可用于金刚石磨料的钎焊。

第一种为 Ni-Cr 合金钎料，活性元素主要为铬和硅。

金属 Ni 是面心立方结构，有很好的延展性、韧性和抗氧化性。液态 Ni 可以牢固地附着在金刚石表面，形成一层极薄均匀铺展 Ni 膜，且附着力较大，对金刚石表现出很大黏结力和良好浸润性能。Cr 是金属碳化物的形成元素，期望钎焊时 Cr 向金刚石界面富集与金刚石表面的碳反应生成碳化物，从而达到化学冶金结合。另外，碳化物的形成对降低内界面张力，提高 Ni-Cr 合金熔液对金刚石的浸润起决定作用。Cr 还可以提高钎料的抗氧化能力。Si、B 的主要功能是降低钎料熔点和提高钎料流动性和润湿性，同时可能形成碳化物，但这两种元素的含量不能太高，否则会降低钎料合金的性能，脆性增大。

第二种为 Ag-Cu-Ti 合金钎料，活性元素主要为钛。

银基钎料的熔点适中，工艺性好，并具有良好的强度、韧性、导热性和抗腐蚀性，是应用极广的硬钎料。铜是最主要的合金元素，添加铜可降低银的熔化温度，又不会形成脆性相。选用 Ag-Cu 共晶合金添加活性元素 Ti 对金刚石进行钎焊，以用于一些低负荷的场合。同时，Ag、Cu 是延展性比较好的钎料，可以利用钎料层的塑性变形来降低或消除界面间的内应力。

第三种为 Cu-Sn-Ti 合金钎料，活性元素主要为钛。

由于 Sn 的存在，钎料中 Ti 的活性降低，使活化焊接时表面生成强化相的同时在液相中仍可保持较高的 Ti 浓度，在液相中生成 Ti-Sn 的强化相，提高工具性能。而且 Cu-Sn-Ti 钎料硬度大，耐磨性好，流淌性差，金属 Ag 不如金属 Cu 价格低廉，Cu-Sn-Ti 钎料更为经济实惠。

3.1.1.2 钎焊 CBN 磨料的钎料体系

针对单层钎焊 CBN 砂轮的特点，为了满足重负荷高效磨削加工的要求，对作为砂轮结合剂材料的活性钎料有如下基本要求[9,25,27,47,52,65,77,83,151,152]：

(1) 具有适当的熔点，若熔点太低，则在高效磨削镍基铸造高温合金时，可能因较高的磨削温度导致钎料软化，造成磨粒移位或脱落，影响磨具性能；若熔点太高，则钎焊过程不易控制，对磨粒和基体母材性能的消极影响会增大。

(2) 对 CBN 磨粒及砂轮基体具有良好的润湿性，确保在母材表面充分润湿铺展并填满钎缝间隙。CBN 磨粒难以被常规金属材料润湿，如果要实现磨粒与金属之间的一次性直接连接，则通常需要采用含 Ti、Zr、Hf 等活性元素的钎料。为确保钎料与母材良好润湿和填满缝隙，钎料在流入接头间隙之前应处于完全熔化状态。应将钎料完全熔化成液态的温度看作是钎焊时可采用的最低温度，钎焊接头必须加热到该温度或更高的温度。

(3) 能与 CBN 磨粒和基体发生溶解、扩散等相互作用，并形成牢固的冶金结合。钎料与母材界面适当的相互作用可以使钎料发生合金化反应，提高接头的力学性能，从而满足实际磨削加工中对磨粒把持强度的要求。

(4) 钎料应具有稳定和均匀的成分，尽量减少钎焊过程中的元素偏析和易挥发元素烧损等。

(5) 钎料自身的强度和硬度应该足够高，因为在磨削镍基铸造高温合金的过程中，切屑对结合剂层也有刮擦作用，若钎料结合剂层强硬度不足则会迅速磨损。

(6) 所选用的钎料还需考虑其经济性，在满足工艺要求和使用性能的前提下，应尽量降低工具制备成本。

基于以上几点要求，目前在氮化物陶瓷材料钎焊研究中报道最多、工艺最稳定、综合性能最好的活性钎料为添加活性元素 Ti 的 Ag-Cu 共晶合金。钛在周期表中属 IVB 族元素，原子序数为 22，原子量为 47.9，最外层的电子结构为 $3d^24s^2$，存在未填满的 d 电子层。尽管硼、氮元素原子外层电子结构、晶体类型和原子尺寸与钛都有较大差异，但它们在高温下可形成有限固溶体，超过溶解度极限还可能生成 Ti-N 和 Ti-B 化合物。更重要的是，Ag-Cu-Ti 钎料在进行相关材料的高温钎焊连接时，表现出了适应面广、连接强度高、性能稳定、连接工艺简单、便于工业化生产的显著优势，因此，钎焊立方氮化硼磨粒也是比较理想的钎料。

3.1.2 超硬磨料与钎料界面反应热力学分析

3.1.2.1 界面反应热力学判据

钎焊过程是在近似等温等压的环境中进行的，因此，可选用最小自由能原理为反应热力学的基本判据，即在恒温、恒压条件下封闭体系中过程自发进行的方向是使其自由能降低 ($\Delta_r G < 0$) 的方向[37]。

设在一个恒温、恒压的封闭体系中有下列化学反应：

$$fF + hH = mM + nN \tag{3.1}$$

为判断反应的可能性，可依照下式确定反应体系的 Gibbs 自由能变化值：

$$\Delta_r G = \Delta_r G^{\ominus} + RT \ln J_a \tag{3.2}$$

式中，$\Delta_r G^{\ominus} = \Sigma v_i G_i^{\ominus}$ 为反应的标准 Gibbs 函数变，即反应中各物质均为单位活度时的反应 Gibbs 函数变，其中 v_i 为化学反应计量系数，$G_i^{\ominus}$ 为各组元的标准自由能。$J_a = \Pi a_i^{v_i}$ 为反应的活度商。

3.1.2.2 金刚石磨料与钎料界面反应热力学分析

在 Ni-Cr 合金、Ag-Cu-Ti 合金与 Cu-Sn-Ti 合金钎焊金刚石磨粒过程中，界面反应主要取决于 Cr-C、Si-C 和 Ti-C 之间的相互结合状况[11,14,153]。

金刚石和 Cr、Ti 及 Si 的碳化物反应标准自由能 $\Delta G_{(1273K)}^0$ 的计算值及生成热 $\Delta H_{(298K)}^0$ 见表 3.1。因为 Ti、Cr 或 Si 形成碳化物的 $\Delta G_{(1273K)}^0$ 或 $\Delta H_{(298K)}^0$ 比金刚石高，Ti、Cr 或 Si 的碳化物比金刚石更加稳定。因此，Ni-Cr 合金、Ag-Cu-Ti 合金与 Cu-Sn-Ti 合金中的 Ti、Cr 或 Si 可直接与金刚石表面发生反应，可以用于金刚石的钎焊。

表 3.1 热力学数据计算表

产物	反应式	$\Delta G^0 = A + CT$ (适于 298~1500K)	$\Delta G_{(1273K)}^0$ /(kcal/mol)	$\Delta H_{(298K)}^0$ /(kcal/mol)
石墨	$C_{金刚石} = C_{石墨}$	$-310-1.13T$	-1748.49	-0.437 ± 0.02
Cr_3C_2	$\frac{3}{5}\langle Cr_7C_3\rangle + \langle C\rangle = \frac{7}{5}\langle Cr_3C_2\rangle$	$-3200-0.2T$	-3454.6	-26.2 ± 2.0
Cr_7C_3	$\frac{7}{27}\langle Cr_{23}C_6\rangle + \langle C\rangle = \frac{23}{27}\langle Cr_7C_3\rangle$	$-10050-2.85T$	-13678.05	-54.5 ± 2.5

3.1 超硬磨料钎焊的热力学分析

续表

产物	反应式	$\Delta G^0 = A + CT$ (适于 298~1500K)	$\Delta G^0_{(1273K)}$ /(kcal/mol)	$\Delta H^0_{(298K)}$ /(kcal/mol)
$Cr_{23}C_6$	$\frac{23}{6}\langle Cr\rangle+\langle C\rangle=\frac{1}{6}\langle Cr_{23}C_6\rangle$	$-16\,380-1.54T$	$-18\,340.42$	-86.34 ± 1.0
TiC	$\langle'Ti'\rangle+\langle C\rangle=\langle'TiC'\rangle$	$-44\,600+3.16T$	$-40\,577.32$	-43.9 ± 1.5
SiC	$\langle'Si'\rangle+\langle C\rangle=\langle'SiC'\rangle$	$-19\,570+2.05T$	$-16\,960.35$	-17.6 ± 1.0

金刚石-钎料界面上的碳化物类型和形状随碳化物形成元素和钎焊工艺的不同而有很大差别,但合金钎料与金刚石界面反应后界面微区的结构特征(由金刚石表面向外)大致都为:金刚石,高碳化合物,低碳化合物,合金。在它们的界面上有无碳化物、碳化物类型和形状差别都决定了钎焊后的金刚石把持强度的高低。因为碳化物本身具有极高的强度和硬度,而这些碳化物及其金属与合金结合剂焊合形成固溶或扩散结合,这样靠碳化物形成元素的中介作用,可使金刚石牢固地被钎焊在结合剂中,达到化学冶金结合的效果。当然,碳化物形态、大小和分布会对冶金结合的效果造成一定的影响。

3.1.2.3 CBN 磨料与钎料界面反应热力学分析

在 Ag-Cu-Ti 合金钎焊 CBN 磨粒过程中,界面反应主要取决于 Ti-B 之间和 Ti-N 之间的相互结合状况。图 3.1 和图 3.2 分别显示了 Ti-B 与 Ti-N 二元相图[154-156]。

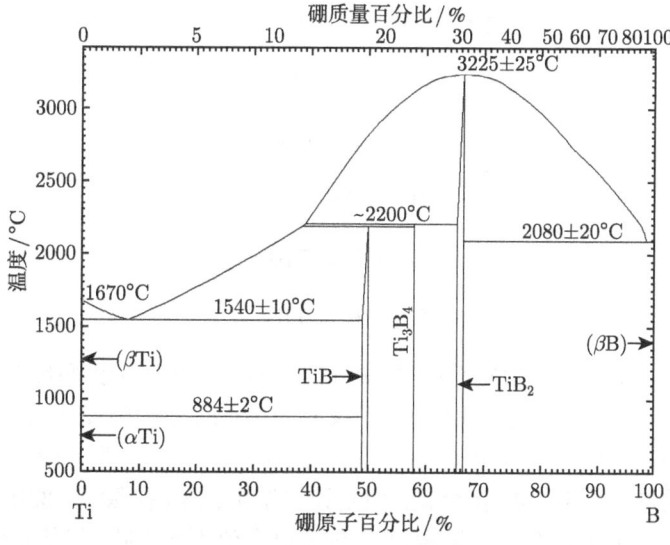

图 3.1 Ti-B 相图

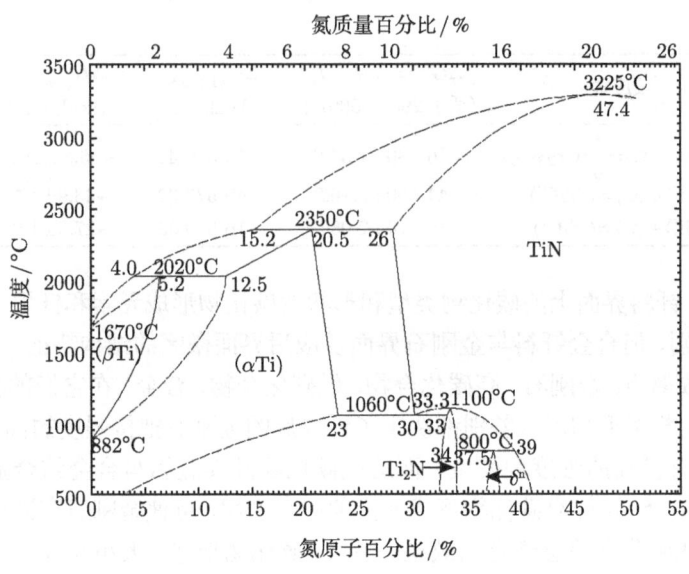

图 3.2 Ti-N 相图

依据 Ti-B 和 Ti-N 相图，并结合相关试验结果可知，Ti-B-N 三元素之间可能的反应产物主要有 TiB、TiB_2、TiN，相应的界面反应主要包括：

$$BN + 2Ti = TiB + TiN \tag{3.3}$$

$$2BN + 3Ti = TiB_2 + 2TiN \tag{3.4}$$

$$BN + Ti = TiN + B \tag{3.5}$$

$$BN = B + N \tag{3.6}$$

$$Ti + N = TiN \tag{3.7}$$

$$Ti + B = TiB \tag{3.8}$$

$$Ti + 2B = TiB_2 \tag{3.9}$$

$(Ag_{72}Cu_{28})_{95}Ti_5$ 与 CBN 钎焊时，式 (3.3)~式 (3.9) 所示界面反应的 Gibbs 自由能变化如图 3.3 所示，式 (3.6) 中界面反应的 Gibbs 自由能变化为正值，表明不可能直接依靠高温钎焊过程中 CBN 磨粒单晶的分解来获得活性 [B]、[N] 与 Ti 反应生成相应的 Ti-B 与 Ti-N 化合物。但是计算结果也表明，除式 (3.6) 中的界面反应外，其余反应的 $\Delta_r G$ 值尽管随温度 T 的升高负值不断递减，但从总体上看 $\Delta_r G$ 保持了负值。这说明当温度介于 1073~1273K(即 800~1000°C) 范围内时，依据热力学观点，式 (3.3)~式 (3.5) 和式 (3.7)~式 (3.9) 中的界面反应均可正向进行，即

TiB、TiB$_2$、TiN 三种产物都可能在 CBN 磨粒与 Ag-Cu-Ti 钎料的界面反应中依靠置换反应形成。CBN 磨粒与 Ag-Cu-Ti 钎料的界面反应，主要是由于组成 CBN 的 B、N 原子向钎料层中的扩散以及 Ti 原子向磨粒表面的偏聚而引起的反应扩散过程。因此，界面反应层微观组织的形成，应当遵循相图上浓度与各相区之间的关系，由浓度低的相向浓度高的相依次形成，这些相都应当向热力学稳定性最大的方向发展。

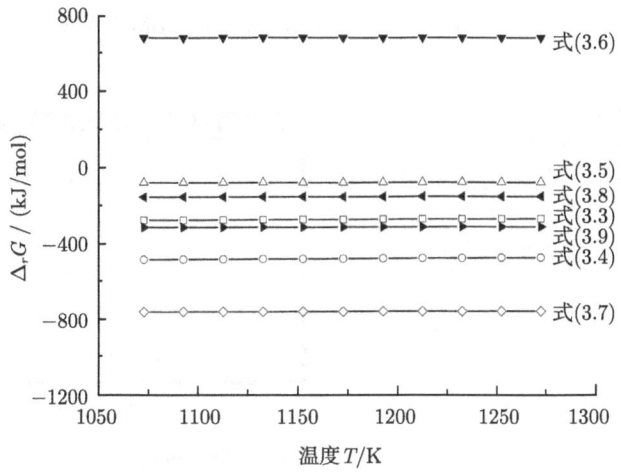

图 3.3　不同温度下各界面反应的 Gibbs 自由能变化

3.2　超硬磨料钎焊界面形成与控制

3.2.1　钎焊金刚石磨粒界面形成与控制

3.2.1.1　金刚石磨粒界面碳化物的形成

1) Ni-Cr 合金钎焊金刚石磨粒界面上的碳化物

真空条件下 Ni-Cr 合金钎焊金刚石试样顶面及其侧面 SEM 照片如图 3.4 所示，金刚石边缘被很多白色呈月牙形的合金包覆着，很明显，Ni-Cr 合金对金刚石磨粒表现出良好的浸润性。金刚石与 Ni-Cr 合金钎料界面区成分分布的 EDS 线扫描如图 3.5 所示。可见 Ni、Cr、Si 元素都具有明显的偏析，其中靠近金刚石处 Cr 元素有较高浓度分布，达到 85% 以上，远高于 Ni-Cr 合金中 Cr 含量。另外，Si 元素在金刚石表面也略有偏析，这是因为 Cr、Si 与 C 有较强的亲和力，可形成稳定 Cr、Si 碳化物。

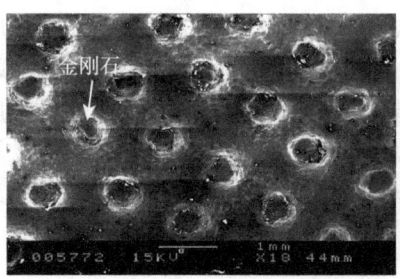 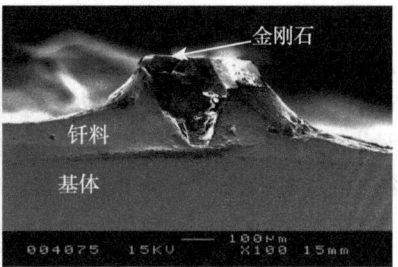

图 3.4 真空钎焊后的金刚石及其侧面 SEM 形貌图

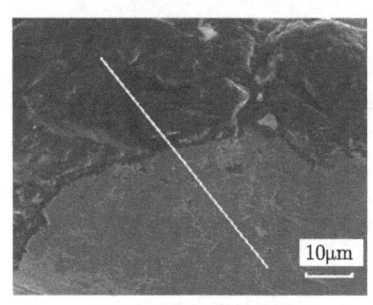 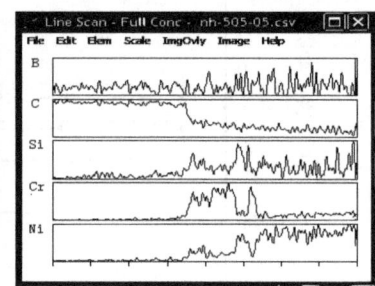

(a) 金刚石–钎料界面 (b) 对应线扫描

图 3.5 金刚石–钎料界面线扫描图

图 3.6 是金刚石钎焊后经深腐蚀的全貌与表面的碳化物,在铬的碳化物中夹杂着 SiC(能谱图见图 3.7,成分见表 3.2),由于金刚石表面能很高,因此,碳化物异质外延时它只能以岛状形式形核生长,即只能先形成单个呈岛状的核,然后通过晶核长大连成片状[157]。

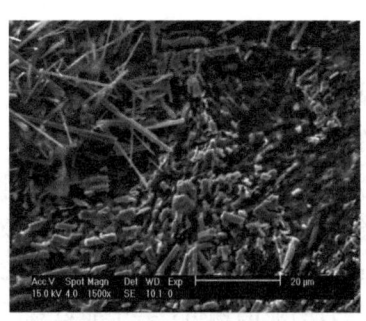 

(a) 金刚石表面生成的铬的碳化物 (b) 金刚石表面反应生成的 SiC

图 3.6 金刚石表面的生成物

3.2 超硬磨料钎焊界面形成与控制

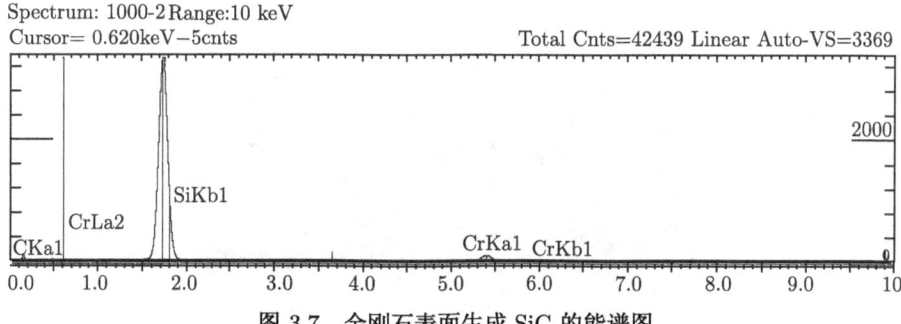

图 3.7 金刚石表面生成 SiC 的能谱图

表 3.2 金刚石表面 SiC 的能谱

元素	线	质量比/%	误差	K 比	计数率/s	原子比/%
C	Ka	25.88	2.900	0.0220	1.31	46.21
Si	Ka	66.15	0.330	0.6101	661.78	50.51
Cr	Ka	7.96	0.216	0.0649	22.48	3.28

图 3.8 和图 3.9 分别是不同放大倍数下钎焊金刚石磨粒表面铬的碳化物的 SEM 照片。铬的碳化物同样是钎料在固态情况以外延生长方式，在金刚石表面生成碳化物，金刚石表面的碳化物与金刚石有一定位向关系。然后，在钎料成为液态的时候，继续以固态碳化物为晶核长大。可以看出，金刚石表面形成一层铬的碳化物层，该层对金刚石有很强的附着力，并有极好的热稳定性。

图 3.8 碳化物的形貌 (SEM)

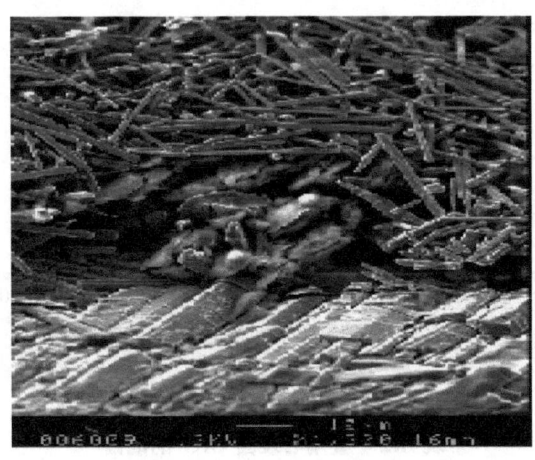

图 3.9 金刚石表面碳化物

图 3.10 是金刚石钎焊后经过腐蚀处理得到界面碳化物形貌的 SEM 照片，可以发现，分布形同蛛网的碳化物纤维实际上尚可被明确区分为宽条片和细棱柱两种不同形态。借助于 X 射线定点能谱分析，处在内层片状碳化物为 Cr_3C_2，外层棱柱状碳化物为 Cr_7C_3。而碳化物 Cr_3C_2 是斜方晶系，其晶胞形状为：$a \neq b \neq c$，$\alpha = \beta = \gamma = 90°$。碳化物 Cr_7C_3 是六方晶系 (图 3.11(c))，$a = b \neq c$，$\alpha = \beta = 90°$，$\gamma = 120°$。主要是因为 Cr_3C_2 生长时，以金刚石表面为晶核长大。而 Cr_7C_3 在高温时生长环境为自由生长，故其晶体形态较为符合。由于人造金刚石所用触媒和工艺条件的限制，使得金刚石表面具有多种形态，这些不同的表面形态造就了金刚石表面局部的生长台阶、位错线等具有方向性，位错处原子的势能较高，因而其与 Cr 反应的激活能相应较低，也就是说，形成 Cr_3C_2 的反应沿位错处优先进行。这样从宏观上看，在金刚石表面某一小区域，条状的 Cr_3C_2 明显沿某一方向择优生长，当这些条状晶之间相互接触后便形成一条条贴在金刚石表面生长着的局部有序碳化物层。

(a) 细棱柱状碳化物

(b) 宽条片状碳化物

图 3.10 不同碳化物的形态

3.2 超硬磨料钎焊界面形成与控制

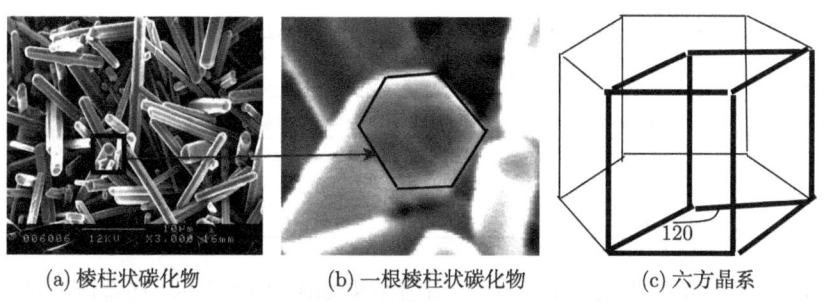

(a) 棱柱状碳化物　　(b) 一根棱柱状碳化物　　(c) 六方晶系

图 3.11　棱柱状碳化物及其放大图

两种碳化物定点能谱见图 3.12 和图 3.13，其成分见表 3.3。可见，在紧贴金刚石表面的片状碳化物的 C:Cr 原子比约为 2:3，从而判断其为 Cr_3C_2，棱柱状碳化物的 C:Cr 原子比约为 3:7，可以判断为 Cr_7C_3。

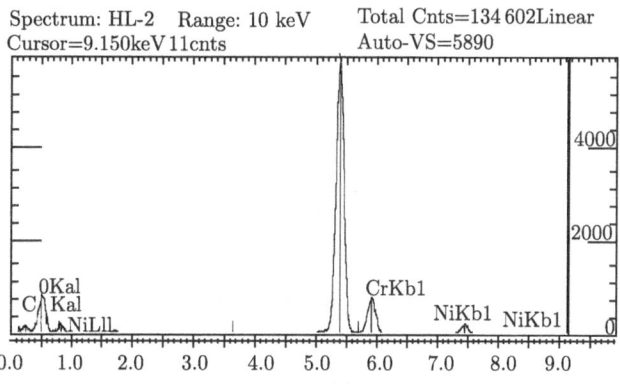

图 3.12　片状碳化物的能谱图

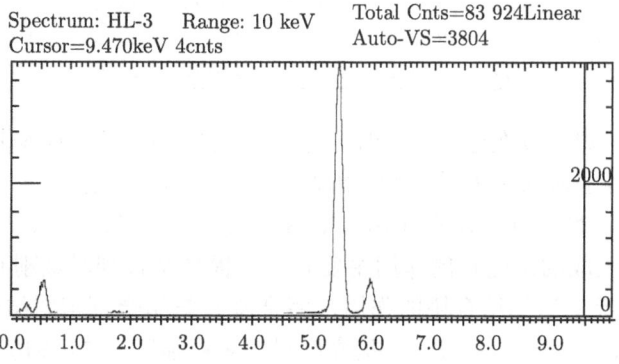

图 3.13　棱柱状碳化物能谱图

表 3.3 能谱分析碳化物定点成分分析 (EDS)(原子分数)

元素	片状碳化物的能谱		棱柱状碳化物的能谱	
	质量比/%	原子比/%	质量比/%	原子比/%
C	13.50	40.34	10.34	33.53
Cr	85.96	59.33	81.78	61.24
Ni	0.54	0.33	7.88	5.23

金刚石表面反应生成物的 X 射线衍射结果如图 3.14 所示,在金刚石的表面有三种碳化物,分别是 Cr_7C_3、Cr_3C_2、$Cr_{23}C_6$,但 $Cr_{23}C_6$ 的含量很小,衍射结果见表 3.4。

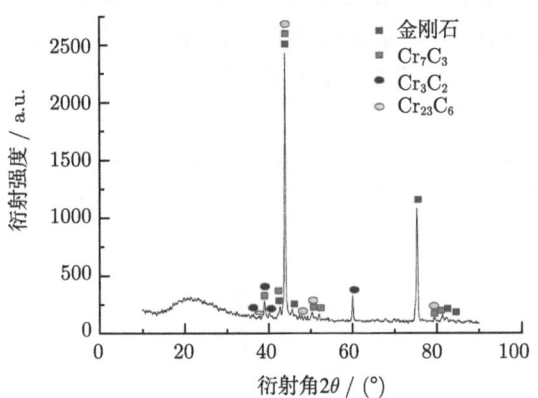

图 3.14 X 射线衍射分析结果

表 3.4 碳化物的晶面间距与 X 衍射强度

物相	晶面间距/X 衍射强度							
C	$2.11/x$	$2.03/x$	$2.06/8$	$1.26/4$	$1.08/3$	$1.24/2$	$1.32/2$	$1.93/1$
Cr_3C_2	$2.30/x$	$2.53/6$	$2.24/6$	$1.95/6$	$1.87/4$	$1.69/4$	$1/53/2$	$0.01/1$
Cr_7C_3	$2.05/x$	$2.12/5$	$2.30/3$	$1.82/2$	$1.75/2$	$2.03/1$	$1.19/1$	$1.21/1$
$Cr_{23}C_6$	$2.05/x$	$2.18/2$	$2.38/2$	$1.80/2$	$1.88/2$	$1.22/2$	$1.78/1$	$1.26/1$

因为高温钎焊可以在金刚石界面上生长出如图 3.15 所示的碳化物纤维网,且碳化物是外延生长在金刚石的表面,因此,其结合是化学键结合,而镍对 Cr_3C_2 和 Cr_7C_3 的浸润性很好 (Ni 在 1380°C,真空状态下,其对 Cr_3C_2 浸润角是 0°)。在金刚石表面生成的碳化物的作用主要有:①提高结合剂对金刚石的黏结能力,碳化物层在两者之间起结合桥的作用,将金刚石与结合剂牢固结合起来,提高磨料与结合剂之间的结合强度。②提高磨料的颗粒强度,碳化物层起补强、增韧作用,强度提高。③隔离保护作用,在高温钎焊和高温磨削时,碳化物层可以

隔离保护金刚石不发生石墨化、氧化及其他化学反应的侵蚀。其中生成的另一种碳化物——SiC 夹杂在其中,可以起到减缓应力的作用。总之,形成"金刚石/Cr_3C_2+SiC/Cr_7C_3+SiC/$Cr_{23}C_6$/Ni 基"钎料梯度的类似碳化物增强金属基复合材料结构。由于此种结构的碳化物可以在界面微区中 (金刚石与钎料之间) 有效发挥类似于金属基复合材料中碳化物纤维的增强作用,并且此结构碳化物相是无位错的晶须组成,碳化物是原位制造,可以保证在共晶体中更高的强度。因而可以将钎焊金刚石界面的结合强度提高到一个为传统电镀或烧结工艺所无法企及的水平,这也正是研发单层钎焊金刚石工具真正的优势所在。

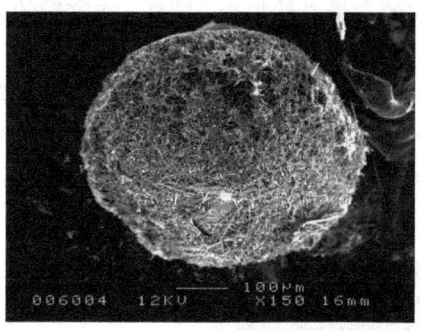

图 3.15　金刚石表面的碳化物纤维网

2) Ag-Cu-Ti 合金钎焊金刚石磨粒界面上的碳化物

钎焊温度为 920°C,升降温速度取为 10°C/min,Ag-Cu-Ti 钎料真空钎焊金刚石磨粒形貌如图 3.16 所示。由于钎料加热熔融后对金刚石磨粒产生了润湿反应,可见新型 Ag-Cu-Ti 钎料对磨粒显示出很好的润湿性,主要表现在钎料在磨粒表面明显爬升,而磨粒边缘也被很多钎料包覆着,与毛细管现象类似,沿金刚石侧面,钎料在金刚石面上达到了一定的高度,并将整个金刚石磨粒包裹起来,这样金刚石的截面呈山峰状,并且钎焊后磨粒晶形完整,表面未产生裂纹。

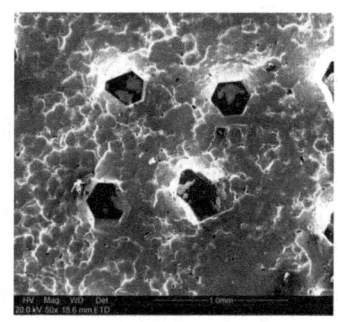
(a) 试样俯视形貌

(b) 试样剖面形貌

图 3.16　真空钎焊金刚石磨粒的外观形貌

图 3.17 显示了金刚石磨粒与 Ag-Cu-Ti 合金钎焊接头 SEM 照片及元素能谱线扫描分析结果,可见 Ti 元素在结合界面具有明显的浓度梯度,其中从钎料层沿钎料与磨粒结合界面方向 Ti 原子浓度呈递增趋势,并且出现一定宽度的台阶,可能是 Ti 和 C 之间的新生化合物 TiC 区。并且进一步可以看出 Ag 在 Ti 的外面含量也较高。钎料中的 Ti 和 Cu 明显地向金刚石一侧扩散偏聚。在远离界面区 Ti 的含量却微乎其微,这说明 C 和 Ti 之间有较大的亲和力。在整个钎焊过程中,钎料中的主要组元 Ag 和 Cu,基本上不参与金刚石的界面化学反应。另外,从图 3.17(b) 中的 Ag、Cu 线扫描图可以看出,在焊接后的钎料层中,Ag 和 Cu 的分布基本上互补。在富银的区域,铜的含量必然很少;同样,在富铜的区域,银的含量也很少。这表明钎焊后出现了 Ag 和 Cu 的偏析现象,即 Ag-Cu-Ti 钎料熔化后,钎料内部形成了成分已发生偏析的凝固组织,这从后续钎料层的微观组织分析中可以明显看出。钎料中剩余的一小部分 Ti 和 Ag-Cu 合金以新的比率形成了化合物,而且随着保温时间的延长,剩余的 Ti 将不断地迁移到离界面距离更近的位置,直到满足界面元素的扩散动态平衡为止。

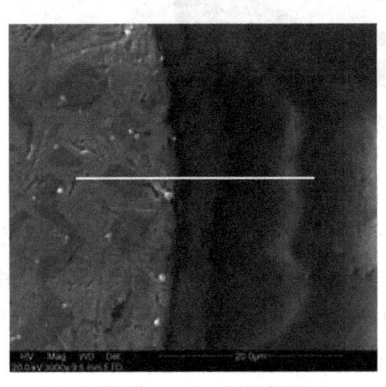 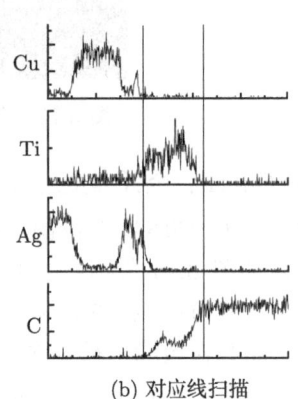

(a) 金刚石与Ag-Cu-Ti钎料界面　　　　　　(b) 对应线扫描

图 3.17　金刚石磨粒与 Ag-Cu-Ti 钎料界面结合特征

由于 Ti 与 C 有较强的亲和力,液态 Ag-Cu-Ti 合金中的活性金属 Ti 被金刚石磨粒晶体表面选择性吸附时,与磨粒表面的 C 发生化学反应生成 Ti-C 化合物,使活性金属 Ti 从靠近金刚石磨粒表面的液态合金钎料中分离出来,并促使液态 Ag-Cu-Ti 钎料中的 Ti 向着金刚石磨粒表面扩散,从而在磨粒与液态钎料的接触面上反应生成连续的新相化合物层,形成富 Ti 带。正是由于钎料与磨粒界面反应化合物的形成,从而促进了两者之间的润湿结合。

Ag-Cu-Ti 合金钎料中的活性元素 Ti 在适宜的钎焊温度和保温时间下能与 C 元素发生反应,在界面微区生成 Ti-C 化合物。图 3.18 和图 3.19 是 TiC 在金刚石表面的外延生长形态。这是界面反应开始后,形成的 TiC 在金刚石表面呈片层状和点状外延生长。因为在金刚石表面存在位错露头、生长台阶等缺陷,随界面反应时间的延长,除了新的 TiC 在金刚石表面形核呈点状析出,使金刚石表面点状 TiC 更密集外,由于 TiC 的生成是受间隙扩散的碳原子向 Ti 金属扩散所制约的,TiC 沿金刚石表面生长速度比碳原子穿过已生成的 TiC 向垂直于镀层方向扩散而生成的 TiC 速度快,所以点状 TiC 主要沿金刚石表面生长,多个点状 TiC 还在局部区域连成了片状。由于金刚石表面的碳化物与金刚石表面有一定的位向关系,初生的碳化物在金刚石表面的生长具有一定的方向性,其生长方向受金刚石颗粒的晶向指数和晶面指数的影响,因此形成了图 3.18 和图 3.19 两种形貌。

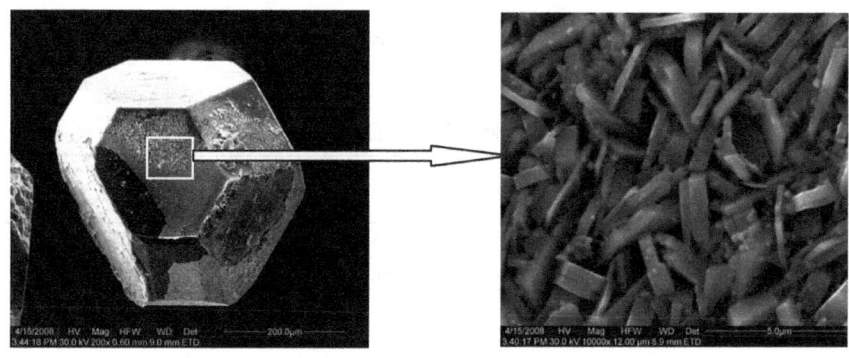

图 3.18 新型银基钎料钎焊金刚石表面片层状化合物形貌

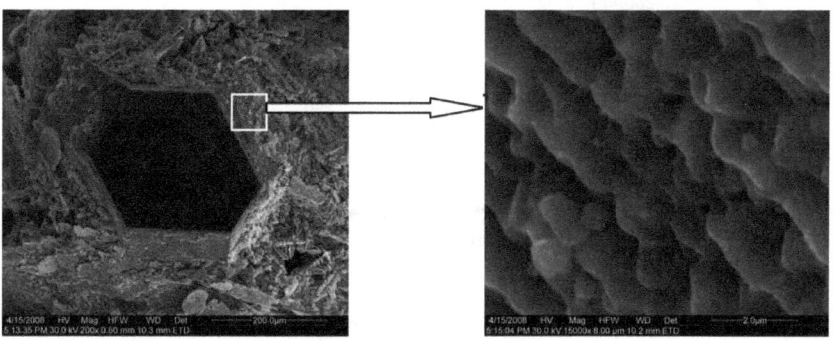

图 3.19 新型银基钎料钎焊金刚石表面岛状化合物形貌

金刚石表面能谱成分分析如图 3.20 和表 3.5 所示。从能谱图上可以看到,在金刚石表面富集了一层 Ti 的碳化物,金刚石磨粒进行 X 射线衍射结构分析结果如图 3.21 所示,其主要衍射峰分别为金刚石和 TiC。正是由于 TiC 的形成,减小了金刚石与钎料的界面张力,相对提高了钎料的润湿性。

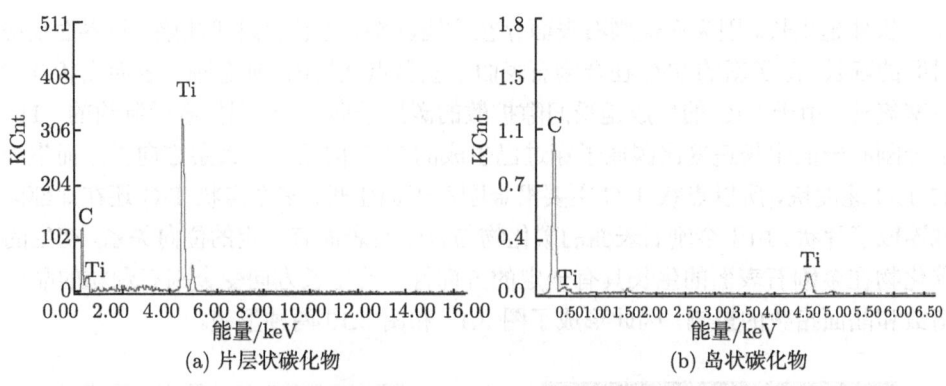

图 3.20 新型银基钎料钎焊金刚石表面碳化物能谱图

表 3.5 钎焊金刚石磨粒表面化合物成分分析

化合物	化学成分 (原子比/%)	
	Ti	C
片层状碳化物	26.05	73.95
岛状碳化物	3.18	96.82

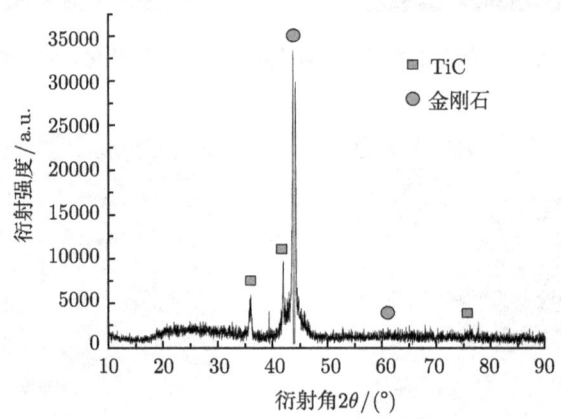

图 3.21 电解后钎焊金刚石磨粒的 X 射线衍射谱

3) Cu-Sn-Ti 合金钎焊金刚石磨粒界面上的碳化物

图 3.22 是 Cu-Sn-Ti 合金钎料在钎焊温度 900°C,保温时间 8min 条件下真空钎焊金刚石试样及单颗金刚石侧面的 SEM 照片。从图 3.22 中的真空钎焊金刚石磨粒的外观形貌可以看出,金刚石边缘被很多合金钎料包覆着,很明显,Cu-Sn-Ti 合金钎料对金刚石磨粒表现出良好的浸润性,这说明金刚石磨粒与熔融钎料之间发生了化学润湿反应。当钎料层达到一定厚度后,依靠毛细作用,整个磨粒将被

钎料包裹起来。另外，由图中可见钎焊后金刚石磨粒晶形仍保持完整，表面未产生裂纹。

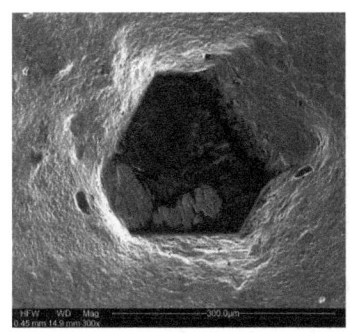 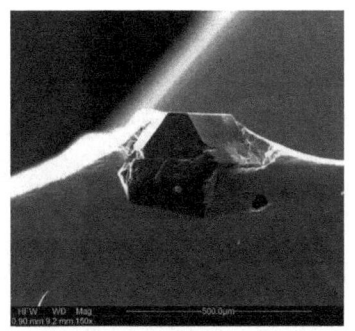

(a) 试样俯视形貌　　　　　　　　(b) 试样剖面形貌

图 3.22　真空钎焊金刚石磨粒的外观形貌

对焊后金刚石颗粒进行深腐蚀观察，钎焊温度 900°C、保温时间 8min 工艺下 Cu-Sn-Ti 真空钎焊金刚石整体形貌如图 3.23(a) 所示，整个金刚石磨粒晶体形态完好无损且棱角清晰，并没有出现裂纹及表面蚀坑等。对焊后的金刚石表面局部放大观察，形貌如图 3.23(b) 所示。从图 3.23(b) 可以看到，金刚石表面有一层连续的无固定形状的化合物，尺寸厚度为 1～2μm。

(a) 焊后金刚石整体形貌　　　　　　(b) 钎焊金刚石表面化合物形貌

图 3.23　900°C Cu-Sn-Ti 钎焊金刚石形貌

金刚石表面物质中灰白色部分元素能谱图如图 3.24 所示，其各元素原子百分含量分别为：C, 59.74%；Ti, 40.26%，即金刚石表面灰白色部分为生成物 TiC。表明钎料与金刚石之间发生了化学冶金反应，生成了 TiC。还发现 TiC 层上面有白色树枝状物质形成，其形貌如图 3.25 所示，该白色物质能谱图如图 3.26 所示，由此判定该物质可能为 Sn-Ti 化合物，且 Sn-Ti 化合物上面附有少许的钎料。在钎焊过程中，液相中有高含量的 Sn、Ti 共存时，冷却过程中会导致 Sn-Ti 金属间增强相产生。由图 3.27 中钎焊金刚石界面元素能谱图可以确定，金刚石表面黑色部分为金刚石,一层灰白色无固定形貌部分为 TiC 层,树枝状白色物质为 Sn-Ti 化合物,最外层为钎料部分,则得到钎焊金刚石界面由金刚石-TiC-Sn-Ti 化合物-钎料层构成。

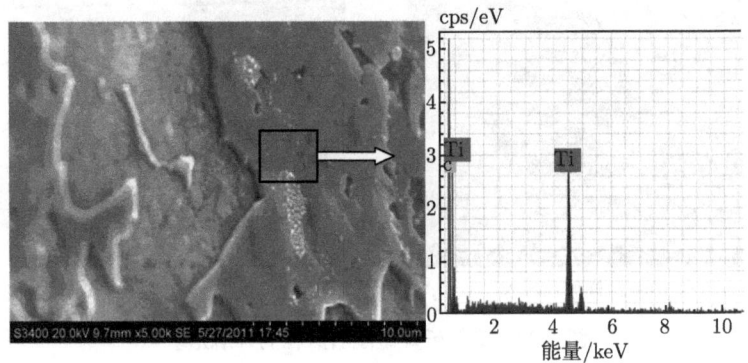

图 3.24　金刚石表面化合物能谱图

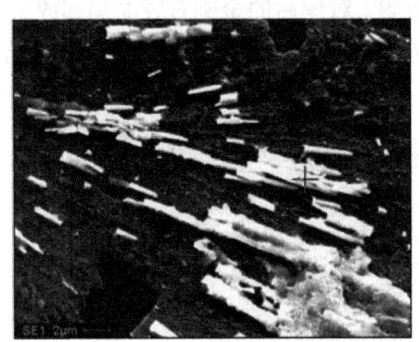

图 3.25　碳化钛层上化合物形貌

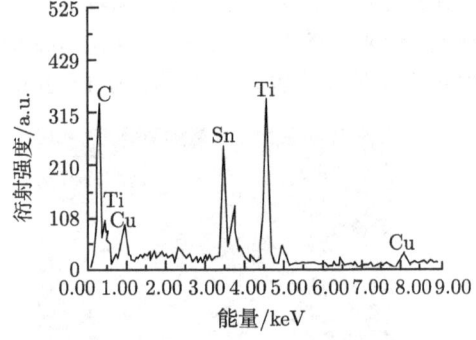

图 3.26　TiC 层上 Sn-Ti 化合物能谱图

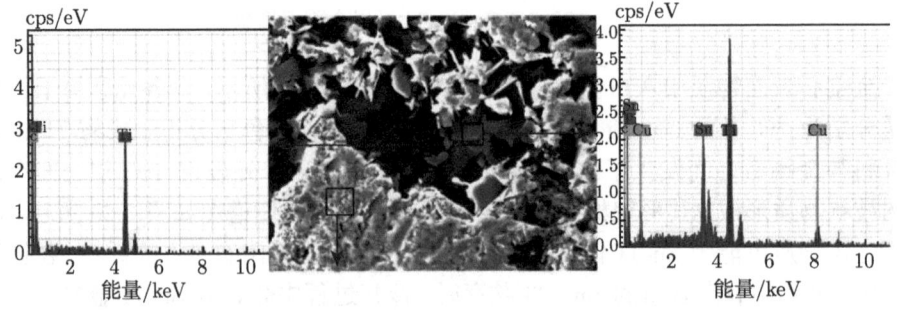

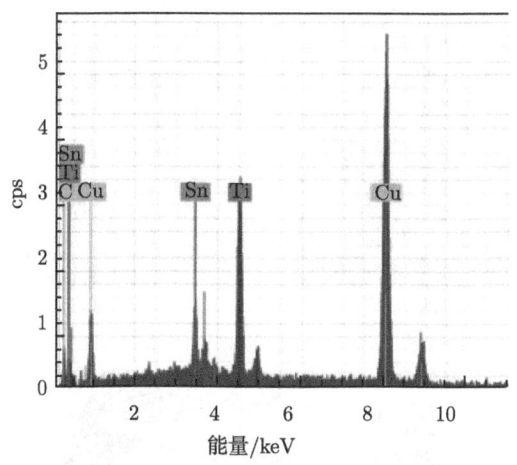

图 3.27 钎焊金刚石界面元素能谱图

3.2.1.2 金刚石磨粒界面碳化物的控制

在金刚石的表面上形成碳化物对界面结合强度是有利的,但相对较厚的碳化物层在热膨胀应力的作用下可能出现裂纹,反而不利于金刚石和钎料界面结合强度的提高。由于改变钎焊工艺条件,就会影响金刚石磨粒的消耗、残余应力及生成碳化物的大小、数量,不合理的工艺甚至可能使金刚石表面生成大量石墨,从而直接影响到钎焊界面宏观质量及金刚石的形状、大小、强度等。因而钎焊时界面显微结构的调控对钎焊工艺具有无法替代的重要作用。

1. Ni-Cr 合金钎焊金刚石磨粒界面上碳化物的控制

1) 铬含量对界面结构的影响

Ni-Cr 合金钎料中 Si 和 B 起到降低熔点和提高钎料流动性和浸润性的作用,其含量的可调范围并不大,两者的总和一般应在 4%~8%(wt);Cr 元素的含量才是决定钎料对金刚石的浸润性和界面碳化物形态结构的关键因素。

图 3.28 为 4%、8.5% 和 13%(wt) 不同 Cr 含量的 Ni-Cr 合金钎料在钎焊温度 1050°C 下高频感应钎焊金刚石表面碳化物的形貌,金刚石表面碳化物能谱的定量分析见表 3.6。从图 3.28(a) 可见,贴在金刚石表面生长着的扁条状碳化物同图 3.28(b) 相比很不饱满,且碳化物较为稀疏。从图 3.28(c) 可见,金刚石表面的碳化物已变成粗壮的柱状物。从表 3.6 可看出 Cr 和 C 的原子比仍约为 3:2,在能谱测量的精度范围内,可以认为碳化物为 Cr_3C_2。

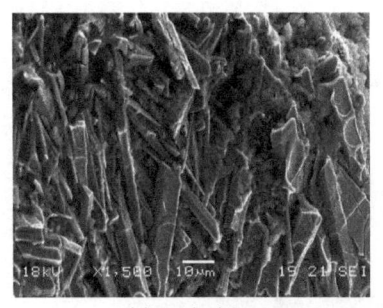
(a) 4%(wt)Cr

(b) 8.5%(wt)Cr

(c) 13%(wt)Cr

图 3.28　不同 Cr 含量对金刚石表面生成物的影响

表 3.6　不同 Cr 含量下金刚石表面碳化物的 EDS 定量分析表

元素	4%(wt)Cr		8.5%(wt)Cr		13%(wt)Cr	
	原子比/%	质量比/%	原子比/%	质量比/%	原子比/%	质量比/%
C	41.95	14.29	41.16	13.89	38.63	12.68
Cr	58.05	85.71	58.84	86.11	61.37	87.32

注：修正直流电压为 15kV，检出角为 25.69°，迭代次数为 5

可见含 Cr 量不同对金刚石-钎料界面结构有明显的影响。含 Cr 量较少的钎料来不及充分供给反应所需的 Cr 元素，致使图 3.28(a) 中的单条 Cr_3C_2 看上去不如图 3.28(b) 中的饱满，而且从整个表面上看，扁条状的 Cr_3C_2 也较稀疏。显然，含 Cr 量较少的钎料使金刚石-钎料界面的反应相对不足；在同样的钎焊条件下，含 Cr 量较多的钎料则能够较充分供给反应所需的 Cr 元素，可使图 3.28(c) 中的单条碳化物看上去比图 3.28(b) 中的粗壮一些，含 Cr 量较多的钎料使金刚石-钎料界面的 Cr_3C_2 层变厚，过厚的碳化物层对钎料和金刚石的结合强度也是不利的，因此，使用 8.5%(wt) Cr 的 Ni-Cr 合金钎料还是比较合适的。

2) 反应温度对界面结构的影响

使用含 8.5%(wt)Cr 的 Ni-Cr 合金钎料高频感应钎焊金刚石，钎焊温度分别为 1000°C 和 1100°C。图 3.29 是在钎焊温度 1000°C 下金刚石表面的形态，可见其表面仅有少量形态类似于图 3.28 中的碳化物 Cr_3C_2 生成。因此，在这种反应温度下，金刚石界面碳化物数量明显不足，对增强金刚石-钎料界面结合强度的作用甚微。

图 3.29　1000°C 下钎焊金刚石表面形貌

图 3.30 是在钎焊温度 1100°C 下金刚石表面出现的典型形态，可见金刚石表面出现了粗壮的扁条状物 Cr_3C_2。在高温 1100°C 钎焊条件下，一方面液态钎料的黏度降低，流动性变好；另一方面反应元素的扩散系数也将提高。这样在电磁场力的搅拌作用下，Cr 元素能够及时供给到部分碳化物反应界面前沿，因此，这部分扁条状碳化物生长得较为粗大。

图 3.30　1100°C 下钎焊金刚石表面形貌

在扁条状物之间还分布着许多疏松的片状物,其能谱如图 3.31 所示,定量分析见表 3.7。可见这些片状物基本上由碳元素组成,因此可以断定,这些疏松的片状物是由金刚石转变而来的,可能已变为硬度大为下降的类金刚石或石墨。图 3.32 是图 3.31 所示的金刚石上出现的拉曼谱。图中 1581.76cm^{-1} 的谱峰属于石墨的芳香构型层平面上碳–碳间的振动,而位于 1351.23cm^{-1} 的谱峰则是由石墨中的无序结构和缺陷所引起的。显然,在较高的钎焊温度下,金刚石表面出现了粗大扁条状碳化物和石墨,它们势必降低金刚石–钎料的界面结合强度,因此,较高的钎焊温度也是不利的。

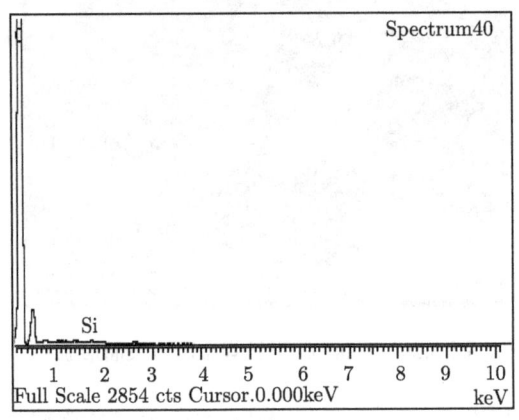

图 3.31 片状物能谱

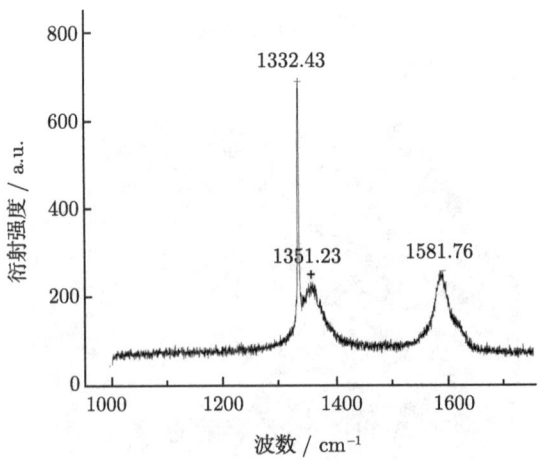

图 3.32 金刚石的拉曼谱

3.2 超硬磨料钎焊界面形成与控制

表 3.7 片状物定量分析表

元素	质量比/%	原子比/%
C	95.27	97.92
Si	4.73	2.08

3) 反应时间对界面结构的影响

使用含 8.5%(wt)Cr 的 Ni-Cr 合金钎料高频感应钎焊金刚石,保温时间分别为 5s 和 30s,钎焊温度 1050°C。图 3.33 是钎焊保温时间为 5s 的金刚石表面形态,同图 3.28(b) 相比,其表面上碳化物 Cr_3C_2 的形态与之相似,只是碳化物大多短小不匀,界面反应没有充分进行。

图 3.34 是在钎焊保温时间 30s 下金刚石表面出现的典型形态,可见金刚石表面碳化物的形态由两部分组成:一是类似于图 3.28(b) 的扁条状碳化物 (图 3.34(a) 中的 A 处),二是断面呈规则六边形的杆状碳化物 (图 3.34(b))。图 3.34 中的扁条状物和杆状物的能谱分析见表 3.8 和表 3.9,结果显示它们都只含有 Cr 和 C 两种元素,在能谱误差范围内,可以认为,扁条状物为 Cr_3C_2,杆状物为 Cr_7C_3。

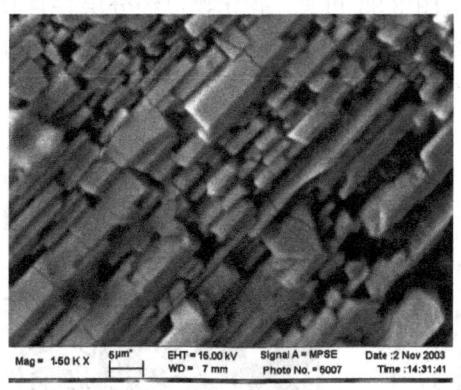

图 3.33 钎焊保温时间 5s 下金刚石表面生成物形貌

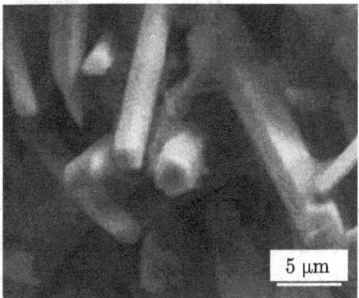

(a) 整体　　　　　　　　　　　　(b) 局部

图 3.34 钎焊保温时间 30s 下金刚石表面生成物形貌

表 3.8　扁条状碳化物的 EDS 定量分析表

元素	原子比/%	质量比/%
C	41.75	14.19
Cr	58.25	85.81

注：修正直流电压为 15kV，检出角为 25.69°，迭代次数为 5

表 3.9　杆状碳化物的 EDS 定量分析表

元素	原子比/%	质量比/%
C	31.36	9.54
Cr	68.64	90.46

注：修正直流电压为 15kV，检出角为 25.69°，迭代次数为 5

随着反应时间的延长，Cr 和 C 都有较为充分的扩散时间，既可形成 Cr_3C_2，也可形成 Cr_7C_3。图 3.35 为钎焊温度 1050°C、钎焊保温时间约为 4min 时真空钎焊金刚石界面结构。从图 3.35 可见，碳化物已经分层并且具有两种形态：一种是靠近金刚石表面的扁条状碳化物；另一种是在扁条状碳化物基础上形成的杆状碳化物，而且反应物层明显变厚。

图 3.35　真空钎焊后金刚石表面生成物形貌

平躺在金刚石表面 A 处的碳化物为 Cr_3C_2，在 A 处之外 B 处的碳化物为 Cr_7C_3。可见，在近乎平衡反应(长时保温)的条件下，由于扩散的浓度梯度，对于金刚石-Ni 基活性钎料体系，在金刚石表面形成高碳化合物 Cr_3C_2，在外侧则形成低碳化合物 Cr_7C_3，具有典型的界面扩散反应的特征，活性元素 Cr 与金刚石反应形成的结构层次特征如下：金刚石，Cr_3C_2，Cr_7C_3，钎料。Cr 和 C 向界面互扩散的驱动力为金刚石-钎料界面两侧的 Cr 和 C 的化学位梯度，从宏观上来看，Cr 在金刚石界面上的聚集具有上坡扩散的特征,这是由于 Cr 和 C 发生反应,形成一种新的晶型后,降低了碳化物中 Cr 的化学位。

因此,金刚石同 Ni-Cr 合金钎料的反应时间应控制在适当范围,从试验的结果来看,这个反应过程约十几秒即可达到要求。否则,金刚石消耗过多,脆性碳化物层变厚,这当然对提高钎料层对金刚石的把持力是十分不利的。

4) 冷却速度对钎焊金刚石质量的影响

从钎焊温度 1050°C 到 700°C 阶段分别以 5K/min 和 2.5K/min 冷却速度的碳化物结果如图 3.36 和图 3.37 所示,不同冷却速度明显影响钎缝结晶形态和金刚石状态,钎焊后冷却速度快的时候,在金刚石表面生成的碳化物相对较细,且数量减少 (图 3.36)。而钎焊后冷却速度慢的时候,情况相反 (图 3.37)。针对工件的形状、大小,应该有不同冷却速度,大工件应该采用在升温过程的高温阶段保温一段时间,在冷却过程中应该用慢的速度;小件则采用快的升降温速度较为合理。

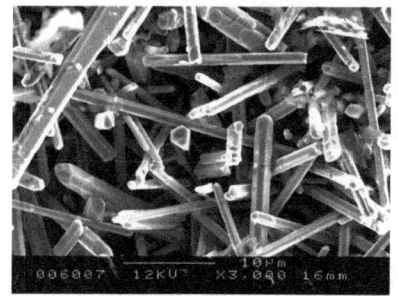
图 3.36 正常冷却的碳化物

图 3.37 缓慢冷却的碳化物

2. Cu-Sn-Ti 合金钎焊金刚石磨粒界面上碳化物的控制

图 3.38～图 3.45 分别是钎焊温度 900°C 和 940°C、保温时间 8min 下,不同钎料钎焊金刚石形貌及金刚石表面化合物形貌图。由图中碳化物厚度变化可见,金刚石表面的碳化物厚度随着温度的升高而增加,但是 940°C 时钎焊金刚石表面的生成物层与金刚石的结合情况明显不如 900°C 时的好,940°C 时金刚石与其表面生成物之间结合不紧密,处于剥离状态,产生此现象的原因可能为温度升高时残余应力更大导致两者结合不牢。温度升高时金刚石表面生成的化合物中脆性相增加,也是引起两者之间结合不良的原因之一;而不同组元配比对金刚石表面生成物的生成量的影响不太明显,但是根据钎焊的宏观效果可以得到随着 Ti 含量的增加钎焊效果要好,这是因为钎料中 Ti 活性元素与金刚石发生反应,随着 Ti 含量的增加钎料对金刚石的润湿性增强;并且可能由于 Cu-Sn 合金中 Sn 含量为 20%(wt) 时处于合金的共晶线上导致其流动性较非共晶线上的含 Sn 量为 10%(wt) 的 Cu-Sn 合金好,因此,$CuSn_{20}Ti_{10}$ 钎料要比 $CuSn_{10}$ 系列的钎料钎焊效果好。钎焊温度

为 880°C 时钎料熔融不充分，浸润性很差。随着温度升高，钎料的浸润性开始明显得到改善。在 900°C 时钎料的浸润铺展较好，在界面处有碳化物生成，且化合物与金刚石的结合较紧密，而 940°C 时金刚石表面生成物与金刚石结合处有点剥离，这说明在合适的钎焊温度范围内钎料的浸润性较好且生成的碳化物数量适中。钎焊温度过高则化学反应激烈，生成大量碳化物晶核，致使金刚石表面生成的碳化物过多，这势必导致金刚石的损耗，降低金刚石的强度。另外，随着温度升高，钎料与金刚石界面间还会形成 Sn-Ti、Cu-Ti 等化合物，这些化合物在基体相中弥散分布，在一定范围内会利于提高钎料层强度，但是必须有效地控制其生成量，否则可能导致界面层脆性增加。

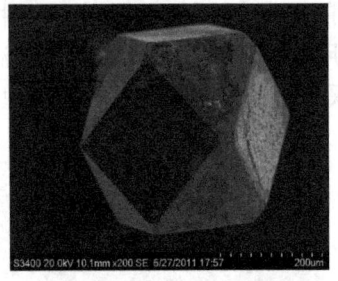

(a) 焊后金刚石整体形貌　　　　　　(b) 钎焊金刚石表面化合物形貌

图 3.38　900°C $CuSn_{10}Ti_{15}$ 钎焊金刚石形貌

(a) 焊后金刚石整体形貌　　　　　　(b) 钎焊金刚石表面化合物形貌

图 3.39　900°C $CuSn_{10}Ti_{18}$ 钎焊金刚石形貌

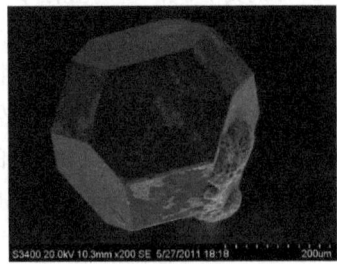

(a) 焊后金刚石整体形貌　　　　　　(b) 钎焊金刚石表面化合物形貌

图 3.40　900°C $CuSn_{10}Ti_{20}$ 钎焊金刚石形貌

 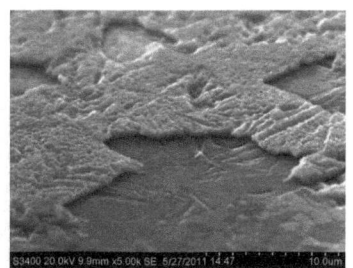

(a) 焊后金刚石整体形貌　　　　　(b) 钎焊金刚石表面化合物形貌

图 3.41　900°C CuSn$_{20}$Ti$_{10}$ 钎焊金刚石形貌

(a) 焊后金刚石整体形貌　　　　　(b) 钎焊金刚石表面化合物形貌

图 3.42　940°C CuSn$_{10}$Ti$_{15}$ 钎焊金刚石形貌

(a) 焊后金刚石整体形貌　　　　　(b) 钎焊金刚石表面化合物形貌

图 3.43　940°C CuSn$_{10}$Ti$_{18}$ 钎焊金刚石形貌

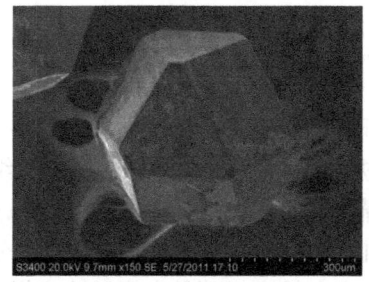 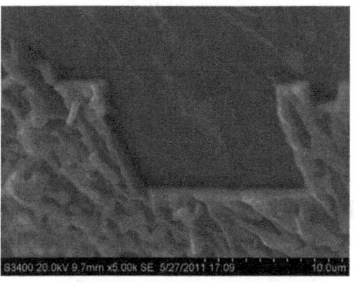

(a) 焊后金刚石整体形貌　　　　　(b) 钎焊金刚石表面化合物形貌

图 3.44　940°C CuSn$_{10}$Ti$_{20}$ 钎焊金刚石形貌

 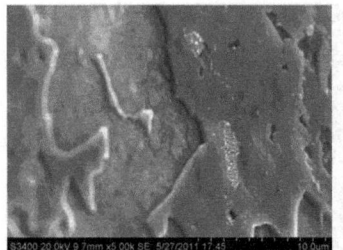

(a) 焊后金刚石整体形貌　　(b) 钎焊金刚石表面化合物形貌

图 3.45　940°C $CuSn_{20}Ti_{10}$ 钎焊金刚石形貌

3.2.2　钎焊立方氮化硼磨粒界面形成与控制

3.2.2.1　CBN 磨粒界面化合物的形成

图 3.46 为钎焊温度 920°C，保温时间 5min 的钎焊立方氮化硼磨粒形貌图。由于钎料加热熔融后对 CBN 磨粒产生润湿效应，因此，从图 3.46 可以看出，Ag-Cu-Ti 合金对磨粒显示出很好的润湿性，主要表现在钎料合金在磨粒表面明显爬升，而磨粒边缘也被很多钎料合金包覆，并且钎焊后磨粒晶形完整，表面未产生显微裂纹。将钎焊后的 CBN 磨粒在金属板上进行重负荷滑擦，尽管金属板被划出较深沟槽，但仍没有发现 CBN 磨粒脱落，这说明借助钎料的桥接作用，砂轮基体牢固把持住了磨粒[38,46,71-73,75,82]。

 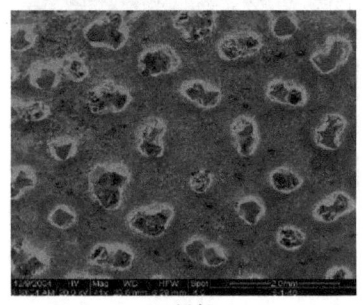

(a) 整体　　(b) 局部

图 3.46　钎焊 CBN 磨粒形貌

图 3.47 显示了钎焊温度 920°C，保温时间 5min 时 CBN 磨粒与 Ag-Cu-Ti 合金钎焊接头背散射像及元素能谱线扫描分析结果。可以看出，钎料层界面组织由两层构成，即靠 CBN 母材侧的深灰色区和靠钎料侧的浅灰色区（图 3.47(a) 中分别用 A 和 C 表示）。图中 A、B、C 三点的 Ti、Cu、Ag 三种元素定点成分分析结果见表 3.10。结合图 3.47(b) 可以看出，Ti 元素在结合界面具有明显浓度梯度，其中从钎料层沿钎料与磨粒结合界面方向 Ti 原子浓度呈递增趋势，如 A 点质量分数

3.2 超硬磨料钎焊界面形成与控制

已达到60%，远高于Ag-Cu-Ti钎料中5%的Ti含量；而在远离界面浅灰色区的C点Ti含量却微乎其微，接近于0。

在整个钎焊过程中，钎料中的主要组元Ag和Cu，基本上不参与CBN的界面化学反应。另外，从图3.47(b)中的Ag、Cu线扫描图可以看出，在焊接后的钎料层中，Ag和Cu的分布基本上互补，与钎焊金刚石磨粒相似。钎料中剩余的一小部分Ti和Ag-Cu合金以新的比例形成了化合物，而且随着保温时间的延长，剩余的Ti将不断地迁移到离界面距离更近的位置，直到满足界面元素的扩散动态平衡为止[158]。

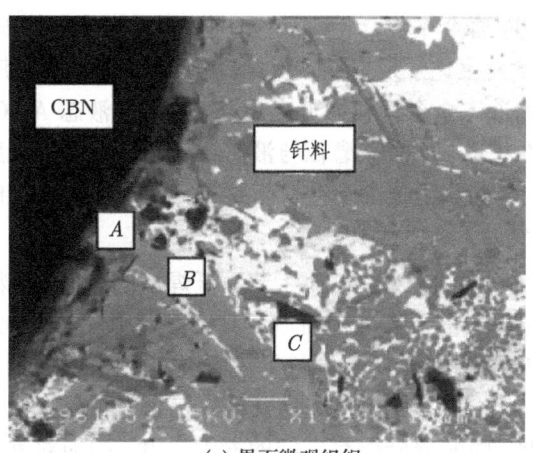

(a) 界面微观组织

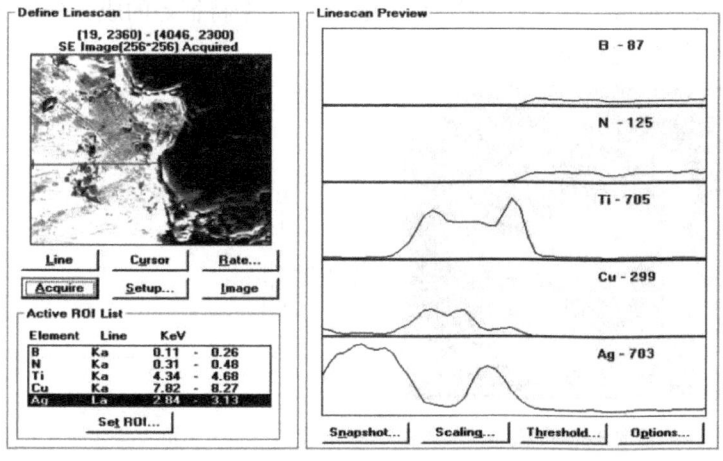

(b) 元素分布

图3.47 CBN磨粒与Ag-Cu-Ti钎料界面结合特征

表 3.10　特征点成分分析

测试点	化学成分 (质量比/%)		
	Ti	Ag	Cu
A	60.69	31.55	7.76
B	45.24	1.87	52.89
C	0.15	98.29	1.56

Ag-Cu-Ti 钎料中的 Ag、Cu 均会降低 Ti 的 α/β 相转变温度，Cu 的作用尤为明显。当 Ti 中含有 5.5%Cu 原子时，其相变温度降为 790°C。当加热温度高于 880°C 时，由于 Cu、Ag 的存在，使金属 Ti 处于 β 相。β-Ti 与 B、N 有较强的亲和力，液态 Ag-Cu-Ti 合金中的活性金属 Ti 被 CBN 磨粒晶体表面选择性吸附时，与磨粒表面的 B、N 发生化学反应生成 Ti-N 和 Ti-B 化合物，使活性金属 Ti 从靠近 CBN 磨粒表面的液态合金钎料中分离出来，并促使液态 Ag-Cu-Ti 钎料中的 Ti 向着 CBN 磨粒表面扩散，从而在磨粒与液态钎料的接触面上反应生成连续的新相化合物层，形成富 Ti 带。正是由于钎料与磨粒界面反应化合物的形成，从而促进了两者之间的润湿结合。

加热温度 920°C，保温时间 5min 工艺下钎焊后的 CBN 磨粒元素能谱分析如图 3.48(a) 所示，能谱分析了 4 个特征点，其中 A、B、C 三点分别位于钎焊磨料表面最外层化合物的顶端，而 D 点则位于较内层化合物的顶端。图 3.48(b) 显示了特征点 D 处的新生化合物能谱曲线，化合物层包含三种元素，由于内层化合物离 CBN 磨粒表面较近，而能谱分析有一定的探测深度，因而对磨粒表面的 B、N 元素也有反映。但是仍可发现 D 点处 B 的含量明显高于 Ti，因此，内层可能主要是由 Ti-B 化合物组成。表 3.11 则为图 3.48(a) 中 4 个特征点的成分分析结果，可见表层主要由 Ti-N 化合物组成。

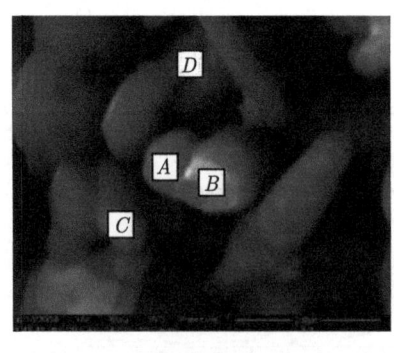
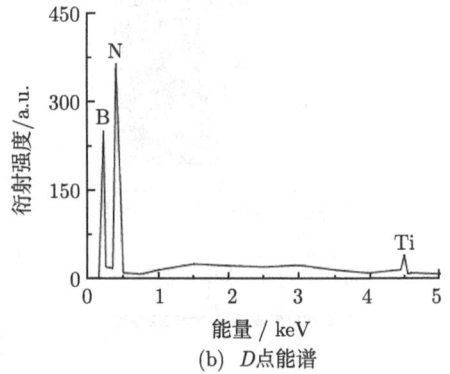

(a) 能谱分析测试点　　(b) D点能谱

图 3.48　钎焊 CBN 磨粒表面新生化合物能谱分析

钎焊 CBN 磨粒 X 射线衍射 (XRD) 分析结果如图 3.49 所示，钎焊 CBN 磨

3.2 超硬磨料钎焊界面形成与控制

粒表面新生化合物主要包括 TiN，TiB$_2$ 和 TiB；并且 Ag-Cu-Ti 钎料与 CBN 磨粒反应前后的 CBN 点阵常数不变，说明大直径的 Ti 原子不能向强共价结合的 CBN 晶体内扩散，界面反应是小直径的 B、N 原子向 Ti 晶格内扩散，达到形成化合物所需浓度后，以反应扩散形式在 CBN 磨粒晶体表面生长化合物层（注：B、N、Ti 原子半径分别为 0.082、0.075、0.147nm）。

表 3.11 钎焊 CBN 磨粒表面化合物成分分析

测试点	化学成分 (原子比/%)		
	Ti	B	N
A	73.42	2.55	24.03
B	55.25	5.31	39.44
C	84.61	2.93	12.36
D	45.49	42.74	11.77

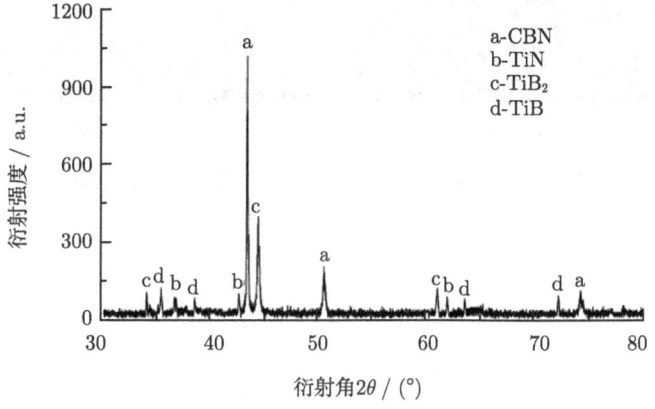

图 3.49 深腐蚀后钎焊 CBN 磨粒的 X 射线衍射谱

Ag-Cu-Ti 钎料层和 CBN 磨粒是力学性能差异较大的两类材料，钎料层属于金属键结合的塑性材料，而磨粒为共价键结合的脆性材料。如果可以依靠化合物的内部结合键使磨粒和钎料层之间的成分与结构逐层过渡，那么这将对降低异种材料钎焊接头的残余应力和提高其结合强度具有显著促进作用。

钎焊 CBN 磨粒表面新生化合物分层结构的 X 射线衍射分析结果如图 3.50 和图 3.51 所示。当图 3.50(b) 中与磨粒表面总体上呈垂直生长的最表层化合物被腐蚀掉后，可以发现中间层主要由网络状化合物组成，其中间杂有少量颗粒状物质存在，如图 3.50(c) 所示。此时界面化合物的 X 射线衍射谱显示 TiN 衍射峰已基本消失，只有 TiB 和 TiB$_2$ 化合物存在，如图 3.51(a) 所示。

图 3.50　钎焊 CBN 磨粒表面新生化合物分层结构

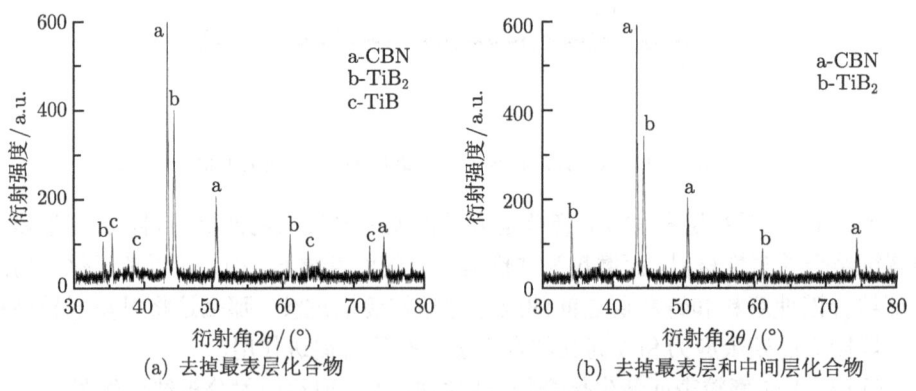

图 3.51　去掉不同层化合物后钎焊 CBN 磨粒 X 射线衍射谱

当中间层网络状化合物被进一步腐蚀掉后，内层化合物只剩下紧贴磨粒生长的柱状化合物，其长度与宽度分别约为 1μm 和 100nm，如图 3.50(d) 所示。从形貌上分析，这层化合物与磨粒已融合为一体，而 X 射线衍射分析表面此层化合物主要为 TiB_2，如图 3.51(b) 所示。

3.2 超硬磨料钎焊界面形成与控制

由此可知,在磨粒与钎料合金结合界面,从 CBN 晶体到钎料层依次由 CBN、TiB_2、TiB、TiN,含 Ti 合金层构成。实际上,TiB_2、TiB 和 TiN 并不是按照确定的原子比例组成的化合物,其成分可在一定范围内变化,据此依照 Ti-B 和 Ti-N 相图可近似表示出 Ti、B、N 三种元素在不同化合物层的含量变化特点,如图 3.52 所示。可以看出,从钎料金属层到磨粒晶体,Ti 元素含量逐渐降低,在磨粒表面其含量为 0;而 B、N 元素却从磨粒表面扩散进入钎料层形成不同化合物,并且与 B 元素相比,N 元素处于扩散前沿。

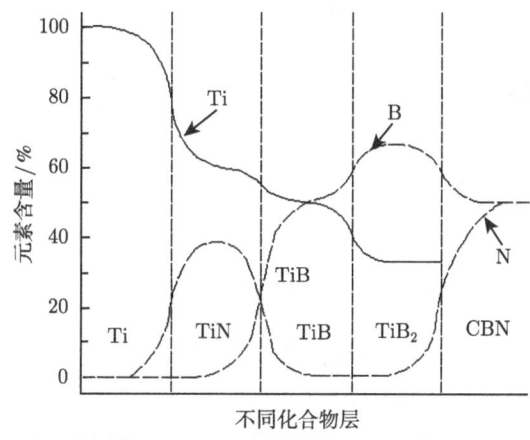

图 3.52 钎焊 CBN 磨粒表面不同层化合物元素含量过渡示意图

从化合物的晶体结构特点分析,TiB_2 属于 C_{32} 晶体结构,相互之间以共价键结合,它的晶体结构可以简单方便地描述为六方对称的钛层和硼层相互交替出现,其晶体生长沿着 [0001] 和 <1100> 晶向堆垛,如图 3.53(a) 所示,完整的晶格参数为:$a=0.3028nm$,$c=0.3228nm$,因此,TiB_2 与共价键结合的 CBN 晶格具有较好的匹配性。而 TiB 具有 B_{27} 结构,Ti 原子与 B 原子之间的化学键是电子结合,B 原子之间存在共价键,在过渡金属 Ti 与 B 形成 TiB 时,B 原子的 p 层电子消耗在 B-B 的共价键上,只有少部分转入金属键的电子中。由于 B 原子半径较大,而且 B 的电离势较低,B 原子之间结合成键,并以单键形式形成单独的结构单元,即每个 B 原子形成平行于 b 轴方向呈 "Z" 字形的单链,每个硼原子位于由 6 个钛原子组成的三角棱晶的中心位置,如图 3.53(b) 所示。由此可知,随 B/Me(Me 代表金属) 增加,Ti-B 化合物中共价键的比例逐渐增加,共价键性逐渐增强,金属键性不断降低。TiN 具有与 Ti 金属相同的结构,属间隙相,有主要的金属键性,所以按 CBN、TiB_2、TiB、TiN、含 Ti 合金层的顺序,共价键性逐渐减少而向金属键性转化,这有利于磨粒晶体与钎料金属的逐层化学键过渡。实际上,不同界面化合物层热膨胀系数的过渡现象也很明显,如 CBN、TiB_2、TiB、TiN 在 20~800°C

平均线膨胀系数分别是：$\alpha_{CBN} = 4.55 \times 10^{-6} K^{-1}$、$\alpha_{TiB_2} = 7.4 \times 10^{-6} K^{-1}$、$\alpha_{TiB} = 8.6 \times 10^{-6} K^{-1}$、$\alpha_{TiN} = 9.4 \times 10^{-6} K^{-1}$，这在一定程度上可降低钎焊接头的残余热应力。综合以上分析，可以看出，不同化合物层化学键性和热膨胀系数的逐层过渡为确保磨粒与钎料之间形成性能优异的钎焊接头提供了可靠基础[49]。

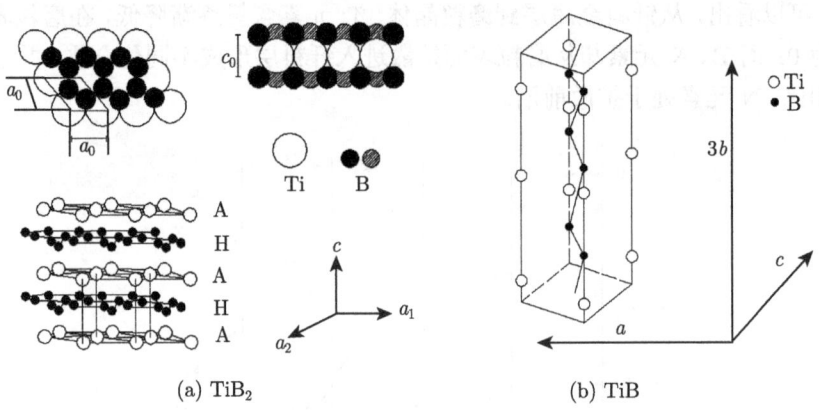

图 3.53　Ti-B 化合物晶体结构

3.2.2.2　CBN 磨粒界面化合物的控制

1) 钎焊温度对磨粒与钎料界面反应的影响

图 3.54 显示了 CBN 磨粒与 Ag-Cu-Ti 钎料混合物的 DTA 差热分析曲线，Ag-Cu-Ti 钎料与 CBN 磨粒之间的界面反应主要发生在钎料处于液固两相共存区的 795℃ 和 810℃ 附近。钎焊温度 880～940℃ 均达到了 CBN 磨粒与 Ag-Cu-Ti 钎料发生反应的温度，因而两者的界面反应完全可以发生。

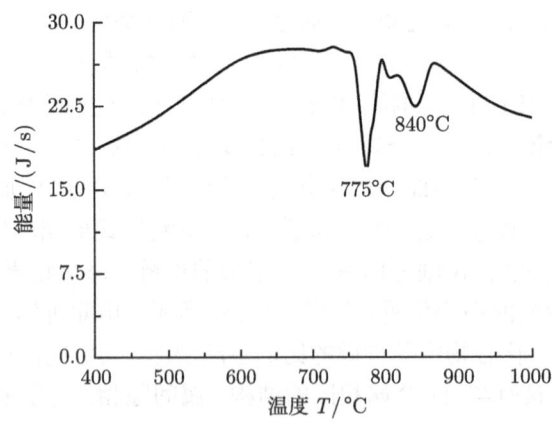

图 3.54　Ag-Cu-Ti 钎料与 CBN 磨粒混合物的差热分析原始曲线

图 3.55 显示了保温时间为 5min，加热温度分别为 880℃ 和 920℃ 时钎焊

CBN 磨粒的整体形貌。很明显，在相同的保温时间内，加热温度对磨粒表面新生化合物数量具有一定影响。当加热温度为 880°C 时，表面仅生成零星分布的化合物 (图 3.55(a))，这说明此时界面反应比较微弱；而当温度上升到 920°C 时，界面新生化合物已完全覆盖住与钎料接触的磨粒所有部位 (图 3.55(b))，这表明此时界面反应已足够激烈。

(a) 880°C

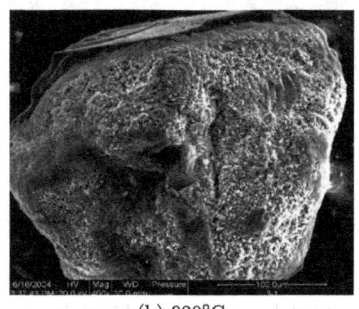
(b) 920°C

图 3.55　不同加热温度对钎焊 CBN 磨粒表面整体形貌的影响

图 3.56 显示了钎焊温度对表面新生化合物生长形貌的影响。当钎焊温度为 880°C 时，主要是不连续的反应产物依附在 CBN 磨粒晶体表面形核生长(图 3.56(a))。温度升高到 900°C，尽管表面反应产物明显增多，然而新生化合物仍呈颗粒状、无规则晶形 (图 3.56(b))。但是，当钎焊温度进一步上升到 920°C 时，表面化合物已具备完整晶体形貌，而且可发现化合物主要是垂直磨粒晶体表面生长 (图 3.56(c))，这有利于磨粒表层柱状化合物深入钎料层形成 "钉扎" 作用，必然预示着很高的磨粒把持强度。当钎焊温度达到试验的最高值 940°C 时，由于表面新生化合物已极其致密，相互之间的生长互相干涉，因此，化合物已并不完全垂直表面生长，而是沿着化合物间隙在各方向呈现相同的生长趋势，并且其形态较加热温度为 920°C 时有一定程度长大，如图 3.56(d) 所示[44]。

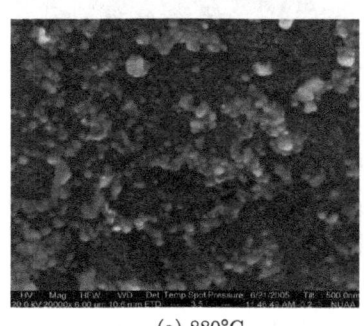
(a) 880°C

(b) 900°C

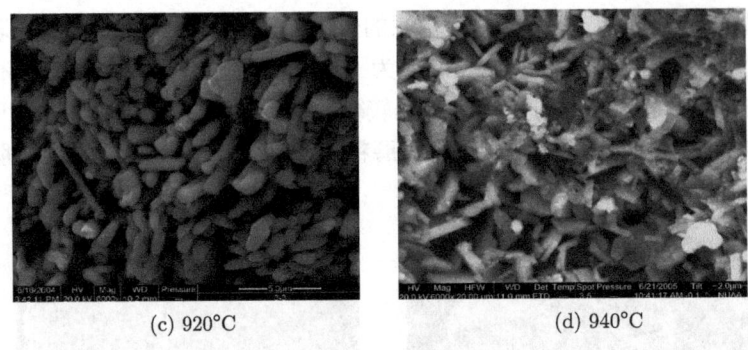

(c) 920°C (d) 940°C

图 3.56 不同加热温度对钎焊 CBN 磨粒表面化合物形貌的影响

2) 保温时间对磨粒与钎料界面反应的影响

由于磨粒与钎料界面反应需要相关元素在高温下的扩散迁移，因此，保温阶段对 CBN 磨粒与 Ag-Cu-Ti 钎料之间的界面化学反应和新生化合物也具有重要影响。图 3.57 显示了加热温度 920°C 时，不同保温时间下界面反应生成物的形貌。可以看出，尽管加热温度已达 920°C，钎料完全处于液相熔融状态，但是如果缺乏保温阶段，那么与较低加热温度的钎焊过程 (图 3.56(a)) 相比，界面新生化合物数量和

(a) 0min (b) 10min

(c) 15min (d) 20min

图 3.57 不同保温时间对钎焊 CBN 磨粒表面化合物形貌的影响

形貌并无较大改观。对于需要依靠界面反应产物来提高对磨粒把持强度的这种新型砂轮制作工艺而言,此种情形并不能取得预期效果。由此可知,保温阶段对于获得理想的 CBN 磨粒与钎料层钎焊接头是必需的。结合图 3.57 和图 3.56(c) 可以看出,随保温阶段不断延长,界面反应产物逐渐变得致密,但当保温时间超过 5min 后,界面化合物形貌随保温时间变化并不显著,仅有个别化合物长得较粗大,但均为棱柱状。

3) 活性元素 Ti 含量对磨粒与钎料界面反应的影响

Ti 质量分数分别为 0%~6%、以 $Ag_{72}Cu_{28}$ 共晶为基的 Ag-Cu-Ti 合金钎料在加热温度 920°C,保温时间 5min 工艺下钎焊 CBN 磨粒表面化合物结果如图 3.58 所示。很明显,当钎料中不含 Ti 时,CBN 磨粒表面未见化合物生成,如图 3.58(a) 所示,这说明 Ag-Cu 共晶不能与 CBN 磨粒发生反应。当 Ti 含量为 1% 时,仅有一层极薄的新生化合物稀疏分布在 CBN 磨粒表面 (图 3.58(b)),这与此时界面化学反应非常微弱相对应。当 Ti 含量为 2% 时,尽管磨粒表面新生化合物仍然较薄,甚至在某些局部反应非常轻微,但界面反应总体上已比 Ti 含量为 1% 时强烈 (图 3.58(c))。当 Ti 含量增加到 3% 时,磨粒与钎料反应比较剧烈,界面产物较多 (图 3.58 (d)),在化合物形貌方面也与采用 Ti 含量为 5% 的 Ag-Cu-Ti 合金进行钎焊时无太大差别,两者区别主要在于后者 Ti 含量更多,因而界面反应产物层更厚 (图 3.58(e))。当 Ti 含量为 6% 时,磨粒表面的新生化合物长得稍粗大,但其致密性反而下降 (图 3.58(f))。由于新生化合物的致密程度对钎料层与磨粒之间结合强度的影响非常重要,而粗大的化合物与结合强度的关系并不显著,因而 Ti 含量超过 5% 并不利于提高砂轮对磨粒的把持强度,还可能降低钎料层力学性能。

钎料中活性元素 Ti 的含量对磨粒与钎料界面反应具有重要影响的根源在于,钎料中的 Ti 元素必须具有一定活度才能确保液态钎料与磨粒的界面化学反应和润湿效应。当钎料中 Ti 含量较低时,Cu-Ti 之间的相互作用非常强烈,导致 Ti 元素活度相对较低,使得 Ti 原子很难逃逸出 Cu 的束缚而与磨粒发生界面反应,这样界面反应必然相当轻微。另外,由于活性元素 Ti 的消耗效应,使得磨粒与钎料之间容易因 Ti 被反应消耗掉而使界面反应过程很不充分,界面反应层极薄,而必要的反应层厚度对于确保钎焊界面结合强度具有重要意义。只有当 Ti 含量超过 2%(wt) 时,Ag-Cu-Ti 钎料才能较好地润湿 BN。但是,当 Ti 含量超过 5%(wt) 后,润湿角将基本保持不变,继续增加 Ti 含量反而会增多钎料层中 Cu-Ti 等脆性化合物,导致界面脆性增加。

综上所述,过高或过低的 Ti 元素含量都会通过界面反应产物影响磨粒与钎料之间的结合强度,必须选取 Ti 含量适中的 Ag-Cu-Ti 钎料才能取得理想的钎焊效果。从界面产物形貌分析可知,Ag-Cu-Ti 合金中 5% 左右的 Ti 含量比较合理。

图 3.58 不同活性元素 Ti 的含量对钎焊 CBN 磨粒表面化合物形貌的影响

3.3 超硬磨粒钎焊损伤表征与控制

超硬磨粒的钎焊损伤是指超硬磨粒因承受钎焊的高温热过程和熔融钎料包裹的氛围条件而导致磨料在其力学机械性能 (强度、韧性、硬度、耐磨性等) 和使用性能 (切削性能) 上所产生的实质性损伤。

3.3 超硬磨粒钎焊损伤表征与控制

3.3.1 超硬磨粒钎焊损伤的表征

金刚石钎焊实现了金刚石、钎料和基体界面上化学冶金结合,对金刚石磨粒的把持强度大为提高。但真空钎焊金刚石时,不可避免地要经历高温的作用;而有些钎料合金中的触媒元素 Ni、Fe 等会导致金刚石向石墨转化的温度下降;再加上金刚石与基体材料间由于热膨胀系数、杨氏模量、泊松比的不匹配,在冷却过程中易在金刚石与钎料间产生较大的热应力,故经历了焊接过程的金刚石磨料可能会遭受热损伤[15,159,160]。

3.3.1.1 金刚石磨粒表面形貌的变化

遭受钎焊损伤的金刚石磨粒微观表现形式有表面石墨化、表面蚀坑和微裂纹;宏观表现形式则是金刚石磨粒的整体变质,棱角变圆钝或者破碎。

1) 金刚石磨粒表面的石墨化

金刚石在一定温度下,会由立方结构转变成层片状的石墨结构或无定形的碳。在不同气氛介质中,金刚石发生这类转变的温度也不同,如在空气中为 800°C,在氮氢混合气体中为 1200°C,在真空和惰性气体中为 1500°C,在与 Fe、Co、Ni 等金属共存时约 700°C 就开始石墨化。图 3.59 为金刚石表面石墨的三维形貌,从图 3.59(a) 中可以明显看出在金刚石表面有一层灰色凹凸不平的石墨,从图 3.59(b) 中可以明显看出有许多层片状的石墨在金刚石表面成网状分布,而从图 3.59(c) 中可以看出片层状石墨的厚度为 0.8~1μm,该层石墨片在金刚石磨粒表面叠合而成的平行塌陷片层构成如图 3.59(b) 所示的网状孔洞。

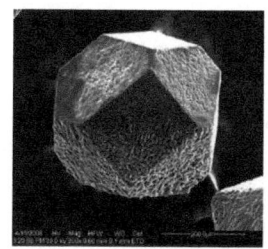
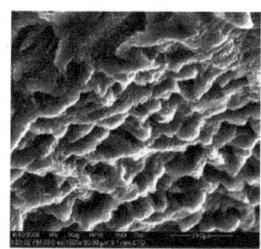

(a) 金刚石磨粒整体形貌　　(b) 网状孔洞石墨　　(c) 片层状石墨

图 3.59　金刚石表面石墨形貌

虽然金刚石钎焊工具的制作都是在真空或惰性气体保护下进行,但是对 Ni-Cr 合金钎料而言,钎料中含有 Ni、Fe 等触媒元素;而触媒元素是一把双刃剑,在金刚石稳定区,会促进石墨结构向金刚石结构转变,但在石墨稳定区,会促进金刚石结构向石墨结构转变;而钎焊工艺是在石墨稳定区进行,且钎焊温度高于触媒元素存在时石墨化的温度,因此,触媒元素在钎焊时可能促进金刚石向石墨转变。

图 3.60 为钎焊金刚石磨粒由表及里的 Raman 光谱,在 1331.13cm^{-1} 处的

Raman 谱峰是 sp³ 结构的金刚石特征峰；在 1355.15cm⁻¹ 处的 Raman 谱峰是石墨的芳香构型层平面上碳–碳间的振动；而在 1585.05cm⁻¹ 处观察到的较弱的 Raman 谱峰是由石墨中的无序结构和缺陷所引起的。这两种结构的碳主要是由金刚石基底扩散到界面中的自由碳及金刚石与 Ni、Fe 等元素相互作用形成的石墨碳所产生的。这说明在钎焊金刚石表面发生了石墨化。从图中也可以看出，随着测试距离的增加，石墨特征峰的强度逐渐降低；在距表面 10μm 处，石墨特征峰的强度已经非常微弱，石墨对 Raman 的敏感度为金刚石的 50 倍，这表明金刚石成分占绝对优势，石墨结构成分非常少；再加大测试距离则测不到石墨的特征峰，只有金刚石的特征峰。这说明金刚石上生成的片状石墨厚度约为 10μm，即只在金刚石表面发生了石墨化，金刚石没有发生整体的石墨化。

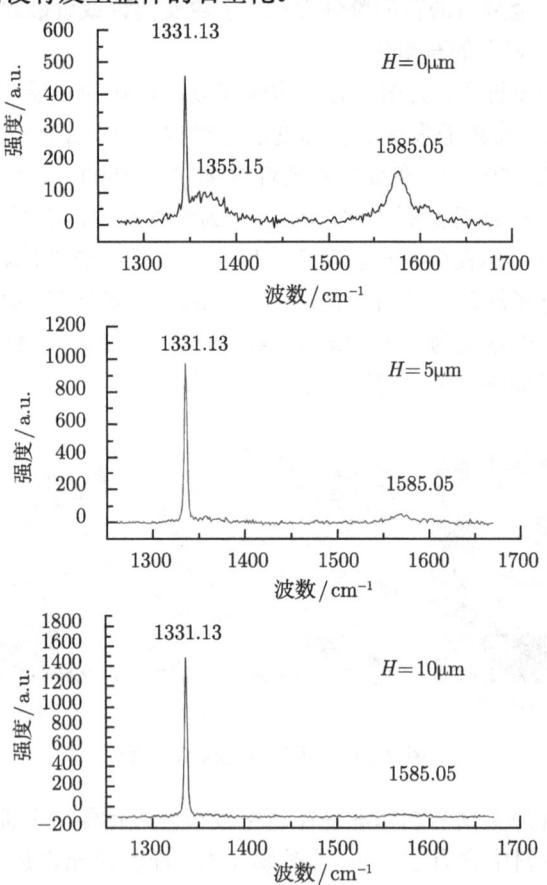

图 3.60　Ni-Cr 合金真空钎焊金刚石的 Raman 光谱

金刚石在常温常压下处于亚稳态，金刚石之所以能保持其稳定的结构是因为晶格重构的动力学条件难以满足；但随着温度的升高，其动力学条件得以满足。而

从热力学角度分析，金刚石转变为石墨 Gibbs 生成自由能 ΔG_T^0 为

$$\Delta G_T^0 = -1100 - 4.64T(\pm 50)\text{J/mol} \tag{3.10}$$

式中，T 为温度，Ni-Cr 合金真空钎焊金刚石的温度高于 1000°C，此时金刚石石墨化的 Gibbs 自由能 $\Delta G_T^0 \leqslant -5740\pm 50\text{J/mol}$，说明金刚石具有较强的石墨化趋势，温度越高，反应趋势越大。在金刚石的表面或者缺陷部分 (位错) 由于能量比较高，更容易石墨化。

Ni-Cr 合金钎焊金刚石时，在金刚石与 Ni-Cr 合金固−液界面上 Ni 的浸润作用结果将导致金刚石表面 C 原子向 Ni-Cr 合金熔体溶解和扩散，其实质是通过合金中所含触媒元素 Ni、Fe 等的促进作用，金刚石表面 C 原子 sp^3 结构在热场作用下其共价结构被破坏、解体，解体后的 sp^2 状态 C 原子进入熔体的过程，金刚石的溶解是通过金刚石表面石墨化这一中间环节实现的。即在钎焊时，金刚石在触媒作用下，表面首先发生石墨化，随后才是石墨形式的 C 与 Cr 生成碳化物或溶解于 Ni-Cr 合金钎料中，最后溶解的 C 在 Ni-Cr 合金熔体扩散或继续与 Cr 生成碳化物，即碳化物的形成是石墨形式的 C 与 Cr 的反应产物，而不是金刚石上的 C 原子直接与 Cr 的反应产物。

由于金刚石石墨化的过程是逐层进行的，首先从被熔融 Ni-Cr 合金钎料浸润的金刚石表层发生石墨化，随后才由表层向内部发展；而钎焊时间相对于金刚石整体石墨化的时间较短，因此，金刚石只发生了表面的石墨化，而不是整体的石墨化。在随后的冷却过程中，由于 C 原子在 Ni 中的固溶度随温度的降低而减小，原来固溶在 Ni 中的 C 原子将被析出，而在常温常压下，石墨是稳定相，因此，析出的 C 原子便以石墨的方式存在于金刚石的表面。

由于钎焊冷却速度相对缓慢，在石墨型中相对缓慢凝固条件下，结晶的石墨以片状形态为主，根据 Gibbs-Curie-Wolf 晶体界面能理论，晶体在结晶时，高能界面即悬空键强的界面具有高的生长速率，而低能界面生长速率小。石墨是各向异性的晶体，构成基面的 C 原子彼此之间以共价键结合，在基面的片层之间以范德华键结合，因此，石墨晶体棱面的界面能远高于基面的界面能。石墨在结晶时，若无其他因素影响，优先沿晶向生长，形成片状石墨，这就是如图 3.59(c) 所示的金刚石表面片状石墨形成的原因。

从以上分析可知，石墨层的形成是通过表面金刚石磨粒 C 原子结构的破坏、解体、扩散、固溶、反应以及冷却过程从 Ni-Cr 合金中析出形成的；采用 Ni-Cr 合金钎料钎焊金刚石时，首先在金刚石表面形成石墨层，随后才是石墨形式的碳与强碳化物形成元素 Cr 形成碳化物层，即碳化物层不是在金刚石表面外延生长形成的。

2) 金刚石磨粒的表面蚀坑

钎焊时，金刚石与钎料合金中的碳化物形成元素 (如 Cr、Ti、Si 等) 形成碳化物、溶入液态钎料金属中以及金刚石结构向石墨结构的转变均可能造成对金刚石的侵蚀，侵蚀后会在金刚石表面留下侵蚀坑洞，简称蚀坑。

图 3.61 为金刚石磨粒表面蚀坑的微观形貌，可见钎焊金刚石磨粒受到了不同程度的化学侵蚀，即钎料在浸润金刚石的同时，也对其造成侵蚀。这主要是由钎料中触媒元素对金刚石的石墨化以及强碳化物形成元素与碳元素反应造成的，钎料所到之处都会导致金刚石表面的侵蚀。在常压 800°C 以上，Ni-Cr 合金中的 Ni、Fe 等触媒元素会促使金刚石转化为石墨并能溶解碳而造成金刚石的剧烈腐蚀。另外，它们也是碳的溶剂或碳化物的形成元素，高温下能溶解大量的石墨化碳，可将金刚石表面腐蚀形成大量蚀坑，如图 3.61(a) 所示。Ag-Cu-Ti 钎料中不含有触媒元素，且 Ti 元素与碳元素反应生成碳化物的能力比 Cr 元素强，能直接与金刚石中的碳元素发生反应在金刚石表面外延生成 TiC 层，该层去除后在金刚石表面留下细小的蚀坑，如图 3.61(b) 所示。可见，采用不同的钎料合金对金刚石磨粒的侵蚀存在显著的差异。

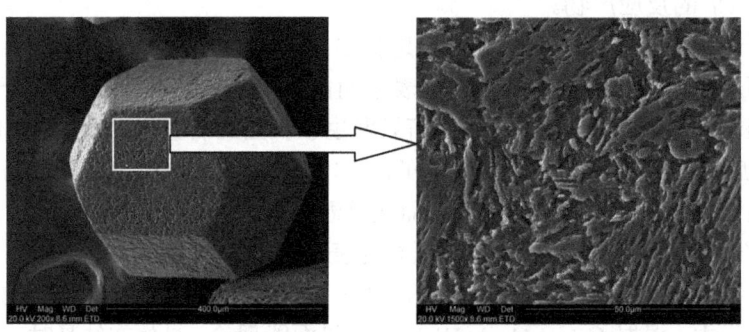

(a) Ni-Cr 合金钎焊金刚石磨粒表面蚀坑

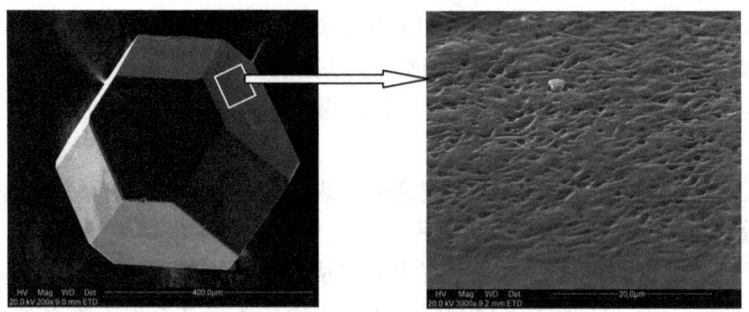

(b) Ag-Cu-Ti 合金钎焊金刚石磨粒表面蚀坑

图 3.61 金刚石磨粒表面蚀坑微观形貌

3.3 超硬磨粒钎焊损伤表征与控制

3) 金刚石磨粒的微裂纹及破碎

金刚石与钎料的热膨胀系数、泊松比等物性参数不同，将引起钎焊金刚石中存在残余应力，这种残余应力可能导致金刚石产生微裂纹。因此，微裂纹也是钎焊金刚石可能出现的损伤形式。图 3.62 为真空钎焊金刚石表面微裂纹的微观形貌，图 3.63 为金刚石破碎的微观形貌。

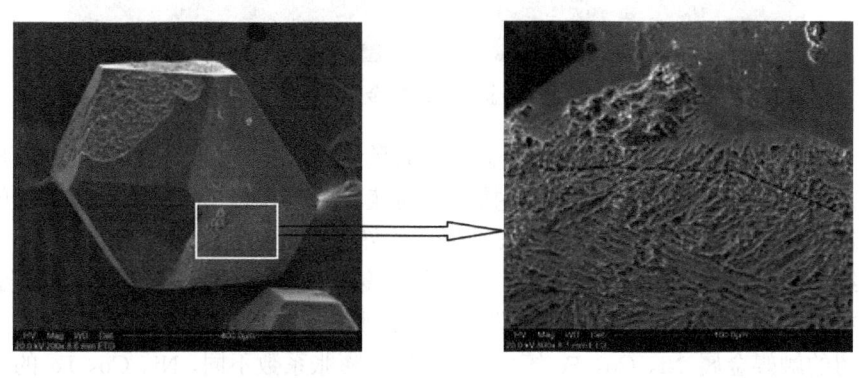

(a) 金刚石表面微裂纹形貌　　　　　　(b) 方框内放大图

图 3.62　真空钎焊金刚石磨粒表面微裂纹形貌

从图 3.62 可知，微裂纹多发生在金刚石磨粒即将从钎料中出露之处，接近钎料爬升到金刚石磨粒的最上端，裂纹的长短不一，裂纹的走向基本上是沿着钎料爬升到金刚石磨粒最高处的周向发展的。

在钎焊金刚石中都会有残余应力存在，当残余应力大于金刚石的强度极限时，就会使金刚石发生破坏，以将集中的能量释放出来。因此，在金刚石上就会产生微裂纹或者金刚石破碎。微裂纹产生的原因是钎焊过程中金刚石残余应力超过了材料的断裂极限，拉应力和压应力都可以产生裂纹，由于材料的拉伸断裂极限较压缩断裂极限低，拉应力比压应力更容易产生裂纹。在金刚石的钎焊过程中，在残余应力作用下金刚石内部生成微裂纹。

由于金刚石塑性差，塑性变形比较困难，吸收变形功的能力小，微裂纹一旦形成就可凭其尖端所积聚的弹性迅速扩展成宏观微裂纹，最终导致金刚石沿解理面开裂，从而导致金刚石破碎，如图 3.63 所示。

3.3.1.2　金刚石磨粒性能的变化

1) 金刚石磨粒静压强度的变化

强度是金刚石力学性能的一种，不同工艺下金刚石强度值的变化可反映出金刚石所受热损伤的程度。

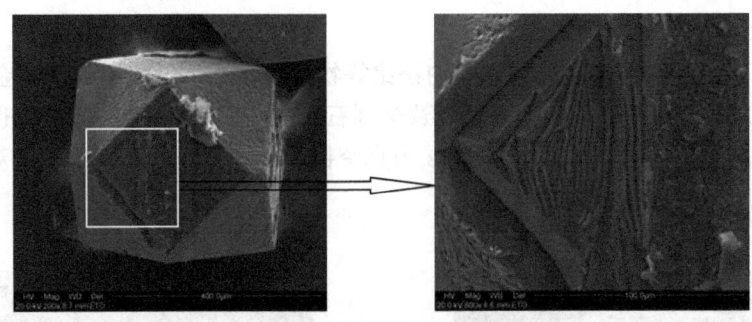

图 3.63 Ni-Cr 合金真空钎焊金刚石磨粒破碎形貌

金刚石单颗粒抗压强度是评价金刚石质量常用的性能指标,静压法测量强度一般是指采用对单颗磨粒单轴加载挤压从而获取磨粒在静压作用下的破碎值的方法。金刚石磨粒原始状态、空烧后及钎焊后的静压强度测试结果见表 3.12,金刚石磨粒经不同温度与不同氛围空烧后,其静压强度有一定的下降,这说明高温对金刚石磨粒造成了一定程度的热损伤。这是因为金刚石磨粒内部的微量金属杂质(主要是残留的触媒金属 Ni、Co、Fe 等)与磨粒的热膨胀系数不同,Ni、Co、Fe 的热膨胀系数高于金刚石的膨胀系数 (室温下分别是 12×10^{-6}m/°C,0.8×10^{-6}m/°C)。加热时,Fe、Ni 的膨胀使金刚石承受很大张应力,在这种有害应力作用下,金刚石的强度下降。研究表明,含有较多 Ni、Co、Fe 的金刚石在 830°C 以上受热,强度即明显下降。

采用 Ag-Cu-Ti 合金钎焊金刚石的静压强度相比于空烧金刚石下降不明显。可见,该钎料对金刚石造成的热损伤非常轻微。Ni-Cr 合金真空炉中钎焊金刚石的静压强度下降程度严重,主要是由于化学侵蚀在金刚石表面形成的蚀坑降低了金刚石表面的平整性,静压强度测试时接触面积减小,从而导致静压强度下降。Ni-Cr 合金 Ar 气保护钎焊金刚石的静压强度略高于 Ni-Cr 合金真空钎焊金刚石;但由于相同的原因,静压强度依然下降严重。

表 3.12 金刚石静压强度表

金刚石状态	静压强度值/N	均方差	与原始强度比值/%
原始	166.700	10.0	—
真空空烧 (920°C)	162.167	4.1	97.28
真空空烧 (1050°C)	157.167	4.5	94.28
Ar 气保护空烧 (1050°C)	158.933	4.7	95.34
Ag-Cu-Ti 合金真空钎焊	156.683	4.7	93.99
Ni-Cr 合金 Ar 气保护钎焊	104.567	4.1	62.73
Ni-Cr 合金真空钎焊	103.300	4.7	61.97

3.3 超硬磨粒钎焊损伤表征与控制

2) 金刚石磨粒冲击强度的变化

在实际使用过程中，金刚石磨料及其制品同时受到冲击力和磨削力作用，因此，冲击法测定的磨粒强度可以更接近反映磨料在实际使用场合中的动态负荷情况。金刚石磨粒原始状态、空烧后及钎焊后的抗冲击强度测试结果数据见表 3.13。

表 3.13 金刚石冲击强度表

金刚石状态	抗冲击强度值/次数	与原始韧性比值/%
原始	9570	—
真空空烧 (920°C)	9140	95.5
真空空烧 (1050°C)	8074	84.4
Ar 气保护空烧 (1050°C)	7986	83.4
Ag-Cu-Ti 真空钎焊	8602	89.9
Ni-Cr 合金 Ar 气保护钎焊	1372	14.3
Ni-Cr 合金真空钎焊	1180	12.3

从表 3.13 中数据可知，金刚石颗粒经真空空烧后，其抗冲击强度有一定的下降，这与静压强度的测试结果相似，说明高温对金刚石磨粒造成了一定程度的热损伤。这主要是因为金刚石中残留触媒材料形成的包裹体与金刚石热膨胀系数差别较大，加热时残留触媒受热膨胀给金刚石本体造成较强的侵蚀作用，包括热膨胀可能引起的隐裂纹，都会降低金刚石固有强度。

因为 Ag-Cu-Ti 合金不会导致金刚石表面石墨化，且表面蚀坑微小，对金刚石磨粒表面状态几乎不产生影响，因此，采用 Ag-Cu-Ti 合金钎焊金刚石的冲击强度相比于空烧金刚石下降不明显。Ni-Cr 合金真空或者 Ar 气保护钎焊金刚石的抗冲击强度下降程度较为严重，这主要是由于金刚石表面的侵蚀坑洞和石墨化导致的金刚石表面粗糙，造成冲击过程中磨粒试样间的摩擦、黏附，从而导致冲击强度下降，并且焊接残余应力导致金刚石表面有微裂纹，这进一步降低了金刚石的冲击强度。

3) 金刚石磨料耐磨性的下降

耐磨性是衡量金刚石磨料质量的最重要指标之一，它综合反映了金刚石的硬度、强度和断裂韧度等指标。金刚石耐磨性评价装置结构示意图如图 3.64 所示，该装置包括步进电机、减速器、同步带机构、金刚石耐磨性试件、工件、卧轴矩台平面磨床等，其中步进电机的输出轴连于减速器的输入轴，减速器的输出轴通过联轴器与同步带机构相连，同步带机构与磨床横向进给丝杠相连，与工件相接触的金刚石耐磨性试件装于磨床工作台上，工件安装在砂轮主轴上。将卧轴矩台平面磨床上的砂轮替换成 Al_2O_3 陶瓷圆盘作为工件，其形状、大小、结构与砂轮相同，Al_2O_3 陶瓷圆盘的初始直径为 160mm，厚度为 13mm。通过对该横向移动机构的改进，便可根据钎焊金刚石工具的实际工况，将用量条件准确地进行量化控制。

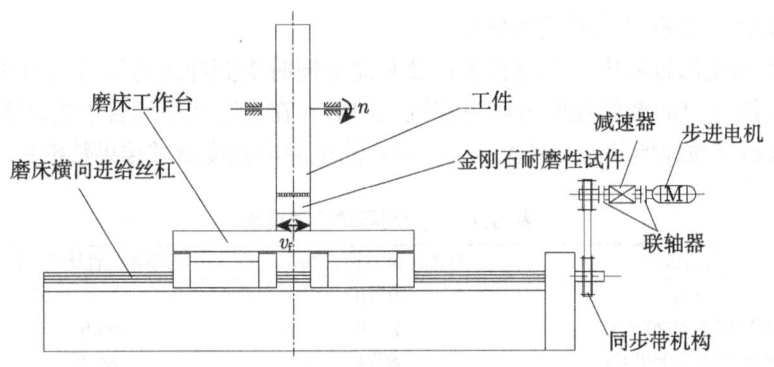

图 3.64 钎焊金刚石磨料耐磨性能评价装置结构示意图

评价时，首先根据实际工况条件下金刚石磨料单颗磨粒的切厚，调节金刚石耐磨性试件的进给速度 v_f。即通过改变步进电机频率、细分数从而改变电机的转速，再通过减速器和同步带机构使工作台移动的速度满足不同工况条件下对金刚石工具进给速度的要求。然后工件按照砂轮的运动规律做旋转运动，金刚石耐磨性试件做直线往返运动磨削工件。将不同方法制作的金刚石耐磨性试件在同一磨削用量条件下进行对比磨削试验，比较试件失效时材料的去除体积以及各个阶段金刚石的磨耗比，从而评价金刚石耐磨性试件的耐磨性能。

磨削试验时，试样顶端的一排金刚石磨料通过往复运动磨削做旋转运动的 Al_2O_3 陶瓷圆盘。当材料去除体积 $V_n = n \times 2500 \mathrm{mm}^3 (n$ 为自然数$)$ 后，取下金刚石耐磨性试件，测量金刚石的磨损量。耐磨性试验用量条件见表 3.14，金刚石的耐磨性曲线如图 3.65 所示。从图 3.65 可见，Ni-Cr 合金 Ar 气保护钎焊金刚石的耐磨性显著优于 Ni-Cr 合金真空钎焊金刚石；而 Ag-Cu-Ti 合金钎焊金刚石的耐磨性又优于 Ni-Cr 合金 Ar 气保护钎焊金刚石，接近原始金刚石的耐磨性。

表 3.14 耐磨性试验用量条件

用量条件	数值
磨床主轴转速 n	3000r/min
每行程磨削深度 a_p	10μm
进给速度 v_f	21mm/min
横向行程 s	25mm

金刚石的磨损一般经历三个阶段：初期磨损、稳定磨损和剧烈磨损阶段。对于原始金刚石，在磨损初期金刚石发生的是磨耗磨损，金刚石磨损量较稳定磨损阶段大，这主要是由于初期阶段的磨损是磨粒锋利的棱角迅速被磨损成磨耗平台，并且参与磨削的磨粒数量较少，锋利的棱角更易发生磨耗磨损。在陶瓷去除体积到大约 7500mm³ 时，金刚石的磨损量为 0.1mm 时，便进入稳定磨损阶段，此时，金刚

石相对磨损量变小。当陶瓷的去除体积大约为 32 500mm³，金刚石的磨损量达到 0.3mm 时，金刚石的磨损加剧，随即进入剧烈磨损阶段。金刚石失效前，其平均去除陶瓷体积大约在 41 355mm³。

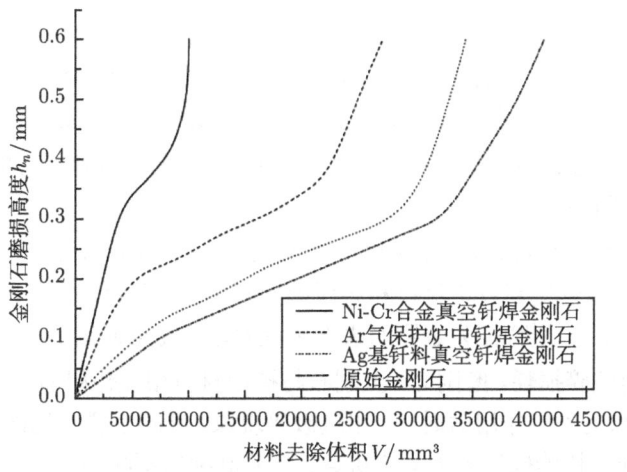

图 3.65 金刚石耐磨性对比曲线

对于 Ni-Cr 合金真空钎焊金刚石，在磨损初期，金刚石磨粒有一个快速磨损的过程，随后进入稳定磨损阶段和剧烈磨损阶段。初期磨损阶段陶瓷去除体积大约为 3750mm³，金刚石平均磨损量为 0.3mm，此后金刚石进入稳定磨损阶段。金刚石在稳定磨损阶段的磨损量很小，大约为 0.12mm，而陶瓷的去除体积达到 5000mm³。但稳定磨损阶段非常短暂，随之金刚石进入剧烈磨损阶段，此时金刚石的磨损量急剧增加，而陶瓷的去除体积很小，在整个磨削阶段陶瓷去除体积不足 10 100mm³，即其使用寿命仅为原始金刚石的 1/4。

对于 Ni-Cr 合金 Ar 气保护钎焊金刚石，在磨损初期，金刚石磨粒也有一个快速磨损的过程，随后进入稳定磨损阶段和剧烈磨损阶段。初期磨损阶段陶瓷去除体积大约为 5000mm³，金刚石平均磨损量为 0.2mm，此后金刚石进入稳定磨损阶段。金刚石在稳定磨损阶段的磨损量与初期磨损相当，大约为 0.17mm，而陶瓷的去除体积达到 22 500mm³。随后钎焊金刚石进入剧烈磨损阶段，金刚石的磨损量急剧增加，陶瓷的去除体积减小，在整个磨削阶段陶瓷去除体积大约为 27 725mm³，即其使用寿命达到原始金刚石的 70% 左右。Ni-Cr 合金 Ar 气保护钎焊金刚石的耐磨性显著优于 Ni-Cr 合金真空钎焊金刚石，其使用寿命为 Ni-Cr 合金真空钎焊金刚石的 2.7 倍左右。

对于 Ag-Cu-Ti 合金钎焊金刚石，在磨损初期，Ag-Cu-Ti 合金钎焊金刚石平均磨损量为 0.14mm，比原始金刚石的平均磨损量多 0.02mm，陶瓷去除体积大约为 8350mm³；此后金刚石进入稳定磨损阶段。金刚石在稳定磨损阶段的磨损量与初期磨损相当，大约为 0.16mm，而陶瓷的去除体积达到 28 135mm³，此时原始金刚石试件平均去除陶瓷的体积约为 32 500mm³。随后钎焊金刚石进入剧烈磨损阶段，金刚石的磨损量急剧增加，陶瓷的去除体积减小，在整个磨削阶段陶瓷去除体积大约为 34 415mm³；而对于原始金刚石试件在其失效前，其平均去除陶瓷体积大约在 41 355mm³。所以，Ag-Cu-Ti 合金钎焊金刚石的使用寿命达到原始金刚石的 83.22%，可见 Ag-Cu-Ti 合金真空钎焊金刚石所遭受的热损伤最低。

图 3.66 为具有典型特征的原始金刚石磨粒损耗图片。由图可知，原始金刚石磨粒的损耗特征有三类：

(1) 磨粒的磨耗平台。磨削过程中，金刚石切入 Al_2O_3 陶瓷，在材料被去除的同时，金刚石本身也受到被切材料和磨屑的剧烈摩擦，因此，金刚石表面产生磨耗平台。在形貌上的典型特征为金刚石表面毛糙发暗，棱角钝化。

(2) 磨粒的破碎损耗。磨削时，金刚石与被切材料相互作用而受较大的作用力，当金刚石不能承受外界作用力时，会出现破碎现象。破碎主要有局部破碎和整体破碎。一般情况下，初始破碎多为局部破碎；随着磨削的不断进行，局部破碎逐渐演变成整体破碎。

(3) 磨粒的脱落损耗。磨削时，当所受作用力达到或超过结合剂对金刚石的把持力时，磨粒则脱落。由于原始金刚石是采用电镀的方式参与磨削，而电镀的机械

(a) 磨粒的磨耗平台

(b) 磨粒的局部破碎

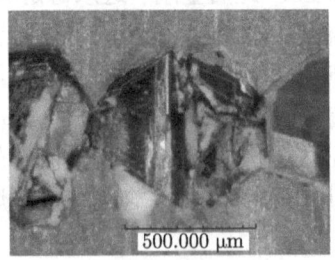

(c) 磨粒的整体破碎

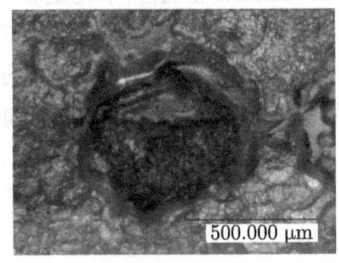

(d) 磨粒的脱落

图 3.66 原始金刚石磨粒的损耗特征

包埋作用致使界面结合力较小，包埋深度小于 70% 易导致磨削时金刚石磨粒的脱落，虽然电镀时包埋深度达到 80%，但仍有少量金刚石脱离。

显然，三种磨粒损耗行为中，如仅发生金刚石的磨耗平台，则工具具有最高的使用寿命，但是，随着金刚石磨耗平台过程的发展，金刚石磨耗平台面积不断增大，导致其受力也越来越大，所以金刚石的破碎和脱落是一个不可避免的过程。

图 3.67 和图 3.68 为原始金刚石磨粒损耗的变化过程，磨削过程中，原始金刚石磨粒的损耗基本经历如下过程：①完整—磨耗平台—局部破碎—磨耗平台—整体破碎—脱落 (图 3.67)；②完整—磨耗平台—脱落 (图 3.68)；③完整—脱落。

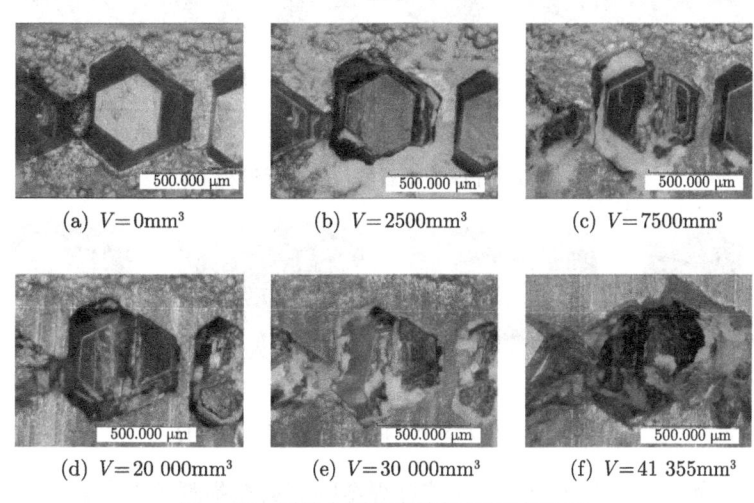

图 3.67　原始金刚石磨粒的损耗过程 (I)

图 3.68　原始金刚石磨粒的损耗过程 (II)

图 3.69 为具有典型特征的 Ni-Cr 合金真空钎焊金刚石磨粒损耗图片，金刚石磨粒的损耗特征主要有两类，即磨粒的破碎损耗和磨粒的磨耗平台。图 3.70 和图 3.71 为 Ni-Cr 合金真空钎焊金刚石磨粒损耗的变化过程：①完整—局部破碎—整体破碎—失效 (图 3.70)；②完整—磨耗平台—局部破碎—整体破碎—失效 (图 3.71)。

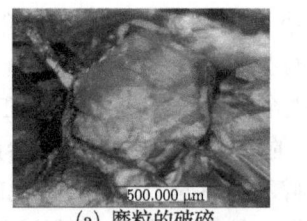

(a) 磨粒的破碎　　　　　　(b) 磨粒的磨耗平台

图 3.69　Ni-Cr 合金真空钎焊金刚石磨粒的损耗特征

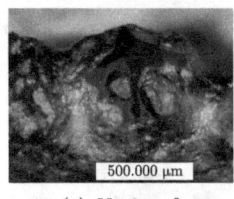

(a) $V=0\text{mm}^3$　　　(b) $V=2500\text{mm}^3$　　　(c) $V=10000\text{mm}^3$

图 3.70　钎焊金刚石磨粒的损耗过程 (I)

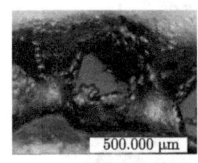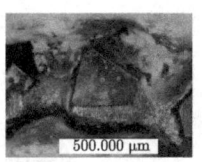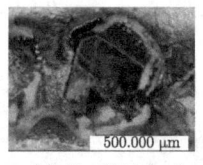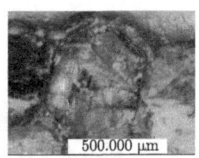

(a) $V=0\text{mm}^3$　　(b) $V=2500\text{mm}^3$　　(c) $V=5000\text{mm}^3$　　(d) $V=10000\text{mm}^3$

图 3.71　钎焊金刚石磨粒的损耗过程 (II)

图 3.72 为 Ni-Cr 合金 Ar 气保护钎焊金刚石磨粒损耗的变化过程：完整—磨耗平台—局部破碎—整体破碎—失效；其稳定磨损阶段持续时间长，能有效地进行磨削。

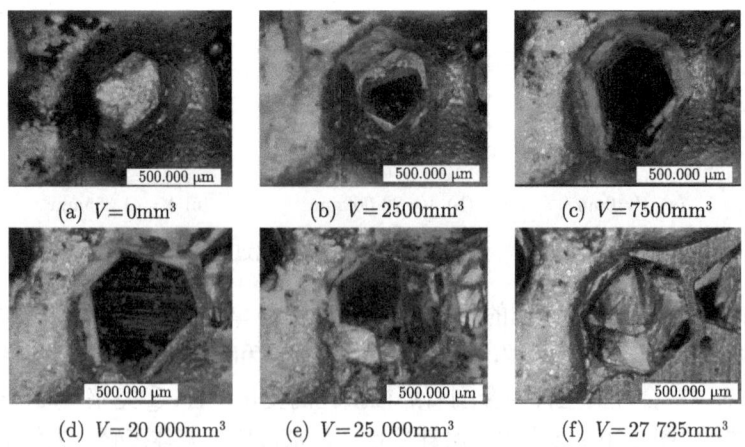

(a) $V=0\text{mm}^3$　　　(b) $V=2500\text{mm}^3$　　　(c) $V=7500\text{mm}^3$

(d) $V=20\,000\text{mm}^3$　　(e) $V=25\,000\text{mm}^3$　　(f) $V=27\,725\text{mm}^3$

图 3.72　Ar 气保护炉中钎焊金刚石磨粒的损耗过程

3.3 超硬磨粒钎焊损伤表征与控制

图 3.73 为 Ag-Cu-Ti 合金钎焊金刚石磨粒损耗的变化过程：完整—磨耗平台—局部破碎—磨耗平台—整体破碎—失效。Ag-Cu-Ti 合金钎焊金刚石经历了与原始金刚石损耗相似的变化过程，即 Ag-Cu-Ti 合金钎焊金刚石保持了原始金刚石优良的耐磨性能。

图 3.73 Ag-Cu-Ti 合金钎焊金刚石磨粒的损耗过程

3.3.2 超硬磨粒钎焊损伤的控制

3.3.2.1 钎焊金刚石热损伤的发生机理

1) 钎焊高温

钎焊金刚石的温度高于 900°C。在如此高的温度下进行钎焊，不可避免会对金刚石磨粒造成了一定程度的热损伤。因为金刚石磨粒内部的包裹体含有微量金属杂质 (主要是残留的触媒金属 Ni、Co、Fe 等)，这些微量杂质的热膨胀系数较金刚石的热膨胀系数高，加热时，Fe、Co、Ni 等金属的膨胀使金刚石承受很大张应力，在这种有害应力作用下，金刚石的强度下降，出现裂纹、碎裂。

2) 化学侵蚀

由于 Ni-Cr 合金中含有 Ni、Fe 等触媒元素及强碳化物形成元素 Cr，钎焊时，钎料中的触媒元素导致金刚石转变成石墨化并能溶解碳而造成金刚石的剧烈腐蚀；而强碳化物形成元素 Cr 与碳元素反应形成碳化物，这都会造成对金刚石的化学侵蚀。化学侵蚀在金刚石表面形成的石墨及蚀坑降低了金刚石表面硬度和平整性，导致金刚石磨粒的强度和耐磨性下降。

3) 残余应力

Ni-Cr 合金真空钎焊工艺实现了金刚石、钎料和基体界面上化学冶金结合,使得对金刚石的把持强度大为提高,但金刚石与钎料之间由于热膨胀系数、杨氏模量、泊松比的不匹配,以及组织的转变等,在焊接过程中易造成金刚石、钎料存在较大焊接残余应力。金刚石所受焊接残余应力性质及其大小对金刚石强度有很大影响,如果是压应力则增加对金刚石的把持力,而压应力如果过大则可能损伤金刚石;残余拉应力会直接影响金刚石强度,甚至导致金刚石在冷却过程中产生微裂纹,从而影响工具的使用性能。因此,焊接残余应力在金刚石钎焊中扮演着微妙的角色,它既可能增加对金刚石的把持力也可能对金刚石造成热损伤。如前所述,Ni-Cr 合金真空钎焊金刚石中的残余应力已经导致了金刚石产生微裂纹并且影响了金刚石磨粒的力学性能和使用性能。

一般情况下,钎焊过程中造成的热应力及组织转变所产生的组织应力是产生钎焊残余应力的原因,这些应力相互制约,金刚石所受的残余应力的大小及分布取决于三者的综合作用效果。组织应力由组织的转变引起,钎焊过程中 Ni-Cr 合金钎料层中的元素在金刚石-钎料界面上形成石墨和 Cr-C 化合物等新相。由于不同组织的比容不一致,组织转变必定伴随着体积效应,从而产生了组织应力。热应力则是材料间由于热膨胀系数、杨氏模量、晶格常数、泊松比等的不匹配在冷却过程中产生的;此外,金刚石中晶界、缺陷、杂质与含氢量等也会引起残余应力[61,62,64]。

Ni-Cr 合金真空钎焊金刚石磨粒 Raman 谱峰测量残余应力结果如图 3.74 所示,钎焊金刚石中有拉应力和压应力存在,以压应力为主。不同的包埋深度金刚石承受的残余应力具有相同的分布趋势,即从上到下,都是由拉应力过渡到压应力,但残余应力的数值并不相同。当包埋深度为 30% 和 50% 时,金刚石的顶面处于较小的拉应力状态;包埋深度为 80% 时,金刚石顶面的拉应力达到大约为 600MPa。随着测量距离的增加,金刚石上的残余应力逐渐过渡到压应力状态,但应力的变化并不呈线性变化;且压应力的大小随着包埋深度的增加而增加,当包埋深

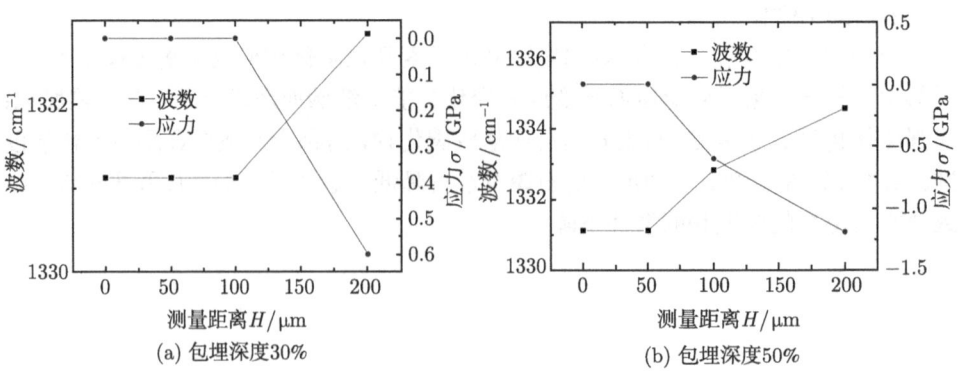

(a) 包埋深度30% (b) 包埋深度50%

3.3 超硬磨粒钎焊损伤表征与控制

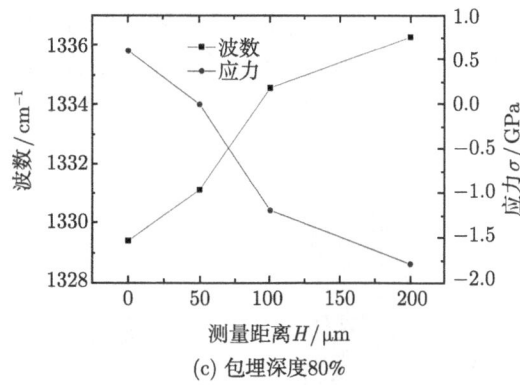

(c) 包埋深度80%

图 3.74 Ni-Cr 合金真空钎焊金刚石磨粒应力测量结果

度为 30%、距金刚石顶面 200μm 时,金刚石上的残余压应力为 600MPa 左右;包埋深度为 50%、距金刚石顶面 200μm 时,金刚石上的残余压应力为 1150MPa 左右;包埋深度为 80%、距金刚石顶面 200μm 时,金刚石上的残余压应力为 1750MPa 左右。即金刚石的包埋深度越大,金刚石承受的应力也越大。这种分布趋势是因为金刚石试样在钎焊后,钎料的热膨胀系数大于金刚石,冷却的过程中钎料的收缩大于金刚石,从而导致金刚石受到压应力作用。

Ni-Cr 合金真空钎焊金刚石磨粒的残余应力也采用有限元方法进行分析[161,162],结果如图 3.75~图 3.77 所示,图 3.75 表示了包埋深度为 30% 时的等效应力和最大主应力,图 3.76 表示了包埋深度为 50% 时的等效应力和最大主应力,图 3.77 表示了包埋深度为 80% 时的等效应力和最大主应力。从图 3.75(a) 中可见,金刚石与钎料界面结合处为等效应力最大处,且在钎料爬升到金刚石最高处的等效应力最大,大约为 1.46GPa,即该处为钎焊结构的最薄弱处;从图 3.75(b) 中可知,在钎料与金刚石的结合界面处钎料上存在拉应力,且金刚石从钎料出露之处存在最大拉应力,约为 1.02GPa。

同样,从图 3.76(a) 和图 3.77(a) 中可见,金刚石与钎料界面结合处为依然为等效应力最大处,同样在钎料爬升到金刚石最高处的等效应力最大,分别约为 934MPa 和 900MPa;而且从图 3.76(b) 和图 3.77(b) 中可知,在钎料与金刚石的结合界面处钎料上存在拉应力,且金刚石从钎料出露之处存在最大拉应力,约为 1.03GPa 和 1.06GPa,即该处始终为钎焊结构的最薄弱处,主要原因在于此处是两种材料物理性能变化比较明显的区域。金刚石的抗拉和抗压强度分别为 1.32~2.5GPa 和 8.69~16.53GPa,如此大的残余拉应力足以造成金刚石在焊后冷却过程中形成微裂纹,甚至开裂,降低了钎焊金刚石的强度,导致磨削过程中金刚石易沿接合面最高处断裂,从而形成火山口状的断裂形貌。可见,随着包埋深度的增加,金刚石顶部受拉区域缩小,受压区域增加,金刚石承受的拉应力和压应力会显著增加,但钎料与金刚石接触区域的应力变小；中心线出现的这种应力趋势是由钎焊深度和三种材料的不同热物性导致。无论包埋深度如何变化，在金刚石从钎料出露之处总是存在最大的拉应力，且随着包埋深度的增加，最大拉应力值也随之增加。

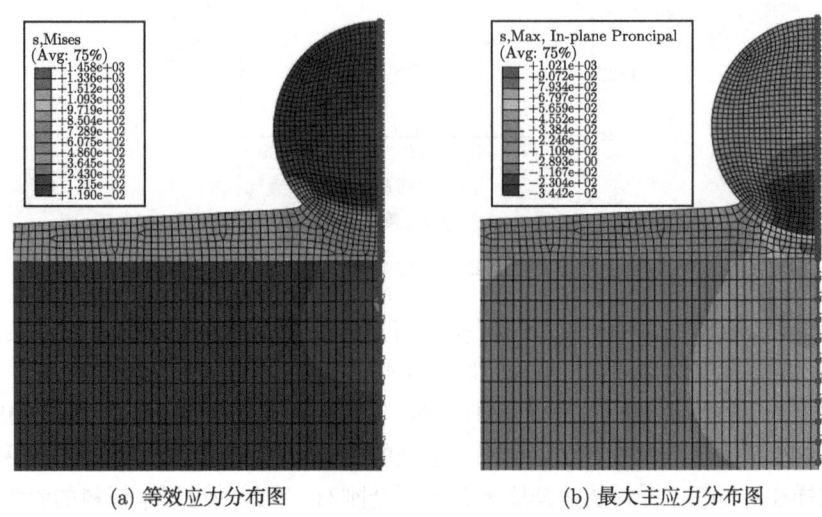

(a) 等效应力分布图　　　　　　　(b) 最大主应力分布图

图 3.75　Ni-Cr 合金真空钎焊金刚石包埋深度 30% 时的钎焊残余应力 (20°C)

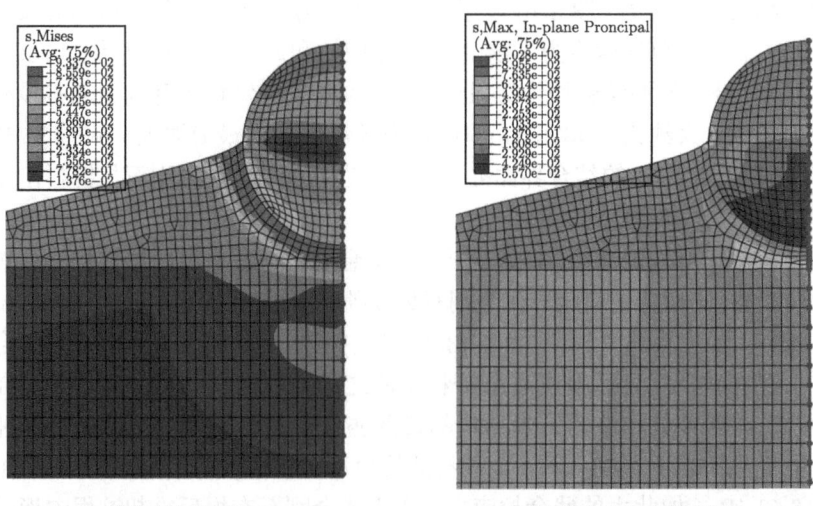

(a) 等效应力分布图　　　　　　　(b) 最大主应力分布图

图 3.76　Ni-Cr 合金真空钎焊金刚石包埋深度 50% 时的钎焊残余应力

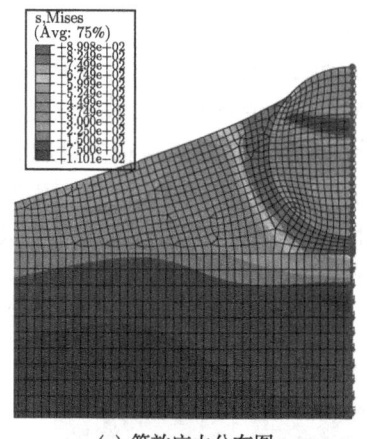
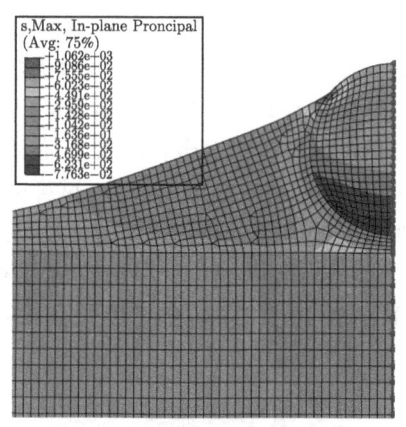

(a) 等效应力分布图　　　　　　　(b) 最大主应力分布图

图 3.77　Ni-Cr 合金真空钎焊金刚石包埋深度 80% 时的钎焊残余应力

3.3.2.2　钎焊金刚石热损伤控制对策

通过上述分析可知,钎焊金刚石工艺造成金刚石表面石墨化、蚀坑、微裂纹及破碎,并且影响了金刚石的力学性能和耐磨性,热损伤的程度决定了钎焊质量的好坏[45]。热损伤已成为钎焊金刚石工具研发应用的主要障碍,从而导致金刚石热损伤的因素主要有钎焊高温、化学侵蚀、残余应力,此处主要指金刚石工作面上的残余拉应力等,因此,要减小钎焊金刚石的热损伤需从减小残余应力、降低钎焊温度以及减小化学侵蚀这三个方面开展工作。

对于 Ni-Cr 合金而言,由于其熔化温度较高,且含有触媒元素和强碳化物形成元素,因此,要降低其钎焊温度和减小化学侵蚀的可能性不大。而从上述分析可知,残余应力也是导致金刚石热损伤主要因素之一,因此,要减小 Ni-Cr 合金真空钎焊工艺对金刚石的热损伤可从减小残余应力方面着手。为了降低接头的残余应力,就需要对接头采用缓和应力的方法。从前面的分析可知,真空氛围下,Ni-Cr 合金中的 Cr、B、Ni 等元素互相化合形成铬硼化物 (CrB) 及镍硼化物 (Ni_3B) 等硬质点相,使钎料硬度高,造成较大的残余应力。为降低残余应力,可采用适当提高钎焊气氛中的氧分压方法,使钎料合金中的元素选择性氧化,有利于减少合金中硬质点相的生成。采取改变钎焊气氛的手段,利用 Ar 气保护钎焊金刚石磨粒的工艺来适当提高钎焊气氛中的氧分压,从而减小钎焊金刚石的残余应力以抑制 Ni-Cr 合金钎料钎焊金刚石的热损伤。

如要进一步缓解钎焊金刚石的热损伤,则仍需从钎焊高温、残余应力、化学侵蚀这三个方面入手,在此采用较低熔点合金钎料——Ag-Cu-Ti 合金真空钎焊金刚石。由于 Ag-Cu-Ti 合金钎料的塑韧性好、弹性模量低、熔点低,且不含有触媒元素,因此,可有效地降低残余应力和钎焊温度,并且不产生金刚石表面的石墨化。

1) Ni-Cr 合金钎料 Ar 气保护钎焊金刚石磨粒

图 3.78 是 Ni-Cr 合金 Ar 气保护炉中钎焊金刚石磨粒形貌图，由于钎料加热熔融后对金刚石磨粒产生了润湿效应，因此，Ni-Cr 合金对磨粒显示出很好的润湿性，主要表现在钎料合金在磨粒表面明显爬升，而磨粒边缘也被很多钎料合金包覆，并且钎焊后磨粒晶形完整。在试样的表面有许多白色球状物质产生，图 3.79 为白色球状物的能谱分析结果，图 3.80 为钎料的 XRD 分析结果，该白色球状物为 B_2O_3。即在钎焊过程中，钎料中的 B 元素与 Ar 气氛围中的 O 元素发生反应，生成 B 的氧化物；由于 B_2O_3 的密度只有 $1.8g/cm^3$，因此，焊后出现在 Ni-Cr 合金钎料表面。

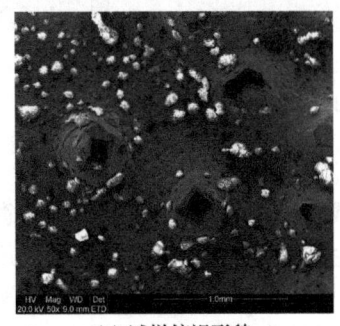 

(a) 试样俯视形貌　　　　　　　　(b) 试样剖面形貌

图 3.78　Ni-Cr 合金 Ar 气保护炉中钎焊金刚石磨粒宏观形貌

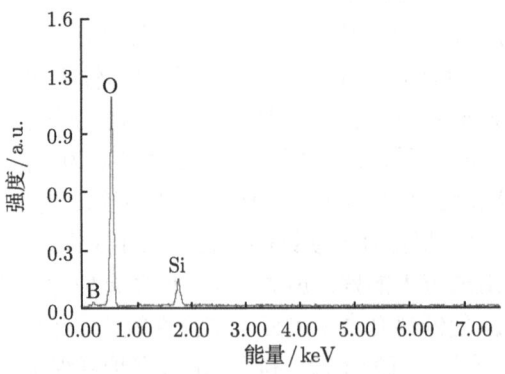

图 3.79　试样表面白色球状物能谱图

图 3.81 显示了钎焊金刚石磨粒与 Ni-Cr 合金钎焊接头元素能谱线扫描分析结果，Ni-Cr 合金 Ar 气保护炉中钎焊金刚石与真空钎焊金刚石具有相似的界面元素扩散现象，说明在 Ar 气氛围中，Cr 与 C 元素之间跨过界面同样存在着明显的扩散现象，其扩散深度约 3μm，即 C 与 Cr 元素之间完全可能形成碳化物。

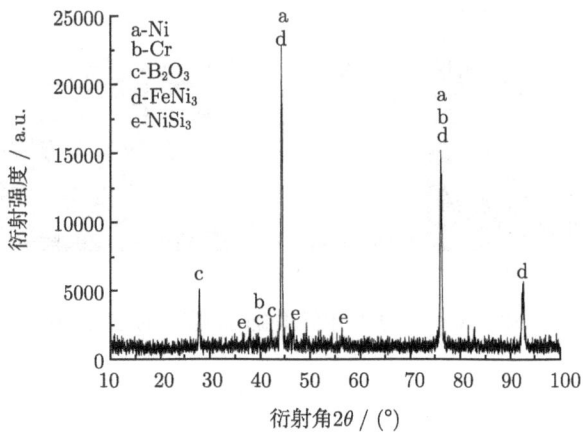

图 3.80 Ar 气氛围熔融 Ni-Cr 钎料 XRD 分析结果

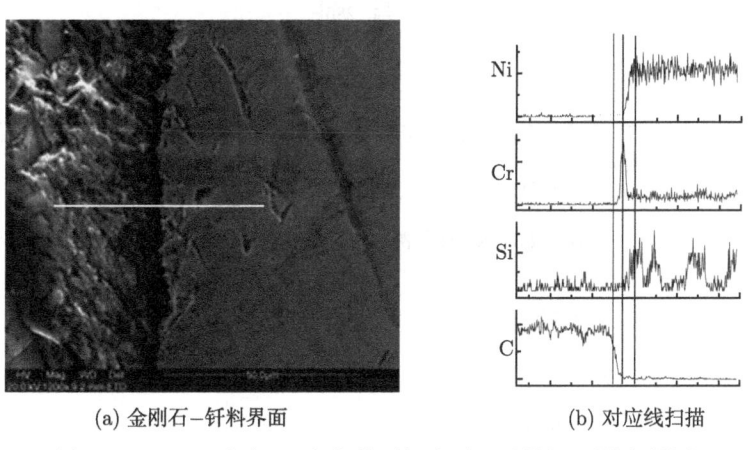

(a) 金刚石-钎料界面　　　　　　(b) 对应线扫描

图 3.81 Ni-Cr 合金 Ar 气保护钎焊金刚石-钎料界面线扫描图

图 3.82 为 Ni-Cr 合金 Ar 气保护炉中钎焊金刚石表面形貌的 SEM 照片,在金刚石表面上生长着较为凌乱的棱柱状生成物和较为规则的扁条状生成物。图 3.83 为图 3.82 中棱柱状和扁条状生成物的 EDS 能谱。可以看出,生成物主要含有 Cr 和 C 两种元素,结合钎焊金刚石磨粒进行 X 射线衍射 (XRD) 分析结果 (图 3.84),棱柱状碳化物为 Cr_7C_3,扁条状碳化物为 Cr_3C_2。从以上分析可知,在 Ar 气保护炉中钎焊金刚石依然通过这层碳化物的作用,实现了金刚石、钎料、基体三者牢固的化学冶金结合。在不同的钎焊气氛中钎焊,生成了相同的碳化物,即钎焊气氛对金刚石表面碳化物的生成基本上没有影响。

(a) 金刚石表面碳化物整体形貌　　(b) 方框A内放大图　　(c) 方框B内放大图

图 3.82　Ar 气保护炉中钎焊金刚石表面的生成物形貌

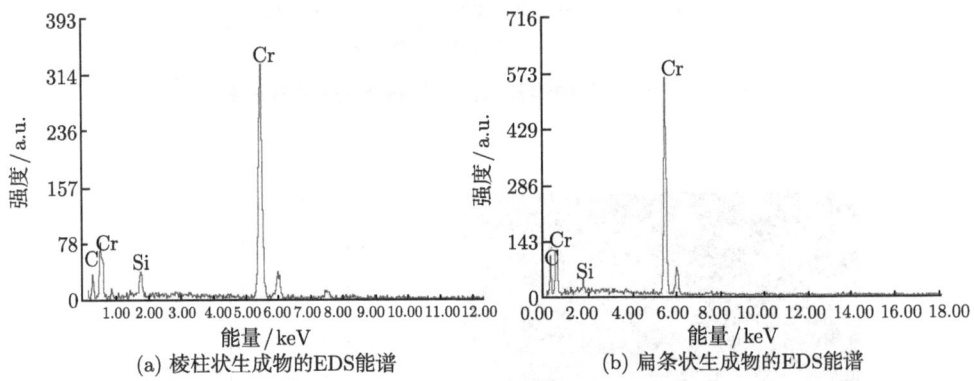

(a) 棱柱状生成物的EDS能谱　　　　　(b) 扁条状生成物的EDS能谱

图 3.83　金刚石表面生成物的 EDS 能谱

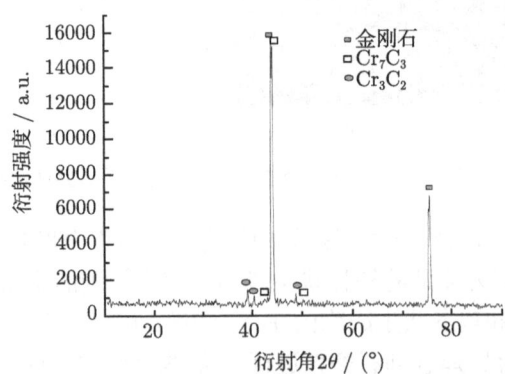

图 3.84　金刚石表面生成物的 X 射线衍射分析结果

图 3.85 为电解后 Ni-Cr 合金 Ar 气保护钎焊金刚石表面石墨的三维形貌，Raman 测试结果如图 3.86 所示。Ni-Cr 合金 Ar 气保护炉中钎焊金刚石磨粒与 Ni-Cr 合金真空钎焊磨粒具有相似的形貌，在钎焊金刚石表面同样发生了石墨化，且石墨厚度约为 10μm，即只在金刚石表面发生了石墨化，金刚石没有发生整体的石墨化。

3.3 超硬磨粒钎焊损伤表征与控制

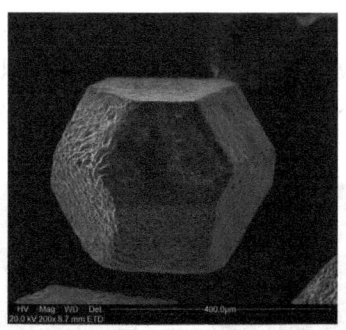

图 3.85 Ni-Cr 合金氩气保护钎焊金刚石表面石墨形貌

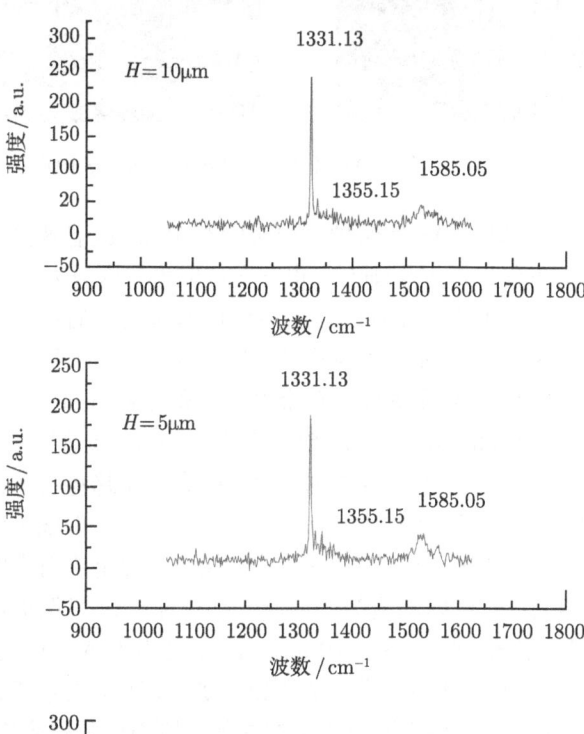

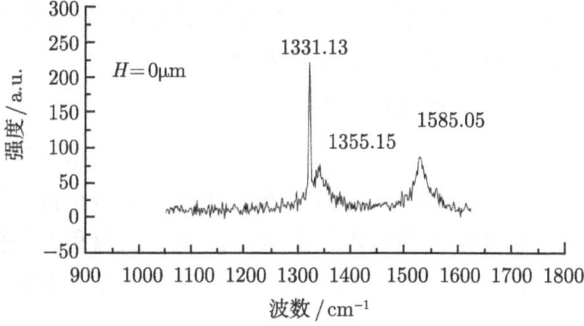

图 3.86 Ni-Cr 合金 Ar 气保护炉中钎焊金刚石的 Raman 光谱

图 3.87 为 Ni-Cr 合金 Ar 气保护钎焊金刚石表面微裂纹微观形貌，在金刚石磨粒即将从钎料中出露之处并未发现微裂纹。钎料组织结构及性能的改变减小了钎焊残余应力，残余应力不足以导致金刚石微裂纹的产生。

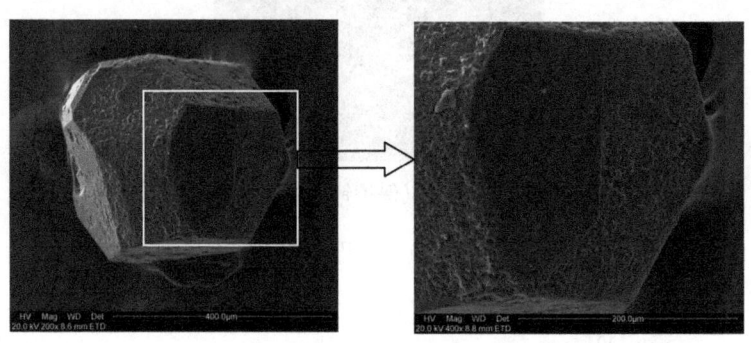

图 3.87　Ni-Cr 合金 Ar 气保护钎焊金刚石磨粒表面形貌

Ni-Cr 合金真空钎焊与 Ar 气保护钎焊金刚石 Raman 谱峰测量残余应力结果如图 3.88 所示，Ar 气保护钎焊金刚石中也存在拉应力和压应力，但以压应力为主。在金刚石顶面存在拉应力；随着测量距离的增加，金刚石上的残余应力逐渐过渡到压应力状态，但应力的变化并不呈线性变化，且压应力的大小随着包埋深度的增加而增加。当包埋深度为 30% 和 50%、距金刚石顶部 200μm 时，Ar 气保护钎焊金刚石中的残余压应力为 600MPa 左右；包埋深度为 80%、距金刚石顶部 200μm 时，金刚石上的残余压应力为 1150MPa 左右。残余应力分布趋势与 Ni-Cr 合金真空钎焊金刚石相似，即从上到下，都是由拉应力过渡到压应力，但残余应力的数值并不相同。当包埋深度为 30% 时，Ni-Cr 合金 Ar 气保护钎焊金刚石中的残余应力值与真空钎焊金刚石相同；当包埋深度为 50% 和 80% 时，Ar 气保护钎焊金刚石中的残余应力值比真空钎焊金刚石小 600MPa 左右。正是由于 Ar 气保护钎焊金刚石的残余应力数值较小，金刚石才没有发生微裂纹和破碎现象，也才能保持良好的耐磨性。可见，Ar 气保护炉中钎焊金刚石工艺在缓解金刚石中的残余应力，减轻 Ni-Cr 合金钎焊金刚石所造成的热损伤上是有效的。

2) 新型银基钎料真空钎焊金刚石磨粒

通过采用 Ni-Cr 合金 Ar 气保护钎焊金刚石工艺，可有效地降低金刚石中的残余应力，减轻钎焊金刚石所遭受的热损伤。但由于 Ni-Cr 合金钎料的熔点较高且含有促进金刚石与石墨相互转换的触媒元素 Ni、Fe 等，高温和石墨化对金刚石造成的热损伤却无法减轻。因此，采用 Ag-Cu-Ti 合金钎料，进一步对金刚石磨粒的钎焊热损伤进行控制。

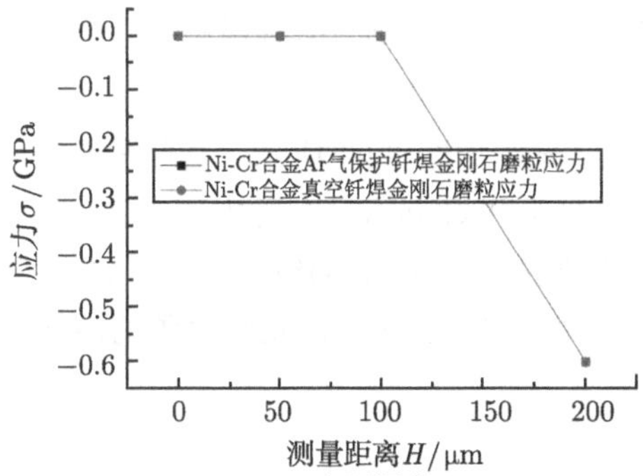

3.3 超硬磨粒钎焊损伤表征与控制

(a) 包埋深度30%

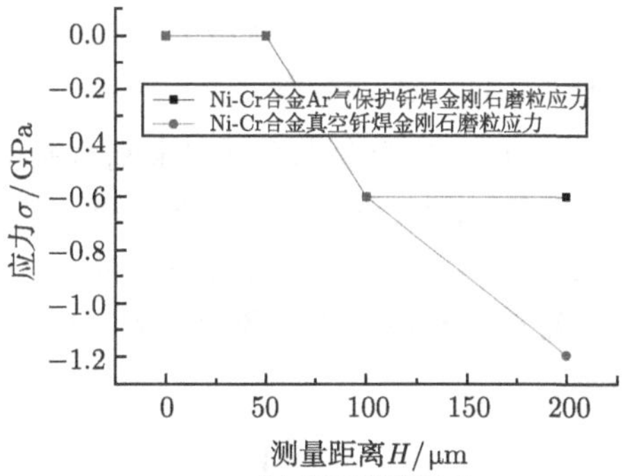

(b) 包埋深度50%

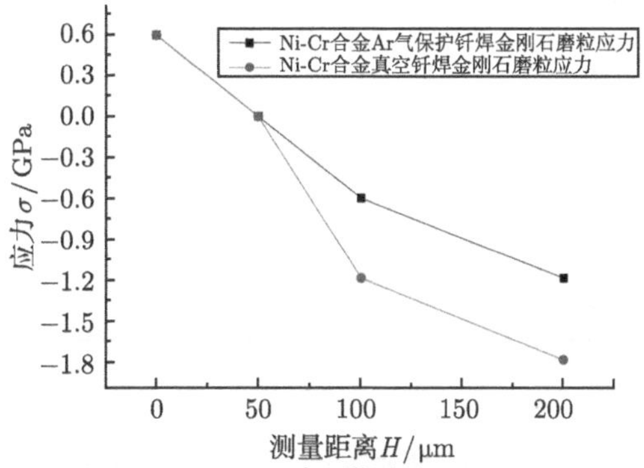

(c) 包埋深度80%

图 3.88 Ni-Cr 合金真空钎焊金刚石磨粒应力测量结果

图 3.89 为深腐蚀后 Ag-Cu-Ti 合金钎焊金刚石的三维形貌,金刚石表面没有发现微裂纹及破碎现象,这主要是由于 Ag-Cu-Ti 合金的塑性好、弹性模量低、熔

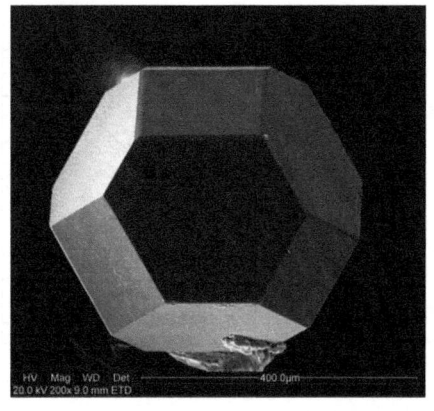

图 3.89 Ag 基钎料真空钎焊金刚石磨粒表面微观形貌

点低,可有效地降低残余应力,因此,残余应力远低于金刚石的强度极限,不会在金刚石表面产生微裂纹。

Ag-Cu-Ti 合金真空钎焊金刚石的 Raman 光谱如图 3.90 所示,没有发现石墨峰,只有 1331.13cm^{-1} 的金刚石峰,这进一步证明了金刚石没有发生石墨化。其主要原因是:①钎料中不含触媒元素,金刚石在真空中发生石墨化的温度为 1500°C,钎焊温度不足以产生石墨化;②钎料中的 Ag、Cu 和 Ti 这三种元素对碳的溶解度极小。

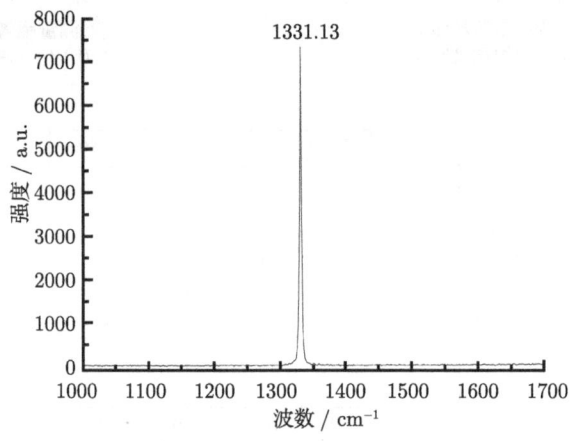

图 3.90 Ag-Cu-Ti 合金真空钎焊金刚石的 Raman 光谱

Ag-Cu-Ti 合金钎焊金刚石残余应力的 Raman 谱峰测量结果如图 3.91 所示,Ag-Cu-Ti 合金钎焊金刚石中也存在拉应力和压应力,在金刚石顶面存在拉应力;随着测量距离的增加,金刚石上的残余应力逐渐过渡到压应力状态,但应力的变化并不呈线性变化,钎焊金刚石中的残余拉应力约为 600MPa,残余压应力也约为 600MPa。

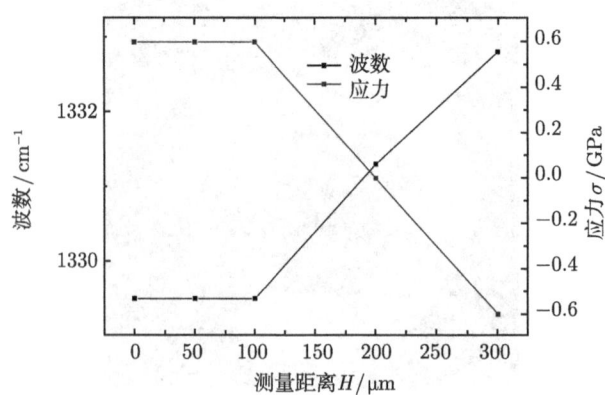

图 3.91 Ag-Cu-Ti 合金钎焊金刚石磨粒应力测量结果

3.3 超硬磨粒钎焊损伤表征与控制

Ag-Cu-Ti 钎料钎焊金刚石的不同包埋深度的残余应力计算结果如图 3.92~图 3.94 所示，沿金刚石中心线上，不同包埋深度的金刚石上具有相似的等效应力与主应力分布；随着包埋深度的增加，等效应力呈现增加的趋势，金刚石顶部受拉区域缩小，受压区域增加；另外，金刚石承受的拉应力和压应力数值也显著增加；但是金刚石顶部残余拉应力的最大值小于 100MPa，这种程度的残余拉应力不会对金刚石磨粒造成明显的应力损伤；而底面承受的最大残余压应力 250MPa 也不会对磨粒造成损害。

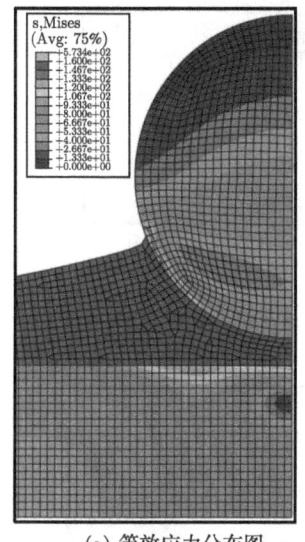

(a) 等效应力分布图

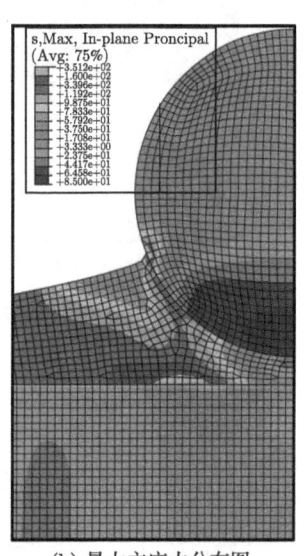

(b) 最大主应力分布图

图 3.92　Ag-Cu-Ti 合金钎焊金刚石包埋深度 30% 时的钎焊残余应力

在金刚石从钎料出露之处有着最大的等效应力与残余拉应力，即该处为钎焊接头强度最薄弱之处；该处效应力与残余拉应力随着包埋深度的增加而增加，但是当包埋深度达到 80% 时，其最大等效应力约为 620MPa，承受的最大拉应力约为 380MPa，远低于金刚石的抗拉强度，因此，这种程度的残余拉应力也不会对金刚石磨粒造成明显的应力损伤。

Ag-Cu-Ti 钎料钎焊金刚石的残余应力与 Ni-Cr 合金真空钎焊金刚石和 Ar 气保护钎焊金刚石残余应力的分布趋势相同，即从上到下，都是由拉应力过渡到压应力，但残余应力的数值远远小于后者；在钎焊接头最薄弱之处——金刚石从钎料出露之处，Ag-Cu-Ti 钎料钎焊金刚石的等效应力值只有后者的 40% 左右，残余拉应力值只有后者的 25% 左右。可见，Ag-Cu-Ti 合金钎焊金刚石工艺进一步缓解了金刚石中的残余应力，有效地减轻了 Ni-Cr 合金真空钎焊金刚石的热损伤。由此可知，采用塑性较好的 Ag-Cu-Ti 合金钎焊金刚石磨粒可以取得预期效果。

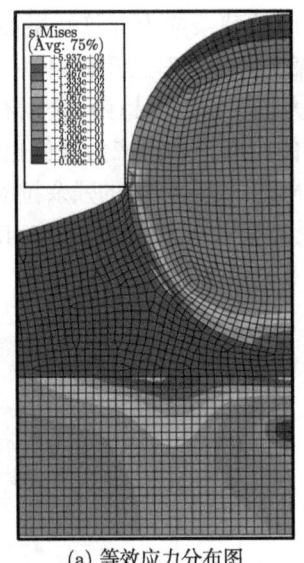 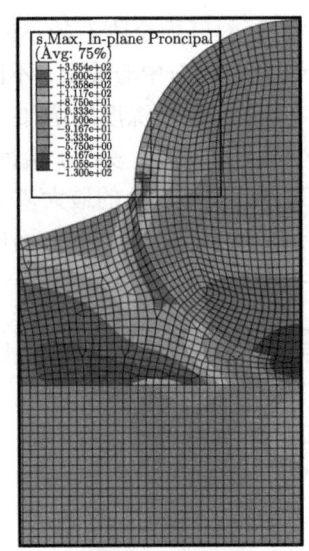

(a) 等效应力分布图　　　　　　(b) 最大主应力分布图

图 3.93　Ag-Cu-Ti 合金钎焊金刚石包埋深度 50% 时的钎焊残余应力

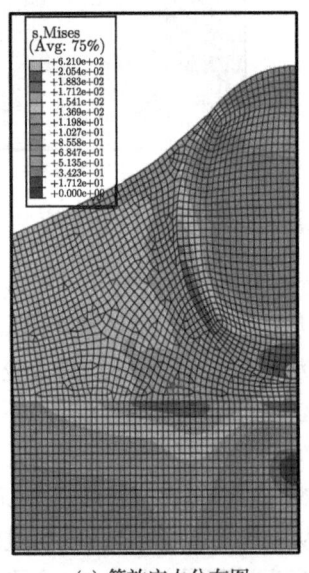 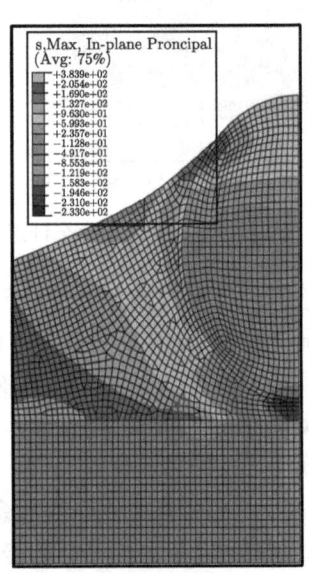

(a) 等效应力分布图　　　　　　(b) 最大主应力分布图

图 3.94　Ag-Cu-Ti 合金钎焊金刚石包埋深度 80% 时的钎焊残余应力

从金刚石耐磨性对比曲线可知，Ni-Cr 合金 Ar 气保护钎焊金刚石的磨损曲线低于 Ni-Cr 合金真空钎焊金刚石磨损曲线，而 Ag-Cu-Ti 合金钎焊金刚石的磨损曲

3.3 超硬磨粒钎焊损伤表征与控制

线低于 Ni-Cr 合金 Ar 气保护钎焊金刚石的磨损曲线；经 Ni-Cr 合金 Ar 气保护钎焊金刚石的耐磨性显著优于 Ni-Cr 合金真空钎焊金刚石，而 Ag-Cu-Ti 合金钎焊金刚石的耐磨性又优于 Ni-Cr 合金 Ar 气保护钎焊金刚石。这说明所采用的两种减小金刚石热损伤的调控手段发挥了作用，使钎焊金刚石的热损伤得到了有效的控制。

本章对超硬磨料与钎料界面反应热力学进行了分析，还分析了加热温度、保温时间、活性元素对磨粒与钎料界面反应的影响，确定了合适的钎焊工艺。围绕钎焊金刚石的热损伤形式、机理及控制等关键问题开展了深入的基础研究工作，为开发新一代钎焊金刚石工具开辟了新途径。

第4章　高效磨削弧区热作用机理与强化冷却技术

尽管有关磨削热、温度与工件烧伤的研究一直是磨削工艺研究关注的热点问题[163]，但是能运用传热学基础理论解释在有磨削液参与换热条件下发生在磨削弧区的换热过程的，由 Andrew 教授在 20 世纪 70 年代中期主持完成的关于缓磨工艺的基础研究项目应该是第一例。该项研究首次明确提出了在缓磨条件下弧区存在汽液两相流不稳定换热机制的著名假设论断，并据此推断缓磨应该存在一由磨削液发生成膜沸腾的临界热流密度 $q_{\lim}$ 决定的材料去除率的极限，即当磨削热流密度 q 接近但不超过临界热流密度 $q_{\lim}$ 磨削液处于泡核沸腾状态时，弧区呈现最佳换热效果，磨削液可以通过泡核沸腾汽化从工件表面带走绝大部分磨削热，因而工件表面温度可稳定维持在一个与临界热流密度点相对应的临界温度 120~130°C 或以下，但是只要磨削热流密度随砂轮钝化而增加，一旦超过临界热流密度值 $q_{\lim}$，磨削液就会进入成膜沸腾状态。这时，由于覆盖在弧区工件表面汽膜层的阻隔，本可由磨削液通过汽化带走的绝大部分磨削热将转而直接进入工件，从而导致工件急剧升温而突发烧伤。众所周知，上述关于弧区换热的分析正好能够解释为什么正常缓磨时温度很低却又特别容易发生烧伤的难题，因而一经提出就得到了业内人士的广泛认同和推崇。Andrew 教授及其科研团队进一步提出，既然已查明缓磨烧伤是因磨削热流密度 q 超过临界热流密度 $q_{\lim}$（即满足条件 $q > q_{\lim}$），由磨削液进入成膜沸腾状态引发的，而临界热流密度又是磨削液的一个热物性常数，是既不能改变也不能被突破的，故只需按砂轮初始锋利的条件，根据磨削液发生成膜沸腾的临界热流密度 $q_{\lim}$ 设置好缓磨时的材料去除率指标，使其对应的磨削热流密度满足 $q \leqslant q_{\lim}$ 的条件。经过这样处理后，很明显只要设法在缓磨过程中始终保持砂轮的锋利状态就能避免烧伤。而在缓磨过程中始终保持砂轮锋利度最简单的方法就是从缓磨一开始就对砂轮实施连续修整。正是在缓磨时发生烧伤机理的基础研究工作上，推出了可用于有效控制缓磨烧伤的砂轮连续修整方案，就构成了在缓磨推广应用中一项杰出工艺研究成果。伴随着罗尔斯·罗伊斯公司在第一时间生产的具有带砂轮连续修整和进给补偿功能的缓进给磨床在世界各地的热销，缓磨工艺则以最快的速度在世界范围内获得大面积的推广应用，尤其是在缓磨基础上发展起来的新一代 HEDG 工艺，Andrew 教授主持的此项研究，确实功不可没[26]。

然而，Andrew 教授的研究工作中却存在着一个根本性的错误，即错误认定，弧区磨削液发生成膜沸腾的临界热流密度 $q_{\lim}$ 是磨削液本身的热物性参数，是不能改变也无法突破的，故缓磨工艺在弧区换热上没有潜力可挖。三十多年来鲜见有人再涉足弧区换热的研究，也未见到有人从事缓磨工艺潜力的再开发研究。新开发的 HEDG 工艺二十多年来一直未能在难加工材料中推广应用，即便如此，也仍未见到有人从强化弧区换热的角度做一些探索性研究工作。

我们认为当前高效磨削工艺发展中所遇到的两大问题，即缓磨工艺潜力(材料去除率)的再开发和 HEDG 工艺在难加工材料中的推广应用问题，其实是有共性的同一类问题，它们都受到弧区换热再无潜力可挖的思想的误导或更直接地被错误思想所禁锢，如果只是在砂轮与用量的优化组合条件上做工作，可以肯定的是难有大作为的[1,2,164−168]。

以高强韧性难加工材料(钛合金、高温合金)为例，普通磨削时其消耗的能量已经十分巨大，去除单位体积材料所消耗的能量(磨削比能)高达 60～200J/mm³，而高效磨削中提高砂轮速度以及加大切深等工艺方法又都带来了磨削能量消耗的极大提高。以缓进给磨削为例，由切深增大导致磨削接触弧长增大，其消耗的能量可达普通磨削的 8 倍。在高速磨削时，砂轮线速度的提高使磨削过程中空载功耗急剧增加(可达磨削有效功率的 4 倍以上)。磨削加工中这些额外消耗的能量几乎全部转化为热量，而由于磨削弧区的高密闭性以及被磨材料的导热性差，这些热量极易在弧区内积聚从而造成工件表面烧伤。因此，深入研究难加工材料高效磨削时弧区热作用机理(研究强热场下的高效磨削热相关要素行为及其演变规律，即磨削热生成及传出机制，包括磨削热生成机理、热源分布和热分配规律、磨削比能与临界热流密度的关系等)。

通过解决该问题，突破临界热流密度的束缚，在更高的热流密度条件下控制磨削弧区温度维持在较低的水平，即在砂轮与用量组合条件已定，磨削比能不可能再有大的改善的情况下，弧区换热效率便是决定材料去除率的第一要素，因此，弧区强化传热技术上的任何突破都足以改变高效磨削工艺的现状，使材料去除率跃登上更高的台阶。图 4.1 为强化换热和常规冷却的沸腾曲线的对比示意图。在常规冷却沸腾曲线上，b 点为核沸腾转变为膜态沸腾的转折点(临界点)，该点上的临界热流密度 $q_{\lim}$ 和临界温差 T_b 分别为 $3\times10^6 W/m^2$ 和 50°C 左右。当采用强化换热时，临界点 b' 对应的临界热流密度 $q'_{\lim}$ 显著提高，核沸腾区段的斜率明显增大，而临界温差值 T'_b 却增大不多，仍可维持在发生成膜沸腾的临界温度在 120～130°C 或以下。由此可见，强化换热可使换热系数大幅度地提高，在即使远高于临界值的磨削热流密度下仍可最大限度地稳定发挥泡核沸腾的换热优势，获得满意的换热效果。

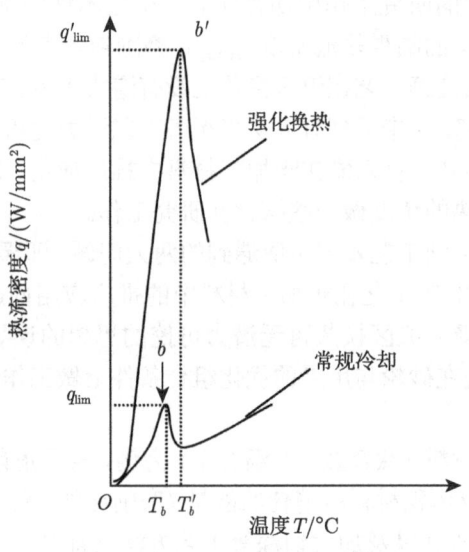

图 4.1 沸腾曲线对比示意图

4.1 高压水射流冲击强化冷却技术

磨削去除单位体积材料所消耗的能量比其他常规加工方法要大得多，而且这些能量在磨削弧区几乎都转化为热，从而导致弧区温度升高，引起工件热损伤。磨削弧区内的磨削热主要是通过磨削液疏导逸散，特别对于高效磨削，一方面由于材料去除率增大，会比普通磨削产生更多的磨削热；另一方面由于砂轮转速高，砂轮圆周表面和侧面产生更强劲的气流，使得磨削液进入弧区更加困难，而且即使进入弧区也很难确保最佳换热效果，从而更容易发生烧伤。因此，采用合适的磨削液加注方法，保证足量的磨削液进入弧区，并且尽可能强化弧区换热效果，疏导磨削弧区产生的磨削热，对于减小工件表面热损伤、延长砂轮耐用度和提高磨削效率具有十分重要的意义，它将有可能在保证磨削表面完整性的前提下使材料去除率水平得到进一步提高。

强化传热是传热学科中正处于蓬勃发展中的一个重要领域，已经形成了所谓的第二代传热技术，在工业、农业、空间和生物技术等各个领域都有极其广泛和重要的应用。尽管如今已在热工技术中获得广泛应用的各种强化沸腾传热技术并不一定都能被直接用来强化磨削弧区的换热过程，但是他山之石可以攻玉，热工领域中这种强化换热思想无疑对有效解决磨削弧区换热问题有重要的借鉴意义。

利用射流冲击高温壁面进行冷却是极其有效的强化换热方法，换热系数要比通常的管内流动换热高出几倍以至一个数量级。特别是水射流冲击强化传热，作为一项在有沸腾发生情况下的最强有力的换热手段,它可以大大提高临界热密度和换热系数。这一点在国内外热工界已经得到确认,并且广泛应用于核反应堆紧急冷却、钢铁工业淬冷处理和高热负荷电子元器件冷却等领域。

射流冲击强化换热如能成功应用于磨削弧区换热过程,不仅将有效解决高效磨削时因弧区高温引起工件热损伤问题,而且有望将现有高效磨削时不发生烧伤材料的去除率提高到一个全新水平,其技术、经济意义十分重大。高压水射流冲击强化冷却技术正是借鉴热工领域有关强化传热的思想,结合高效磨削的实际情况,提出了一项利用径向高压水射流冲击对弧区工件表面实施强化冷却的独创构想,该项构想基于这样一种分析,即由于水射流可以轻易地冲破汽膜层的阻隔,在即使是远高于常规供液发生成膜沸腾的临界热流密度的情况下,也仍可确保磨削液与工件表面直接接触并稳定发挥泡核沸腾汽化换热的优势将工件表面温度维持在一个最低的水平上。

4.1.1 关于高压水射流冲击强化换热的传热学基础试验

众所周知,水射流冲击是强化传热领域近期正在研究的热点问题之一,它已被公认为是迄今所发现的在高热流密度下涉及沸腾时的一种最强有力的强化换热手段。大量文献报道,水射流冲击确可使临界热流密度和换热系数提高几倍以上,但是由于水射流冲击换热机理本身的复杂性,现有的研究无论在理论上还是在试验的手段和方法上均尚处在发展阶段,不同文献的试验数据也因此显得比较分散,更未见到有关于水射流冲击可能达到的极限换热能力的研究报道。另外,热工领域关注的高热流密度,其量值多在 $1W/mm^2$ 以下,尚无法与磨削弧区工件表面所承受的高达 $8\sim10W/mm^2$ 或以上的高热流密度相比,加之热工界试验用水射流速度通常在 $2\sim3m/s$,个别最高亦未超过 $10m/s$,很难据此分析估计在磨削加工中准备启用的高达 $80\sim110m/s$ 的水射流冲击可能获得的强化换热效果,这就是研究中需要首先完成关于高压水射流冲击换热的传热学基础试验的原因所在[31-35]。

传热学基础试验分稳态与瞬态两种方式进行,前者用于确定核沸腾阶段的换热系数,后者则主要用于确定水射流冲击可能达到的临界热流密度的量值。

1) 高压水射流冲击强化换热的稳态传热学基础试验

在有关沸腾传热的试验中,常将通过测定定常热源表面在达到热平衡状态时的温度 T 以建立表面热流密度 q 与 T 间的关系 $q(T)$ 的试验称为稳态试验。由于稳态试验中的热流密度均被控制在临界热流密度以下,因而这样获得的 $q(T)$ 应该就是热源表面在核沸腾状态下的换热曲线,而曲线的斜率则就是人们所关注的表面换热系数。

图 4.2 是用于稳态试验的试验装置,其中经由直接电加热充当固体热源的是尺寸为 $15mm\times2.5mm\times0.2mm$ 的镍铬电阻片,热源强度亦即电热功率 $P=IU$ 可由

施加到镍铬片两端的电压 U 调节控制,镍铬片三面绝热,仅留承受水射流冲击的上表面作为换热面,其面积 $S=15\text{mm}\times2.5\text{mm}$。在换热面上焊有两根端部未直接相连的标准热电极丝,它们经由镍铬合金材料构成一对表面热电偶用于感受测量换热表面的温度 T。换热表面在射流冲击下达到热平衡时的热流密度则按式 $q=IU/S$ 计算,镍铬片长 15mm,换热表面以外的引出端整体钎焊在两侧的电极支板上,以尽可能消除连接时的接触电阻,并减小接触电阻上的热效应对镍铬片本身正常电热过程产生的影响。

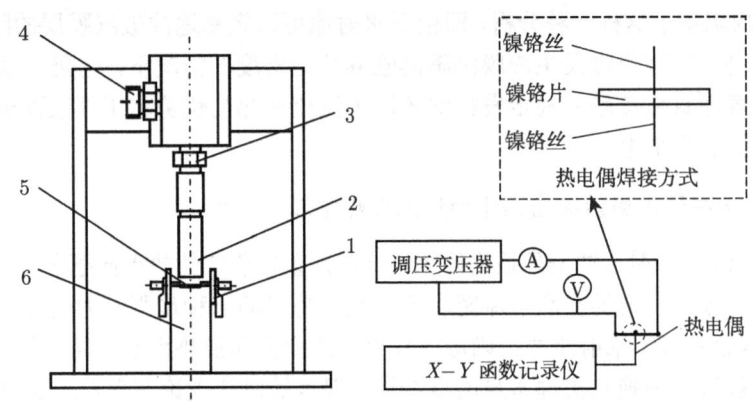

图 4.2 稳态试验装置

1-电极;2-喷嘴;3-进水接头;4-出水接头;5-加热元件;6-绝热材料

试验用水射流由 3P00 型高压柱塞泵提供,供液压力可调,最高为 7MPa。喷嘴借用磨床上通用的扁喷嘴,出口处尺寸为 15mm×1mm,正好可以覆盖镍铬片上的换热面。射流出口速度则按供液压力 P 由经验公式 $v=44\sqrt{P}\text{m/s}$ 估算,最高可达 110m/s。试验用水温为室温 20°C,相应过冷度 $T_{\text{sub}}=80°\text{C}$。

水射流冲击换热稳态试验的操作规范要求在换热面先有稳定水射流冲击覆盖(作为对比的池内沸腾换热,则要求先被充分淹没在水下) 的情况下,再按预定的电热用量加热镍铬片,并在其达到热平衡后测量记录电压、电流和温度的一组相关数据。自低到高逐次增加电热用量,重复上述步骤,即可获得绘制换热曲线所需的全部数据。

图 4.3 即为本次试验获得的一组核沸腾换热曲线,其中曲线 1 为池内欠热 (过冷) 沸腾曲线。对比这三条曲线容易看出射流冲击在强化换热上的优势。

(1) 从池内欠热沸腾曲线 1 上可以清楚地区分出换热的几个特征阶段。起始阶段随热流密度增加,试件表面温度增加较快,曲线相对比较平坦,反映出欠热状态下自然对流换热的特征,此时按曲线斜率估算换热系数,其数值很小,在 0.011W/(mm²·°C) 上下。当热流密度增加至表面温度超过 100°C 并达到核沸腾始发温度后,换热曲线出现有转折,曲线斜率亦即换热系数有所增加,但增加并不显著,在 0.016W/(mm²·°C) 左右,而且从曲线上看核沸腾阶段所占区段不长。当热流密度继续增加至临界值时,该临界值在试验条件下约为 3.5W/mm²,表面温度即开始失控增长,表明这时试件表面已进入过渡沸腾和膜沸腾状态。

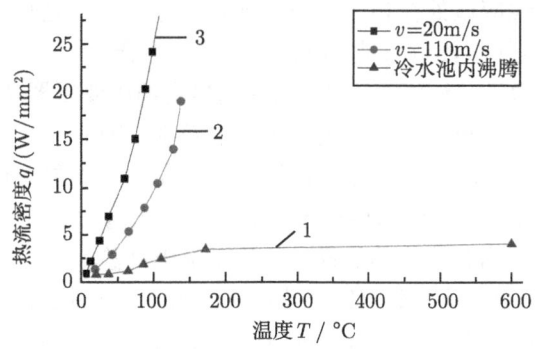

图 4.3　稳态试验结果

(2) 高压水射冲击的换热曲线 2、3 从一开始就表现出与池内沸腾换热曲线迥然不同的态势。由于试验用水射流属高速射流,且有较大的过冷度,因而在始发沸腾前虽只具有单相射流的纯强迫对该换热作用,但却仍表现出持续强劲的换热优势。即随热流密度增加,表面温度增加极微,曲线走势陡峭,且射流速度愈高,曲线走势越陡。按斜率折算,20m/s 与 110m/s 射流的换热系数分别达到 0.14W/(mm²·°C) 和 0.43W/(mm²·°C),为池内欠热沸腾的近 10 倍和 30 倍,而且以表面温度为 100°C 时的热流密度计,两者也已分别达到了 11W/mm² 和 25W/mm²,远远超过了池内欠热沸腾时的临界热流密度值。仅凭单相水射流冲击即可达到如此高的换热强度,这是我们所始料未及的。

(3) 当热流密度继续增加使表面温度获得始发沸腾所需的过热度时,试件表面将进入泡核沸腾阶段,一开始的单相射流冲击换热亦将随之转入两相射流冲击的最强劲的换热阶段,这从曲线 2 在始发沸腾点出现更加陡峭的转折已可得到证明。遗憾的是,在增加热流密度以希望通过进一步的试验精确测定核沸腾阶段可以达到的极限换热系数时,因电热试件两端钎焊接头在射流冲击下脱焊而未能如愿。初步分析,主要是因为当时接头采用的是软钎焊连接,尽管试样表面温度很低,但既要从试件表面带走那么高的热流密度,试件厚度方向必然就要维持很高的温度梯度,从而使试件底面温度接近或超过钎料熔点。不过我们还是可以通过曲线 2 上最后两点的数据粗略估算出核沸腾始发阶段的换热系数应当在 0.25W/(mm²·°C) 以上。另外，由图 4.3 中曲线 3 也可看出，由于 110m/s 的单相水射流冲击的换热强度如此之高，试验用加热电源能够提供的极限热流密度甚至都未能使其进入核沸腾换热的状态，这也是本次稳态试验留下的一点遗憾。

(4) 本次稳态试验尽管留有少许遗憾，但从展示水射流冲击换热的潜力和优势方面，无疑是成功的。另外，由于本次试验采用的是热工界未见使用过的高速水射流，获得的结果似与以往的试验结果不尽相符。譬如很多热工文献都认为，有射击流冲击的核沸腾曲线应该处在相应的池内沸腾换热曲线的延长线上，从以上的试验结果考察分析，这不仅没有可能，而且似亦于理不合。

需要强调说明的是，本次稳态试验因受加热用调压变压器功率和电流的限制，无法提供能使镍铬片换热表面温度失控的电热功率，因而一开始就未准备采用稳态试验确定水射流冲击时的临界热流密度。不过，从以上结果分析依然可以看出水射流冲击换热在提高临界热流密度值方面的确有巨大潜力。

2) 高压水射流冲击强化换热的瞬态传热学基础试验

按文献记载，历史上第一条可以完整反映核沸腾、过渡沸腾和膜沸腾三个不同阶段换热状态演变的池内饱和沸腾换热曲线是在 1937 年由 Drew 和 Mueller 采用蒸汽加热控制壁温的方法在稳态试验中获得的。20 世纪 50 年代中期，由于工程上研究淬冷过程的需要，又逐步发展起了一种利用检测高温试样在淬冷过程中的温度变化 $T(t)$ 反演推算试样表面热流密度变化 $q(t)$，最终获得沸腾换热曲线 $q(T)$ 的所谓瞬态试验方法。由于后者操作简便，可在试样的一次淬冷过程中获得关于膜沸腾、最小热负荷、过渡沸腾、临界热流密度和核沸腾等全部沸腾换热数据，因而一经推出便大受青睐。不过也许是因为瞬态试验法本身尚欠完善和规范，取得的结果还显得比较分散，可能这也正是人们长期以来一直对认同瞬态、稳态试验结果的一致性持怀疑态度的原因所在。其实我们以为，仅将瞬态、稳态试验的结果做简单等同比较的想法本身也并不见得一定是合适的，毕竟在这两种试验中包括热源的尺寸、形状、作用性质以及液体参与换热的条件等均不相同。因此，试验结果理应在反映沸腾传热共性规律的同时，反映各自条件下沸腾传热的特性规律，只要能确认试验方案是科学的，即原理正确无误，并能对在实施原理方案过程中可能出现的各个误差环节严加控制，则瞬态试验取得的结果就应该是可信的，是可以真实反映瞬态试验条件下的换热规律的，问题在于人们能否有条件地去正确认识和把握这些结果。基于以上观点，我们认真构思设计了瞬态试验的总体方案，包括温度的测试方案，旨在通过试验能确保取得关于高压水射流冲击在提高临界热流密度上极限效果的第一手数据资料。

试件设计为一细长的圆柱体，见图 4.4，其上端面接受水射流冲击，圆柱侧表面及下端面绝热。现考虑圆柱体上端面有阶跃热源 $\delta q(0)$ 作用时圆柱体内部的温度分布。假设圆柱体内部初始温度分布均匀且为 T_0。

4.1 高压水射流冲击强化冷却技术

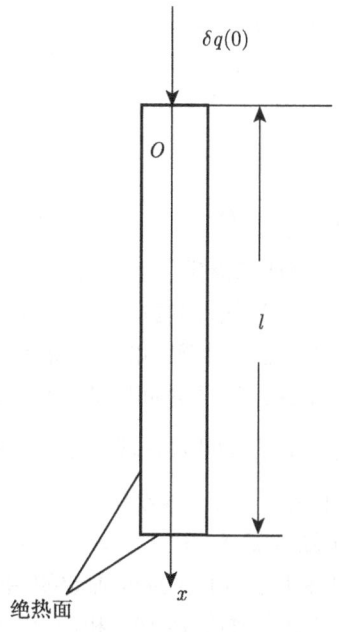

图 4.4 传热学模型

显然此问题可归结为一具有非齐次边界条件的一维热传导方程的定解问题

$$\left.\begin{array}{l}\dfrac{\partial^2 T(x,\tau)}{\partial x^2}=\dfrac{1}{\alpha}\cdot\dfrac{\partial T(x,\tau)}{\partial \tau}\\[6pt]\dfrac{\partial T(x,\tau)}{\partial x}\Big|_{x=0}=-\dfrac{1}{\lambda}\delta q(0)\\[6pt]\dfrac{\partial T(x,\tau)}{\partial x}\Big|_{x=l}=0\\[6pt]T(x,\tau)\big|_{\tau=0}=T_0\end{array}\right\} \qquad (4.1)$$

式中，α、λ 分别为试样材料的导温、导热系数。

对式 (4.1) 求解容易得到

$$T(x,\tau)-T_0=\frac{l\delta q(0)}{\lambda}\left[\frac{\alpha\tau}{l^2}+\frac{1}{2}\left(\frac{x}{l}\right)^2-\left(\frac{x}{l}\right)+\frac{1}{3}-\frac{2}{\pi^2}\sum_{n=1}^{\infty}\left(\frac{1}{n^2}\cos n\pi\frac{x}{l}\mathrm{e}^{-n^2\pi^2\frac{\alpha\tau}{l^2}}\right)\right] \qquad (4.2)$$

若令 $x=0$，则便可进一步得到阶跃热源 $\delta q(0)$ 作用下圆柱体上端面的温度变化

$$T(\tau)-T_0=\frac{l\delta q(0)}{\lambda}\left[\frac{\alpha\tau}{l^2}+\frac{1}{3}-\frac{2}{\pi^2}\sum_{n=1}^{\infty}\left(\frac{1}{n^2}\mathrm{e}^{-n^2\pi^2\frac{\alpha\tau}{l^2}}\right)\right] \qquad (4.3)$$

这里的反演是指正向导热问题的反演，即要从已知的温度变化反求热流密度的变化。这在本次试验用试样的传热学模型是容易实现的，因为如果假设式 (4.3) 中的阶跃热源作用的起始时刻不为 0，而是 $0 < t_i < \tau$，则式 (4.3) 就可以更一般地表示为

$$T(\tau) - T_0 = \frac{l\delta q(t_i)}{\lambda} \left[\frac{\alpha(\tau - t_i)}{l^2} + \frac{1}{3} - \frac{2}{\pi^2} \sum_{n=1}^{\infty} \frac{1}{n^2} e^{-n^2\pi^2 \frac{\alpha(\tau - t_i)}{l^2}} \right] \quad (4.4)$$

很明显，式 (4.4) 已为反演计算提供了基本关系。

由于热传导问题通常可以作为线性问题来处理，容许使用叠加原理，因此，可以按照以下思路从射流冲击淬冷试验中测到的表面温度变化 $T(\tau)$ 反演推得该表面的热流密度变化 $q(\tau)$：先将记录温度的时间区段 $[0, \tau]$ 作 m 等分，每个子区间的宽度 $\Delta = \dfrac{\tau}{m}$。然后固定在每个子区间的右端点上取温度值，可得已知温度 $T(\tau)$ 的 m 个离散值 $T(i\Delta), i = 1, 2, \cdots, m$。再设想在每个子区间的左端点均作用一阶跃热源，则相应可有 m 个阶跃热源 $\delta q(j\Delta), j = 0, 1, \cdots, m-1$。很明显，我们可由 $T(\tau)$ 的第一个离散值 $T(\Delta)$ 利用式 (4.4) 反演确定初始阶跃热流密度 $\delta q(0)$。类似地，由已知温度 $T(\tau)$ 的第二个离散值 $T(2\Delta)$ 和由 $T(\Delta)$ 确定的 $\delta q(0)$，可递推算得 $\delta q(\Delta)$。推广到一般情况，由 $T(\tau)$ 的第 i 个离散值 $T(i\Delta)$ 可递推算得第 $(i-1)$ 个阶跃热源 $\delta q[(i-1)\Delta]$

$$\begin{aligned} T(i\Delta) - T_0 = & \sum_{j=0}^{i-2} \frac{l\delta q(j\Delta)}{\lambda} \left[\frac{\alpha(i-j)\Delta}{l^2} + \frac{1}{3} - \frac{2}{\pi^2} \sum_{n=1}^{\infty} \frac{1}{n^2} e^{-n^2\pi^2 \frac{\alpha(i-j)\Delta}{l^2}} \right] + \\ & \frac{l\delta q[(i-1)\Delta]}{\lambda} \left[\frac{\alpha\Delta}{l^2} + \frac{1}{3} - \frac{2}{\pi^2} \sum_{n=1}^{\infty} \frac{1}{n^2} e^{-n^2\pi^2 \frac{\alpha\Delta}{l^2}} \right] \end{aligned} \quad (4.5)$$

将 m 个阶跃热源按照它们各自在时域上的位置叠加起来就可得到要求的表面热流密度的变化

$$q(\tau) = \sum_{j=0}^{i-1} \delta q(j\Delta), \quad i = 1, 2, \cdots, m \quad (4.6)$$

将反演确定的 $q(\tau)$ 与 $T(\tau)$ 作对应组合就可以最终获得射流冲击表面的沸腾换热曲线 $q(T)$。

以上就是瞬态试验方案的原理构想，本方案的最大优势在于直接建立的是表面温度与表面热流密度间的反演关系，因而就可以有效避免以往因采用表面以下某个点上的温度变化作为反演基点所必然会引入的误差，譬如测点与表面间距离偏差引入的误差，测点温度变化相对滞后引入的误差等，这些误差在高热流密度（对应表面下的高温度梯度）的淬冷试验中都是不容忽视的，也是以往造成数据分散的主要原因之一。

图 4.5 是按传热学模型要求设计的瞬态试验装置，Φ5mm×60mm 的紫铜圆柱体试样侧面及下端面均包覆有绝热材料，头部被适度磨尖顶紧在试样表面上的直径 1mm 的镍铬丝与从圆柱侧面引出的紫铜丝理想地构成一对用于检测表面温度变化 $T(\tau)$ 的半人工热电偶。热电偶的此种设置方式不仅可以确保无响应惯性地跟踪检测到真正是表面温度的快速变化，避免人工热电偶测温必然会引入的响应误差，而且可使因热电偶的引入造成的对流场和温度场的影响减小到最低限度。试样底部配置的镍铬丝则主要用于开始记录前监测试样上下表面的温差。试样的加热则用硅碳棒。

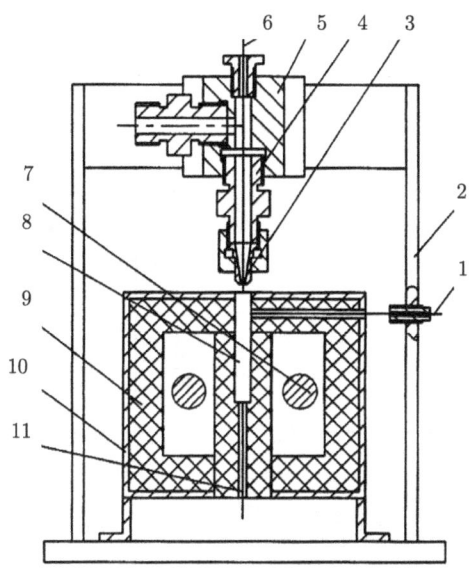

图 4.5 瞬态试验装置

1-紫铜丝；2-框架；3-喷嘴；4-管接头；5-转换接头；6-镍铬丝；7-硅碳棒；8-试件；9-保温材料；10-炉壁；11-镍铬丝

瞬态试验的操作程序要求在用绝热垫覆盖试样上端面的情况下将试样整体加热到设定温度 800°C 上下，然后断开电源，利用两根镍铬丝监测试样上下表面间的温差，待试样上下达到均温状态后，再撤掉绝热垫并打开射流冲击试样上表面。同时，触发 HP3562 动态信号分析仪定时捕捉、记录下淬冷过程中表面的温度变化，至此一次操作便告结束。本次瞬态试验在固定靶距下分高、中、低三种射流速度以及在固定射流速度下分大、中、小三种靶距完成对试样表面温度变化的系统考察记录。

利用式 (4.5) 和式 (4.6) 对测到的表面温度变化曲线作反演处理，便可最终获得需要的沸腾换热曲线，图 4.6 即为本次瞬态试验得到的结果。由于试验方案本身包括温度测试方案,因此在构思设计上比较科学合理,试验数据相对比较集中,且稳定性、重复性良好。

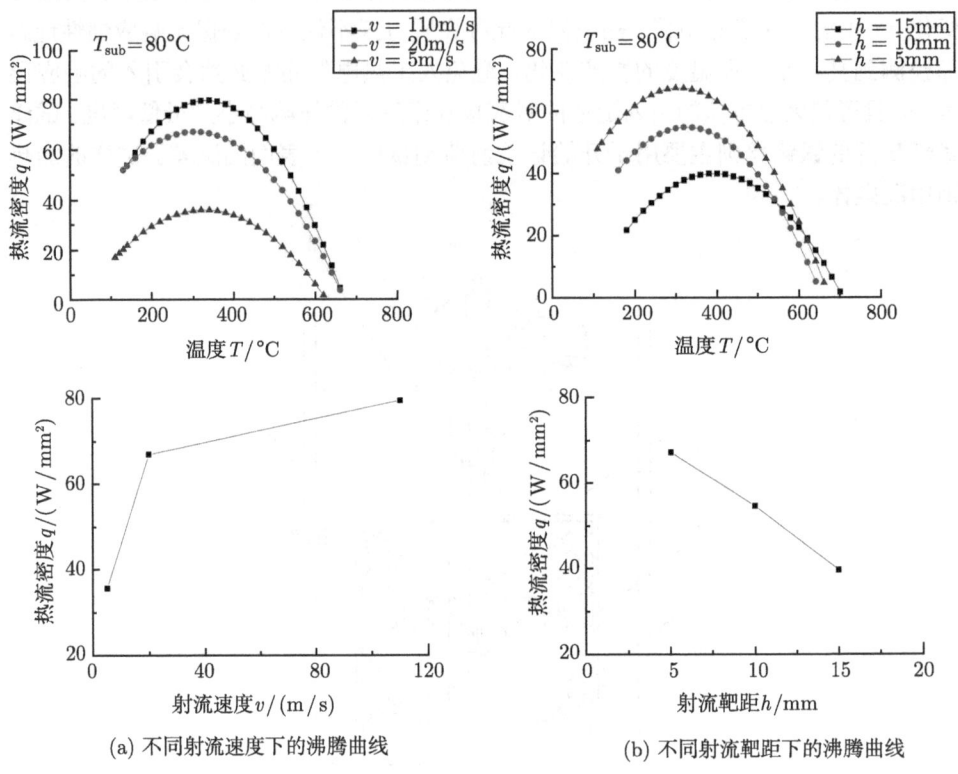

图 4.6 瞬态试验结果

在分析本次试验的结果时需要强调的有以下几点:(1) 本次试验所获得的沸腾换热曲线均未见到有表征膜沸腾存在的区段,即在淬冷刚开始的高温区段未见有热流密度先降后升过最小热流密度点 (leidenfrost 点) 的情况出现。事实上,从曲线形态看,射流刚一开始冲击表面,热流密度便呈持续增长态势,这似乎可以解释为试验用室温水射流的连续的高速冲击确如我们所预测的,它可以有效地冲破覆盖的汽膜 (或汽垫) 层的阻隔,在破坏维持稳定膜沸腾条件的同时提供表面被不断浸润的机会,从而使得冲击一开始就可以进入过渡沸腾状态。尽管在试验与测试方案和方法上均不相同,中西重康在自己的试验中 (射流速度 1.55~2.10m/s,液体过冷度 55°C) 也曾观测到与此相类似的现象。看来这一异常情况应该正是一定条件下,特别是高速条件下欠热水射流冲击超级换热能力在瞬态淬冷的沸腾换热曲线上的一种固有的特征表现。

4.1 高压水射流冲击强化冷却技术

(2) 本次试验获得的沸腾换热曲线均明显偏向高温一侧,对应临界热流密度的临界点温度也右移达到了 300~400°C。按照上面分析,这种情况同样是水射流冲击淬冷时的沸腾换热曲线所应该具备的一种特征表现。因为过冷度较高的高压水射流冲击既使膜沸腾消失,在高温端直接进入了过渡沸腾,也必定会使过渡沸腾阶段提前结束,在较高的温度下进入核沸腾换热阶段。沸腾曲线向高温侧偏移正好体现了水射流冲击具有高速淬冷的优势。

(3) 众所周知,沸腾曲线的峰值即是试验所关注的临界热流密度。从两组沸腾曲线容易看到,相对于池内沸腾,临界热流密度均有大幅度提高,而且:①临界热流密度随射流速度增加而增加,在小于 20 m/s 范围内它的增速明显;大于 20m/s 以后,则增速渐趋平缓。②临界热流密度也随靶距减小而增加,在试验用靶距取值范围内,两者变化接近呈线性关系。

(4) 瞬态试验获得的最令人鼓舞的结果就是高压室温水射流冲击所显示的在提高临界热流密度上的惊人潜力。在试验用速度 110m/s,过冷度 $T_{sub} = 80°C$,靶距 5mm 的射流条件下,由沸腾曲线所给出的临界热流密度竟高达 $80W/mm^2$,它相对于池内饱和沸腾临界热流密度的标准数据 $1.2W/mm^2$ 提高了近 70 倍,而且更有实际意义的是它相对于磨削界通常认定的发生烧伤的临界热流密度 $8~10W/mm^2$ 也提高了 8~10 倍或以上。考虑到磨削界正是以此临界热流密度来界定和规范材料可能达到的极限去除率指标的,因此,本项试验无疑为我们利用水射流冲击技术大幅度开发高效磨削的潜力提供了最为有力的科学试验依据。

最后,还值得强调的是,瞬态试验获得的临界热流密度既然指的是水射流从热源表面带走的热流密度,那么它理所当然就应该等于高温试样从内部传输到上表面的热流密度。这就说明本次试验获得的临界热流密度仍然受到高温试样本身的热容量、它的几何形状、尺寸大小以及试样材料本身的热特性等诸多因素的制约。譬如当取用厚度极微的圆片试样时,由于总热容量太小,在高速的淬冷试验中肯定只能给出比稳态试验低得多的临界热流密度值;但在试样长径比足够大时,譬如本次试验采用 $\Phi 5mm \times 60mm$ 的圆柱体试样,尽管热容量是足够大了,但在时间总共不过零点几秒的水射流冲击的高速淬冷试验中,能够达到的临界热流密度值显然又会受到试样本身的热阻和热惯性的制约。正是基于以上分析,我们有理由认为,由于磨削时作用的热源就在弧区工件的表面上,是一个纯粹的表面热源,它与水射流之间的换热可以完全不受上述因素的制约,因而在对磨削弧区工件表面实施水射流冲击时,其极限换热强度即实际可以提供的临界热流密度理应比本次瞬态淬冷试验所提供的更高,这是毫无疑问的。

4.1.2 弧区径向高压水射流冲击强化冷却效果的验证性磨削试验

为了具体研究水射流冲击强化传热在高效磨削中应用的实际效果,我们先行设计研制了一专门的试验装置，使在基本不改动机床设备的条件下就能方便地对弧区工件表面有效实施高压水射流冲击强化换热。该装置与开槽砂轮配套使用，不仅理想地解决了向高速回转的砂轮组件引入高压水时的动密封和泄漏问题，而且还成功地解决了限制高压水只向磨削弧区工件表面作径向喷射的难题，试验装置的研制成功为最终完成磨削试验提供了保证。

在开槽砂轮的基础上研制开发了能够实现磨削弧区沿砂轮径向定向高压水射流冲击强化换热的新型磨削液供液装置，该装置可提供高的射流速度，并使射流接近垂直地冲击弧区工件表面。整套装置由高压柱塞泵、旋转密封接头和砂轮组件三大部分组成[33]。

磨削液的供液系统如图 4.7 所示。高压柱塞泵型号为 3P00，流量 90L/min，最大供液压力 7MPa。溢流阀可用来调节高压泵的输出压力，卸荷阀起卸荷和保持供液压力的作用。磨削液通过水泵，经调压阀，由旋转密封接头进入砂轮组件中，最终实现定向在磨削弧区沿砂轮径向高压水的射流冲击。

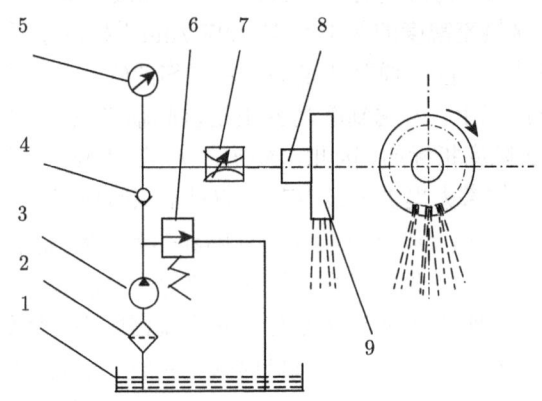

图 4.7 磨削液的供液系统
1-水箱；2-过滤器；3-高压柱塞泵；4-单向阀；5-压力表；6-卸荷阀；7-调压阀；8-旋转密封接头；
9-砂轮组件

如图 4.8 所示，磨削液通过高压泵从砂轮前端经特制的旋转密封接头 1 以一定压力进入砂轮组件。砂轮组件由砂轮片 3(带径向通液孔的片状开槽砂轮)、左右压板 10、固定外环 7、法兰盘 2 和法兰座 6 组成，磨削液到达砂轮组件后经由法兰盘上的 6 个分布均匀的进水槽 12 进入压板腔内，在两压板内侧圆周表面各均匀分布 36 个小轮弹性密封块 9，每个密封块有密封相间的两个通液孔，当砂轮旋转进入弧区位置时，小轮密封块被位于在固定外环 7 底部的凸块 8 依次向上顶起，从而打开通液孔，压板腔中的磨削液便经通液孔沿砂轮径向射出，当离开弧区位置后，小轮弹性支撑密封块在水压力、离心力及弹簧恢复力的作用下回位，重新封闭通液

4.1 高压水射流冲击强化冷却技术

孔,从而实现了磨削弧区沿砂轮径向高压水的定向射流。砂轮设计成单片组合式结构,易于安装拆卸,砂轮磨损后可方便更换。小轮密封块上的滚动轮选用微型滚动轴承,转动灵活且耐磨。该装置的设计结构巧妙,不仅理想地解决了在高速回转的砂轮组件引入高压水时的动密封和泄漏问题,而且还成功地解决了限制高压水只向磨削弧区工件表面作径向喷射的难题,试验装置的研制成功为最终完成磨削试验提供了保证。为了验证该装置的实际换热效果,我们又进一步开展了磨削试验研究。

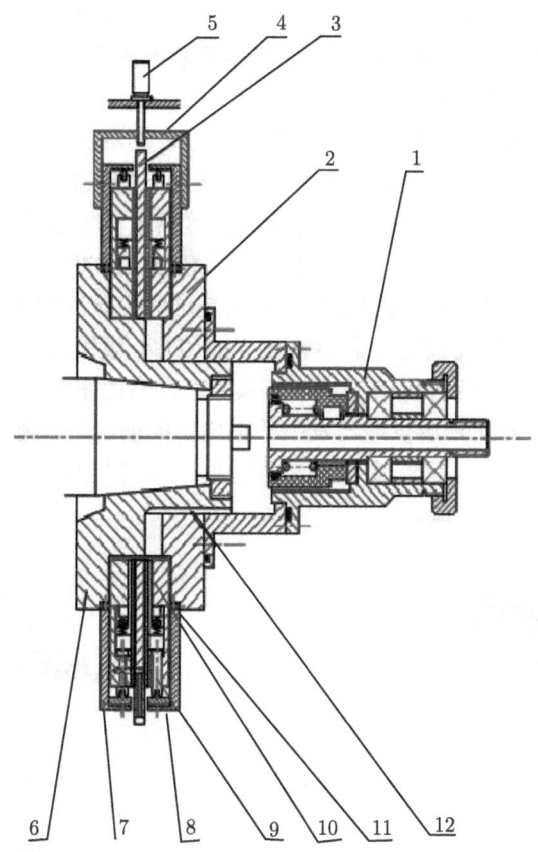

图 4.8 射流冲击强化换热新型供液装置

1-旋转密封接头;2-砂轮法兰盘;3-砂轮;4-固定块;5-防转销;6-砂轮法兰座;7-固定外环;8-凸块;9-小轮弹性密封块;10-压板;11-滚珠;12-进水槽

为了验证弧区引入水射流冲击强化冷却的效果,在 MMD7125 精密平面磨床上利用研制成功的弧区径向高压水射流冲击装置,完成了与常规的切向供液法的对比磨削试验。试验用砂轮为电镀 CBN 开槽砂轮,粒度 80 目,浓度 200%,有意选用已经用过一段时间磨削的砂轮以使磨料能有一定的钝化程度，试验前再经双电极电解修锐，以清理黏附堵塞物和规范磨前砂轮表面地貌。磨削液为 5%乳化液。供液方式分两种：一为利用该磨床原供液系统，供液泵压力 0.4MPa，流量 90L/min，通过紧靠砂轮圆周面安装的扁喷嘴按通常的沿砂轮切向带入弧区的方式供液；另一为利用新增设的高压水射流供液系统，其柱塞泵压力 7MPa，流量 90L/min，通过新研制的弧区水射流冲击装置按照在弧区范围内沿砂轮径向对工件表面垂直施加水射流冲击的方式供液。试件材料为航空用难磨材料钛合金 TC4。磨削时采用分块试件夹丝 (丝与两夹持面间由云母片绝缘) 的半人工热电偶测温方案检测弧区工件表面的平均温度分布，并以测得温度的高低来评估这两种供液方式的优劣。与此同时还监测了磨削力和磨削功耗的情况。

图 4.9 是就这两种供液方式在砂轮圆周速度 v_s=18m/s，工作台进给速度 v_w=50mm/min，磨削深度 a_p=1.2mm 的相同用量条件下切入式顺磨钛合金 TC4 试件时，由 HP3562 型动态信号分析仪实时捕捉夹丝热电偶输出热电势信号的典型原始记录波形。众所周知，叠加在信号上的密布的高频尖脉冲仅与磨粒磨削点温度有关，真正决定弧区工件表面平均温度分布的只是这些尖脉冲的下包络线，采用由自然与半自然热电偶高精度快速标定装置建立的 TC4/康铜热电偶的标准分度曲线可以容易地确定在以上两种供液方式下，弧区工件表面平均温度分布的峰值分别为 800°C 和 70°C。即在普通供液已发生严重烧伤的情况下，施加射流冲击的弧区工件表面温度仍在 70°C 以下，甚至还未到达磨削液的起始沸腾温度。射流冲击的强化换热效果由此可见一斑。

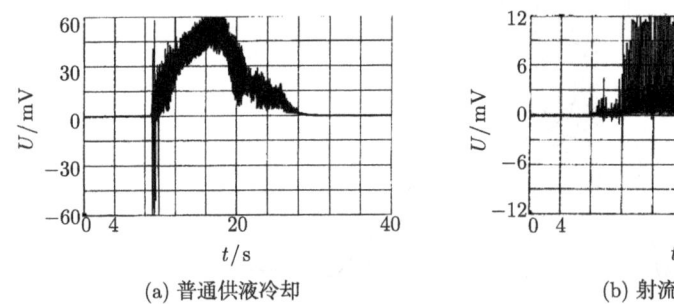

(a) 普通供液冷却　　　　　　(b) 射流冲击冷却

图 4.9　不同供液方式下实测磨削温度信号

为了更全面地展示这两种供液方式下弧区工件表面的温度变化和换热效果，在 v_s=18m/s，v_w=50mm/min 的情况下通过逐次调变切深 a_p 完成了一个系列的磨削试验，图 4.10 便是按实测的数据整理得到的试验结果。由图 4.10 可见，普通切向供液从 a_p=0.8mm 开始，弧区工件表面温度已显示异常，即其峰值温度已超过了磨削液发生成膜沸腾的临界温度 (120~130°C)。至切深 a_p=1mm 时，温度已达 500°C；

4.1 高压水射流冲击强化冷却技术

至 $a_p=1.2$mm 时,温度超过 800°C,钛合金试件已严重烧伤。而与此形成鲜明对比的是,在采用弧区径向水射流冲击供液时,弧区表面温度却可一直稳定维持在一个极低的水平上,即使切深再增加到 $a_p=1.5$mm,温度也仍在 100°C 以下。这一结果无疑是十分令人鼓舞的。因为这是首次从磨削试验本身证明了弧区换热不仅可以采用高压水射流冲击而得到强化,而且其强化效果惊人。

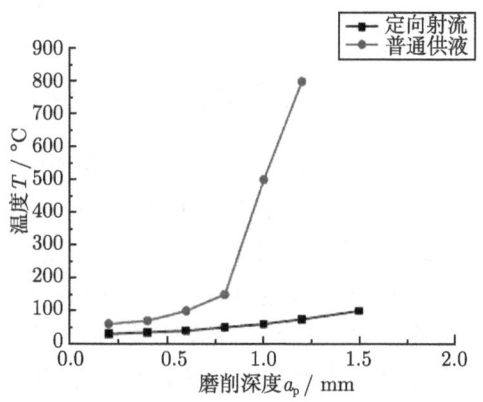

图 4.10 不同冷却方式下磨削温度对比

最后,有必要再强调一点,本次试验在切深 a_p 最大值为 1.5mm 时,工件表面最高温度仅 100°C,还未达到始发沸腾的温度,因而试验显示的其实还只是水射流的纯单相强迫对流换热作用所提供的冷却效果。我们本意是想在超过始发沸腾温度的更高热流密度下继续试验,只是由于试验用磨床本身功率有限,加之试验用弧区水射流冲击装置又无形中增加了磨床额外的功耗,致使在进一步加大磨削用量时因出现主轴皮带打滑而不得不中止试验。尽管留下些许遗憾,但是既然纯单相射流冲击就已经取得如此超常的冷却效果,则已有充分理由可以断言,在可以引发沸腾的更高热流密度下水射流冲击冷却作用必定会有更超常的表现,这是不言而喻的。因此,就展示高压水射流冲击的强化冷却效果而言,可以认为本次磨削试验已经达到了预期目的。

高压水射流冲击强化冷却技术的贡献可以归纳为以下几点:

(1) 率先将热工领域有关强化传热的思想引入高效磨削加工,并具体提出了利用高压水射流冲击强化磨削弧区换热以进一步完善和开发高效磨削工艺的独创构想。

(2) 在 110 m/s 的高速条件下完成了关于水射流冲击强化换热的传热学基础试验研究,稳态试验结果表明换热系数相对于池内沸腾可提高 30 倍以上;瞬态试验结果则表明临界热流密度的数值可提高到 $80W/mm^2$ 以上。此外,通过对试验结果的深入分析还引出了一个极有价值的附加结论,即当水射流直接冲击的是一个如同磨削弧区工件表面的纯表面热源时,其极限换热能力事实上还可望有更大幅度的提高。

(3) 设计并成功调试了定向在弧区范围的径向高压水射流冲击试验装置,并借该装置完成了国内外首例采用径向高压水射流冲击供液的缓进给磨削试验。试验结果显示了高压水射流冲击确有超常的强化冷却效果,它可在普通供液已发生严重烧伤的情况下轻松地将工件表面温度稳定维持在一超低的水平上。

4.2 低温喷雾射流冷却技术

高压射流冲击冷却技术由于采用了射流技术,和普通的浇注冷却方式相比具有明显的强化换热效果,但由于冷却液的流量较大,难以达到节能和清洁的要求。从"绿色"功能上看,不仅应该是清洁和环保的,而且应该是高效和低耗的。若要真正实现绿色高效冷却,应兼备低温、射流冲击、充分汽化和使用最绿色的空气和水等要素,除此以外还应考虑润滑效应。因此,需要构想一种能够以尽可能少的绿色冷却介质并充分发挥其换热潜力的强化传热对策作为突破口,进一步深入探索在难加工材料的加工中实现绿色高效冷却的新途径。若要在难加工材料的加工过程中实现绿色高效冷却,意味着要能够最大限度地疏导已经产生并积聚在加工区的热量,尽可能地提高加工区的换热效率,同时也意味着加工区强化传热技术上的任何突破都足以改变材料尤其是难加工材料的加工现状,使材料去除率跃登到更高的台阶。

进一步提出了一种新的构想,即低温喷雾射流冲击强化换热的构想,该构想的核心是凭借低温喷雾射流冲击集低温气、液两相强对流、射流冲击和充分汽化三重强化的换热优势,充分发挥冷却介质的换热潜力以获得最佳的强化换热效果,亦即通过低温气流运载少量绿色低温冷却液并以喷雾射流冲击的形式到达加工区实现强化换热,将加工区的换热水平提高到一个全新的水平上[10]。基于此项构想,研制出一套新型的冷却系统,并通过深入细致的传热学理论与试验的基础研究,揭示其换热机理及换热效果,最后再将此项技术应用到难加工材料的加工中,确证其在材料加工尤其是难加工材料加工中应用的巨大潜力和令人鼓舞的前景。

4.2.1 低温喷雾射流冷却系统的研制与参数测定

实现低温喷雾射流冲击强化换热构想的关键是低温喷雾射流冷却系统的研制,该系统的研制成功是开展传热试验并最终将其应用于磨削加工中。

为了能够获得低温喷雾射流,设计了一套低温喷雾射流冷却系统,其示意图如图 4.11 所示。它主要由空气压缩机、储气罐、低温冷风发生装置、水箱和雾化喷嘴等组成。从空气压缩机出来的压缩空气首先储存在储气罐中,这样可以获得稳定的

4.2 低温喷雾射流冷却技术

气源,压缩空气经过过滤器和干燥器去除其中的杂质和水分后进入冷却装置,经过热交换后产生具有一定压力的低温气流,低温气流与从水箱压出的水流汇聚于雾化喷嘴即可产生低温喷雾射流。可以看出,实现低温喷雾射流关键在于制冷方式的选择、气液供给装置和气动雾化喷嘴[40]。

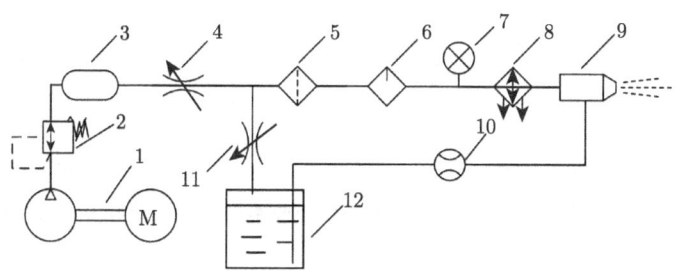

图 4.11 低温喷雾射流冷却系统示意图

1-空气压缩机;2-减压阀;3-储气罐;4-调压阀;5-过滤器;6-干燥器;7-压力表;8-冷却装置;9-雾化喷嘴;10-流量计;11-调压阀;12-水箱

低温冷风发生装置选用 Exair3925 型冷却枪,它在室温 20°C,入口压力 0.6MPa 和入口流量 600L/min 的工作条件下,可产生低于 −20°C 的低温气流。气液的供给分为气路和水路两部分。喷嘴采用外混式气动雾化喷嘴结构,喷口直径分别为 1.0、1.2、1.5 和 2.0mm,雾化角可控制在 15° 左右。

为了系统研究低温喷雾射流的换热效果,首先要对其主要技术参数进行测定。然后根据测量结果对这些参数进行调控,研究它们对换热效果的影响。影响低温喷雾射流冲击冷却效果的因素,除了冷却系统本身的制冷能力外,主要取决于动雾化喷嘴的结构形式及其主要的技术参数。喷嘴的主要运行参数包括进气压力、进气量、进液压力和进液量等。雾化性能指标除了雾化角、雾滴粒度和雾滴尺寸分布外,还包括对换热效果影响较大的喷雾射流速度。在雾化性能试验中,通过改变喷嘴的运行参数,对其雾化性能指标进行测量,以期获得气液压力以及喷嘴喷口直径的不同优化匹配组合,达到最佳的雾化效果。

试验测量装置选用三维粒子动态分析仪 3D-Dual PDA(particle dynamic analyzer) 和体视粒子图像测速仪 PIV(particle image velocimetry)。前者用来测量喷嘴的雾化性能参数,后者用于获得喷雾流场的分布状况。

试验中,对 Φ1.0mm、Φ1.2mm、Φ1.5mm 和 Φ2.0mm 四种不同直径喷口在 10~40mm 靶距位置的雾化效果进行测量,其目的是从中优选出一种更为合适的喷口,使喷嘴可获得较高的射流速度和雾化质量。这四种不同工况为:①工况 1,气压和水压均为 0.2MPa;②工况 2,气压和水压均为 0.3MPa;③工况 3,气压和水压均为 0.4MPa;④工况 4,气压和水压均为 0.5MPa。试验结果如图 4.12~图 4.15 所示。

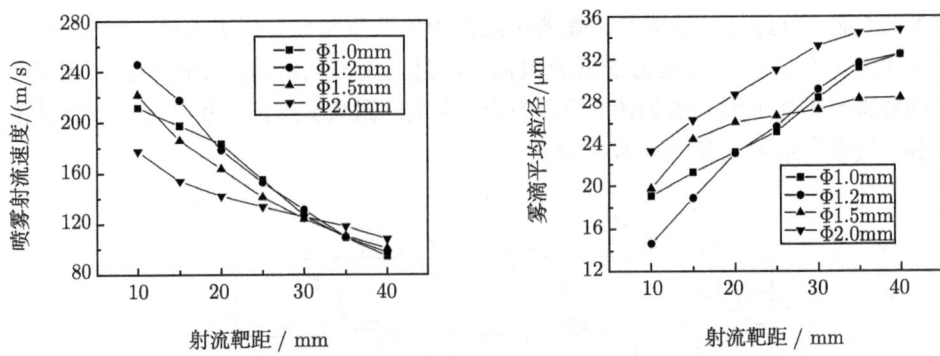

图 4.12　不同直径喷口在工况 1 条件下喷雾射流速度及雾滴平均粒径

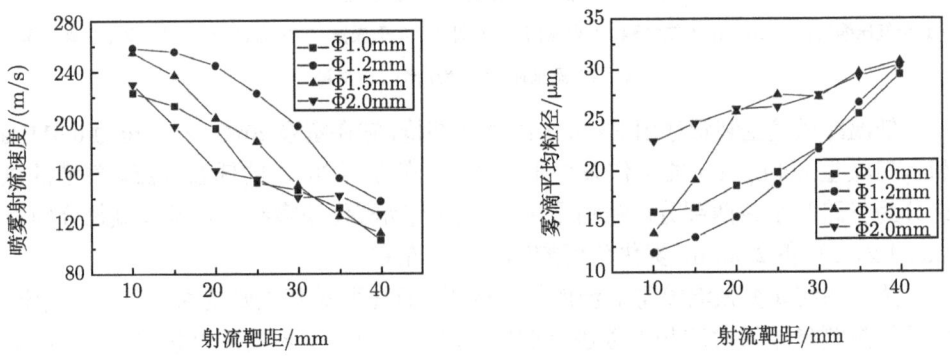

图 4.13　不同直径喷口在工况 2 条件下喷雾射流速度及雾滴平均粒径

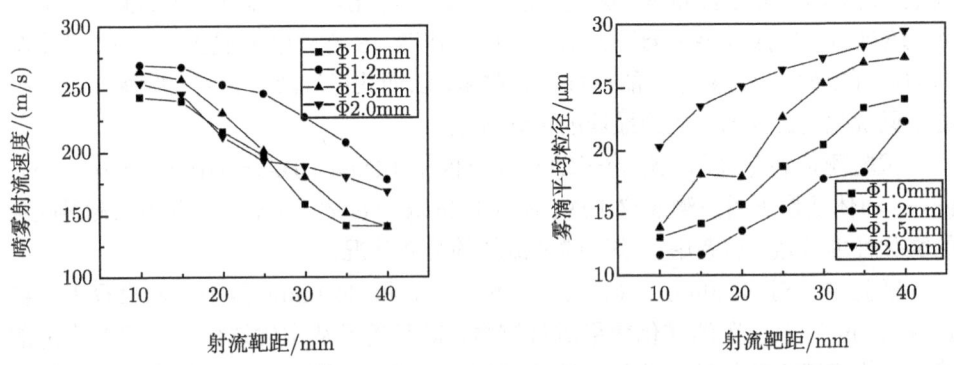

图 4.14　不同直径喷口在工况 3 条件下喷雾射流速度及雾滴平均粒径

4.2 低温喷雾射流冷却技术

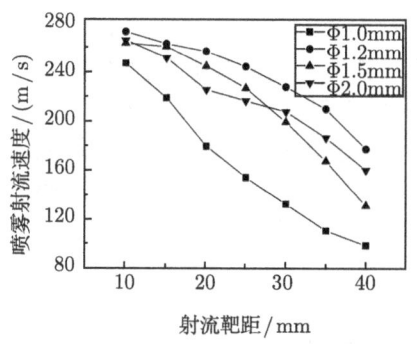 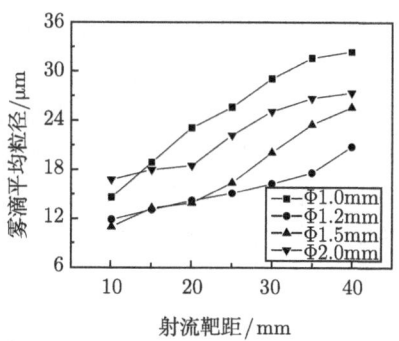

图 4.15 不同直径喷口在工况 4 条件下喷雾射流速度及雾滴平均粒径

总体来说，对于该雾化喷嘴，喷口直径减小，射流速度增加，雾滴粒径也会减小，只是对于喷口 Φ1.0mm 有些例外。这是由于喷口尺寸缩小有利于提高出口压降，导致气液两相混合物的加速作用明显增强，而气液两相间的相对速度增大，也促使液相破碎得更细，雾化效果更好。而对于 Φ1.0mm 喷口来说，雾化效果反而变差，射流速度也未获得增加，这可能是由于该雾化喷嘴的结构不适宜于 Φ1.0mm 喷口。纵观几种工况条件下的试验结果，可以发现 Φ1.2mm 喷口对该雾化喷嘴来说，在射流靶距 10～40mm 段具有较好的雾化效果，尤其是在 10～20mm 位置表现极为突出，相对于其他三种喷口直径，喷雾射流速度最大，雾滴粒径也最小。

为了进一步验证 Φ1.2mm 喷口的雾化效果，又对 Φ1.2mm 喷口在保持气压 0.5MPa 不变，不同水压条件下的雾化状况进行了研究，结果如图 4.16 所示，不同水压条件下雾化状况比较可以发现，Φ1.2mm 喷口在水压为 0.4MPa 时可以获得较好的雾化效果，此时不仅可以获得较小的雾滴粒度，而且具有较大射流速度，同时还相对于水压 0.5MPa 工况具有较小的耗水量。对于水压 0.2MPa 和 0.3MPa 工况，尽管在较小的射流靶距条件下可以获得较大的射流速度，雾滴粒径也较小，但是随着靶距的增加，射流速度的衰减较为迅速，雾滴粒径增长也较快。

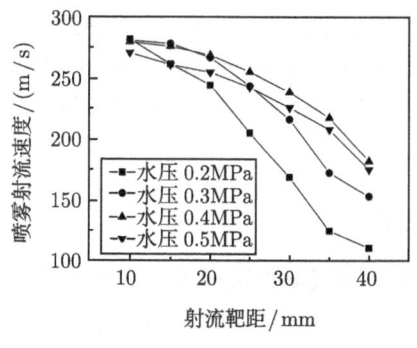 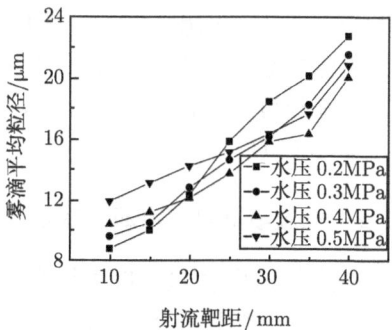

图 4.16 Φ1.2mm 喷口在不同工况条件下喷雾射流速度及雾滴平均粒径

图 4.17 和图 4.18 分别为 Φ1.2mm 喷口在气压 0.5MPa、水压 0.4MPa 的工况条件下通过射流中心轴线 XOZ 截面上的喷雾射流速度及雾滴粒径分布矢量图，40mm 靶距位置射流轴截面上雾滴粒径和喷雾射流速度三维分布图。显然，在射流轴线上的雾滴粒径最小，射流速度也最大。随着与射流轴线距离的增加，雾滴粒径逐渐增大，射流速度也逐渐减小。雾滴粒径和喷雾射流速度关于射流轴线不呈对称分布，这是重力所致。

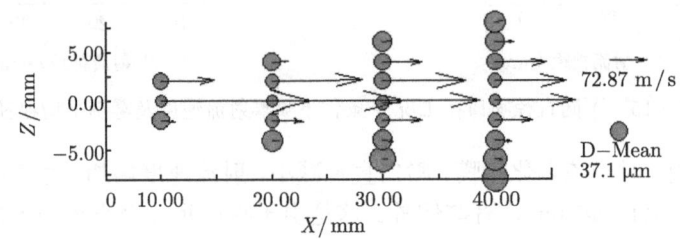

图 4.17 Φ1.2mm 喷口喷雾射流速度及雾滴平均粒径矢量分布图

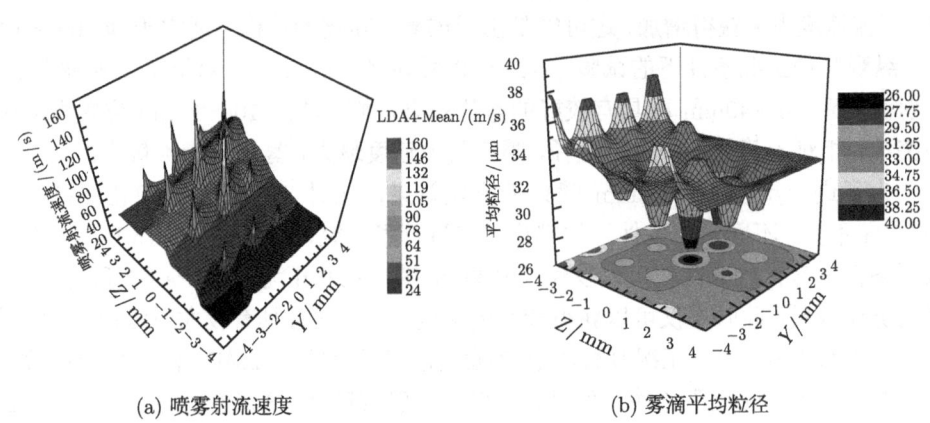

(a) 喷雾射流速度　　　　　　　　(b) 雾滴平均粒径

图 4.18 Φ1.2mm 喷口射流轴截面上喷雾射流速度和雾滴平均粒径三维分布图

综上所述，采用 Φ1.2mm 喷口时不仅消耗的水量较少，而且可以获得较优的喷雾射流参数，在气压 0.5MPa 和水压 0.4MPa 的工况条件下，10～40mm 靶距的喷雾射流速度均可控制在 150m/s 以上，最高可达 280m/s，雾滴平均粒径也可控制在 20μm 以内。

4.2.2 低温喷雾射流冷却在钛合金磨削中的应用

在磨削试验中，以 TC4 钛合金为加工材料，将低温冷风射流 (−20°C)、常规浇注和低温喷雾射流冷却三种冷却方式下的磨削温度进行对比。其中，低温冷风射流为流量 300L/min、温度 −20°C 的低温气体射流和射流靶距 40mm；常规浇注为流量 90L/min 的 5%乳化液；低温喷雾射流选用 Φ1.2mm 喷口，气压 0.5MPa、水压 0.4MPa 的工况，冷却介质选用水，射流靶距 40mm。不同冷却方式条件下的磨削温度对比如图 4.19 所示。

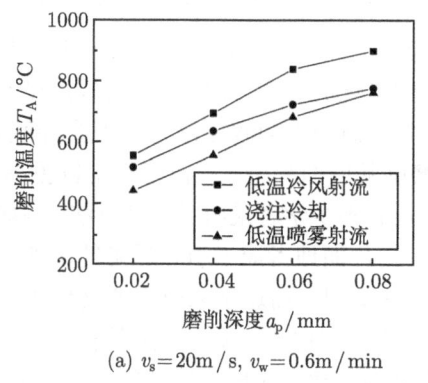 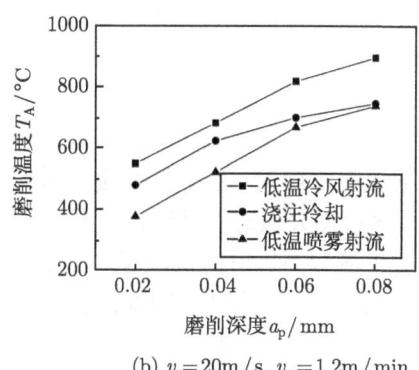

(a) $v_s=20\mathrm{m/s}$, $v_w=0.6\mathrm{m/min}$ (b) $v_s=20\mathrm{m/s}$, $v_w=1.2\mathrm{m/min}$

图 4.19 不同冷却条件下磨削温度对比

从图 4.19 中可以看出，低温冷风射流的冷却效果最差，浇注冷却次之，低温喷雾射流最好。无论在哪一种磨削参数条件下，低温喷雾射流均呈现出一定的换热优势。低温喷雾射流不仅兼具低温冷风射流的"低温"和浇注冷却的冲击能力，而且选用水作为喷雾冷却介质，相比油基冷却液和乳化液较易汽化。更重要的是喷雾射流所产生的微小雾滴群，其雾滴平均粒径仅为 20μm 左右，雾滴可以比较容易地渗透入磨削弧区，在高温作用下汽化带走大量的热，其数量远非由强制对流和传导所带走的热量可比，同时产生的蒸汽覆盖于磨粒与工件接触表面形成一层蒸汽膜，具有一定的润滑作用。因此，在钛合金磨削中，选用这种冷却方式具有更好的冷却效果。

4.3 基于热管技术的磨削弧区强化冷却技术

从前面的分析可以看出，近年来，对磨削加工中的冷却技术有了一些新的构想，并取得了可喜的进展。但是应该清醒地看到，这些新的磨削加工弧区冷却技术在实际应用时仍遇到了很多问题，这些问题突出表现为都将磨削时弧区热量去除的工作简单理解为如何将尽可能多的磨削液 (或其他冷却介质) 引入磨削弧区以提高换热能力。而这一点不但有悖于绿色制造对减少冷却液使用的要求，而且实际上其理论基础也是十分片面的，这种片面消极的观点主要起源于磨削界对磨削液成膜沸腾的一种十分保守和错误的认识，即认为临界热流密度是仅有磨削液本身性质决定的，因而发生在磨削弧区的成膜沸腾是人力无法干预的客观现象。因此，现有磨削加工中都以磨削液的临界热流密度值来决定可以正常工作的磨削热流密度极限,这无疑极大限制了磨削工艺向更高的材料去除率方向的发展。

另外,以往的磨削弧区换热方式,大多是基于"冷工件"的考虑,即认为磨削弧区产生的热量大部分将进入工件,如果工件材料导热性不佳(如钛合金、高温合金等难加工材料),会在工件表面浅层形成巨大温度梯度,从而造成工件表面烧伤,因此,必须尽可能地向磨削弧区加注冷却液或其他工质,以尽可能通过冷却介质带走大部分热量。但是,随着高效深切磨成为磨削工艺的发展方向,砂轮的线速度和材料去除率大大增加,使磨削弧区高温的这一难以解决的问题显得更加严重。随着磨削深度的增大,接触弧长随之增长,整个磨削弧区面积增大,密闭程度也更高,从而使冷却介质进入磨削弧区更加困难。虽然已有不少学者采用了各种方法,例如常规供液和高压射流供液等,但是这些方法只是片面地考虑了引入尽可能多的冷却液到弧区,而未考虑冷却液在弧区的真正换热效果。而近年来研究的高压水射流冷却等方法,虽然经试验证明取得了不错的效果,但由于需要对机床结构进行改造,其通用性受到了限制,且其巨大的资源消耗显然违背了绿色制造的发展方向。为了突破磨削弧区这一高度密闭空间的限制,使热量快速导出以降低弧区温度,必须寻找一种可以取代磨削液,以避免磨削弧区成膜沸腾的高效换热方式。

因此,我们就从另外一个方面考虑,即在砂轮上采用一定的技术和手段,使得砂轮自身的导热能力大大增加,对磨削弧区产生一种"吸热"作用,使热量迅速进入砂轮,并通过砂轮自身的高导热能力将热量快速疏导出去,从而减少磨削弧区的热量积聚,防止热量过多进入工件以避免表面热损伤,同时提高砂轮自身的使用寿命。而旋(回)转热管技术以其无比优越的导热能力以及相对简单的结构和制作工艺成为实现这一构想的理想途径。环形旋转热管换热技术不需要外部冷却液的作用,其换热能力只与热管本身的性质如工作液性质、充液率和转速等有关。因此,从理论上讲,只要合理设计热管的结构和布置方式,减小热量进入热管的热阻并增大蒸发段换热面积,则环形旋转热管的换热能力完全有望在不使用磨削液的前提下满足去除磨削弧区热量的要求[51,54,169-171]。

在此研究背景下,拟构想一种以不需要外部冷却介质的环形旋转热管换热技术为突破口,利用其已被证明的极高的换热效率,深入探索一种实现磨削弧区强化传热,降低磨削温度的新途径。该构想的核心是基于环形旋转热管技术的传热原理,采用一定的结构和工艺,使磨削弧区的热量直接导入热管蒸发端并经热管迅速疏导出去,以达到强化磨削弧区换热、降低磨削温度的目的[20,23]。

4.3.1 热管砂轮的结构及工作原理

对一般热管而言,热管蒸发端外壁的面积就可以视为热源的面积,而热管蒸发端的热量传递由蒸发端内壁液膜的相变换热来进行。对于砂轮基体,可以将磨削弧区简化为一个施加在其外圆外壁上的热流密度为 q 的恒定热源,在磨削过程中,

4.3 基于热管技术的磨削弧区强化冷却技术

热量通过砂轮外圆面进入砂轮基体，并向砂轮基体内部传导。在这种情况下，如果砂轮基体材料的导热性差，则热源的热量将很快集中在砂轮基体外圆面下的浅层，形成热量的集中和表面温度的急剧升高，即相当于磨削过程中磨削弧区热量积聚以至形成弧区温度的快速升高。因此，从理论上讲，可以考虑采取一定方法，使砂轮基体的导热性大幅提高，热量高速向砂轮内部传递，这样就避免了热量在基体外圆表面积聚，使外圆表面的温度控制在一个较低的水平。我们提出的"环形热管"，即是基于以上这个想法。

对于磨削，尤其是缓磨和高效深切磨削，若大幅提高材料去除率，则磨削消耗的动力能将大幅增加，动力能转换的磨削热也将大幅增加，造成弧区热流密度大幅提高，其极限热流密度可达 $10W/mm^2$，甚至 $100\ W/mm^2$ 以上，而普通热管能够正常工作的极限热流密度一般都在 $10\sim 1W/mm^2$ 以下。因此，普通的热管换热能力显然远不能满足弧区换热的需要。

基于普通热管的换热原理，提出一种"环形热管"，以其大幅度提高热管的换热能力，使其能够满足弧区高热流密度的换热需要。这一构想首先是基于环形热管对弧区的"变热流密度"作用，其原理如图 4.20 所示。

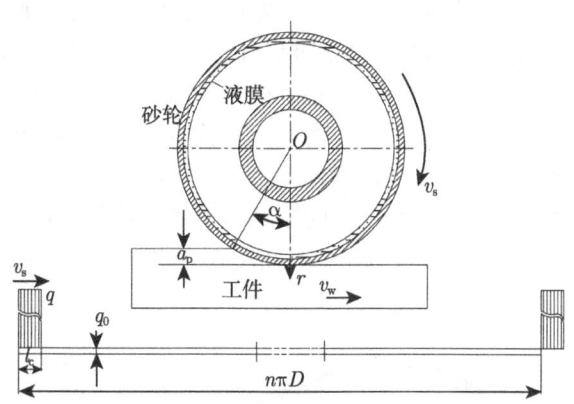

图 4.20 环形热管"变热流密度"原理示意图

砂轮基体内加工成一个环形空腔，假设砂轮磨削时弧区热流密度为 q，砂轮线速度 v_s，砂轮转速 n，工件速度 v_w，砂轮直径 D，磨削深度 a_p，弧区对应圆心角 α。砂轮启动后，单位时间内磨削弧区扫过的砂轮外圆长度为 $n\pi D$，假设弧区热量全部通过砂轮外圆面进入砂轮基体，则可知

$$ql_c = q_0 n\pi D \tag{4.7}$$

其中，q_0 为砂轮外圆壁上的热流密度，故

$$q_0 = \frac{l_c}{n\pi D}q \tag{4.8}$$

又

$$l_c = \sqrt{a_p D} \tag{4.9}$$

将式 (4.9) 代入式 (4.8) 得

$$q_0 = \frac{1}{n\pi} \sqrt{\frac{a_p}{D}} \cdot q \tag{4.10}$$

从式 (4.10) 可以看出，若砂轮转速 n 极快，或砂轮直径 $D \gg a_p$，则 $q_0 \ll q$，即环形热管砂轮管壁上的热流密度要远小于弧区的磨削热流密度，这就是环形热管对弧区的"变热流密度"作用的原理。因此，在环形热管砂轮磨削时，砂轮内环形热管所要承受的热流密度远小于弧区的热流密度 (砂轮壁厚相对于直径很小，因此假定砂轮内外壁上的热流密度相同)。

事实上，环形热管同时减小了弧区与外圆壁的热阻。这是由于砂轮的高速旋转，使单位时间内弧区扫过的砂轮外圆面积远大于弧区面积，相当于大幅度增大了弧区与砂轮的接触换热面积，而两者的接触热阻主要取决于接触面积，因此，接触热阻会随换热面积的提高而大幅下降。

环形热管砂轮内腔的换热原理如图 4.21 所示。在砂轮启动后，当其转速达到某一临界转速以后，液池内的液态水由于离心力的作用可以近似地均布在整个外圆内壁上，形成厚度为 δ 的液膜。磨削过程开始后，由于砂轮转速极快，而砂轮壁很薄，形成一种"热惯性"的作用，使整个砂轮外圆面上在极短的时间内形成热量和温度的均匀分布，而其内壁面积 A 都可以视为内壁面与液膜的换热面积。热量进入内壁后，与液膜对流换热，当液膜温度达到沸点后，液膜与内壁进行沸腾换热，产生的蒸汽携带大量热量在蒸汽压差的驱动下沿径向冷凝端传递，在冷凝端与外界进行热量交换释放热量并冷凝为液态，在离心力的作用下回流至砂轮外圆内壁，形成热量的循环。

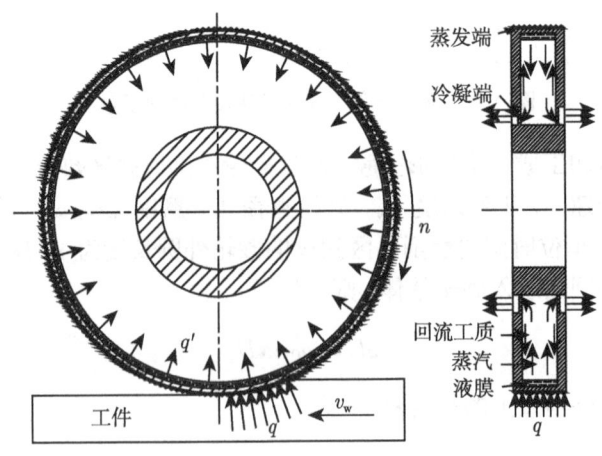

图 4.21　环形热管砂轮换热原理示意图

4.3 基于热管技术的磨削弧区强化冷却技术

从以上对环形热管换热原理的描述可以看出，只要环形热管砂轮冷端的换热条件可以满足管内热量循环的需要，这环形热管砂轮就可以通过其"变热流密度"功能大幅降低内壁的热流密度，并通过管内的热量循环将磨削弧区输入来的热量高速疏导出去，达到强化磨削弧区换热的作用。

4.3.2 热管砂轮的传热性能

由于热管砂轮传热机理本身的复杂性，要对其传热性能进行分析。首先需要通过分析其传热过程来探索影响热管砂轮传热性能的主要因素。根据热管砂轮的工作原理，其换热过程大致可分为三个部分：①热量由磨削弧区进入蒸发端；②工质在蒸发端沸腾换热；③冷凝端凝结换热。

1) 磨削弧区的热传导

热量由磨削弧区进入热管砂轮蒸发端内部可以简单地看作是沿半径方向的一维导热问题。由导热微分方程可以得到

$$\frac{\mathrm{d}}{\mathrm{d}r}\left(r\frac{\mathrm{d}T}{\mathrm{d}r}\right) = 0 \tag{4.11}$$

$$\begin{cases} r = R, & T = T_1 \\ r = r_2, & T = T_2 \end{cases} \tag{4.12}$$

其中，T_1 和 T_2 分别为磨削弧区的温度和蒸发端内壁面的温度。求解式 (4.11) 和式 (4.12) 得到

$$T = T_2 + \frac{T_1 - T_2}{\ln(R/r_2)}\ln(r/R) \tag{4.13}$$

再根据傅里叶定律，弧区到蒸发端的热流密度为

$$q = -\lambda\frac{\mathrm{d}T}{\mathrm{d}r} = \frac{\lambda(T_1 - T_2)}{r\ln(R/r_2)} \tag{4.14}$$

故而，可以得到该过程的传热热阻

$$R' = \frac{\ln(R/r_2)}{2\pi\lambda B} \tag{4.15}$$

其中，B 为热管的宽度，R 为砂轮的半径，r_2 为蒸发端内壁的半径。由式 (4.15) 可知增加热管的宽度或是减小蒸发端壁厚将有利于该过程热量的传导。考虑到砂轮强度的要求，一味地减小蒸发端壁厚并不可取。

2) 蒸发端的沸腾换热

热量通过砂轮基体传到蒸发端内壁之后，当内壁面的过热度达到起始沸腾点，在热管砂轮的蒸发端发生沸腾换热，假设蒸发端保持在核态沸腾阶段，旋转状态下

液膜的蒸发传热系数 h_e 可由 Dukler 的理论求出

$$h_e = \lambda_1 \left(\frac{\omega^2 r}{\nu_1^2}\right)^{1/3} \left[\left(\frac{1}{Re_1}\right)^{1/3} + 0.032 Re_1^{0.23}\right] \quad (4.16)$$

$$Re_1 = \frac{\dot{V}}{2\pi r F_w \nu_1} \quad (4.17)$$

式 (4.16) 中的雷诺数 Re 由 (4.17) 进行计算，$\dot{V}$ 为体积流量，F_w 为周向润湿率，与工质充液率有关。由式 (4.16) 可知，影响蒸发端传热效率的因素有工质的充液率和砂轮的转速等。

3) 冷凝端壁面凝结换热

不同于普通旋转热管，热管砂轮冷凝端工质的回流方向与离心力的方向一致，图 4.22 为对热管砂轮冷凝段冷凝工质的受力分析。

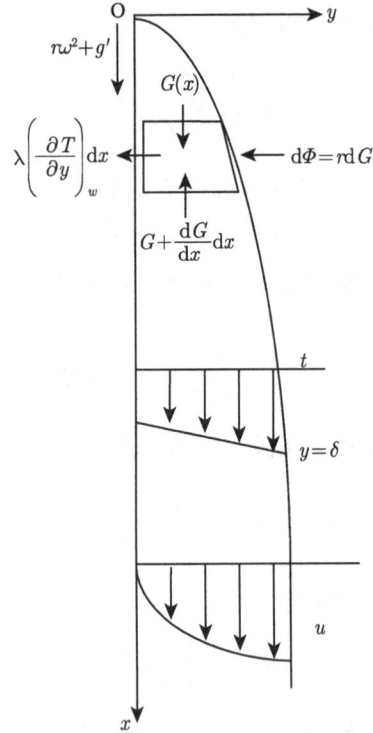

图 4.22 冷凝端内壁液膜分布示意图

结合热管砂轮冷凝端的实际情况，根据努塞尔壁面凝结模型，可以得到热管砂轮冷凝端的液膜凝结厚度为

$$\delta = \left[\frac{4\lambda_1 \mu_1 (T_s - T_4) x}{(R\omega^2 + g\sin\alpha)\rho_1(\rho_1 - \rho_v) r}\right]^{1/4} \quad (4.18)$$

其中，T_s 为饱和蒸汽温度，T_4 为冷凝端壁面的温度，ρ_v 为气态工质的密度。

冷凝端的传热系数可以表示为

$$h_x = \frac{\lambda_1}{\delta} = \left[\frac{(R\omega^2 + g\sin\alpha)\lambda_1^3 \rho_1(\rho_1 - \rho_v)r}{4\mu_1(T_s - T_4)x}\right]^{1/4} \tag{4.19}$$

将 h_x 在 $0 \sim L$ 的范围内进行积分，得到冷凝端的平均传热系数为

$$\bar{h} = \frac{1}{L}\int_0^L h_x \mathrm{d}x = 0.943\left[\frac{(R\omega^2 + g\sin\alpha)\rho_1(\rho_1 - \rho_v)\lambda_1^3 r}{\mu_1(T_s - T_4)L}\right]^{1/4} \tag{4.20}$$

其中，L 为热管砂轮冷端槽的长度。

由以上分析式可看出，随着砂轮转速的提高，冷凝端内壁的液膜厚度变薄，有利于提高冷凝端的传热效率。

从上述热管砂轮传热过程的分析可知，工质的种类、工质的充液率和砂轮的转速是影响热管砂轮传热性能的主要因素。由于实际换热过程中不同转速下工质流型及沸腾方式存在诸多复杂性，将通过传热性能试验来分析这些因素在实际换热过程中对热管砂轮传热性能的影响规律，探索热管砂轮适合的工艺条件，确保热管砂轮在实际磨削过程中的换热效果。

砂轮内部热管的制作在热管砂轮的整个制作过程中有着举足轻重的地位。热管的制作过程主要包括内部真空的形成、精确注液和真空密封等。图 4.23 为砂轮中旋转热管的制作平台，包括真空泵、真空阀、真空计组和注液器几个环节。其中真空泵通过管路与热管砂轮连接，真空阀和真空计组依次布置在真空泵与砂轮之间，真空计组由电容真空计、电阻真空计以及电离真空计组成，可用于实时监测热管内部的真空度，其测量范围为 $1\times10^{-7} \sim 1\times10^5 \mathrm{Pa}$。在热管制备过程中，首先打开真空阀对热管抽真空，当内部压强降至 $3.0\times10^{-2}\mathrm{Pa}$ 时关闭真空阀，通过注液器对热管进行注液。完成密封过程后再将抽真空管路移除，热管便制作完成。

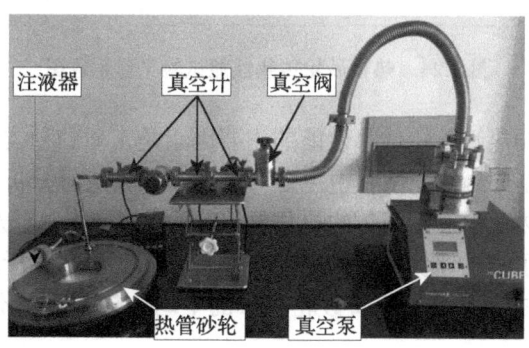

图 4.23 热管砂轮抽真空、注液及密封平台

在砂轮磨料层条件一致的情况下，热管砂轮的传热性能则主要取决于其内部旋转热管的传热性能。因此，在传热性能试验中为简化试验过程，仅采用热管砂轮基体作为研究对象。图 4.24 为热管砂轮传热性能试验平台，传热试验中通过与实际磨削弧区面积相当的高频感应加热器对砂轮基体外圆面进行加热，模拟磨削弧区热源。热管的冷凝端通过 Exair3925 冷却枪进行冷却，该设备可产生比气源温度低 20°C 的低温气流，不但满足热管冷凝端的冷却要求，而且也符合绿色加工的理念。传热试验中砂轮通过法兰安装在传热试验平台上，由电动机带动其旋转，电动机的转速由变频器控制，可以实现不同转速下热管砂轮传热性能的分析。在热管砂轮的蒸发端外壁面、蒸发端内壁面、绝热段核心区以及冷凝端内壁面布置有 K 型热电偶，分别为 1、2、3 和 4，其各点的温度分别标记为 T_1、T_2、T_3 和 T_4。测温采集卡固定于砂轮端面，随砂轮一起旋转。图 4.25 为换热试验用热管砂轮基体实物，该基体设计为组装结构是为了便于传热试验中改变不同参数进行试验。

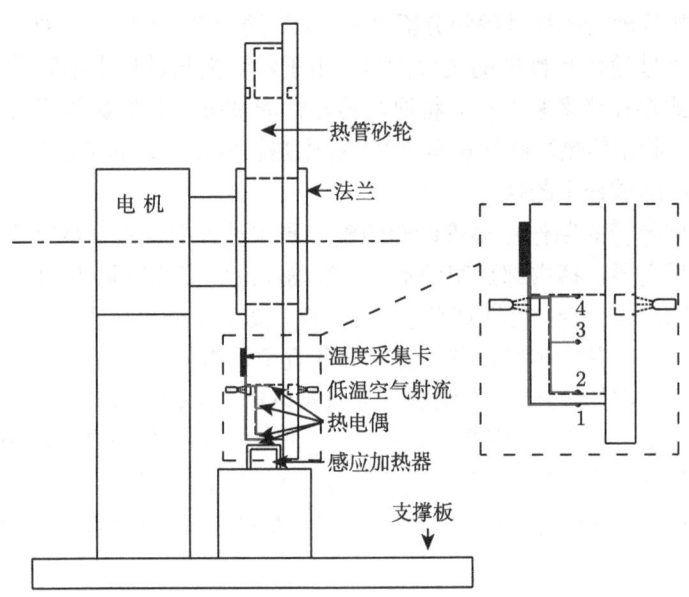

图 4.24 热管砂轮传热性能试验平台示意图

前已述及，影响热管砂轮传热性能的主要因素是工质的种类、工质充液率和砂轮转速等。因此，在传热性能试验中主要对这几个因素进行分析。特别需要指出的是，热管砂轮的传热过程包括固体的热传导、工质的相变换热以及对流换热等复杂传热传质过程。为了统一评价热管砂轮的传热性能同时简化分析方法，将热管砂轮看作一个均质的传热元件，以热管砂轮内部的平均传热系数 k 作为热管砂轮传热性能的评价指标。

4.3 基于热管技术的磨削弧区强化冷却技术

图 4.25 传热试验用热管砂轮基体实物

假设将热管内部的所有环节简化为一个均质的导体，那么该过程可以简化为单层圆筒壁沿半径方向一维导热问题，如图 4.26 所示。

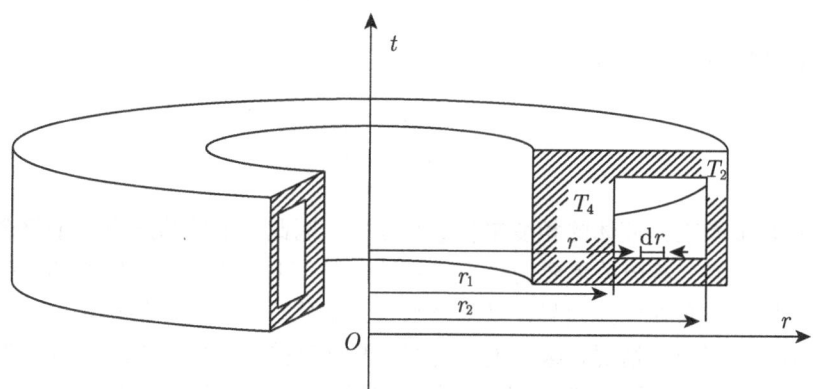

图 4.26 热管砂轮简化传热模型

热管砂轮内部的导热微分方程与相应的边界条件为

$$\frac{\mathrm{d}}{\mathrm{d}r}\left(r\frac{\mathrm{d}t}{\mathrm{d}r}\right) = 0 \qquad (4.21)$$

$$\begin{cases} r = r_1, & T = T_4 \\ r = r_2, & T = T_2 \end{cases} \qquad (4.22)$$

对式 (4.21) 积分两次，其通解为

$$t = c_1 \ln r + c_2 \qquad (4.23)$$

其中，常数 c_1、c_2 由边界条件确定，将边界条件式 (4.22) 代入式 (4.23)，联解得

$$c_1 = \frac{T_2 - T_4}{\ln(r_2/r_1)} \tag{4.24}$$

$$c_2 = T_4 - \ln r_1 \frac{T_2 - T_4}{\ln(r_2/r_1)} \tag{4.25}$$

将式 (4.24) 和式 (4.25) 代入式 (4.23) 可以求得温度分布公式

$$t = T_4 - \frac{T_2 - T_4}{\ln(r_2/r_1)} \ln(r/r_1) \tag{4.26}$$

假设热管砂轮内部的传热系数为 k，由于通过热管砂轮的热流量为常量，通过半径 r 处垂直于热流密度面积的热流量可以表示为

$$\phi = 2\pi r l q = \frac{2\pi k l (T_2 - T_4)}{\ln(r_2/r_1)} \tag{4.27}$$

于是热管砂轮内部的平均导热系数为

$$k = \frac{\phi \ln(r_2/r_1)}{2\pi l (T_2 - T_4)} \tag{4.28}$$

热管是依靠工作液体的相变来传递热量的，因此，工质的选择对于整个热管砂轮的传热性能有着至关重要的作用。由图 4.27 可以看到，以蒸馏水和丙酮作为工质时温度分布存在明显差异。以蒸馏水作为工质时热管内部的均温性能明显优于以丙酮作为工质的情况，这是由于丙酮的汽化潜热为 552kJ/kg，约为蒸馏水的 1/4，意味着质量相同的情况下蒸馏水通过相变能够带走更多的热量。由式 (4.28) 求出蒸馏水为工质时热管砂轮内部的平均导热系数为 2260W/(m·K)，而丙酮作为工质时其平均导热系数仅为 301.3W/(m·K)，这一结果进一步说明了工质的性质对热管砂轮的传热性能确实存在着较大的影响。鉴于磨削弧区的工作温度范围，将选用蒸馏水作为工作介质，45 钢作为管壳材料。为满足热管的相容性，管壳内壁需经过化学处理。

充液率是指充入管内的液相工质的体积 V_l 与管腔内容积 V_c 的比值，即

$$\varphi = \frac{V_l}{V_c} \tag{4.29}$$

4.3 基于热管技术的磨削弧区强化冷却技术

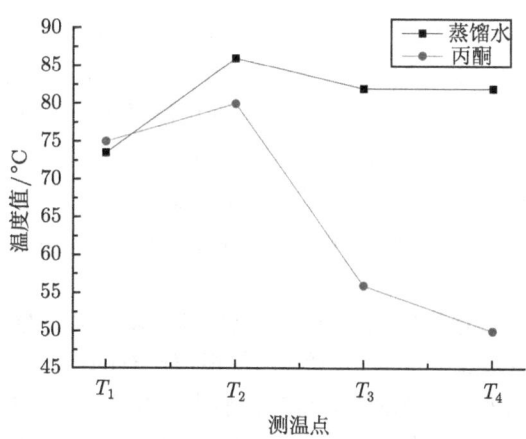

图 4.27 不同工质种类条件下测温点温度分布

工质充液率是影响热管砂轮传热性能的因素之一，图 4.28 展示了不同工质充液率条件下热管砂轮的温度分布及其传热系数的变化规律。当充液率为 15%时，在同样的加热条件下温度值最低。相应地，从传热系数的变化图可以看出，充液率为 15%时，传热系数最高，达到约 2260W/(m·K)；当充液率降低至 10%，传热系数下降了约 20%，可能是由于工质的量不足，热管发生"干涸"使得热管失效，从而造成传热系数下降；当充液率增加时，由于蒸发端液膜增厚导致其热阻增加，传热系数亦有明显下降。因此，可以推断现有结构尺寸下的热管砂轮最佳充液率在 15%左右。

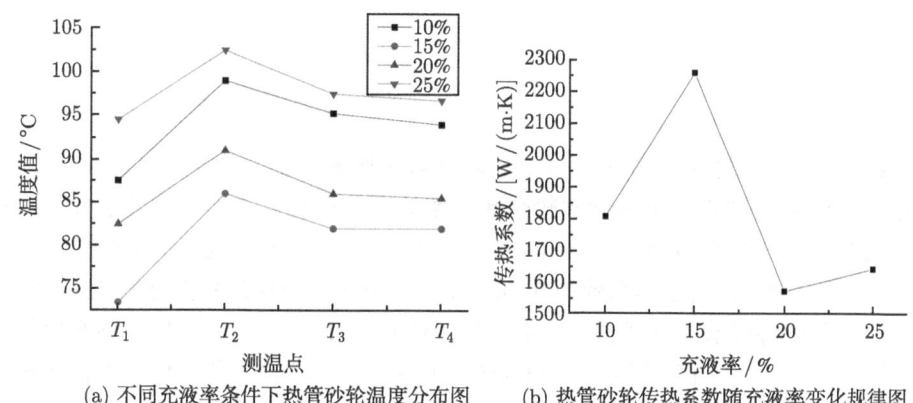

(a) 不同充液率条件下热管砂轮温度分布图　　(b) 热管砂轮传热系数随充液率变化规律图

图 4.28 不同工质充液率条件下热管砂轮的温度分布及传热系数

图 4.29 为转速 800～1200r/min 变化时热管砂轮的温度分布及传热系数图。从温度分布图中可以看出，热管内部的均温性能随着转速的提高变化不大，而整体的

温度值随着砂轮转速的提高有明显降低，这是由砂轮转速增加均布在外圆面的热流密度减小造成的。从相应的传热系数变化图中可以看出，在这个转速范围内，速度提高会造成热管砂轮传热系数下降，一方面可能是由于转速的提高使得冷却液大量集中在蒸发端内壁，使得液膜厚度增大从而导致蒸发端热阻增大；另一方面由于转速的提高，冷端槽将会产生更大的"气障"，低温冷风射流难以冲破"气障"在冷凝端进行充分换热，这势必将削弱工质的液化回流效率，从而降低了热管砂轮的传热效果。

由于受到试验平台速度的限制未能在高转速领域进行试验，而转速的变化会对蒸发端工质的流型造成一定影响，因此，仅根据已有的试验数据亦不能对高速部分做出推断，使得高速下热管砂轮的传热性能未能知晓，实属遗憾。然而，值得庆幸的是，根据本次传热试验的结果已有足够的证据可以推断热管砂轮在缓进给深切磨削中将表现出令人满意的换热效果。

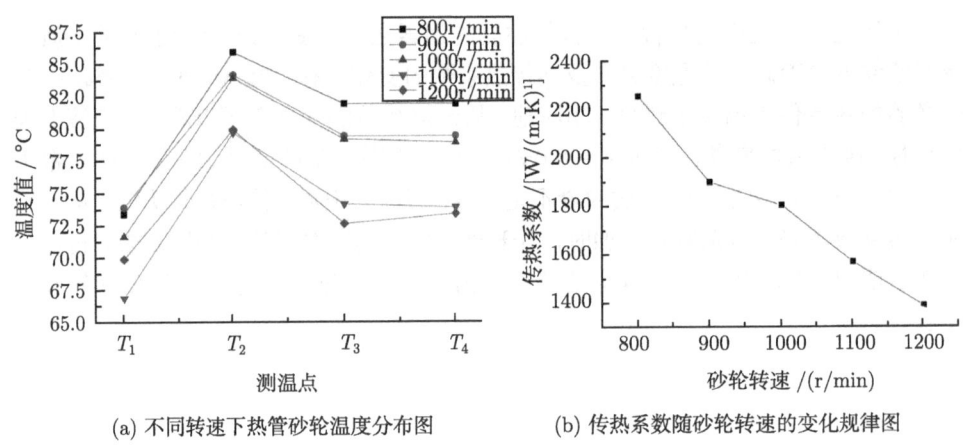

(a) 不同转速下热管砂轮温度分布图   (b) 传热系数随砂轮转速的变化规律图

图 4.29   不同转速条件下热管砂轮的温度分布及传热系数

在进行了工质种类、充液率和砂轮转速等单因素分析之后，图 4.30 给出了在转速和充液率共同作用下热管砂轮传热系数的变化情况。在本次试验条件下，热管砂轮的最大传热系数出现在 800r/min、充液率为 15% 的情况下，其数值为 2260 W/(m·K)，约为 45 钢导热系数的 45 倍。此外，虽然随着转速和充液率的增加，热管砂轮的传热性能会有所下降，但最低值也达到了 1004.44W/(m·K)，该数值约为 45 钢导热系数的 20 倍。因此，与普通砂轮相比，热管砂轮的传热优势不言而喻。

必须要指出的是，由于影响热管传热性能的因素很多，传热性能试验作为一个前期试验，所使用的热管砂轮结构等并非是最佳状态。但是既然并非最优的情况下就已经取得了如此好的强化换热效果，则其实已有充分的理由可以断言，热管砂轮作为一种新的强化弧区换热方法必定会有更令人满意的表现。

4.3 基于热管技术的磨削弧区强化冷却技术

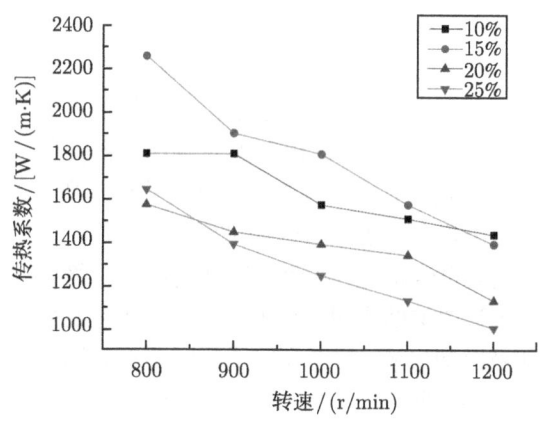

图 4.30 热管砂轮传热系数分析

4.3.3 热管砂轮的磨削性能

为验证热管砂轮在实际磨削过程中的强化换热效果，我们依据传热试验的结果将热管砂轮注入热管总容积 15% 的蒸馏水，并在 Profimat MT408 平面高速磨床上完成了热管砂轮和普通砂轮缓进给深切磨削高温合金 GH4169 的对比试验。如图 4.31 所示为磨削试验中所采用的电镀 CBN 热管砂轮。

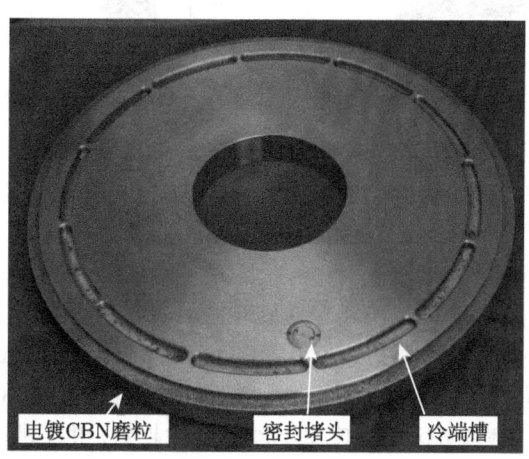

图 4.31 磨削试验用热管砂轮实物图

图 4.32 为热管砂轮和普通砂轮在砂轮线速度 $v_s=50\text{m/s}$、工作台进给速度 $v_w=200\text{mm/min}$ 以及磨削深度 $a_p=2\text{mm}$ 的相同用量条件下，磨削高温合金 GH4169 试件时所测得的工件表面温度信号图。众所周知，其中的高频尖脉冲值仅反映了磨粒点的瞬间高温，而这些脉冲信号的下包络线才反映了磨削弧区的平均温度。可

以看出，两个温度信号在热电偶刚进入和即将离开磨削弧区的 2s 内均呈现缓慢地上升和下降的趋势。不同的是，采用热管砂轮磨削时弧区平均温度始终维持在约 60°C 的较低水平，而使用普通砂轮磨削时则在热电偶进入弧区约 2s 后出现了急剧的温升，最高温度达 600°C。产生这种现象的合理解释就是，当热电偶进入和离开磨削弧区时处在弧区的边缘，冷却液仍然能够对热电偶所在区域起到冷却作用，故而温度缓慢上升，而当热电偶进入弧区内部时，对于热管砂轮而言，由于内部热管的作用，弧区的热量被迅速带走，从而使得磨削温度始终维持在较低水平。而普通砂轮磨削时，没有热管的辅助作用，冷却液在磨削弧区发生成膜沸腾，气膜覆盖在工件表面使得冷却液冷却失效，从而导致了弧区温度急剧升高，当热电偶即将离开磨削弧区时，热电偶再次处于开放的区域，冷却液的作用下温度又被降低至较低水平。

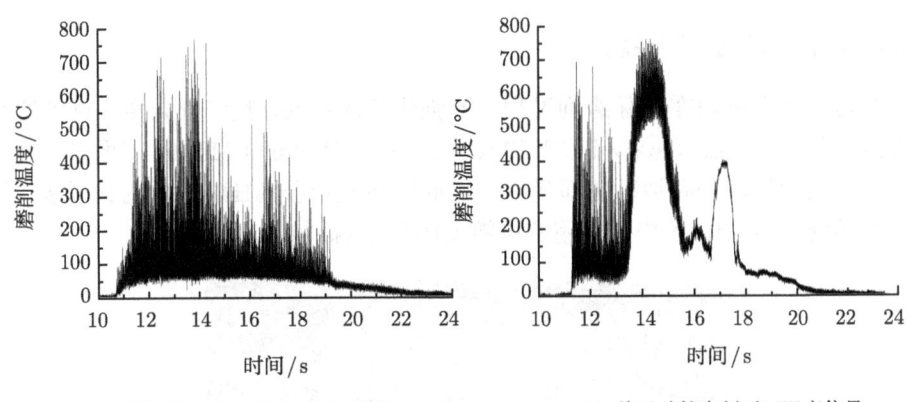

(a) 热管砂轮磨削弧区温度信号　　　　(b) 普通砂轮磨削弧区温度信号

图 4.32　两种砂轮在高效深切磨削时的弧区温度对比

用量条件 v_s=50m/s，v_w=200mm/min，a_p=2mm

为了更全面地展示热管砂轮和普通砂轮在同样的冷却液注入条件下弧区工件表面的温度变化和换热效果，在线速度 v_s=50m/s、切深 a_p=2mm 保持不变的情况下，通过改变砂轮进给速度 v_w 完成了一个系列的磨削试验。由图 4.33 可知，采用普通砂轮进行磨削时，磨削弧区的温度呈不断上升的趋势，并在进给速度 v_w=200m/s 时，达到最大值，约 550°C。而与此形成鲜明对比的是，当采用热管砂轮磨削时，磨削温度随着进给速度的缓慢上升，且一直维持在 100°C 以下，甚至还未达到磨削液的起始沸腾温度。这一结果从磨削试验本身证明了弧区换热可以借助热管技术得到强化。

4.3 基于热管技术的磨削弧区强化冷却技术

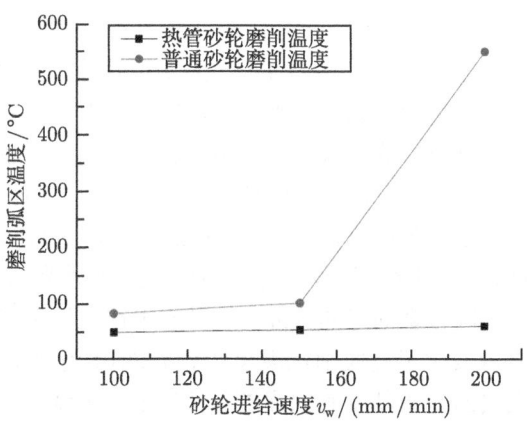

图 4.33　不同进给速度下热管砂轮与普通砂轮磨削温度对比曲线

图 4.34 为两种砂轮磨削后工件的表面形貌。普通砂轮磨削后工件表面沿整个磨削方向均有变色现象，局部区域还出现了明显的裂纹。虽然热电偶所测的温度为 550°C，并未达到高温合金的烧伤温度，但是由于热电偶测温节点仅布置在两个工件之间，不能反映整个工件表面的温度，因此，变色的位置可能是温度过高发生了烧伤，而裂纹的产生可能是由于高温条件下工件材料黏附在磨粒上使部分磨粒不能参与磨削，黏附的高温合金没有切削作用，在接触过程中挤压工件表面形成的；相反地，热管砂轮磨削的工件表面一致性好，没有出现变色或裂纹现象。

(a) 热管砂轮磨削后工件表面形貌

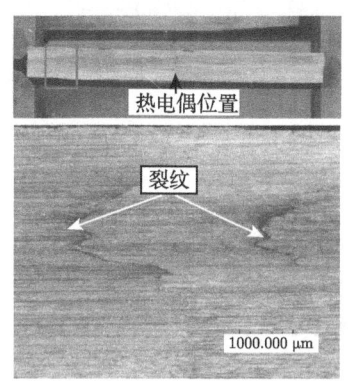

(b) 普通砂轮磨削后工件表面形貌

图 4.34　热管砂轮与普通砂轮磨削工件的表面形貌

用量条件：v_s=50m/s，v_w=200mm/min，a_p=2.0mm

为了进一步确认这两种砂轮磨削后工件的质量，对图 4.34 所示的工件进行了金相组织及显微硬度分析。从图 4.35(a) 可以看出，热管砂轮磨削的工件，其表层组织的结构与内部组织相比没有发生明显变化。相应地，其显微硬度也与内部保持一致，约 385MPa。说明热管砂轮能够有效疏导磨削弧区的热量，控制磨削弧区的温度，从而保证工件的表面质量。图 4.35(b) 为采用普通砂轮磨削时的金相组织，在表层往下约 10μm 的深度范围内，出现了明显的晶粒细化现象，晶粒细化区的下面有一层明显的塑性变形区。这一现象可以解释为，当采用普通砂轮磨削时，在磨削高温和磨削力的共同作用下，表层组织发生了塑性变形。当磨削温度高于临界热流密度时，磨削弧区发生成膜沸腾，冷却液难以进入弧区进行有效换热，使得磨削弧区的温度急剧升高，当温度超过再结晶温度时，发生塑性变形的金相组织开始发生再结晶现象，由于高温合金的导热性差，热量集中在工件表层，因此，仅在表层约 10μm 的温度范围内发生了晶粒细化现象。图 4.36(b) 为该位置对应的显微硬度的分布情况，工件表层的显微硬度有明显的下降趋势，最低达到约 260MPa，相比其基体材料下降了约 32.5%。这是由于此时的磨削温度高，高温合金 GH4169 材料本身的增强相 γ' 和 γ'' 相聚集长大，粗大的 γ' 和 γ'' 相不起增强作用，这些相变使得工件表层出现了上述的软化现象。

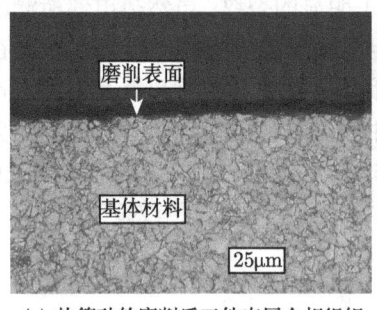
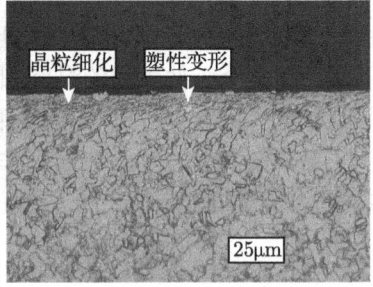

(a) 热管砂轮磨削后工件表层金相组织　　(b) 普通砂轮磨削后工件表层金相组织

图 4.35　热管砂轮与普通砂轮磨削高温合金工件表层的显微组织

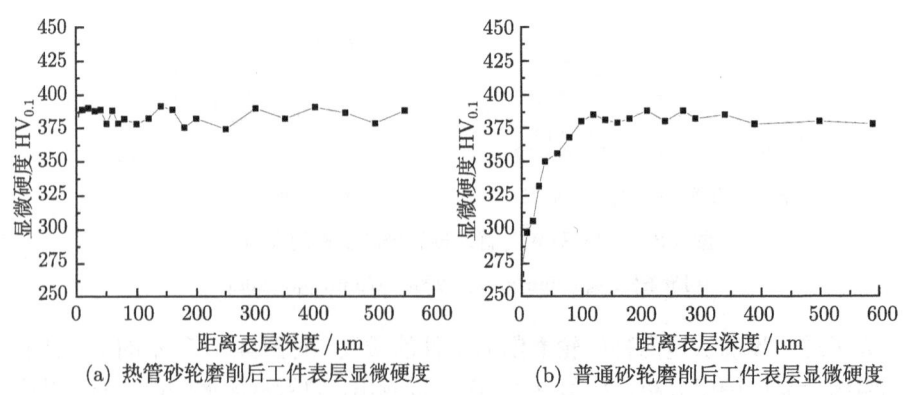

(a) 热管砂轮磨削后工件表层显微硬度　　(b) 普通砂轮磨削后工件表层显微硬度

图 4.36　热管砂轮与普通砂轮磨削高温合金工件表层显微硬度分布图

4.3 基于热管技术的磨削弧区强化冷却技术

图 4.37(a)、(b) 分别为热管砂轮和普通砂轮磨削后的表面形貌,不难发现,普通砂轮表面存在严重的黏附现象。这很好地解释了图 4.34(b) 中裂纹出现的原因,同时更进一步地体现了热管用于磨削强化换热的优势。

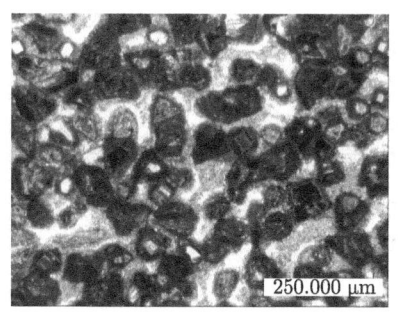 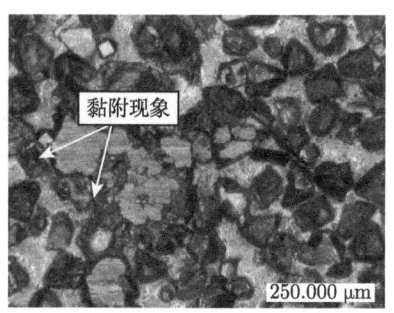

(a) 热管砂轮磨削后表面形貌　　　　(b) 普通砂轮磨削后表面形貌

图 4.37　磨削后砂轮表面形貌

以上的对比分析充分说明了将热管技术应用到磨削中能够快速、高效地疏导磨削弧区的热量,降低磨削温度,防止工件表面烧伤,确保工件表面质量。热管砂轮的提出无疑为解决高温合金 GH4169 等难加工材料的高效磨削开辟了新的途径。

以上试验结果证实了热管砂轮在磨削 GH4169 材料过程中,确实具有对磨削弧区的传热效果,并能够有效降低磨削温度。然而当砂轮处于更高的旋转速度下,由于砂轮周围形成"气障"的影响,磨削液进入到弧区进行换热的难度将大幅增加,弧区则更容易出现高温情况,因此,下面采用高速深切磨削工艺进一步考察热管砂轮在磨削中对弧区的传热效果。

图 4.38 为砂轮 v_s=160m/s,v_w=120mm/min,a_p=1mm 时获得的磨削弧区热电势原始信号曲线。从图中可以看出,当使用热管砂轮时,弧区温度始终处于一个较低水平,其对应的温度在 30°C 附近,但是当热电偶离开磨削弧区以后,温度信号出现了一段小幅的上升,对应的温度在 45°C 左右,而此温度对应的是已加工过工件表面的温度。随着磨削过程的继续,在磨削液的冷却作用下,信号缓慢恢复至室温。对于工件表面温度出现升高的情况,这主要是由磨削弧区热量传入工件积累后引起的。但磨削热进入到工件的量并不多,因此,造成工件表面的升温也十分有限。然而使用无热管砂轮时,绝大部分的磨削弧区内温度仍然都能处于较低的水平,但是到了磨削弧区的末端,温度信号出现了急剧攀升,这与使用热管砂轮时形成了鲜明的对比,此时热电势信号的下包络线值在 45mV 附近,对应的弧区温度在 800°C 左右,说明在弧长最接近工件表面的位置,磨削液已不能对其进行正常的换热。然而这一段弧区的温度对工件表面质量的影响最大,这是由于该段弧区所对应的工件非常靠近最终的加工面,若此位置上的磨削温度很高,材料加工表面出

现烧伤的几率也就非常大。

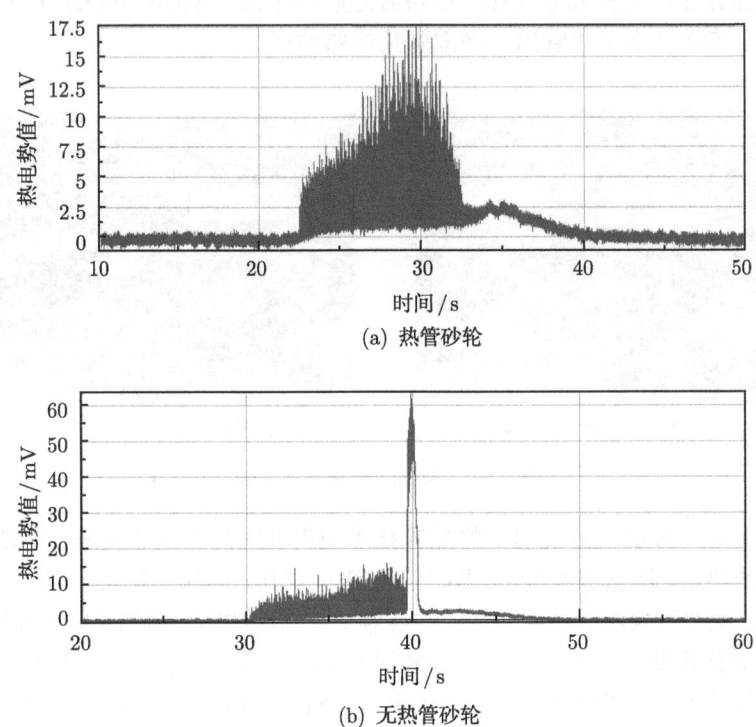

图 4.38 高速深切磨削下两种砂轮的弧区温度对比

用量条件：$v_s=160$m/s，$v_w=120$mm/min，$a_p=1$mm

图 4.39 为 $v_w=120$mm/min 和 $a_p=1$mm 保持不变的条件下，使用两种砂轮在不同线速度下对应的磨削弧区温度。从图中可以发现，在砂轮线速度低于 120m/s 时，使用热管砂轮和无热管砂轮都能够维持弧区温度在 40°C 左右这样一个很低的水平，然而当砂轮线速度大于 150m/s，使用无热管砂轮磨削时弧区温度开始不断升高，在 150m/s 时弧区温度为 300°C 左右，但是到了 160m/s 以后 (磨床能够达到的砂轮最高线速度)，弧区温度已经高达 800°C。但是，使用热管砂轮时，在相同试验条件下，弧区温度始终都维持在一个稳定的范围，其最高的弧区温度也没有超过 100°C。

上述试验结果可以由两方面的原因进行解释：① 随着砂轮线速度的提高，磨削液进入到磨削弧区越发困难，使得弧区的换热效果变差，从而容易引起高的磨削温度；② 在工件进给速度和磨削深度不变时，提高砂轮线速度能够减小单颗磨粒切厚。已有研究表明，随着磨粒单颗切厚的减小，磨削比能呈增大趋势，这主要是由磨削过程中在材料去除时的 "尺寸效应" 所引起，其结果将导致更多磨削热的产

4.3 基于热管技术的磨削弧区强化冷却技术

生。正是基于磨削弧区热量的增加，同时磨削液的冷却效果又下降的双重作用，在使用无热管砂轮进行磨削时，引起工件表面高温也是自然。但使用热管砂轮进行磨削时，相同的试验条件和工艺，通过热管砂轮对磨削弧区的传热作用，能够有效将磨削弧区的温度维持在一个较低的水平。

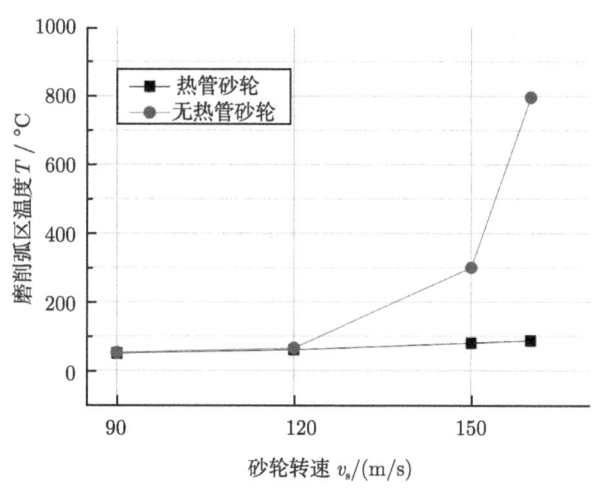

图 4.39 两种砂轮在不同线速度下的弧区温度对比

基于热管技术的磨削弧区强化冷却技术，通过对热管砂轮各个传热过程的理论分析确定影响传热性能的主要因素为工质的种类、工质充液率以及砂轮转速等。在搭建的传热性能试验平台上进行传热性能试验，探索了热管砂轮传热性能随影响因素的变化规律，确定了热管砂轮的相关参数和适用的工艺条件，最后通过磨削试验验证了热管砂轮在实际磨削中的强化换热效果。两阶段的主要结果可归纳为以下几点：

(1) 以蒸馏水作为工质时，在同样的试验条件下，热管砂轮的平均传热系数是使用丙酮时的 7.5 倍，因此，在满足相容性和工作温度范围的条件下，应尽量选用汽化潜热值较大的蒸馏水作为工质。

(2) 对于现有的热管砂轮结构，充液率 $\varphi=15\%$ 时，其传热性能最佳；当 $\varphi<15\%$ 时，由于热管内部发生了"干涸"现象使得传热性能下降；当 $\varphi>15\%$ 时，热管蒸发端热阻增加，传热性能亦有所下降。

(3) 转速在 800～1200r/min 的范围内变化时，热管砂轮的传热性能不断下降；但是即便是在 1200r/min 的条件下，热管砂轮的平均传热系数也达到了约 1400W/(m·K)，与 45 钢基体的普通砂轮相比提高了近 28 倍，热管砂轮的强化传热优势由此可见一斑。

(4) 根据传热试验的结果，对热管砂轮注入 15%的蒸馏水，完成了热管砂轮与普通砂轮缓进给深切磨削和高效深切磨削高温合金 GH4169 的磨削试验，试验结果显示，使用热管砂轮磨削时可将磨削弧区的温度控制在 60°C 以下的较低水平，工件材料的金相组织和显微硬度均与材料本身保持一致，未见烧伤痕迹，同时砂轮表面存在明显的黏附现象。由此可见，热管砂轮可在普通砂轮磨削已发生严重烧伤的情况下，轻松地将磨削弧区温度控制在冷却液的沸点以下，这为解决难加工材料高效磨削中存在的热问题开拓了一个新的研究方向。

第 5 章 强韧难加工材料高效磨削技术

以钛合金、镍基高温合金为代表的高强韧难加工材料在航空航天等高端装备领域已获得广泛应用。以航空发动机为例,随着新一代飞行器超高速、高空、长航时和超远航程发展的需要,先进高性能航空发动机不仅采用了大量新材料(如新型钛合金、镍基高温合金、金属间化合物和金属基复合材料等),而且结构越来越复杂,广泛采用轻量化和整体化结构。此外,精度要求也越来越高。在此背景下,对制造工艺技术提出了更高的要求。总体而言,在新一代航空发动机性能的提升中,制造技术与材料的贡献率为 50%~70%;在发动机减重方面,制造技术和材料的贡献率占 70%~80%。这充分表明先进的材料和制造技术已成为航空发动机减重、增效和改善性能的关键。

传统的切削方法加工钛合金与镍基高温合金等高强韧难加工材料存在加工效率低、工具寿命短、质量稳定性差和加工成本高的问题,这已经成为制约高端装备制造技术发展的瓶颈问题。高效磨削技术通过砂轮工作面上磨粒的微切削作用去除材料,可以实现难加工材料的高效精密加工[172-175]。因此,针对钛合金与高温合金的加工特性,依据钎焊 CBN 超硬磨料砂轮缓进深切磨削、高速超高速磨削和高效深切磨削的技术优势,开展了高强韧难加工材料高效磨削加工。

5.1 钛合金高效磨削

5.1.1 钛合金及其磨削加工特点

钛的熔点为 1668°C,高于铁的熔点。钛的密度仅为铁的密度的 57% 左右,常用钛合金 Ti-6Al-4V(TC4) 的密度更小,只有 4.42 g/cm³。常温下,TC4 钛合金的相变点为 990°C,低温条件下钛是密排六方结构,在 885°C 转变为体心立方结构[176]。钛合金具有很高的强度,如钛合金 TC4 可以达到一般强度钢的水平。钛合金的弹性模量低,屈服强度高。钛合金的比重小、强度高,因此,钛合金具有很大的比强度。除上述突出优点外,钛合金还有许多优异的性能:钛合金的高低温性能均良好,能满足在 600°C 的高温下长期稳定工作,同时,也可在 −200°C 的低温条件下保持很好的塑性,无磁性,具有形状记忆功能,可用作储氢材料等。

由于钛及其合金具有质量轻、强度高、高低温性能好和耐腐蚀等很多优点,在航空航天和国防等领域得到了广泛的应用,特别是在高技术领域得到越来越多的发展，解决了很多工程实践中的问题，取得了巨大的经济效益。

20 世纪 50 年代航空发动机进入喷气发动机时代。由于钛合金具有比强度高、使用温度范围宽和抗蚀性好等特性，因此，很快被用于飞机及航空发动机的制造。60 多年来的世界钛市场中最大的用户始终属于航空，当前，航空仍然占 50%左右的市场份额，甚至钛合金在飞机和发动机的使用量成为衡量一个国家航空工业水平的标志之一。国外先进发动机的钛合金用量比例达到 25%～33%，较新型的战机如 F-22 全机钛合金用量达到 41%，其中使用的 F119 发动机的叶轮、盘、叶片、机匣、燃烧室简体和尾喷管等均为钛合金材料制造，而我国某涡喷发动机钛合金用量仅占发动机总质量的 13%。近年设计定型的昆仑涡喷发动机钛合金用量也只有 15%，我国在航空领域的钛合金用量与西方发达国家存在明显差距。

因为钛合金具有在受热情况下稳定性好、在高低温状态都表现出优异的材料性能、化学性质活泼、易与刀具材料发生化学反应、导热系数和弹性模量不高等材料性能特点，钛合金属于典型的难加工材料。磨削加工时面临诸多问题，比如砂轮易黏附，钛合金中的 Cr、Ti、Co 等化学元素在磨削过程中与砂轮表面磨粒形成强烈的黏附作用；磨削力大，明显高于磨削普通碳钢时的磨削力；磨削温度高，钛合金磨屑易黏附于磨粒顶部，使摩擦系数增大，磨削功率增加，钛合金本身导热系数又低，使磨削弧区温度升高，钛合金工件磨削表面的温度可比普通钢料高出 200°C，容易造成零件加工表面烧伤、龟裂，零件表面完整性变差，磨削表面质量不易保证；钛合金化学活性高，易导致砂轮的氧化磨损和扩散磨损，缩短砂轮寿命。实践证明，采用钎焊砂轮，并结合缓进深切磨削、高速超高速磨削、高效深切磨削等高效磨削工艺技术，可实现钛合金及零件的高效精密加工[69,177,178]。

5.1.2 钛合金缓进深切磨削

1. 试验条件

磨削过程中对磨削力、磨削温度和磨削功率进行监测。采用 KISTLER 型四相压电晶体测力仪测量磨削过程的磨削力。由于冷却液喷嘴出口压力大，会对测力传感器产生一定影响，因此，采用挡水板以减少磨削液对磨削力测量稳定性的影响。由于缓进深切磨削作用时间往往较长，通过 KISTLER 9272 型测力仪采集的磨削力信号严重漂移，测量结果不甚稳定；因此，同时测量磨削功率来监测砂轮工况。磨削功率测量系统集成在西门子 SIMODRIVE 611 型数模转换功能上。利用数据采集卡连接到机床主轴电源模块直接导出功率数据信号，能较为准确地反映磨削过程中机床主轴真实消耗的功率。采用 Mahr 表面粗糙度仪进行加工表面粗糙度测量，取样长度为 1.75mm。采用 HIROX7700 型三维视频显微镜和 QUANTA-200 型扫描电镜 (SEM) 对工件形貌、表层金相组织及砂轮表面形貌进行观察和记录。

5.1 钛合金高效磨削

采用 HXS-1000A 型显微硬度计对试样表层显微硬度进行测量，载荷为 50g，保持时间为 15s，相邻测量点在工件表面深度方向的增量为 5μm。

磨削试验在 BLOHM PROFIMAT MT-408 高速精密平面磨床 (图 5.1) 进行。该磨床主要技术参数：主轴功率45kW，最高转速8000rad/min，工作台驱动电机功率 5kW，工作台最大进给速度30m/min。冷却液出口压力1.5MPa，采用M5000 动平衡系统对砂轮进行动平衡。磨床的磨削方式为切入式逆磨。整个磨削试验装置系统如图 5.2 所示，可同时测量磨削力和磨削温度。

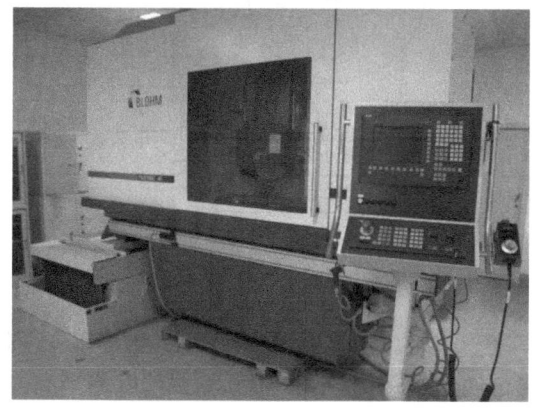

图 5.1 高速精密平面磨床

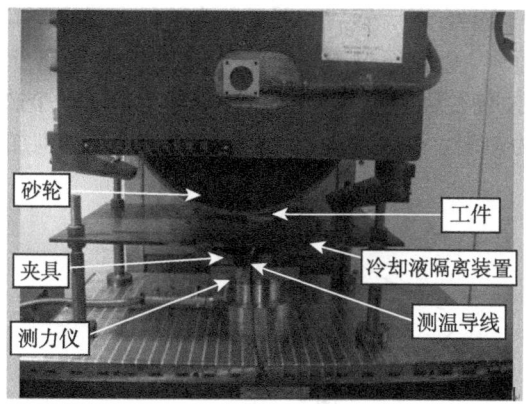

图 5.2 磨削试验装置图

采用 KISTLER9272 型三向压电式测力仪测量磨削力，图 5.3 为测量示意图。测力系统坐标系定义：砂轮轴向为 X 方向，砂轮切向为 Y 方向，砂轮法向为 Z 方向。测力仪的基本技术参数设置：量程 $\pm500\text{N}(X,Y)$，$\pm2\text{kN}(Z)$；灵敏度 $2.5\text{mV/N}(X,Y)$，$3.635\text{mV}(Z)$，采样时间根据工件进给速度设定，为了避免数据在采集阶段失真，使用高频采集磨削力信号，采样频率为 8000Hz。为了保证磨削过程中所测的磨削力方向的正确性，用千分表测量测力仪、工件与工作台的平行度与垂直度，不断调整测力仪和工件的摆放位置，直至调整到平行度和垂直度的误差跳动在 0～3μm 范围。

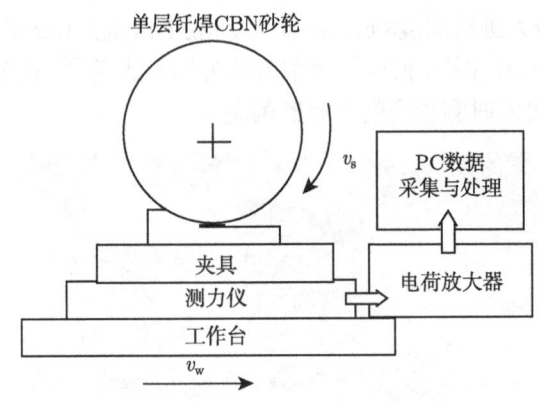

图 5.3　磨削力测量系统示意图

夹丝法是目前广泛采用的磨削温度测量方法，它可以方便地测得磨削弧区的工件表层温度，如果金属丝选用得较细的话，测试精度相当高。热电偶丝材料为康铜。图 5.4 是半人工夹丝热电偶法测温示意图。在分为两块的钛合金工件之间夹入厚度为 0.02mm 的康铜丝，在两块工件和康铜丝间夹入厚度为 0.01mm 的两片云母片，使热电偶完全与工件绝缘，然后放置于胶木块的直槽中，工件底部与夹具、工作台绝缘。磨削过程中，砂轮经过工件的夹丝表面时，切断露于工件表面之上的康铜丝和云母片，此时康铜丝搭接在钛合金工件表面上形成一个热电偶回路，工件作为冷端，康铜丝作为热端，测量点位于磨削弧区。在进行磨削加工时，热端温度升

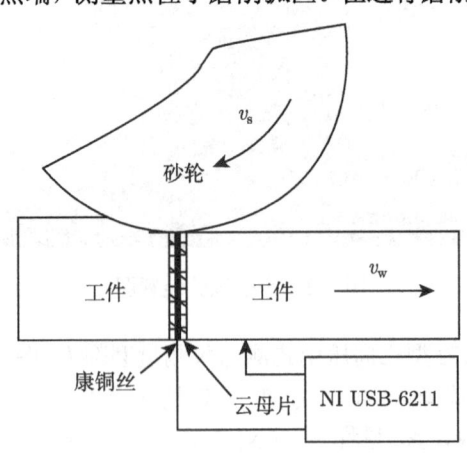

图 5.4　半人工夹丝热电偶法测温示意图

5.1 钛合金高效磨削

高,两端形成温差,产生热电动势,采用 NI USB-6211 信号采集卡和磨削加工测试系统与分析软件记录热电偶输出的热电势信号。该测量系统具有很高的灵敏度和抗干扰能力,可以对 mV 量级的微弱信号直接进行采样。在测试软件上读取读数,对照标定曲线便可得到磨削区的磨削温度。

与数据采集卡配套的程序是我们自主开发的一套测量软件,其程序操作界面如图 5.5 所示。图 5.5 中测量软件界面显示的是热电势信号,依据钛合金 TC4 与康铜丝组成的热电偶的标定曲线方程可知道对应点的温度值。

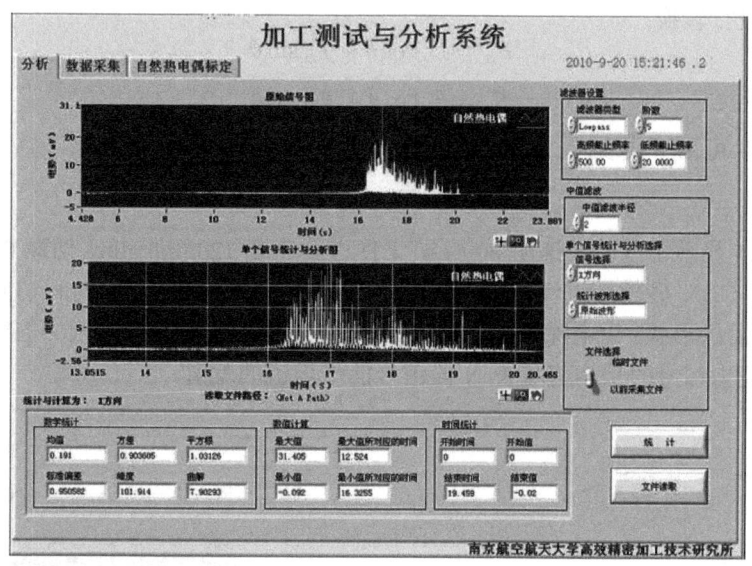

图 5.5 测量软件的数据采集界面

钛合金 TC4 与康铜丝组成的热电偶标定采用了高精度快速标定装置,从室温到最高标定温度 800 °C,最终标定结果为

$$T = 27 + 23U - 0.154U^2 + 0.00108U^3 \text{(误差} < 5\%) \tag{5.1}$$

式中,T 为被测温度,°C;U 为热电偶产生的电势,mV。

2. 钛合金缓进深切磨削力

1) 磨削力测量与转换

磨削力源于砂轮与工件接触引起的弹塑性变形、磨屑形成以及磨粒与结合剂在工件表面的摩擦作用。与切削力类似,磨削力可分解为相互垂直的三个分力,即:沿砂轮切向的切向磨削力 F_t、沿砂轮径向的法向磨削力 F_n 和沿砂轮轴向的轴向磨削力 F_a。切向磨削力主要影响磨削时的机床动力消耗和磨粒磨损;法向磨削力则与砂轮和工件之间的接触变形以及工件表面质量相关,故为磨削时的一个主要参数;轴向磨削力主要与砂轮旋转时的偏摆有关,通常较小,因此可以忽略。

图 5.6 为缓进深磨时磨削力的分解示意图,其中 F_n 和 F_t 分别为法向磨削力和切向磨削力,F_h 和 F_v 分别为由测力仪测得的 X 向 (水平方向) 及 Z 向 (垂直方向) 磨削力,θ 为转角,l_s 为磨削时砂轮与工件的接触弧长。缓进深磨时,由于工件进给速度降低,切深增加,磨刃轨迹将由普通往复式磨削的短而深变为缓进磨削的长而浅,此时砂轮与工件的接触弧长也被显著拉长。假设平均磨削力作用于砂轮与工件接触弧长的中点,那么实际的切向磨削力与法向磨削力可分别按式 (5.2) 和式 (5.3) 进行转换:

$$F_n = F_v \cos\theta - F_h \sin\theta \tag{5.2}$$

$$F_t = F_v \sin\theta + F_h \cos\theta \tag{5.3}$$

式中,转角可由下式表示

$$\theta = \frac{l_s}{d_s} = \sqrt{\frac{a_p}{d_s}} \tag{5.4}$$

图 5.7 显示了砂轮线速度 30m/s,工件进给速度 120mm/min,切深 0.5mm 时单层钎焊 CBN 砂轮缓进深切磨削钛合金工件过程中所测得的法向和切向磨削力信号滤波后的形状。为消除测力仪自身零点漂移的影响,计算时磨削力的实际值取图中 M 段力信号的平均值减去 N 段信号的平均值的差值。

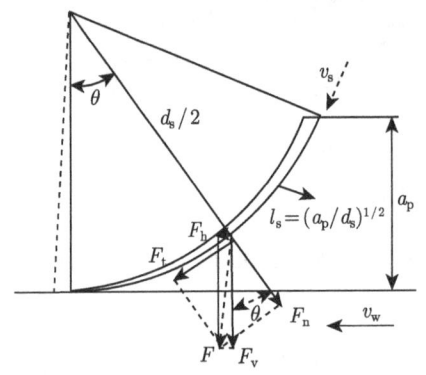

图 5.6 缓进深磨时磨削力分解示意图

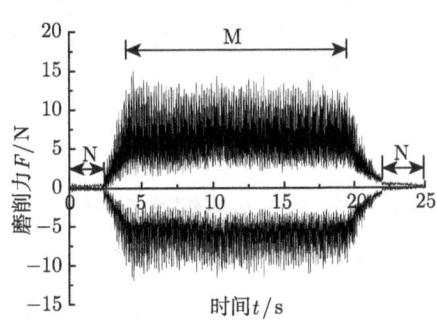

图 5.7 磨削力信号

2) 缓进深切磨削力分析

磨削力是反映磨削过程的基本特征参量之一,磨削力的大小和砂轮的使用寿命以及主轴电机消耗的功率有很大的关系,进而决定工件的加工质量和加工成本,是评价砂轮磨削性能和被加工材料可加工性的重要指标。

单层钎焊 CBN 砂轮缓进深切磨削钛合金 TC4 过程中磨削力和力比随单位砂轮宽度材料去除量的变化如图 5.8 所示。磨削参数为:砂轮线速度 v_s=25m/s,切深 a_p=1mm,工件进给速度 v_w=60mm/min。单层钎焊 CBN 砂轮在缓进深切磨削钛合金 TC4 过程中的磨削力是不断变化的。在磨削初期阶段,磨削力存在波动。当单位宽度砂轮材料去除体积达到 140mm³ 时，磨削力明显增大，随后磨削力略有下降，并在接下来的磨削过程中维持在稳定状态。

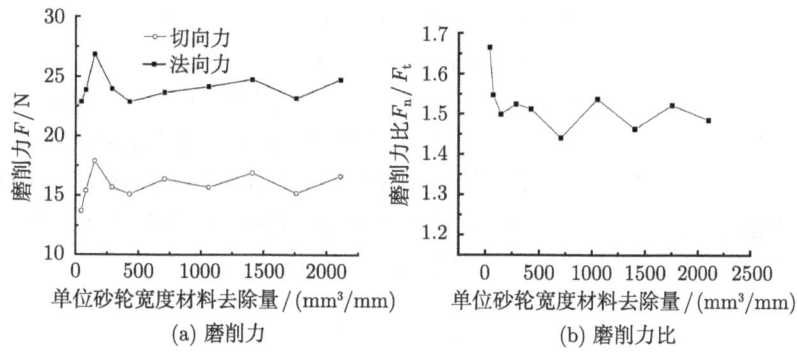

(a) 磨削力　　　　　　　　　　(b) 磨削力比

图 5.8　磨削力及其力比随单位砂轮宽度材料去除量的变化曲线

由于工件材料的弹性变形，砂轮的实际切深会不断增大。同时在初始磨削阶段砂轮表面有极少数 CBN 磨粒出露高于其他磨粒，磨削过程中参与去除被加工材料的有效切削刃很少。此时砂轮表面这极少数出露高 CBN 磨粒将承受较大的切入压力，磨粒顶端切削刃将很快破碎为微刃或者被磨平成为磨耗平台，随着磨削的进行，砂轮表面 CBN 磨粒顶部的磨损平台持续增大，表现出磨削力增大的趋势。随着磨削进一步进行，砂轮表面 CBN 磨粒顶部切削刃逐渐趋于平整，磨粒的出露趋于一致，砂轮表面单位面积内参与磨削的有效 CBN 磨粒数量不断增加，新磨粒以锋利切削刃参与磨削过程，磨削力出现波动。随着磨削的连续进行，砂轮的实际切深以及砂轮表面 CBN 磨粒的磨损将逐渐趋于平稳，此后相当长一段时间内磨削力将长期处于稳定状态。随着砂轮表面 CBN 磨粒的磨耗平台数量的增加，砂轮与工件间的接触面积越来越大，摩擦作用逐渐增强，此时磨削力慢慢地增加。由于试验过程中不可避免地存在一些干扰因素，磨削力的数值也会出现一定的波动，但是波动范围很小。

磨削力比是磨削过程中法向力和切向力的比值，用 F_n/F_t 表示，可以排除因磨削工艺参数不同而造成的对磨削力变化的干扰，因此，磨削力比的变化可以真实反映单层钎焊 CBN 砂轮缓进深切磨削钛合金整个加工过程的变化情况。由图 5.8(b) 可以发现，在单层钎焊 CBN 砂轮缓进深切磨削 TC4 钛合金过程中，当单位宽度砂轮的材料去除量超过 140mm³ 后，磨削力比基本在 1.46～1.53 范围内小幅波动，未出现磨削力比急剧增大的现象，这表明在试验过程中单层钎焊 CBN 砂轮以稳定的磨耗磨损为主。

在单层钎焊 CBN 砂轮缓进深切磨削钛合金过程中，随着单颗磨粒切厚增大，单颗磨粒所承受的法向载荷 f_n 和切向载荷 f_t 也增大，如图 5.9 所示。在单颗磨粒切厚较小时，单颗 CBN 磨粒所承受的载荷增长幅度较小，单颗磨粒切厚增大到了一定阶段后,单颗磨粒承受的载荷增大的趋势更加明显。以法向载荷为例,单颗磨粒切厚从 0.58μm 增加 22.5% 到 0.71μm 时,单颗磨粒法向载荷从 0.06N 增大到 0.077N,增幅 28.3%;而单颗磨粒切厚从 0.92μm 增加 18.5% 到 1.09μm 时,单颗磨粒载荷从 0.129N 增大到 0.174N,增幅 34.8%。随着单颗磨粒切厚增大,单颗 CBN 磨粒承受法向载荷的增幅明显大于切向载荷。磨削时砂轮表面 CBN 磨粒所承受的载荷中,法向力主要是代表磨粒压入工件时承受的载荷。切厚越大磨粒就越难压入工件材料,所以单颗磨粒所承受的法向载荷随着单颗磨粒切厚增加而逐渐增加;而切向力则代表磨粒去除工件材料过程中的滑擦、耕犁和切削作用所产生的载荷,所以其随着单颗磨粒切厚增加而呈现较小的增大趋势。

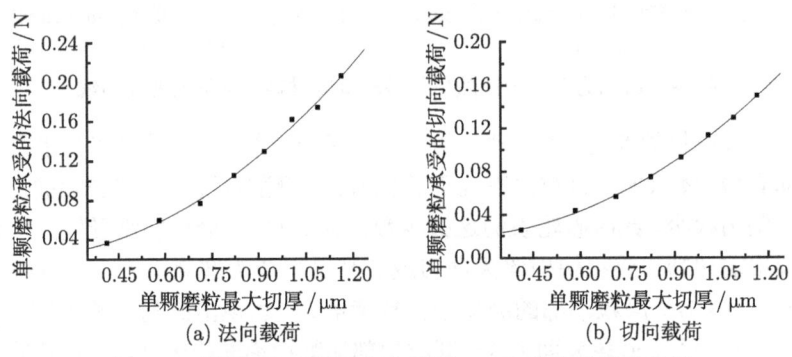

图 5.9　缓进深切磨削过程中单颗 CBN 磨粒承受的载荷

3. 钛合金缓进深切磨削温度

图 5.10 所示为单层钎焊 CBN 砂轮缓进深切磨削钛合金 TC4 时典型的温度记录信号。图中磨削区工件表层的温度由信号曲线的内包络线构成。

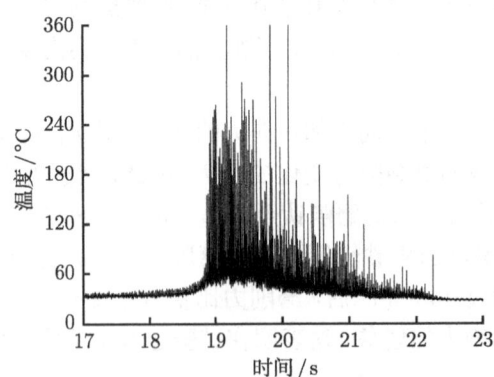

图 5.10　单层钎焊 CBN 砂轮缓进深切磨削钛合金时的温度信号

单层钎焊 CBN 砂轮缓进深切磨削钛合金 TC4 时磨削参数对工件磨削表面温度的影响如图 5.11 所示。钛合金工件表面磨削温度随着切深、砂轮线速度及工件

5.1 钛合金高效磨削

进给速度增大而上升,但各自的影响程度不同。切深对钛合金工件表面温度影响最大,钛合金工件表面温度随着切深增加而明显升高,切深 0.5mm 时温度为 47°C,切深 1.5mm 时,温度升高到 78°C。随着切深增大,磨削过程中的切削变形力及摩擦力均变大,砂轮负荷相应增加,消耗能量增多,磨削弧区内转化的热量增多,导致工件表面温度上升。随着砂轮线速度增大,工件磨削表面温度也呈上升趋势。因为随着砂轮线速度提高,单位时间内参与磨削的 CBN 磨粒数增加,磨屑更细小,同时磨粒和工件材料之间的耕犁和滑擦作用增强,摩擦加剧,产生的热量增多,工件磨削表面温度也随之变大。工件表面温度也随着工件进给速度的增大而升高。一方面,提高工件进给速度,材料去除效率增大,砂轮负荷增大,增大了热源强度,导致工件表面温度上升;另一方面,提高工件进给速度,热源在工件表面上的移动速度也加快,在工件表面的作用时间减少,传入工件的热量减少,工件表面温度下降。工件进给速度对磨削温度的影响是以上两个因素共同作用的结果,在不同的切深下,两因素对工件表面温度影响程度不同。相关研究表明,切深较小时,工件进给速度增大,热源强度增大占主导地位,此时工件表面温度上升,当工件进给速度超过一定值后,热源快速移动而引起降温的因素占主导地位,则工件表面温度下降。

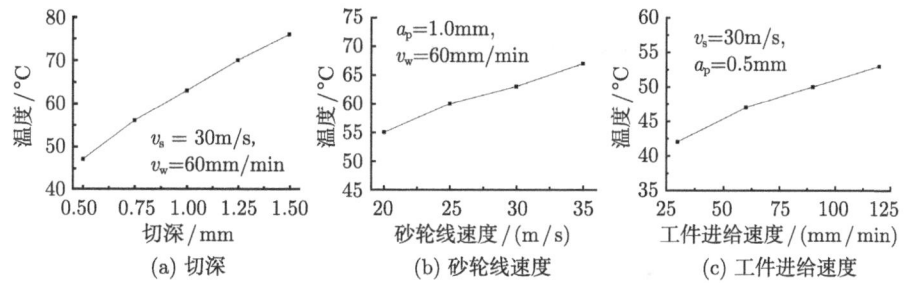

图 5.11 磨削参数对磨削温度的影响

图 5.12 给出了砂轮线速度 $v_s = 30\text{m/s}$ 保持不变,不同材料去除率条件下单层钎焊 CBN 砂轮缓进深切磨削时钛合金工件表面磨削温度。可以发现,磨削温度随着材料去除率增大而升高。这是由于材料去除率增加时,磨削负荷增大,热源增强,引起磨削温度上升。同时,从图 5.12 中也可以看出,在相同的材料去除率条件下,增大切深、降低工件进给速度时,磨削温度也呈现增大的趋势,这也说明切深对磨削温度的影响大于工件进给速度。

图 5.13 显示了工件表层温度在累积材料去除量不断增大时的变化情况。工件表层温度随单位宽度材料去除体积的变化趋势与磨削力相似。

在使用传统砂轮缓进深切磨削钛合金时,由于磨削弧区长,磨粒与工件作用时间长,磨粒易钝化而导致摩擦作用增强,引起磨削温度升高,出现砂轮黏附,甚至工件烧伤。近年来,国内外学者已对如何控制磨削突发烧伤进行了广泛研究,但始终不能彻底地有效解决此类问题。然而由图 5.11～图 5.13 可以看出，单层钎焊 CBN 砂轮在缓进深切磨削钛合金 TC4 时工件表层温度不仅较低，仅为 80°C 左右，而且能够长时间保持稳定状态，未出现温度陡升现象。说明采用单层钎焊 CBN 砂轮缓进深切磨削钛合金时，砂轮锋利且磨损很小，一旦进入稳定磨削阶段，就可使磨削温度和磨削力的保持长期稳定。

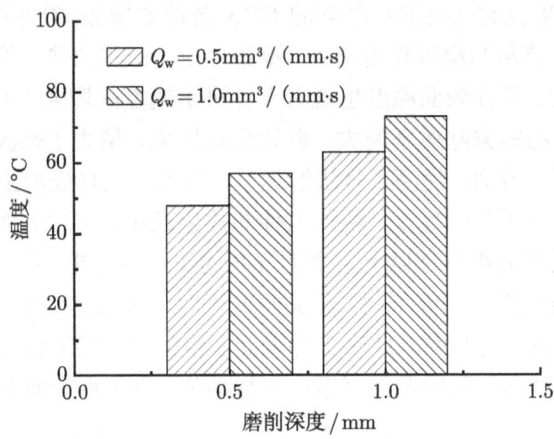

图 5.12 材料去除率对磨削温度的影响 (v_s=30m/s)

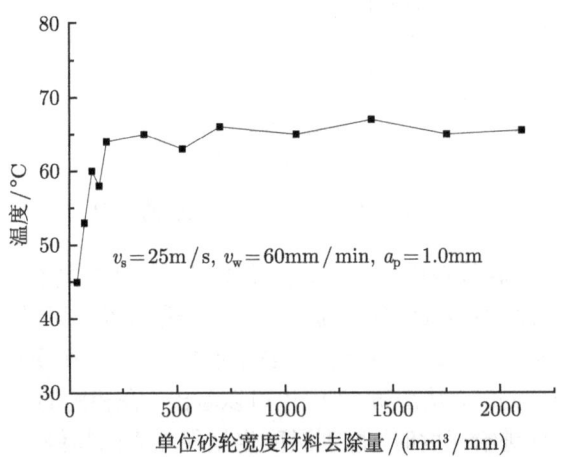

图 5.13 工件表层温度随磨削行程的变化

4. 钛合金缓进深切磨削表面完整性

磨削加工零件的表面完整性包括磨削表面粗糙度、磨削残余应力和磨削表层的硬化与烧伤等。在工件表面完整性的所有指标中，工件磨削后表面层的金相组织和显微硬度是判断磨削后工件是否烧伤的直接依据,是相对较重要的两项指标。

单层钎焊 CBN 砂轮缓进深切磨削钛合金工件的加工表面形貌如图 5.14 所示。可以看出,随着材料去除率增大,工件加工表面形貌并无明显变化,试样表面磨粒切削痕迹清晰规整,沟痕两侧金属隆起较小,无明显缺陷。

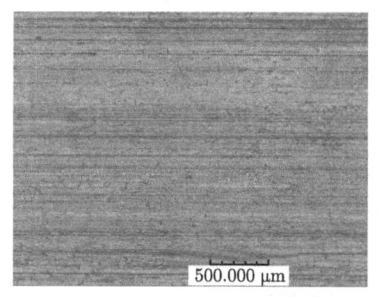 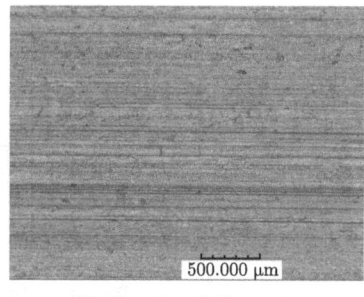

(a) $Q_w = 1\text{mm}^3/(\text{mm·s})$ (b) $Q_w = 3\text{mm}^3/(\text{mm·s})$

图 5.14 磨削表面形貌

每个工件上取 3 个位置测量表面粗糙度,每个位置测量 6 次,取平均值,测试结果如图 5.15 所示。表面粗糙度 R_a 为轮廓算术平均偏差,通常其变化较小,而 R_z 为最大轮廓峰高的平均值与 5 个最大的轮廓谷深的平均值之和,变化通常比较明显。单层钎焊 CBN 砂轮缓进深切磨削钛合金时工件加工表面粗糙度 R_a 和 R_z 都随着材料去除率的增加而增大,但是 R_a 增加幅度较小,最大值不超过 1.5μm,但 R_z 变化比较明显,当材料去除率为 $1\text{mm}^3/(\text{mm·s})$ 时 R_z 为 3.6μm,当材料去除率为 $3\text{mm}^3/(\text{mm·s})$ 时,R_z 增大到 7.5μm。随着材料去除率的提高,单颗磨粒切厚增大,在工件表面上留下的刻痕深度也加大;同时,磨削力也会相应增大,使得表面粗糙度恶化。

将工件沿与磨削方向垂直的剖面剖开,将直槽横截面制成金相试样,经预磨、抛光和腐蚀后,使用三维体视显微镜 KH-7700 观察。因为垂直于已加工表面,所以可以显示加工表面层以下沿深度方向上的组织变化情况,图 5.16 所示为钛合金磨削表面近表层的显微组织。

钛合金 TC4 是 $(\alpha + \beta)$ 相的共晶组织,磨削后工件表层显微组织在接近加工表面处呈现一定方向,表层显微组织的方向性更明显。加工表层金相组织的变化,与该部位金相组织的走向及其被切削刃切断的位置有关。从金相组织中可以发现,如果金相组织走向与加工表面或切削刃运动方向平行,则其变形比较明显;而垂直于切削刃运动方向的金相组织,变形相对较小。这是因为垂直于切削刃运动方向的 $(\alpha+\beta)$ 相,其变形受到相界的限制,不易产生严重的塑性变形;而平行于切削刃运动方向的 $(\alpha+\beta)$ 相,由于其变形不受相界限制,在磨削刃的摩擦和挤压作用下,容易产生较大变形。随着材料去除率的增大,近表层显微组织变化越来越明显。

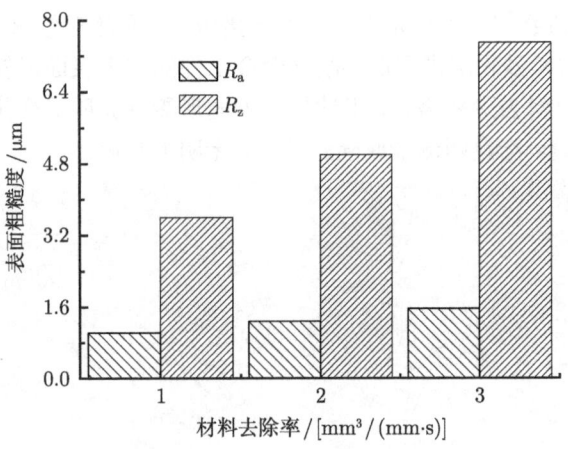

图 5.15 加工表面粗糙度

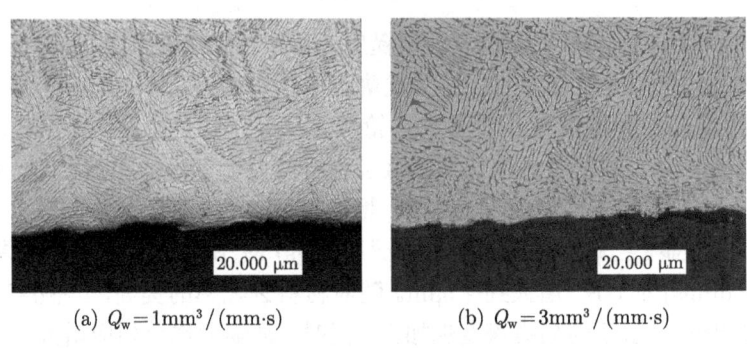

图 5.16 缓进深切磨削钛合金近表层显微组织

磨削过程中，磨粒的滑擦、耕犁与切削作用使工件表面发生塑性变形，塑性变形的重要特征之一是产生加工硬化。图 5.17 给出了钛合金试样磨削表面近表层显微硬度变化情况。采用 HXS-1000A 显微硬度计测量，每个样品选取三个区域进行测试，施加的载荷为 50g，载荷保持时间 15s。为避免两次测试之间的互相影响，选择与加工表面呈一定角度的方向进行，使两相邻测量点的横向距离大于 3 倍的压痕对角线长度，并使测量点沿着加工表面法线方向以 5μm 的距离向材料内部递增，显微硬度变化结果如。

由图 5.17 可以看出，钛合金基体显微硬度值大约在 $HV_{0.05}=305$ 时，随着材料去除率增大，磨削表层最大显微硬度呈增大的趋势。材料去除率为 $1mm^3/(mm·s)$ 时，显微硬度最大值为 $HV_{0.05}=346$，硬化层深度约为 35μm。当材料去除率增大到 $3mm^3/(mm·s)$ 时，显微硬度最大值为 $HV_{0.05}=365$，硬化层深度约为 45μm。

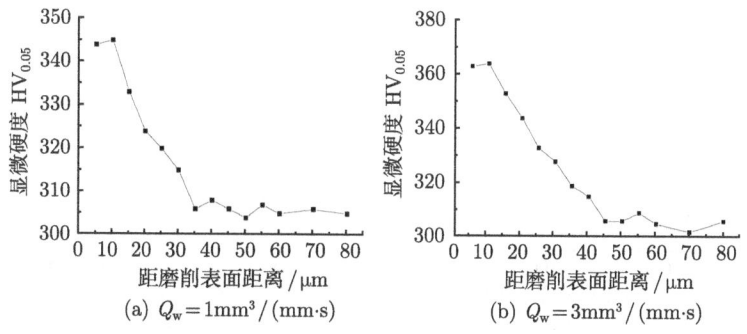

图 5.17 磨削表层显微硬度

钛合金磨削表面近表层的金相组织和显微硬度测试结果表明，由于单层钎焊 CBN 砂轮在正常缓进深切磨削钛合金过程中可以确保弧区的磨削温度始终保持在冷却液的成膜沸腾温度以下，不会产生钛合金回火软化现象，因而冷态塑性变形是磨削过程中工件近表层加工硬化的主导因素；另外，由于单层钎焊 CBN 砂轮表面磨粒出露高度大，砂轮锋利，因此，工件表面加工影响区较小，表明在缓进深切磨削钛合金时，单层钎焊 CBN 砂轮磨削性能优异。

5.1.3 钛合金高速磨削

高速磨削加工技术是指采用超硬磨料砂轮和能可靠地实现高速运动的高精度、高自动化和高柔性的制造设备，以极大地提高磨削速度来达到提高材料切除率、加工精度和加工质量的高新磨削加工技术。它是一种高效和经济地加工零件的现代制造技术，可大大提高加工效率和工件质量，并能实现难加工材料的高效精密加工，显著缩短产品的生产制造周期，大幅度降低生产成本。20 世纪 90 年代以后，人们逐渐认识到高速磨削所带来的技术优势和经济效益，开始给予充分的关注和重视，并在试验和研究的基础上使其得到了迅速的发展。与常规的磨削加工相比，高速磨削加工技术在以下几个方面表现出极大的优越性：提高生产效率、降低磨削力、提高零件加工精度、降低加工工件表面粗糙度值、易获得高光洁度的加工表面、改善加工表面完整性、提高塑性和难加工材料的磨削效果、提高砂轮耐用度和延长使用寿命[57]。

1. 钛合金高速磨削力

图 5.18 对比给出了单层钎焊 CBN 砂轮、陶瓷结合剂 CBN 砂轮和单层电镀 CBN 砂轮高速磨削 TC4 钛合金时砂轮线速度对磨削力的影响。可以看出，法向磨削力和切向磨削力都随砂轮线速度增大而呈现出明显的下降趋势。在切深与工件进给速度保持不变的情况下，钛合金的材料去除率一定，提高砂轮线速度意味着单位时间内通过磨削弧区的磨粒数增多、切屑变薄、切屑截面积减小、单颗磨粒载荷下降，总体磨削力随之降低。

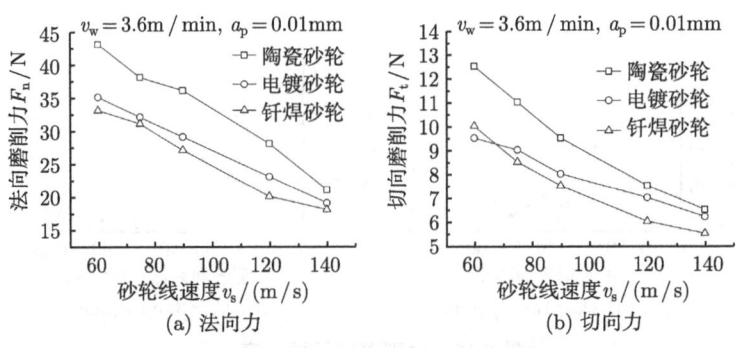

图 5.18 砂轮线速度对磨削力的影响

单层钎焊 CBN 砂轮的磨削力小于陶瓷结合剂和单层电镀 CBN 砂轮,这与砂轮表面的磨粒排布有关。通过观察磨削后砂轮的表面形貌,可以明显看出单层钎焊 CBN 砂轮表面单位面积的有效磨粒数显著少于陶瓷结合剂 CBN 砂轮和单层电镀 CBN 砂轮。切削层平均体积等于单位时间内被砂轮切去的金属体积与单位时间内砂轮表面参加工作的磨粒数之比。由此可知,在相同磨削用量条件下,单层钎焊 CBN 砂轮的单颗磨粒切厚大于陶瓷结合剂 CBN 砂轮和电镀 CBN 砂轮,所以钎焊 CBN 砂轮单颗磨粒承受载荷较大。但是,钎焊砂轮磨削时磨削弧区的动态有效磨粒数较少,所以总的磨削力小于陶瓷砂轮和电镀砂轮。

图 5.19 为磨削力随工件进给速度的变化情况。法向力和切向力都随工件进给速度增大呈上升趋势。在切深及砂轮线速度固定条件下,增大进给速度意味着材料去除率的增大,单颗磨粒切除的材料增多,其载荷必然增加,从而导致砂轮磨削力增大。

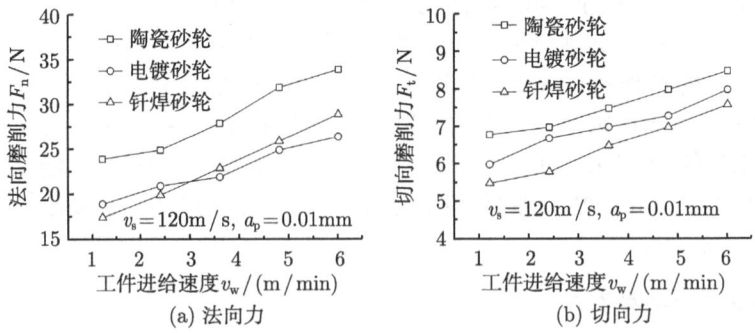

图 5.19 工件进给速度对磨削力的影响

图 5.20 为切深对磨削力的影响。磨削力随切深增大呈显著的上升趋势,且幅度较大,表明切深对磨削力有很大影响。切深变化对磨削力产生两个方面的影响:一方面,随着切深增加,材料去除率增大,使得单颗磨粒去除材料增多,单颗磨粒的磨削力增大;另一方面,切深增加使砂轮的磨削弧长变大,参与磨削的动态有效

磨粒数增多，所以总磨削力增大。

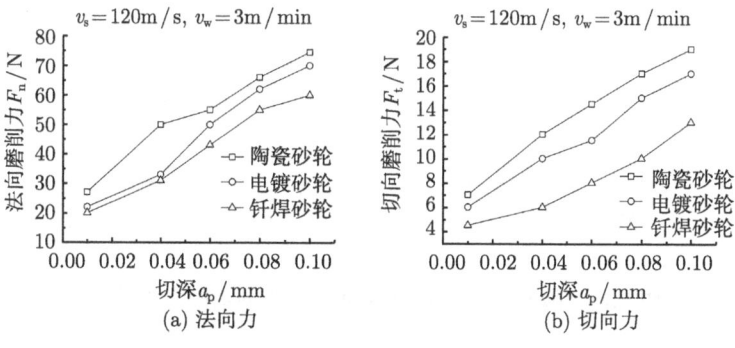

图 5.20 切深对磨削力的影响

图 5.21、图 5.22 及图 5.23 分别给出了不同砂轮线速度条件下单层钎焊 CBN 砂轮、电镀 CBN 砂轮和陶瓷结合剂 CBN 砂轮高速磨削钛合金 TC4 时单颗磨粒切厚对磨削力的影响。磨削力随着单颗磨粒切厚增大而上升，在单颗磨粒切厚较小时，磨削力增大较慢，随着单颗磨粒切厚逐渐增大，法向磨削力与切向磨削力的上升趋势变快，幅度较大。

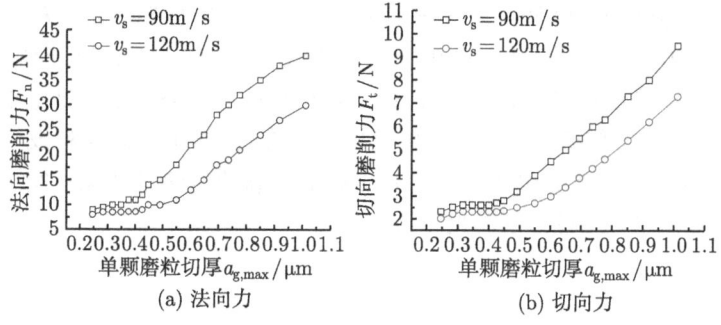

图 5.21 钎焊 CBN 砂轮单颗磨粒切厚对磨削力的影响

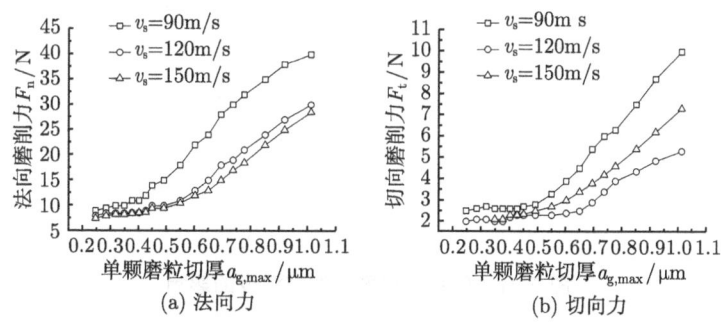

图 5.22 电镀 CBN 砂轮单颗磨粒切厚对磨削力的影响

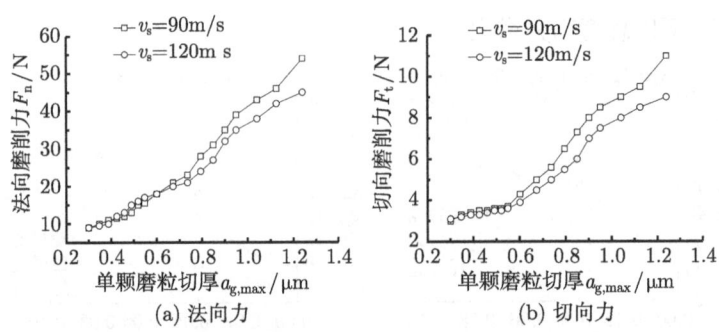

图 5.23 陶瓷 CBN 砂轮单颗磨粒切厚对磨削力的影响

2. 钛合金高速磨削温度

图 5.24 给出了陶瓷、钎焊和电镀三种 CBN 砂轮磨削钛合金 TC4 时工件表面温度随砂轮线速度的变化趋势。随着砂轮线速度增大，磨削温度均呈现出先上升后下降的趋势。主要有以下三个方面的原因：① 在切深与工件进给速度固定的条件下，提高砂轮线速度使单颗磨粒切厚变小，磨削比能升高，但是由于砂轮线速度高，去除磨屑所需的时间大大减少，热量来不及传入工件内部，传入工件内部的热量减少，磨削温度随之降低；② 砂轮线速度提高，使得砂轮磨削过程中的热量分配比例系数也发生相应的变化，热流密度发生改变。砂轮的线速度升高，改善了散热条件，有利于降低磨削工件表面温度；③ 在高速磨削条件下，热量集中和剪切应变率会显著增加，使磨削温度升高转变成绝热方式，被磨金属材料发生由于摩擦接触面间极高速的局部剪切和局部温升引起的热软化等物理变化，使得工件与磨粒的局部摩擦降低，工件磨削温度下降。

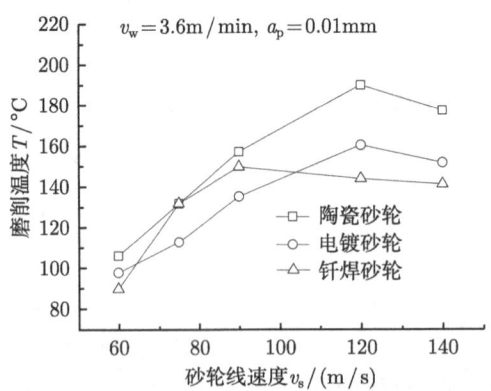

图 5.24 砂轮线速度对磨削温度的影响

从图 5.24 中还可以看出，钎焊 CBN 砂轮的磨削温度低于陶瓷 CBN 砂轮和电镀 CBN 砂轮。单层钎焊 CBN 砂轮磨粒出露高，容屑空间充裕，能有效降低磨削温度。同时，钎焊砂轮采用金属结合剂，而陶瓷砂轮采用陶瓷结合剂，在磨削过程中，由于金属的导热率高于陶瓷的导热率，所以钎焊砂轮在磨削过程中能带走更多的热量，而使流入工件表面的热量减少，从而降低工件表面的磨削温度。此外，由于钎焊砂轮磨粒出露度高，磨粒把持强度高，在磨削过程中，与陶瓷砂轮和电镀砂轮相比较，更多是通过成屑方式去除工件材料，滑擦和耕犁作用较少，所以磨削过程中所产生的磨削热大多以成屑的方式被切屑带走。

图 5.25 显示了随工件进给速度变化时磨削温度的变化情况。可以看出，随着工件进给速度的增加，工件表面的磨削温度呈上升趋势。工件进给速度对磨削弧区温度的影响主要体现在两个方面：一方面，工件进给速度提高，材料去除率增加，需消耗的磨削能量增加，热源强度增大，磨削温度上升；另一方面，由于工件进给速度提高，热源在磨削工件表面上的移动速度提高，传热时间减少，传入工件表面的热量减小，磨削温度降低。在实际磨削过程中，磨削温度是上升还是下降，要看哪方面的影响程度较大。在本研究中，金属材料去除率增大导致总的磨削能量增加起了主导作用，所以磨削温度呈上升趋势。

图 5.26 反映了磨削温度随切深增加的变化趋势。通常，磨削温度随切深增加明显上升。因为随着切深增加，单颗磨粒切厚和磨削弧长增大，切向磨削力和法向力磨削力均增大，磨削能量增加，磨削弧区发热量增大，同时，切深增加使砂轮与磨削工件之间的切屑变形力及摩擦力都升高，所以磨削温度升幅较大。

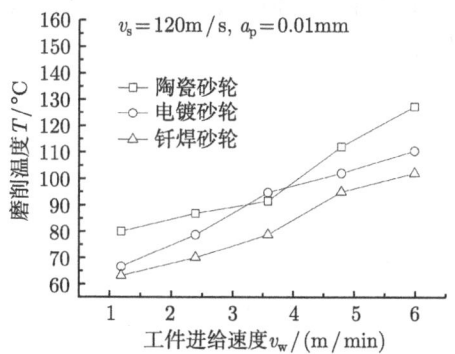

图 5.25 工作进给速度对磨削温度的影响

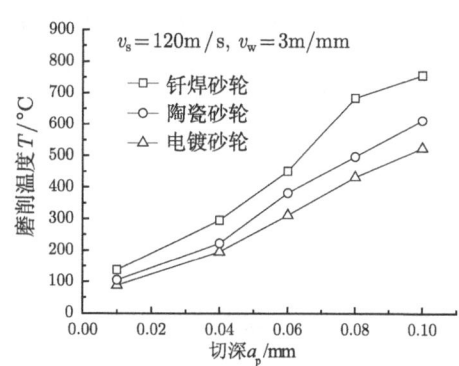

图 5.26 切深对磨削温度的影响

3. 钛合金高速磨削工件表面完整性

图 5.27 所示为砂轮线速度对表面粗糙度的影响。随着砂轮线速度的增加，工件表面粗糙度值减小。这是因为当砂轮线速度增加时，单位时间内参与磨削的磨粒数增加，单颗磨粒负荷减小，工件塑性变形和犁沟两侧塑性隆起减小，导致表面粗糙度值减小。同时，相同磨削用量条件下，钎焊砂轮的粗糙度值最大，电镀砂轮的

粗糙度值最小，这是由每个砂轮工作面单位面积磨粒数及磨粒分布不同引起的，钎焊砂轮单位面积磨粒数较少，磨粒轨迹重叠较少，所以粗糙度值较大。粗糙度值的大小与磨粒的等高性也有很大关系。

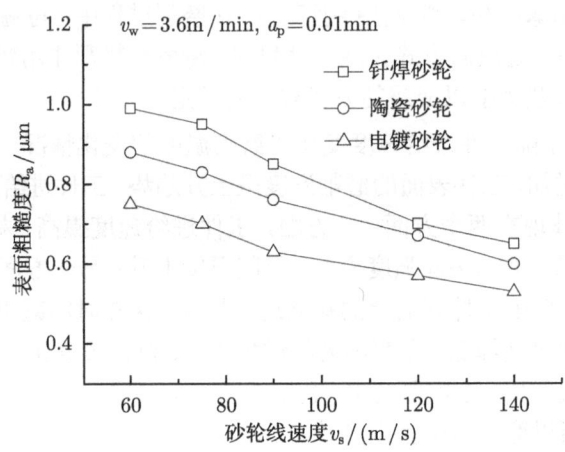

图 5.27　砂轮线速度对表面粗糙度的影响

工件进给速度与表面粗糙度关系如图 5.28 所示。随着工件进给速度的增大，表面粗糙度值增加，与图 5.27 相比，粗糙度值随工件进给速度变化的趋势较缓。这是因为增大工件进给速度时，单位时间内的金属材料去除率增加，单颗磨粒切厚增大，塑性变形量增大，导致工件表面粗糙度值增大。

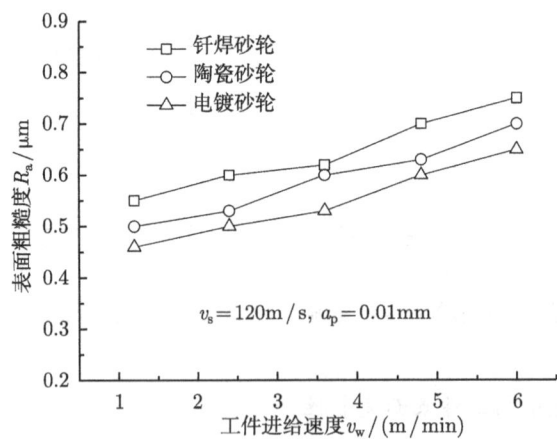

图 5.28　工件进给速度对表面粗糙度的影响

图 5.29 所示为切深与表面粗糙度的关系。随着切深增加，表面粗糙度值增大，与图 5.27、图 5.28 相比较，粗糙度随切深的变化幅度最大。这是因为增大切深会

使单颗磨粒切厚增大，磨削力加大，增大塑性变形，从而使表面粗糙度值增大。

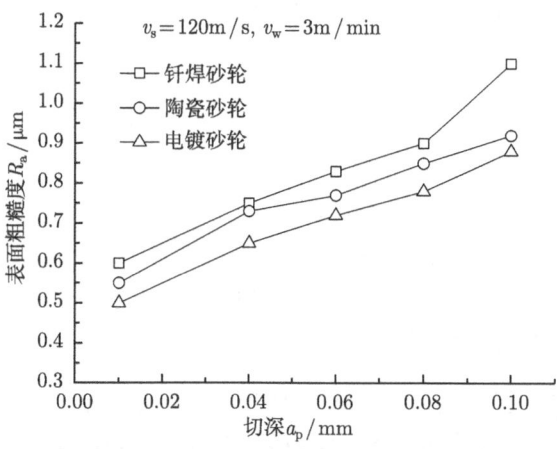

图 5.29 切深对表面粗糙度的影响

图 5.30、图 5.31 和图 5.32 分别显示了钎焊 CBN 砂轮、电镀 CBN 砂轮和陶瓷 CBN 砂轮磨削工件时，在固定砂轮线速度 v_s=120m/s 和工件进给速度 v_w=3m/min 时，切深对工件磨削表面微观形貌的影响。TC4 钛合金磨削表面主要以塑性沟槽为主，随着切深增大，沟槽的宽度和深度增大，且沟槽数目增多，表面质量明显变差。这是由于切深增加使单颗磨粒切厚增大，工件材料塑性变形加剧。钎焊砂轮磨削工件的表面沟槽更为明显，这是由于钎焊砂轮工作面单位面积的磨粒数相对较少，相同磨削用量条件下的单颗磨粒切削厚度较大，且磨粒轨迹重叠较少。电镀 CBN 砂轮磨削钛合金时，随着切深增加，工件表面皱褶加深，工件表面颜色变成深褐色。

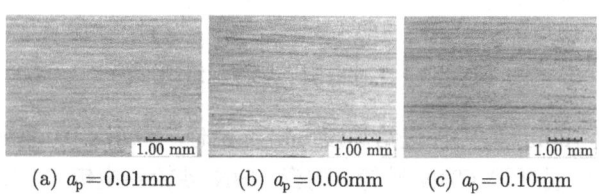

图 5.30 单层钎焊 CBN 砂轮磨削工件表面微观形貌 (v_s=120m/s, v_w=3m/min)

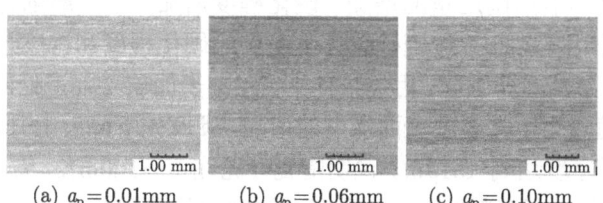

图 5.31 单层电镀 CBN 砂轮磨削工件表面微观形貌 (v_s=120m/s, v_w=3m/min)

陶瓷 CBN 砂轮磨削钛合金时，工件表面出现大量鱼鳞状皱叠，随着切深的增加，鱼鳞状皱叠增多。当切深达到 0.1mm，材料去除率达到 5mm³/(mm·s) 时，工件表面出现浅蓝色的烧伤痕迹。

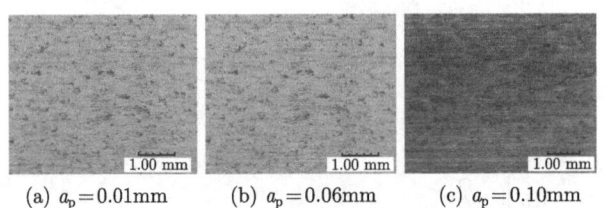

(a) $a_p=0.01$mm   (b) $a_p=0.06$mm   (c) $a_p=0.10$mm

图 5.32　陶瓷结合剂 CBN 砂轮磨削工件表面微观形貌 ($v_s=120$m/s, $v_w=3$m/min)

图 5.33 所示为三种 CBN 砂轮磨削钛合金的表层微观组织。由图 5.33(a)、(b) 可以看出，陶瓷 CBN 砂轮和电镀 CBN 砂轮磨削工件表层微观组织晶粒沿着磨削方向被拉长，且陶瓷 CBN 砂轮较电镀砂轮拉伸变形严重。这是由于在相同磨削用量条件下，陶瓷砂轮磨削力较大，工件产生塑性变形的程度也较大。在较大磨削力作用下的剧烈塑性变形使晶格扭曲和滑移，晶粒被拉长呈纤维化。图 5.33(c) 显示了单层钎焊 CBN 砂轮磨削工件的表层微观组织，和基体的微观组织相比无明显变化，没有发现晶粒被拉长和扭曲的现象，也没有明显变形层产生，从侧面反映了钎焊 CBN 砂轮磨削钛合金过程中的磨削力与磨削温度较低。

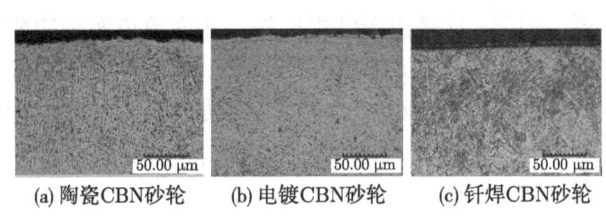

(a) 陶瓷CBN砂轮   (b) 电镀CBN砂轮   (c) 钎焊CBN砂轮

图 5.33　工件磨削表层微观组织形貌

砂轮线速度 120m/s、工件进给速度 3m/min 时，在切深 0.06mm 和 0.10mm 两组工艺条件下，单层钎焊 CBN 砂轮、陶瓷 CBN 砂轮和电镀 CBN 砂轮磨削 TC4 工件表层的显微硬度如图 5.34 所示。三种砂轮磨削的钛合金工件表层均出现了加工硬化现象，且随着磨削用量的增加，硬化程度增加。这是磨削过程中磨削力和磨削温度共同作用的结果。陶瓷砂轮磨削工件的硬化程度和深度最大，在 $v_s=120$m/s, $v_w=3$m/min, $a_p=0.1$mm 用量条件下，距离表面层 20μm 处的显微硬度达到 $HV_{0.05}=386$，随着距工件磨削表面深度的增加，硬度先下降后上升，直至与基体硬度相同，变质层厚度达到 151μm。说明陶瓷砂轮在 $v_s=120$m/s, $v_w=3$m/min, $a_p=0.06$mm 的工艺条件下磨削钛合金出现了二次淬火烧伤现象。

5.1 钛合金高效磨削

从图 5.34 硬度曲线分析可知,电镀砂轮在 v_s=120 m/s,v_w=3m/min,a_p=0.06mm 的用量条件下,由于法向磨削力作用,工件产生塑性变形,形成加工硬化。电镀砂轮在 v_s=120m/s,v_w=3m/min,a_p=0.1mm 的用量条件下,高速磨削钛合金也并未出现工件烧伤。由于磨削用量增加,磨削力增大,硬化程度增加。钎焊砂轮在两组工艺条件下均未出现磨削烧伤,只是出现了不同程度的加工硬化,随着切深增加,加工硬化的程度和深度增加。这是由于切深增加时,磨削力增大,工件的塑性变形增加,从而加工硬化加剧。在两组相同磨削用量条件下,钎焊砂轮比电镀砂轮的加工硬化程度要低。这是由于在相同磨削用量条件下,钎焊砂轮的磨削力和磨削温度低于电镀砂轮的磨削力和磨削温度。

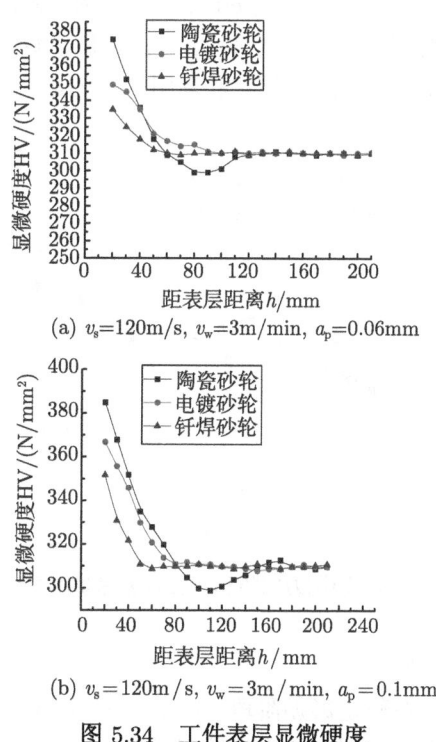

图 5.34 工件表层显微硬度

通过对三种砂轮在两组磨削用量条件下的分析可知,陶瓷结合剂 CBN 砂轮磨削钛合金时,在材料去除率达到 $3mm^3/(mm·s)$ 即发生烧伤。而单层钎焊砂轮在材料去除率达到 $5mm^3/(mm·s)$ 时也并未产生烧伤,这与钎焊砂轮的自身特性有关,钎焊砂轮的磨料、结合剂与金属基体之间是化学冶金结合,结合强度较高,磨粒出露高度和把持力均比较高,容屑空间较大,在磨削过程中不易发生堵塞,能有效降低磨削温度,在不发生烧伤的条件下提高磨削效率。

5.1.4 钛合金干磨抛

20世纪90年代兴起的干磨抛技术,是在磨抛过程中不使用任何磨抛液的新工艺,在无磨抛液的条件下创造与有磨抛液相同或相近的磨抛效果。由于不使用磨抛液,则可完全消除磨抛液带来的负面影响,实现绿色加工。

1. 钛合金干磨抛力比

钎焊 CBN 砂轮和电镀 CBN 砂轮干式磨抛钛合金过程中磨抛力及力比随相对材料去除量 Z' 的变化如图 5.35 所示。磨抛力比 F_n/F_t 不包含因磨抛用量的改变而影响到磨抛力变化的干扰,因此,通常被选用作为磨抛过程是否发生烧伤的判断指标[18]。单位宽度材料去除量 Z' 未达到 60mm³/mm 时,磨抛力比的大小在 1.8~2 变化。单位宽度材料去除量 Z' 超过到 60mm³/mm 后,磨抛力比出现较小幅度的增大,这是由砂轮磨粒的磨损、磨粒钝化和黏附造成的。

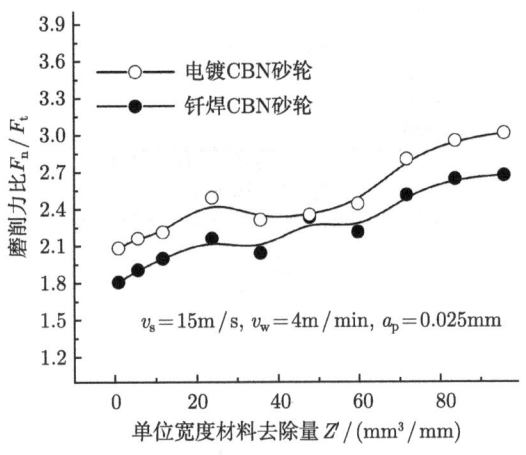

图 5.35 磨抛力比随相对材料去除量的变化

2. 钛合金干磨抛温度

如图 5.36(a) 所示,在稳定磨抛阶段,单层 CBN 砂轮磨抛工件表层温度随砂轮线速度增加而增大。这是因为 CBN 砂轮磨抛钛合金时,单位时间内参与磨抛加工的磨粒增加,磨粒与工件表面的摩擦加剧,产生的磨削热量增加。磨抛深度对工件表层温度的影响如图 5.36(b) 所示,工件表层温度随磨抛深度增加而增大。这主要是由于随着磨抛深度的增大,单颗磨粒切厚增大,磨抛过程中消耗的能量增加,磨削力明显增大,从而使磨抛比能加大,工件表层温度升高。由工件表层温度变化可以看出,磨抛深度对工件表层温度具有非常显著的影响。图 5.36(c) 显示了工件表层温度随磨抛时间的变化。在砂轮磨抛初期阶段,钎焊砂轮与电镀砂轮磨抛的工件表层温度的变化基本一致。

5.1 钛合金高效磨削

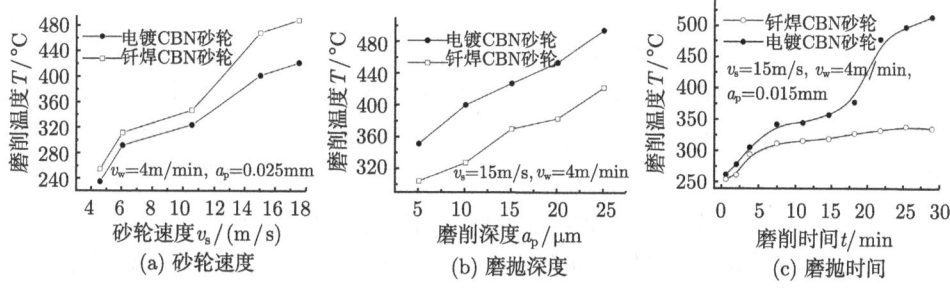

图 5.36 工艺参数对磨抛工件表面温度变化情况

在稳定磨抛阶段，钎焊 CBN 砂轮和电镀 CBN 砂轮磨削钛合金时工件表面温度差别较小，但经过初期阶段之后，电镀 CBN 砂轮温度上升速度明显高于钎焊 CBN 砂轮。反观钎焊 CBN 砂轮在经历了初期磨损之后，工件表层温度能保持在一个相对稳定范围，这与结合剂和砂轮结构特点有关。电镀 CBN 砂轮容屑空间小，不便于散热，经过初期阶段磨损后，砂轮表面钛合金黏附严重，磨抛时热量集中在砂轮表面，使磨抛区温度升高。钎焊 CBN 砂轮磨粒出露高，容屑空间充裕，砂轮不容易堵塞，因此，钎焊砂轮的工件表层温度相对电镀砂轮较低。

3. 钛合金干磨抛工件表面完整性

不同磨抛阶段的磨抛表面粗糙度如图 5.37 所示。单层砂轮干磨抛钛合金时，砂轮在初期磨损阶段表面粗糙度较高，经过一段时间之后，工件的表面粗糙度逐渐降低，这说明在通过初期阶段的砂轮与工件之间的摩擦，极少数较高出露的磨粒被磨平之后，砂轮进入一个稳定的磨削阶段，此时的砂轮表面等高性好，工件表面质量良好。同时也可以看出，在稳定磨削阶段，电镀砂轮的磨抛表面粗糙度明显高于钎焊砂轮。

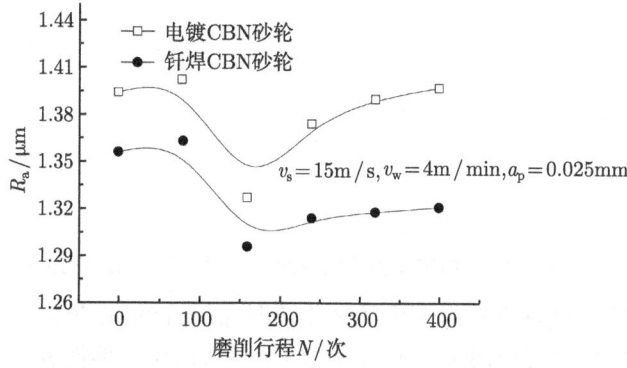

图 5.37 不同磨抛阶段的磨抛表面粗糙度

砂轮线速度与表面粗糙度的关系如图 5.38(a) 所示。随着砂轮线速度提高，磨抛表面粗糙度降低，由于砂轮与工件之间是刚性接触，电磨主轴转动精度低于机床主轴的转动精度，磨抛砂轮刚性差，过大的线速度易发生振动。在其他条件许可的情况下，为降低表面粗糙度，应当选择较高的砂轮速度。砂轮速度选择太低，单颗磨粒切厚过大，不但使工件表面粗糙度增大，而且使 CBN 砂轮的磨粒磨损加重。

CBN 砂轮干磨抛钛合金时进给速度对表面粗糙度的影响如图 5.38(b) 所示。随着工件进给速度的增加，工件表面粗糙度也随之增大，这主要是由于工件进给速度增加造成单颗磨粒切厚也增加，从而使磨粒磨损加剧，工件速度选择低一些对降低表面粗糙有利。

磨抛表面粗糙度随磨抛深度变化曲线如图 5.38(c) 所示。随着磨抛深度增加，工件表面粗糙度明显增大，这是由于磨抛深度增大，造成了磨抛弧长增大，因此，磨抛表面粗糙度增大，同时也发现砂轮磨损严重，因此，获得磨抛表面质量应选择较低的磨抛深度。

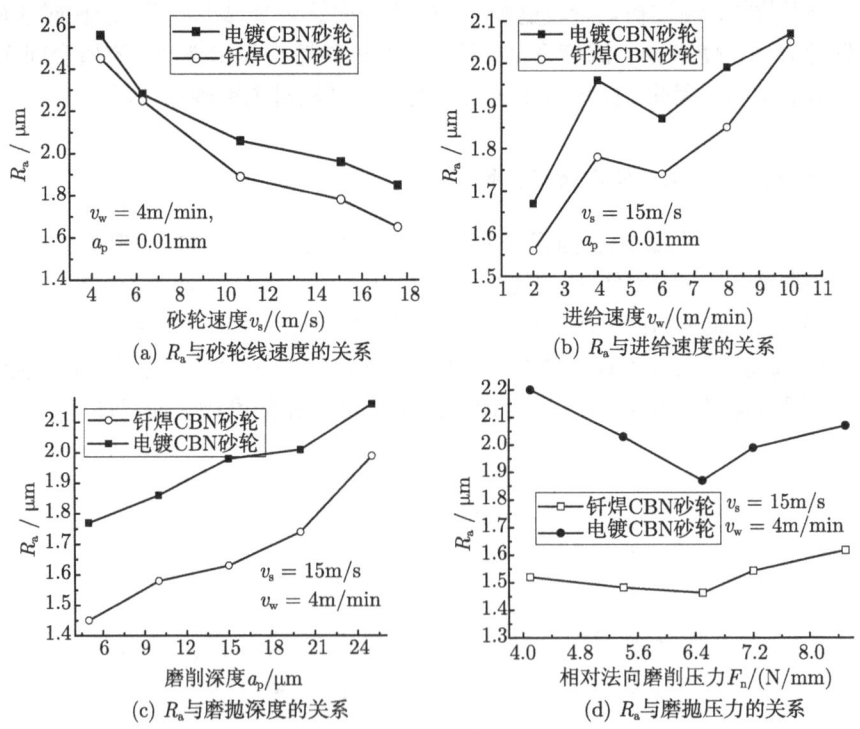

图 5.38 稳定磨抛阶段表面粗糙度与磨抛用量的关系

表面粗糙度随法向磨抛压力的变化情况如图 5.38(d) 所示。磨抛压力太高时，获得的表面粗糙度反而增大，同时，如果磨抛压力太低，磨抛表面的粗糙度也较高，掌握磨抛压力在一定范围时，磨抛表面粗糙度较低。这是由于钛合金弹性模量小，

5.1 钛合金高效磨削

在工件表面除了磨粒磨抛沟痕外,还有摩擦形成的高温微晶区,磨粒划过之后,砂轮把高温区的"软化材料"覆盖在划痕上,当压力太高时,由于磨粒切入太深,摩擦作用无法把磨粒犁划后的划痕填平,因而表面粗糙度较大。压力太低时,由于砂轮让刀,无法把上一道的划痕切除,最后造成表面粗糙度比较大。

图 5.39 是用钎焊砂轮在不同磨抛用量下磨抛后的试件表面形貌照片。在正常磨抛磨状态下,用钎焊 CBN 砂轮磨抛的表面纹理明显要细一些,因为磨抛钛合金这类金属材料时,钎焊 CBN 砂轮的磨粒可控制等高性。

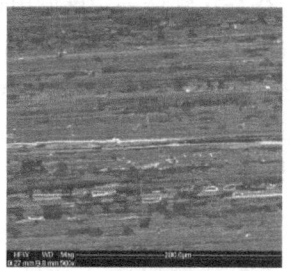 

(a) $v_s=15\text{m/s}$, $v_w=4\text{m/min}$, $a_p=0.01\text{mm}$ (b) $v_s=15\text{m/s}$, $v_w=4\text{m/min}$, $a_p=0.025\text{mm}$

图 5.39 钎焊砂轮磨抛钛合金工件表面形貌

图 5.40 是用电镀砂轮在不同磨抛用量下磨抛后的工件表面形貌照片。这是由于电镀 CBN 砂轮磨粒容屑空间小,磨粒等高性差,因此产生了相对比较粗糙的纹理,而且易于钝化。一旦磨粒钝化,磨抛弧区温度会急剧上升,在这种情况下,试件表面还会出现黏结撕裂的涂覆物,此时表面质量会进一步下降。由图 5.40(b) 可见工件表面出现淡黄色烧伤,存在鱼鳞状叠褶和剧烈塑性变形物涂覆,工件表面上出现钛屑在磨粒表面上的熔焊,这是由于钛合金具有较高的化学活性,黏和韧等特点,在磨粒磨抛点局部高温和压力的作用下,磨粒和金属表面因为亲和力而发生物理性黏结。

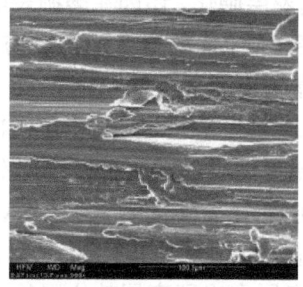 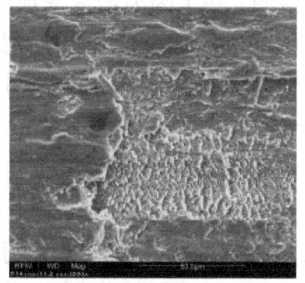

(a) $v_s=15\text{m/s}$, $v_w=4\text{m/min}$, $a_p=0.01\text{mm}$ (b) $v_s=15\text{m/s}$, $v_w=4\text{m/min}$, $a_p=0.025\text{mm}$

图 5.40 电镀砂轮磨抛钛合金工件表面形貌

磨抛深度增大后，表面颜色变暗，磨抛后表面出现明显的灰色氧化膜，说明表面温度较高，磨抛表面被迅速氧化，钛合金表面产生热软化，硬度很高具有锋利刃口的 CBN 磨粒在韧性比较高又被软化的表面划开，而又不能将划开的金属完全移除，因此表面恶化。

电镀 CBN 砂轮和钎焊 CBN 砂轮磨抛钛合金表层断面沿深度方向上的金相组织如图 5.41 所示。使用钎焊 CBN 砂轮磨抛后的表层组织与基体相比较有轻微变化，浅表层组织中以块状的 α 相为主，β 相流失，距表层100μm 处金相组织逐渐与基体组织一致，这说明采用钎焊砂轮磨抛钛合金在掌握一定磨抛用量时，变质层的深度相对于砂轮磨抛时较小。同时，磨抛时的磨抛力也相对较小，挤压作用不明显，没有发现明显的晶粒被拉长现象。电镀 CBN 砂轮磨抛工件表层的金相组织中，发现块状的 α 相明显比钎焊 CBN 砂轮磨抛表面层金相中多，金相组织变化层的深度为120μm，比钎焊砂轮磨抛表面金相组织的变质层更深。

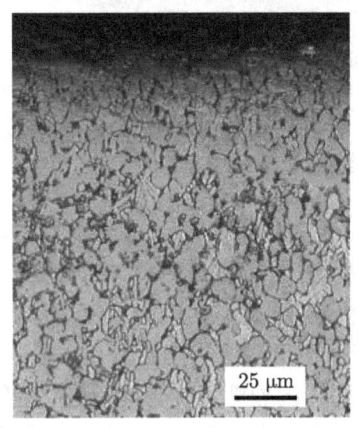 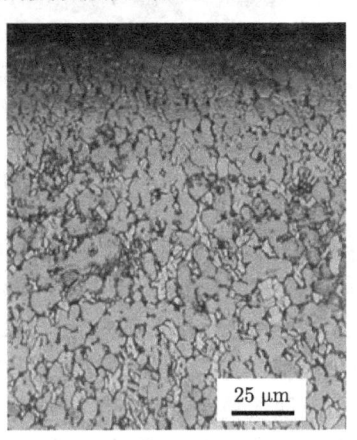

(a) 电镀砂轮磨抛工件断面组织　　　　(b) 钎焊砂轮磨抛工件断面组织

图 5.41　CBN 砂轮磨抛工件近表层微观组织 (v_s=15m/s, v_w=4m/min, a_p=0.025mm)

磨抛钛合金时，除了因为塑性变形造成表层硬化，还因在磨抛表面形成氧化物和气体饱和层组成的污染层，也会使磨抛表层硬化。若产生磨抛烧伤，则烧伤表面层的显微硬度变化将与未烧伤表面层的显微硬度变化不同。

在磨抛用量 v_s=15m/s，v_w=4m/min，a_p=0.025mm 条件下，电镀砂轮和钎焊砂轮磨抛钛合金沿断面深度方向的显微硬度测量结果如图 5.42 所示。钛合金基体显微硬度值 HV 为 HV305~HV315，而磨抛表层的显微硬度值 HV 为 HV320~HV335。由磨抛工件表层的显微硬度变化曲线可以看出，硬化程度约为 10%，但硬化层深度非常浅，低于 50μm，同时还可在工件次表层中出现表层软化现象。

钎焊 CBN 砂轮在干式磨抛钛合金时工件表层温度未超过钛合金的磨削烧伤温度，且磨抛加工产生热变形区非常小，这显示出单层钎焊 CBN 砂轮具有较佳的磨抛性能。电镀 CBN 砂轮干式磨抛钛合金时加工硬化值较大，回火软化也比较明显，这主要是由电镀砂轮易堵塞、黏附磨损严重、磨抛力比较大、磨抛温度较高造成的。

磨抛参数为 $v_s=15\text{m/s}$，$v_w=4\text{m/min}$，$a_p=0.025\text{mm}$ 条件下电镀 CBN 砂轮和钎焊 CBN 砂轮磨抛钛合金样品表层的残余应力测试结果表明，均为压应力，分别为 -572.1MPa 和 -609.7MPa。分析原因，由于单层钎焊 CBN 砂轮和电镀 CBN 砂轮磨抛钛合金时工件表层温度不超过 500℃，还未超过产生热塑性变形的临界温度，热塑性变形产生的残余拉应力，小于冷塑性变形产生的残余压应力，冷塑性变形和挤光效应对表面残余应力的影响占主导地位，热塑性变形等因素的影响占次要地位。

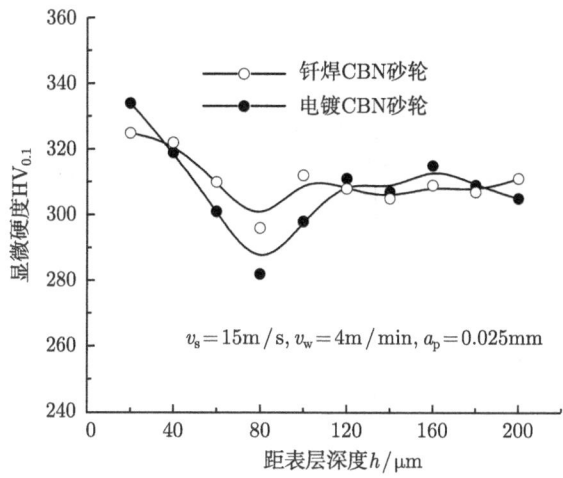

图 5.42 CBN 砂轮磨抛钛合金表层显微硬度

5.1.5 钛合金榫头高效成型磨削加工

由于航空发动机叶片工作中受力复杂且工作环境恶劣，对材料要求很高，多用钛合金等综合性能好的材料。其型面复杂，曲率变化很大；涉及尺寸较多，精度要求高；同时，传统的人工检测方式效率低、精度低同时成本高。叶片通过榫头安装在轮盘榫槽上，当轮盘高速旋转时，叶片受到包括离心力、气动力和振动等在内的一系列载荷的综合作用，为确保在连接处有足够的强度和适宜的刚性和稳定性，叶片自身的强度以及叶片榫头和轮盘榫槽间的配合必须满足一定要求。为保证榫头和榫槽间的配合满足设计要求，对榫头的加工精度，特别是装配处对榫头压力面的精度要求非常苛刻，面轮廓度公差往往在 ±0.015mm 左右。榫头也是叶身型面加工和检测的基准，其加工精度直接影响着叶身型面加工的精度和叶片最终的性能。

针对采用传统切削工艺加工钛合金叶片榫头时存在质量不稳定、加工效率低、刀具磨损严重等问题，提出采用单层钎焊 CBN 砂轮 "以磨代切" 加工钛合金叶片榫头。首先根据航空发动机零件钛合金叶片榫头的加工要求设计制作新型单层钎焊 CBN 成形砂轮，并在生产现场进行钛合金叶片榫头缓进深切磨削加工试验，系统研究钛合金叶片榫头的加工精度和表面完整性，并和陶瓷结合剂 CBN 砂轮加工榫头及车削加工榫头试样进行对比[19,81]。

1. 单层钎焊 CBN 成形砂轮研制

根据钛合金叶片榫头尺寸及精度要求，并综合考虑磨粒尺寸和钎料层厚度，设计的砂轮工作面如图 5.43 所示。

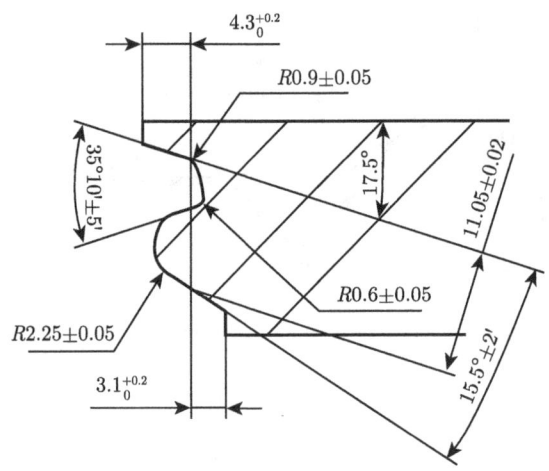

图 5.43　砂轮工作面示意图 (单位：mm)

要满足钛合金叶片榫头的加工要求，必须对单层钎焊 CBN 成形砂轮进行精密设计。砂轮设计主要包括砂轮基体材料、CBN 磨粒和钎料的选取，磨料在基体表面的分布轮廓，磨料的排布方式及其密度等。以上三个基本组成要素在制造砂轮以获得理想的工件加工精度和效率时必须系统考虑。

在生产实践中应用断续砂轮进行间断磨削已有数十年历史，关于断续磨削能够减轻加工表面的热损伤，提高砂轮磨削性能的原因，曾有许多文献做了分析和探讨。一般从散热和冷却的角度解释为两点：①断续砂轮使磨削弧区的连续移动热源变为断续移动热源，有利于散热，可以大幅度降低磨削温度，从而有效地减轻和避免工件表层和磨料的热损伤，提高工件的加工精度并延长砂轮的寿命；②断续砂轮能够使磨削液以高频进出磨削区，起到更好的冷却作用。因此，单层钎焊 CBN 成形砂轮的结构形式将采取断续式镶块结构。

断续比是表征断续式砂轮的一个基本参数,表示砂轮表面有效工作面所占的相对比例,可用如下表示:

$$\eta = \frac{l_1}{l_1 + l_2} \tag{5.5}$$

式中,η 为断续比;l_1 为砂轮表面有效工作面圆弧长度;l_2 为砂轮表面沟槽圆弧长度。

断续比与砂轮磨削性能和工件加工质量有直接联系,可以明显降低工件表层温度。随着断续比 η 的增大,工件表层温度近似呈线性规律上升。断续比 η 过小,砂轮表面有效工作面积过少,会导致砂轮迅速磨损,减少砂轮使用寿命,同时难以保证工件表面质量。一般推荐取 $\eta = 0.65 \sim 0.85$,此时,砂轮将表现出较好的磨削性能,工件质量也较佳。磨削弧区温度峰值温度分布随开槽数 N 的增加而下降,而谷值温度分布相反,随开槽数 N 的增加而上升。$N < 8$ 时,温度脉动幅度很大;$N > 16$ 时,温度脉动幅度很小,且其变化也渐趋平缓。因此,若仅从温度角度考虑,对于开槽砂轮,取 $N = 16 \sim 128$,均可,具体数值还应与试验中的其他因素综合考虑。若为镶块砂轮,则从结构考虑,N 以取在 16~32 为宜。

设计的砂轮拟采用开槽镶块式砂轮结构,各个镶块均可以快速拆卸,能高精度定位,且具有较小的端面和径向跳动。依据上面的论述,此处物理结构上取 $\eta = 0.83$,开槽数取 $N = 20$,整个砂轮将采用 20 个镶块,均匀分布在砂轮基体表面。根据钛合金叶片榫头加工要求和开槽砂轮特点,设计了新型组合式砂轮结构,将砂轮镶块安放在底座上,上面用带有弹簧元件的压板将其夹紧定位,这样安装和定位精度高,并且更换方便。在砂轮制作过程中,底座和压板组件不需要和镶块一起进入真空炉进行加热,可有效避免其热变形,提高了砂轮整体精度。镶块受到破坏时可以仅更换单个受损镶块,降低制造成本。当砂轮速度高速旋转时,镶块则起到了类似"伸缩节"的作用,有效释放应力。

图 5.44 是为磨削钛合金榫槽而设计的组合式成形砂轮结构示意图。20 个镶块均匀分布在砂轮基体上,精确定位于砂轮底座的内圆面和底面,砂轮底座和压板具有优异的尺寸和定位精度,镶块经历钎焊高温的加热过程,但其尺寸很小,变形可以忽略,从而确保了砂轮最终圆周径向跳动和端面跳动精度,可以很好地满足钛合金叶片榫头成形加工的高精度要求。

图 5.45 为焊后镶块及其表面 CBN 磨粒形貌。

2. 榫头磨削加工条件

为了充分验证单层钎焊 CBN 砂轮的加工性能,钛合金叶片榫头磨削试验选择在工厂车间的生产设备上进行,如图 5.46 所示。同时,也采用了陶瓷结合剂 CBN 成形砂轮在相同的工艺条件下进行对比试验。陶瓷结合剂 CBN 成形砂轮如图 5.47 所示。

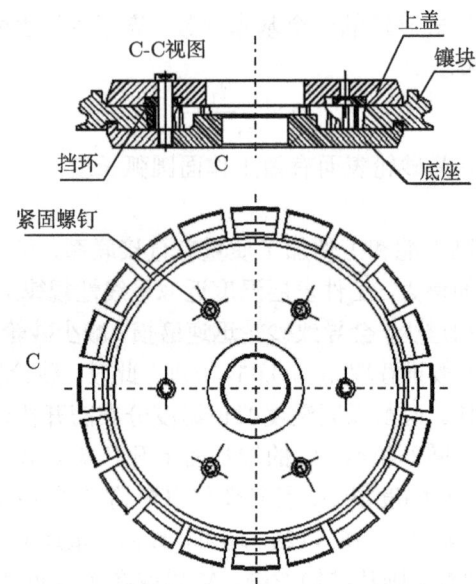

图 5.44 断续钎焊成形砂轮结构示意图

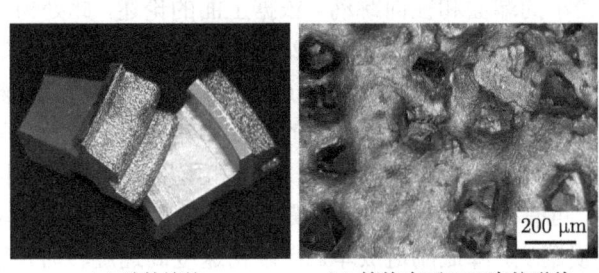

(a) 砂轮镶块　　　(b) 镶块表面CBN磨粒形貌

图 5.45 单层钎焊 CBN 成形砂轮镶块

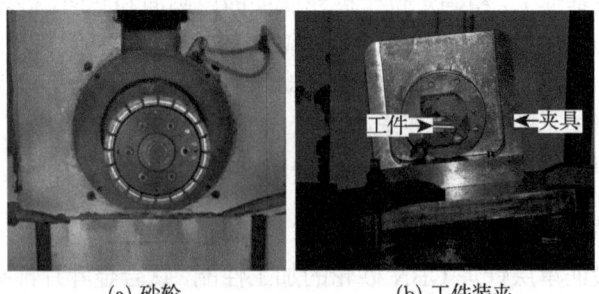

(a) 砂轮　　　(b) 工件装夹

图 5.46 钛合金叶片榫头加工现场示意图

5.1 钛合金高效磨削

(a) 砂轮宏观形貌

(b) 局部放大图

图 5.47 陶瓷结合剂 CBN 成形砂轮形貌

综合考虑修整的难度和成本，陶瓷结合剂 CBN 成形砂轮的工作型面并未修整到和单层钎焊 CBN 成形砂轮的工作型面完全一致，这里将仅从工件表面完整性方面对两种砂轮加工榫头试样进行对比。现场钛合金叶片榫头加工设备及其允许的工作参数范围列于表 5.1。

表 5.1 钛合金叶片榫头加工设备及其允许的工作参数范围

项目	内容
磨床	MKL7150×16/2 型七轴五联动数控强力成形磨床
砂轮主轴电机	直流电机，无级调速；转速范围 500~3000r/min
冷却润滑条件	5% 水基乳化液；冷却泵流量：90L/min；冷却泵压力：0.8MPa
砂轮	单层钎焊 CBN 成形砂轮，陶瓷结合 CBN 成形砂轮
砂轮尺寸	Φ175mm(外径)×32mm(内径)×19mm(工作面宽度)
磨料	ABN600，80/100目
工件材料	钛合金 TC4
工件进给速度 v_w	~300mm/min
砂轮线速度 v_s	~18.5m/s
切深 a_p	~2.0mm

3. 榫头高效磨削形位精度

分别采用单层钎焊 CBN 成形砂轮和陶瓷结合剂 CBN 成形砂轮加工了 10 个工件，磨削试验结束后观测发现，砂轮表面磨损量很小，CBN 磨粒仍处于锋利状态。图 5.48 所示为分别采用单层钎焊 CBN 成形砂轮和陶瓷结合剂 CBN 成形砂轮加工的钛合金叶片榫头的宏观形貌，为方便表述，分别标记为 1# 试样和 2# 试样。

(a) 榫头正面(1#试样)

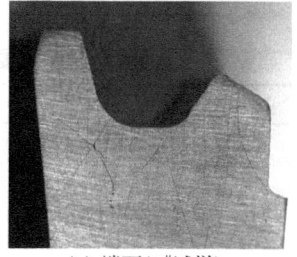
(b) 端面(1#试样)

(c) 榫头正面(2#试样)　　　　(d) 端面(2#试样)

图 5.48　钛合金叶片榫头形貌

1) 尺寸精度

为了分析工件的尺寸精度，采用三维体视显微镜自带的测量软件对 1# 榫头试样上的关键位置进行了尺寸测量，结果列于表 5.2。很明显，单层钎焊 CBN 成形砂轮加工的榫头主要尺寸符合图 5.43 中的设计要求。

表 5.2　榫头主要尺寸测量结果　　　　　　　　　　　　　　　(单位：mm)

件号	尺寸 1			尺寸 2		
	测量值	设计值	偏差	测量值	设计值	偏差
1	11.07			4.93		
3	11.06	$11.1^{0}_{-0.1}$	−0.03	4.93	$4.9^{+0.1}_{-0.1}$	+0.03
5	11.05		−0.05	4.92		+0.02
10	11.05			4.92		

2) 形状精度

为了分析工件的形状精度，对 1# 榫头试样的主要角度进行测量，结果见表 5.3。很明显，钛合金叶片榫头试样主要角度符合图 5.43 中的设计要求。同时，也测量了钛合金叶片榫头试样主要圆角半径，结果列于表 5.4，以及也测量了试样的其他尺寸，偏差均在设计允许的公差范围之内。由于陶瓷结合剂 CBN 成形砂轮的工作型面和设计试样型面不一致，此处未测定其加工试样的尺寸。测量结果表明，从开始磨削至第 5 个略有变化，主要是因为砂轮处于初始磨损阶段，个别出露较大的磨粒发生破碎磨损；从第 5 个试样以后，砂轮进入稳定磨损阶段，榫头尺寸基本保

表 5.3　榫头主要角度测量结果

件号	角度 1			角度 2		
	测量值	设计值	偏差	测量值	设计值	偏差
1	35°8′			15°25′		
3	35°9′	$35°10'^{+5'}_{-5'}$	0′	15°25′	$15°30'^{+10'}_{-10'}$	−3′
5	35°10′		−2′	15°27′		−5′
10	35°10′			15°27″		

持不变,这说明在缓进深切成形磨削钛合金时,砂轮表面 CBN 磨粒磨损很小,采用单层钎焊 CBN 成形砂轮能够满足钛合金叶片榫头加工精度的要求,砂轮具有良好的加工精度和形状保持能力。

表 5.4 榫头主要圆角半径测量结果 (单位:mm)

件号	圆角半径 1			圆角半径 2		
	测量值	设计值	偏差	测量值	设计值	偏差
1	0.62			1.73		
3	0.62	$0.4_0^{+0.4}$	+0.25	1.74	$2_{-0.5}^{0}$	−0.23
5	0.65		+0.22	1.77		−0.27
10	0.65			1.77		

4. 榫头高效磨削的表面完整性

钛合金叶片榫头经常工作在容易接触受腐蚀介质的环境下,承受交变载荷的作用,若其表面完整性达不到设计要求,将产生疲劳破坏,缩短叶片的使用寿命,甚至造成重大安全事故。因此,对单层钎焊 CBN 成形砂轮缓进深切磨削钛合金叶片榫头的表面粗糙度、微观组织、显微硬度和表层残余应力进行系统分析,考察单层钎焊 CBN 成形砂轮缓进深切磨削钛合金叶片榫头工件的加工表面完整性,并与陶瓷结合剂 CBN 砂轮加工试样及工厂车削试样进行对比。

1) 磨削表面形貌和粗糙度

钎焊 CBN 砂轮和陶瓷结合剂 CBN 砂轮加工出的钛合金叶片榫头表面粗糙度测试结果表明,钎焊 CBN 砂轮加工试样表面粗糙度 R_a 为 0.6~0.8μm,陶瓷结合剂 CBN 砂轮加工试样表面粗糙度 R_a 为 0.3~0.7μm。两榫头试样磨削表面划痕迹清晰规整,未发现明显缺陷,如图 5.49 所示。图 5.50 所示为试样端面轮廓形貌,从中可以看出:两试样表面轮廓整齐清晰,无挤出毛刺。

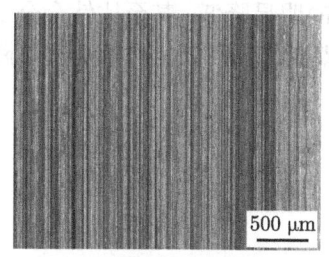 

(a) 钎焊砂轮加工榫头表面微观形貌　　(b) 陶瓷结合剂砂轮加工榫头表面微观形貌

图 5.49 磨削加工钛合金榫头表面形貌

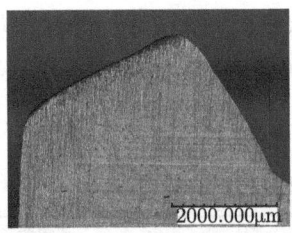 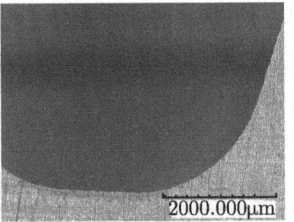

(a) 单层钎焊CBN砂轮加工钛合金榫头

 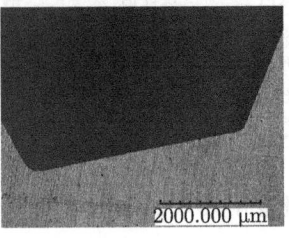

(b) 陶瓷结合剂CBN砂轮加工钛合金榫头

图 5.50　钛合金叶片榫头端面轮廓

2) 金相组织与显微硬度

将磨削钛合金叶片榫头和工厂提供的车削加工榫头 (标记为 3# 试样) 制备成金相样品。将试样沿与磨削方向垂直的剖面剖开，将槽横截面制成金相试样，抛光后得到光亮无痕的磨面，采用 2%HF 与 4%HNO$_3$ 的水溶液腐蚀，采用三维视频显微镜 KH-7700，放大倍数为 200 倍进行观察。因为垂直于已加工表面，所以它可以显示加工表面层以下沿深度方向上的组织变化情况。其显微组织如图 5.51 所示。与基体组织相比，钛合金叶片榫头加工表层显微组织变化不明显。

磨削过程中 CBN 磨粒对钛合金材料的滑擦、耕犁以及切削作用使工件表层产生塑性变形，造成钛合金晶格扭曲，增加了工件材料进一步发生变形的阻力，在工件近表面区域形成了具有一定硬化程度的加工影响区。若工件表面温度过高，还会发生回火软化，引起工件表层显微硬度的明显降低，甚至比钛合金本身的硬度还低。工件磨削表层影响区过大、硬化程度太高或者回火软化都会显著降低材料本身的性能，从而降低零件的使用性能。

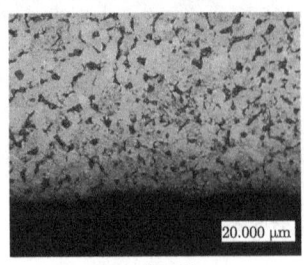 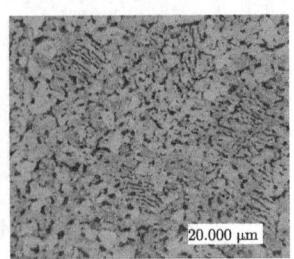

(a) 表层(1#试样)　　　　　　(b) 基体(1#试样)

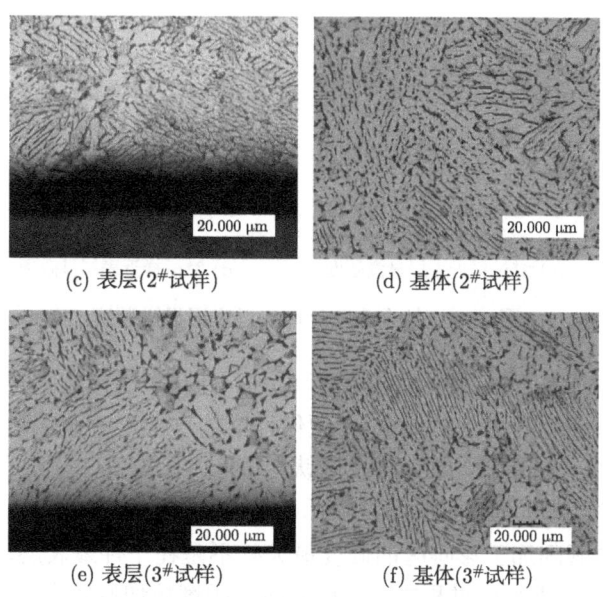

(c) 表层(2#试样) (d) 基体(2#试样)

(e) 表层(3#试样) (f) 基体(3#试样)

图 5.51 钛合金榫头金相组织

为分析钛合金叶片榫头加工面近表层加工影响区的大小及其硬化程度,采用 HXS-1000A 显微硬度计对钛合金叶片榫头进行测试,加载载荷 50g,载荷保持时间 15s。为避免上次测量微坑对下次测量结果的不利影响,试验中选择与加工表面呈一定角度的方向进行测量,使两相邻测量点的横向距离大于测量微坑的对角线长度的 3 倍,并使测量点沿着加工表面法线方向以 5μm 的距离向材料内部递增,如图 5.52(a) 所示。钛合金叶片榫头配合面显微硬度测试结果如图 5.52(b)~(d) 所示。

由图 5.52 可知,钛合金基体显微硬度值为 $HV_{0.05}215$ 左右,而采用陶瓷结合剂 CBN 成形砂轮磨削表层最大显微硬度约为 $HV_{0.05}290$,与基体比较,硬化程度约为 35%,硬化层深度为 35~40μm。采用单层钎焊 CBN 成形砂轮磨削表层最大

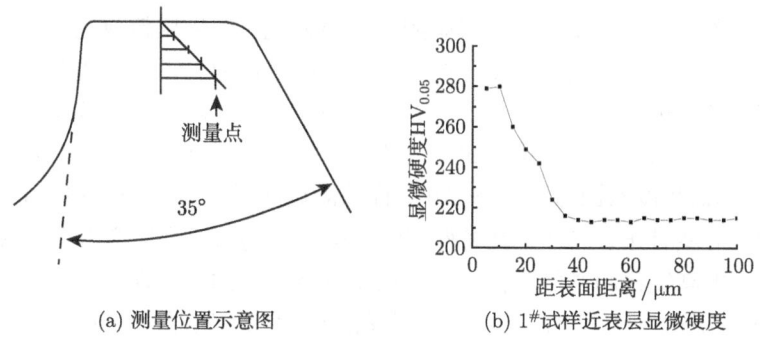

(a) 测量位置示意图 (b) 1#试样近表层显微硬度

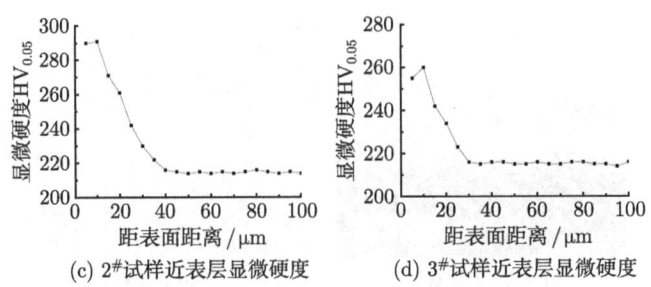

图 5.52 钛合金叶片榫头近表层显微硬度

显微硬度约为 $HV_{0.05}280$,硬化程度仅为 30%,硬化层深度为 35~40μm。车削试样表层最大显微硬度约为 $HV_{0.05}260$,硬化程度约 21%,磨削表层与基体相比较,硬化层深度为 30~35μm。同时,未发现钛合金叶片榫头加工表层存在回火软化现象,说明磨削过程中钛合金表面温度较低,未达到钛合金的回火温度。

钛合金表层磨削加工影响区的硬度最大处不是在工件最表层,而是在距离表层 5~10μm 处。缓进深磨过程中,砂轮表面单颗磨粒切厚较小,工件磨削表层首先发生塑性变形区域的距工件表层的距离由磨削力比 F_n/F_t 决定,此处工件材料的塑性变形程度最大。磨削力 F_n/F_t 比越大,塑性变形最大的区域离工件表面越远,并且此处的硬化程度最大,硬化效果最明显。

对钛合金叶片榫头试样其他加工面和圆弧转角处的显微硬度测试结果进行分析,发现这些位置处加工硬化的程度及加工影响区的大小和配合面基本相同。其原因在于,单层钎焊 CBN 砂轮在缓进深切磨削钛合金的过程中,可以确保磨削弧区的温度始终保持在冷却液的成膜沸腾温度以下,不会产生钛合金回火软化现象,磨削过程中钛合金材料的冷态塑性变形是工件近表层加工硬化形成的主要原因;另外,由于单层钎焊 CBN 砂轮锋利度高,磨削力比 F_n/F_t 较小,因此,$1^\#$ 试样加工硬化程度比 $2^\#$ 试样小,表明在缓进深切磨削钛合金时,单层钎焊 CBN 砂轮具有比陶瓷结合剂 CBN 砂轮更好的磨削性能。

3) 表面层残余应力

磨削过程中工件加工表面的残余应力是热效应、塑性压粗效应、挤光效应以及比容变化效应综合作用的结果。这里主要讨论三种加工工艺方式对工件加工表层残余应力的影响。采用 X 射线衍射仪 (日本岛津,XD-3A) 测试钛合金叶片榫头加工表面的残余应力,采用 CuKα 射线,X 射线管电压 40kV,X 射线管电流 30mA,2θ 测试角度范围为 130°~170°,样品测试面尺寸为 4mm×20mm。

在该试验条件下,三种工艺条件下钛合金表面均为残余压应力,如图 5.53 所示。这对于提高氧化和燃气腐蚀环境中承受复杂应力的叶片榫头的使用性能非常有利。采用缓进深切磨削加工工艺的榫头表面残余应力绝对值明显小于车削试样。

在相同的工艺条件下，单层钎焊 CBN 砂轮加工出的榫头表面残余应力小于陶瓷结合剂 CBN 砂轮加工的试样。

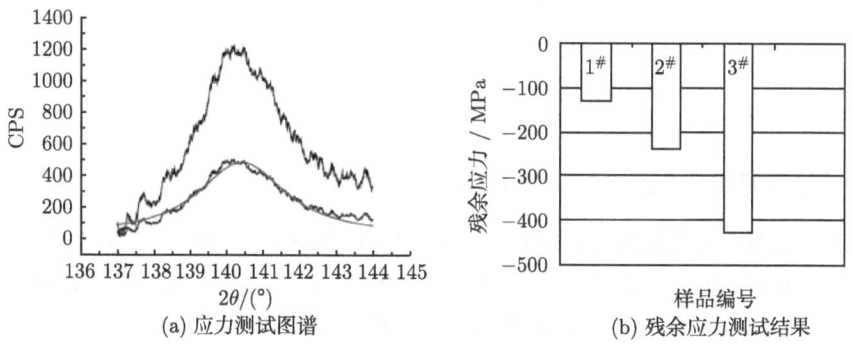

图 5.53 榫头加工表层残余应力

在磨削过程中，工件–砂轮接触的磨削弧区温度高，温度梯度大，当工件在冷却液的作用下快速冷却时，其表面就会获得残余拉应力；同时，由于磨削过程中磨粒的滑擦、耕犁以及切削作用，使得工件表面组织发生变化，产生塑性变形，会产生残余压应力。最终测得的表面残余应力是两者共同作用的结果。两种 CBN 砂轮加工试样表面都是残余压应力，表明采用 CBN 成形砂轮缓进深切加工钛合金时工件表层温度较低，温度梯度小，因而工件表层的残余应力主要受塑性变形和挤光效应影响，为压应力。

在同样的工艺条件下，砂轮本身的特性，如锋利度、容屑空间等会成为影响最终加工效果的决定性因素。相比于陶瓷结合剂 CBN 砂轮，钎焊 CBN 砂轮表面磨粒出露更高，砂轮更加锋利，加工过程中产生的磨削热就少。而且，钎焊砂轮结合剂层和基体都是金属，热传导率大，可以迅速疏导走磨粒顶端的热量。综合以上几个因素，钎焊 CBN 砂轮磨削钛合金时，表面残余应力小，硬化程度低，有利于获得好的表面完整性。

采用单层钎焊 CBN 砂轮缓进深切磨削加工钛合金叶片榫头的加工精度和表面完整性可以满足航空发动机叶片榫头的加工要求，且 CBN 磨粒切削能力优异，同时其硬度高，耐磨性好，可长期保持锋利状态，具有较高的形状精度和保持能力。且磨削加工采用单件加工的方式，不会出现车削加工时单批次大量产品报废的情况，提高了加工质量的可靠性。

同时，也计算了磨削加工单个榫头所需时间，包括更换工件在内，总共不超过 15min。据企业提供的信息，车削加工时，加工一个榫头所需的平均工时为 30~40min。单层钎焊 CBN 砂轮缓进深切磨削钛合金叶片榫头加工效率比车削提高了 1 倍。

采用单层钎焊 CBN 砂轮缓进深切磨削钛合金叶片榫头，实现钛合金叶片榫头的"以磨代切"是完全可行的，而且加工效率更高，质量稳定性更好，必将推动我国新一代航空发动机的研发进程。

5.2 镍基高温合金高效磨削

5.2.1 镍基高温合金及其磨削加工特点

镍基高温合金是以镍-铬固溶体为基体 (其中镍含量占 50% 以上)，并通过添加其他合金元素，如钴、钼、铝、铌、钨、硼和钛等，保证其具有良好热稳定性、热强韧性、抗腐蚀和氧化性以及高温组织稳定性的一类材料 [179−181]。它可在高温条件 (650°C 以上) 下长期服役于氧化和燃气腐蚀，以及复杂应力的条件。在先进航空发动机上，镍基高温合金质量占总质量的一半，不仅应用于燃烧室与涡轮部分，甚至包括压气机后几级高压叶片。在航空涡轮发动机涡轮部分，镍基高温合金主要应用在涡轮转子叶片、涡轮盘、高压涡轮导向器、高压涡轮外环等，如图 5.54 所示。

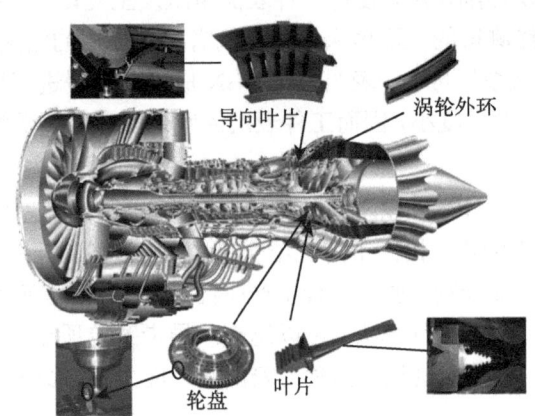

图 5.54 镍基高温合金在航空发动机涡轮部分的应用

资料来源: Pratt & Whitney Blohm Jung

镍基高温合金的优异高温热稳定性、热强性、众多强化相以及低热导率导致其成为典型的难加工材料。磨削过程中面临的加工困难主要表现为以下方面 [70,80,182−185]：

1) 砂轮磨损快、易黏附堵塞

高温合金的磨削加工过程中，砂轮磨粒既有磨耗磨损，还易发生严重的黏附堵塞。这主要是因为镍基高温合金高温强度高，材料塑性变形程度大，同时材料还中含有很多由金属间化合物、碳化物和硼化物等强化相构成的硬质点,从而使磨粒发生剧烈的磨耗磨损。此外,刚玉类砂轮与材料表面的部分金属氧化物 (如 Al_2O_3、Co_2O_3 与 Cr_2O_3) 具有相近的点阵参数,从而易造成该金属氧化物与刚玉形成黏附,同时由于这些金属氧化物的热膨胀系数十分接近,导致黏附物很难脱落。

2) 磨削力大、磨削温度高

引起磨削力大的主要因素为:磨削镍基高温合金时,切削变形功与摩擦能大。由激活能很高的高熔点元素构成的奥氏体纯度高、组织致密并且塑性好,从而造成切削变形功增大;同时金属间化合物与碳化物等强化相的强化作用,使得材料具有很高的屈服强度,也使得切削变形功增大。而砂轮的快速磨损与黏附,降低了砂轮的锋利度,提高了接触面的摩擦系数。高切削变形功与摩擦能,加上镍基高温合金材料本身较低的热导率,使得大量磨削热集中于磨削弧区,促使工件表面温度升高,同时磨削高温也加速了砂轮的磨损。

3) 加工质量难以保证

磨削力大,同时由于镍基高温合金本身硬度并不高,易造成工件表层组织的晶格发生严重扭曲,增大了冷作硬化程度;磨削高温易导致工件表面出现磨削烧伤,工件表层产生很大的残余拉应力。

5.2.2 镍基高温合金缓进深切磨削

1. 镍基高温合金缓进深切磨削力

1) 磨削用量对磨削力的影响

以铸造镍基高温合金 K424 为对象,开展钎焊 CBN 砂轮缓进深切磨削试验。砂轮特性、磨削用量、砂轮磨损状态和冷却润滑条件是影响磨削力大小的主要因素,而砂轮圆周速度、工件进给速度与切深是磨削过程的三个基本参数。在钎焊砂轮的稳定磨损阶段,选用单因素分析方法,研究了不同磨削用量对高效磨削时磨削力的影响,结果如图 5.55 所示。

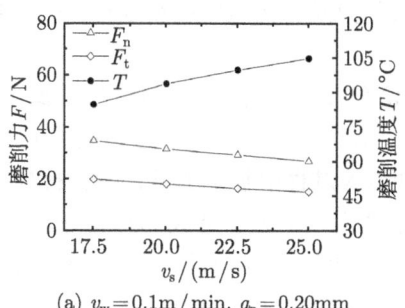

(a) $v_w=0.1{\rm m/min}$, $a_p=0.20{\rm mm}$

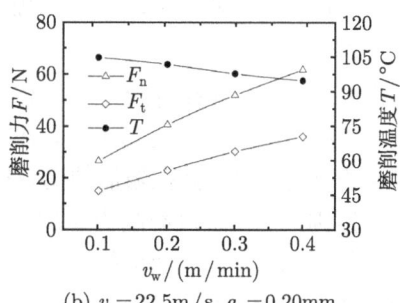

(b) $v_s=22.5{\rm m/s}$, $a_p=0.20{\rm mm}$

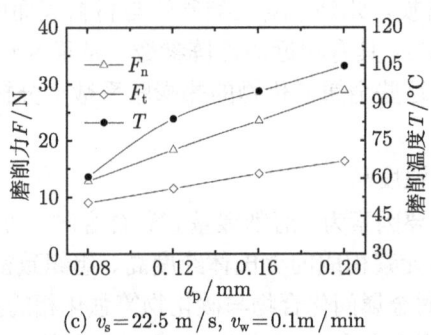

(c) $v_s=22.5$ m/s, $v_w=0.1$m/min

图 5.55　磨削用量对磨削力和工件表层温度的影响

分析图 5.55 可以看出：① 提高砂轮线速度 v_s，由于单位时间内参与切削的有效磨粒数增多，单颗磨粒平均切厚减小，因而可使总磨削力降低，如图 5.55(a) 所示；② 提高工作台进给速度 v_w，单颗磨粒切削厚度增加，总磨削力增大，如图 5.55(b) 所示；③ 增大切深 a_p，单颗磨粒切削厚度增加，砂轮与工件接触弧长增大，同时参与磨削的磨粒数增多，摩擦作用增强，因而总磨削力增大，如图 5.55(c) 所示。

单因素试验表明，使用单层钎焊 CBN 断续砂轮缓进给高效磨削镍基铸造高温合金 K424 型槽工件时，选用较高的砂轮圆周速度 ($\geqslant 20$m/s)，低工作台进给速度 (< 0.2m/min)，适中的切深 ($\geqslant 0.2$mm)，将磨削力控制在较小状态的目标完全可以实现。

2) 磨削力及力比随单位宽度材料去除量的变化

单位宽度材料去除量与磨削行程具有紧密联系，可表示为

$$Z' = n \cdot l \cdot a_p \tag{5.6}$$

式中，n 为磨削行程；l 为工件长度。

固定砂轮圆周速度 E_s 为 22.5m/s，工作台进给速度 E_w 为 0.1m/min，切深 a_p 为 0.2mm，测得高效磨削型槽工件过程中磨削力及力比随单位宽度材料去除量 Z' 的变化如图 5.56 所示。

由图 5.56(a) 可以看出，钎焊 CBN 砂轮在磨削 K424 合金过程中的磨削力是变化的。初期阶段磨削力逐渐上升，在 $Z' = 100$mm³/mm 附近达到最大值，继续加工磨削力又有降低，并在随后的高效磨削试验过程中基本上可长期保持稳定。

分析原因，初期阶段磨削力急剧增大主要由以下因素造成：① 由于工艺系统的弹性恢复，砂轮的实际切深将不断增大；② 在磨削开始阶段，主要是砂轮表面极少数出露较高的磨粒或者磨粒尖端作为有效工作部位参与被加工材料的切除。此

类磨粒或尖刃承受较大的切入压力,切削刃尖端将被迅速磨平或破碎为微刃,由于磨粒尖端磨损带面积持续增大,磨削力将随之增加。

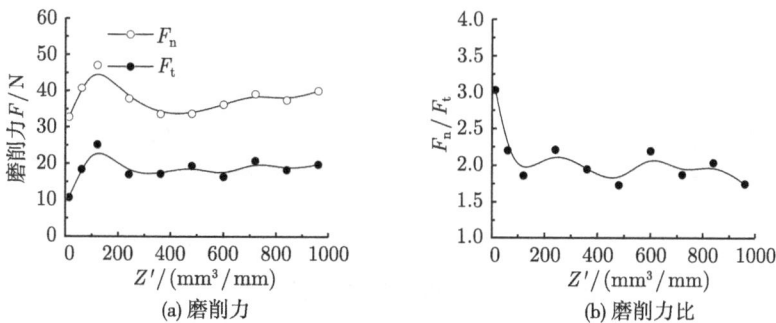

图 5.56 磨削力及其力比随单位宽度材料去除量的变化

随着砂轮工作面上 CBN 磨粒切削刃的高度逐渐趋于一致,有效磨粒数增加,新磨粒以锋利切削刃加入磨削过程,形成磨削力凸峰的下降阶段。达到一定磨削行程后,砂轮的实际切深以及 CBN 磨粒的磨损将趋于稳定,因此,磨削力将长时间处于稳定状态。但是,由于砂轮工作面上磨粒的磨耗平台不断增大,使得砂轮与工件之间的摩擦作用增强,此时磨削力总体上会呈现出非常缓慢的增长态势。由于一些随机因素的干扰,磨削力也可能在一定范围内波动。

另外,由于磨削力比 F_n/F_t 排除了因磨削用量的变化而造成磨削力变化的因素干扰,因而可作为缓进深磨过程中是否发生磨削烧伤的特征参量。由图 5.56(b) 中的磨削力比曲线可以看出,在钎焊 CBN 砂轮高效磨削 K424 合金过程中,磨削力比在单位宽度材料去除量 Z' 达到 $100\text{mm}^3/\text{mm}$ 后,基本维持在 $1.7\sim 2.1\text{N}$ 范围内,并未出现砂轮剧烈磨损后磨削力比急剧增大现象,这表明钎焊 CBN 砂轮具有优异而稳定的磨削性能。

2. 镍基高温合金缓进深切磨削温度

1) 磨削温度测试信号

图 5.57 显示了单层钎焊 CBN 砂轮缓进深切磨削镍基铸造高温合金 K424 时典型的温度信号。当工件进给速度 $v_w=0.1\text{m/min}$ 时,由于热电偶在工件上停留时间较长,因此,磨削温度信号从上升到下降的起始点和终点不如工件以 $v_w=0.4\text{m/min}$ 进给时明显。

图 5.57 中温度信号可分为两部分:第一部分代表磨削区工件表层的温度,由信号曲线的内包络线构成,它发生在靠近磨削区上端的地方;第二部分代表磨粒-工件间的磨削温度,由信号曲线上的毛刺部分构成,它是由磨粒磨过热电偶接点时产生热脉冲造成的。很明显,磨削区中磨粒-工件的接触点温度远高于磨削区的工件

表层温度，磨削区实际上就是由这一系列快速移动着的"热点"组成的。

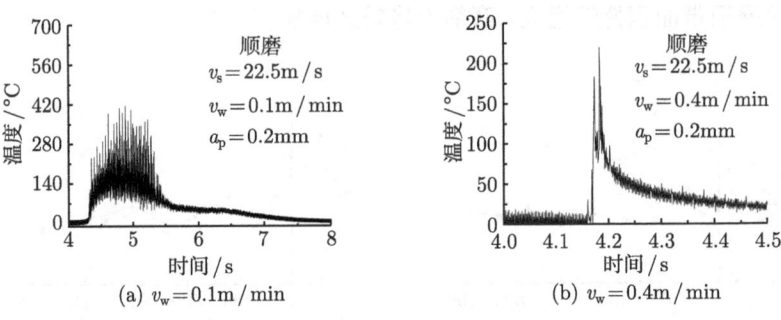

图 5.57 缓进磨削稳定阶段的温度信号

在采用电镀或烧结 CBN 砂轮磨削镍基高温合金过程中，由于第一部分温度作用时间较长，对工件加工表面质量 (如表面变质层、表面显微裂纹和残余应力等) 影响较大，因而研究这个温度具有重要意义。另外，分析磨粒-工件间的温度特点对探索新型钎焊 CBN 砂轮的磨损机理也具有重要价值。

2) 磨削用量及行程对工件表层温度的影响

图 5.55 显示了磨削用量对工件表层温度的影响，图中数据为温度信号中内包络线上的最大值。可以看出，随着砂轮圆周速度 v_s 增大，工件表层温度升高。这是因为当 v_s 增大后，单位时间内的工作磨粒数增多，单颗磨粒切厚变薄。这样，磨屑将被分割得较细，导致切屑变形能增大，同时产生耕犁与滑擦作用的磨粒数增多，使摩擦加剧。随着砂轮切深 a_p 增大，工件表层温度升高，原因主要在于磨削过程中的切屑变形力和摩擦力随 a_p 增大而增大。随着工件进给速度 v_w 增加，其表层温度呈微弱下降趋势。

图 5.58 显示了工件表层温度随行程 (此处用磨削次数 N 表示) 的变化。可以看出，工件表层温度与磨削力的变化趋势相近。很明显，钎焊 CBN 砂轮在磨削 K424 合金过程中，一旦处于稳定状态，就可长期保持。

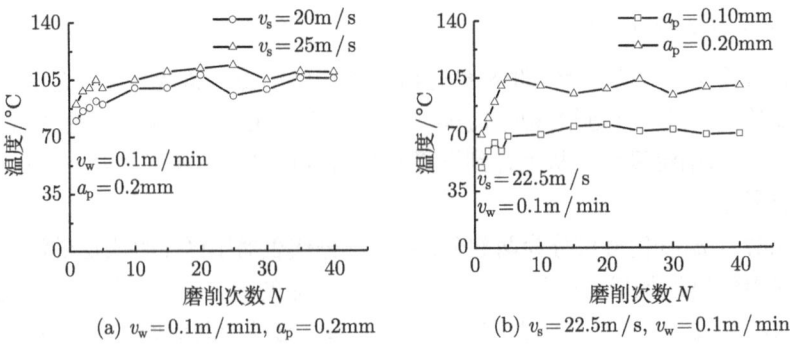

图 5.58 工件表层温度随磨削行程的变化

3) 工件磨削表层温度分析

尽管在采用陶瓷结合剂或电镀 CBN 砂轮缓进深磨镍基铸造高温合金时工件表层温度也可达到较低值，但是多数研究结果均显示缓磨过程中该温度容易突然上升，导致工件烧伤。近年来，国内外已对如何控制磨削突发烧伤进行了广泛研究，但始终不能彻底有效解决此类问题。然而由图 5.55 和图 5.58 可以看出，单层钎焊 CBN 砂轮在缓进深磨高温合金 K424 时工件表层温度不仅较低，仅为 100°C 左右，而且砂轮能够长时间保持稳定工作状态，未出现温度陡升现象。分析原因，单层钎焊 CBN 砂轮高效磨削 K424 合金过程中，工件表层长期保持较低温度主要可归结为以下几点：

(1) CBN 磨粒的优异切削能力和导热性能。由于 CBN 磨粒极其耐磨，可长期保持锋利状态，使得加工过程中镍基高温合金的磨削比能可有一定程度降低，因而产生的磨削热较少；此外，CBN 磨粒具有优异的导热性能，磨削过程中产生的热量可被磨粒迅速传送出磨削弧区，因而进入工件的热量相对较少。

(2) 磨粒之间充裕的容屑空间。凭借磨粒与钎料之间的化学结合，只需较浅的包埋深度即能满足加工过程对磨粒把持强度的要求，这样磨粒之间的容屑空间可得到明显改善，从而有效避免了磨屑塞积与黏结，也使得磨削过程中磨削热生成量显著降低。

(3) 钎焊砂轮基体与结合剂层的优良导热性能。由于钎焊 CBN 砂轮采用了 45 钢基体和 Ag 基钎料结合剂层，因此，在加工过程中磨削区产生的能量，绝大部分可通过具有优异导热能力的 CBN 磨粒与钎料层传给金属基体，这与普通砂轮磨削热的传递机制——陶瓷结合剂砂轮基体和胎体材料基本不吸收热量，或者电镀砂轮镀镍层导热系数较低有很大差别。这样可确保只有极少部分磨削热传给工件，有利于维持较低的工件表层温度。

3. 镍基高温合金缓进深切磨削表面完整性

为了考察钎焊 CBN 砂轮的磨削性能，开展镍基高温合金直槽工件成形磨削。选择表面粗糙度、显微硬度与金相组织和表面层残余应力作为主要考察对象，分析单层钎焊 CBN 砂轮高效磨削高温合金 K424 工件的表面完整性。

1) 表面粗糙度

钎焊 CBN 砂轮在恒定磨削用量 $v_s = 22.5\text{m/s}$，$v_w = 0.1\text{m/min}$，$a_p = 0.2\text{mm}$ 条件下加工出的 K424 合金工件表面的测试结果表明，表面粗糙度 R_a 为 1.0～1.6μm，如图 5.59(a) 所示。表面显微形貌分析表明，磨粒切削痕迹清晰规整，沟痕两侧金属隆起较小，无明显缺陷，如图 5.59(b) 所示。

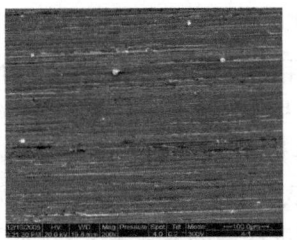

(a) 工件槽口　　　　　　　(b) 表面微观形貌

图 5.59　工件加工表面形貌

在单层钎焊 CBN 砂轮缓进深磨高温合金型槽过程中，由于成型砂轮端面与型槽内侧表层金属之间的接触压力，砂轮侧面磨粒会对型槽内侧产生一定程度的摩擦抛光作用，消除磨削时形成的沟痕与塑性隆起，因而型槽内侧表面粗糙度可比传统加工方法有明显改善。

2) 显微硬度与金相组织

镍基铸造高温合金材料的基体硬度并不高，但由于磨削过程中磨粒的滑擦、耕犁以及切削作用使工件表层塑性变形区的晶格严重扭曲，这极大地增加了变形阻力，导致在工件近表面区域产生一定程度的加工硬化层。但在采用陶瓷结合剂或电镀 CBN 砂轮进行缓进给强力磨削高温合金过程中，由于磨削弧区高温对材料的回火软化作用，也可能引起工件表层显微硬度明显下降，甚至比基体还低。研究表明，磨削表层硬化程度太高或者回火软化都会显著降低材料本身的性能。

为分析单层钎焊 CBN 砂轮高效磨削 K424 合金工件型槽加工面近表层的显微硬度变化，采用 HXS-1000A 显微硬度计分别对型槽侧面、底面及圆弧转角区域进行测试，载荷选为 100g。为尽量减小测量微坑对其周围材料造成加工硬化从而影响邻近点的测量值，试验中选择与加工表面呈 45° 的直线方向进行测量，并确保测量点在加工表面法线方向以 5μm 递增，如图 5.60(a) 所示。在恒定磨削用量 ($v_s = 22.5 \text{m/s}$, $v_w = 0.1 \text{m/min}$, $a_p = 0.2 \text{mm}$) 下，钎焊 CBN 砂轮磨削的 K424 合金工件型槽侧面显微硬度变化测试结果如图 5.60(b) 所示。

由图 5.60 可以看出，K424 合金基体显微硬度值 HV 为 3800～3900MPa，而磨削表层显微硬度值 HV 为 5000～5500MPa。磨削表层与基体相比较，硬化程度仅提高约 30%，硬化层深度小于 30μm，并且在工件中未出现表层软化现象。磨削影响区的显微硬度最大值不是在工件最表层，而是在距离表层 10μm 处，其原因主要在于，缓进深磨过程中的单颗磨粒切厚较小，因而工件磨削表层塑性变形首先出现的位置将由法向力与切向力之比 (F_n/F_t) 决定，该位置在磨削加工过程中的塑性变形程度最大。F_n/F_t 越大，首先出现塑性变形的位置将离开表面越远，并且该位置的硬化效果最明显，显微硬度值也最高。

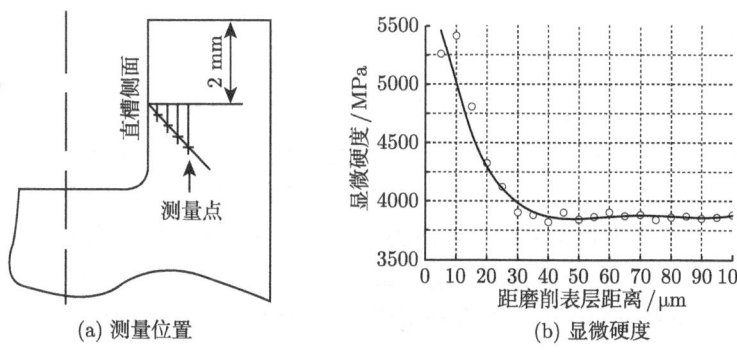

(a) 测量位置 (b) 显微硬度

图 5.60 K424 合金型槽工件侧面磨削加工近表层显微硬度

对工件型槽底面和圆弧转角处的显微硬度分析也显示出与侧面相同的趋势。这表明，由于钎焊 CBN 砂轮在高效磨削镍基铸造高温合金过程中可以确保弧区的磨削温度始终保持在较低值，因而冷态塑性变形是磨削过程中工件近表层加工硬化的主导因素，而回火软化对此无显著影响；另外，由于钎焊 CBN 砂轮比较锋利，F_n/F_t 较小，因此，磨削影响区较小，显微硬度仅在最表层有变化。这显示出单层钎焊 CBN 砂轮具有较佳的磨削性能。

图 5.61 显示了镍基铸造高温合金 K424 磨削影响区及基体的金相组织。可以看出，磨削表层未产生任何显微裂纹，并可观察到 NiAl 相。相关分析显示，NiAl 相的显微硬度值较高 (HV 为 5500～5900MPa)，而 K424 合金基体 (γ 相 $+\gamma'$ 相) 的显微硬度较低 (HV 为 3200～3900MPa)，这与加工近表层显微硬度的实际测量结果基本一致。

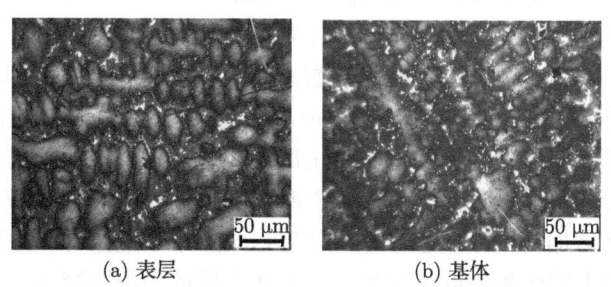

(a) 表层 (b) 基体

图 5.61 K424 合金型槽工件金相组织

3) 表面层残余应力

磨削过程中工件加工表面的残余应力是热效应、塑性压粗效应、挤光效应以及比容变化效应综合作用的结果。由于缓进深磨过程中切深对残余应力的影响比较显著，因此，主要讨论切深变化对工件磨削表层的纵向应力 σ_x(沿磨削方向) 和横向应力 σ_y(垂直于磨削方向) 的影响。残余应力测试采用日本岛津 (XD-3A)X 射线衍射仪，铜靶 (CuKα, $\lambda = 0.1542$nm)，石墨单色器 ($2d_\alpha = 0.6708$nm)。样品测试面为 (6×20)mm^2，厚度为 6mm。

采用传统型槽工件加工方法 (工件经铣削后再磨削型槽内侧)，工件表面为残余拉应力状态，表层最大残余拉应力值甚至可达到 40MPa。然而从单层钎焊 CBN 砂轮缓进深磨过程中切深对工件磨削表面残余应力的影响可以看出，在本书的试验条件下，K424 合金表面为残余压应力，而且随着切深增加，残余压应力不断减小，横向应力值总是大于纵向应力值，如图 5.62 所示。这对于提高在氧化和燃气腐蚀环境中承受复杂应力的高温合金型槽工件的使用性能非常有利。

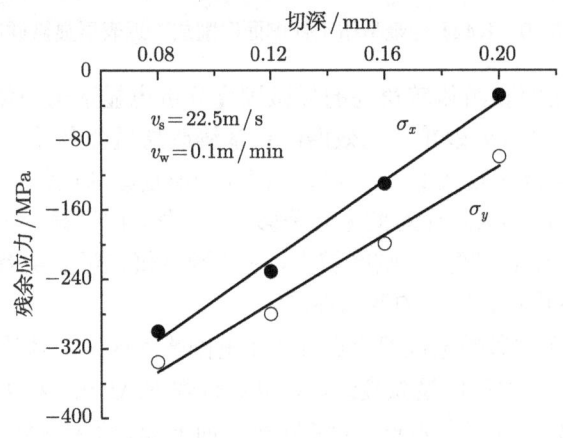

图 5.62 切深对型槽工件磨削加工表层残余应力的影响

分析原因，由于单层钎焊 CBN 砂轮高效磨削 K424 合金时工件表层温度仅为 100°C 左右，因而工件表层的残余应力主要受塑性压粗效应和挤光效应影响。当切深较小时，由于挤光作用占主导地位，磨削表面的横向和纵向尺寸增大，使得工件表层产生较大压应力。尽管塑性压粗效应对工件沿磨削方向和垂直磨削方向的残余应力有相反影响，但由于钎焊砂轮加工时磨削力较小，塑性压粗效应相对较弱，因而工件应力分布总是垂直磨削方向的横向压应力 σ_y 大于沿磨削方向的纵向应力 σ_x。但随着切深增加，磨削力逐渐增大，塑性压粗效应增强，使得挤光效应相对下降，两者综合作用的结果使得工件加工表面残余压应力不断减小。

5.2.3 镍基高温合金高速超高速磨削

1. 镍基高温合金高速超高速磨削力

1) 试验条件

工件材料选择 GH4169 高温合金，选用陶瓷、电镀和钎焊三种 CBN 砂轮进行高速超高速磨削对比试验，各砂轮参数见表 5.5。试验在高速平面精密磨床 (PROFI-

MAT MT 408) 上进行。

表 5.5 CBN 砂轮参数

结合剂类型	砂轮外径/mm	砂轮宽度/mm	磨料粒度/目	浓度/%
陶瓷	400	10	80/100	300
电镀	400	10	80/100	—
钎焊 (单层)	400	10	80/100	—

陶瓷结合剂 CBN 砂轮实物如图 5.63 所示，许用的最大砂轮线速度为 140m/s，砂轮外径为 400mm，内径 127mm，宽度 10mm，浓度 300%。图 5.64 所示为电镀 CBN 砂轮。钎焊 CBN 砂轮为我们自主研制的单层砂轮，如图 5.65 所示。其磨粒为有序排布，排布方式为直排，相邻两排磨粒之间的间距为 1mm。

图 5.63 陶瓷结合剂 CBN 砂轮

图 5.64 单层电镀 CBN 砂轮

图 5.65 单层钎焊 CBN 砂轮

磨削用量的选取见表 5.6,磨削方式为逆磨。试验主要研究砂轮线速度、工件进给速度及切深等方面对磨削力和磨削温度的影响。

表 5.6　磨削测力测温工艺参数

工艺参数	参数值
砂轮线速度 v_s/(m/s)	80、100、120、135
工件进给速度 v_w/(m/min)	0.1、0.2、0.4、0.6、0.8、1、1.2、1.8、2.4、3、6、9、12、15
切深 a_p/mm	0.01、0.03、0.05、0.08、0.1

2) 磨削用量对磨削力的影响

图 5.66 和图 5.67 显示了随砂轮线速度 v_s 的变化,砂轮单位宽度法向磨削力 F_n' 和单位宽度切向磨削力 F_t' 变化的情况。可见,无论是陶瓷 CBN 砂轮还是钎焊 CBN 砂轮,其单位宽度法向磨削力和单位宽度切向磨削力随砂轮线速度的增大,都呈比较明显的下降趋势。这是因为,在切深 a_p 及工件进给速度 v_w 一定的情况下 (v_w=6m/min、a_p=0.03mm),提高砂轮线速度 v_s 意味着增加了单位时间内通过磨削弧区的磨粒数,使得最大未变形切屑厚度 h_{max} 减小,从而减小了单颗磨粒的切深,切屑变薄,切屑截面积减小,因此,总磨削力随之降低。

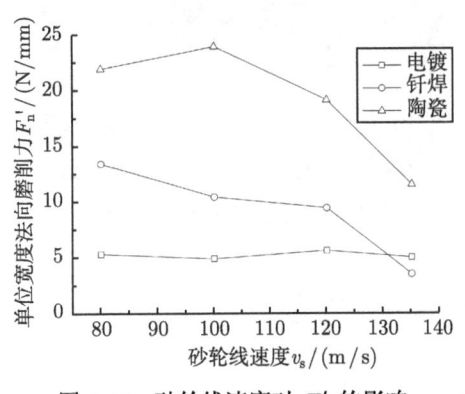

图 5.66　砂轮线速度对 F_n' 的影响

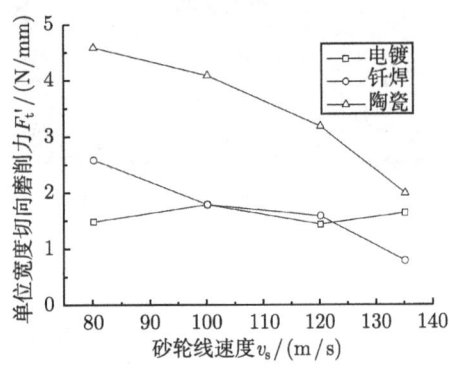

图 5.67　砂轮线速度对 F_t' 的影响

同时可以看出,钎焊 CBN 砂轮和电镀 CBN 砂轮的磨削力明显低于陶瓷结合剂 CBN 砂轮的磨削力,这主要是由于钎焊和电镀 CBN 砂轮均为单层砂轮,容屑空间比较大,砂轮不容易黏附和堵塞,CBN 磨粒与基体之间结合牢固,比较容易发挥其切削能力强的优势。

另外,随砂轮线速度增大,电镀 CBN 砂轮的磨削力变化很小。电镀和钎焊 CBN 砂轮相比,在砂轮线速度为 80m/s 左右的高速磨削时,电镀 CBN 砂轮的磨削力要明显低于钎焊 CBN 砂轮的磨削力,而当砂轮线速度达到 135m/s 左右时,

5.2 镍基高温合金高效磨削

钎焊 CBN 砂轮的磨削力则低于电镀 CBN 砂轮的磨削力。

图 5.68~图 5.71 显示了砂轮线速度 v_s 分别为 135m/s 和 80m/s 时,工件进给速度 v_w 对法向磨削力 F_n' 和切向磨削力 F_t' 的影响规律。其中,对于陶瓷、钎焊和电镀 CBN 砂轮,其 F_n' 和 F_t' 均随工件进给速度增大而增大,且上升的幅度比较大,可见工件进给速度对磨削力的影响比较大。这是因为在砂轮线速度 v_s 及切深 a_p 一定的情况下,提高工件进给速度 v_w,使得单颗磨粒切厚 $h_{\max}$ 增大,总磨削力增大。同时可以看出,电镀和钎焊 CBN 砂轮的磨削力明显比陶瓷砂轮的磨削力要小。电镀和钎焊砂轮的磨削力相比,当线速度为 80m/s 时,电镀 CBN 砂轮的磨削力相对较小;而线速度为 135m/s 时,钎焊砂轮的磨削力则相对较小。

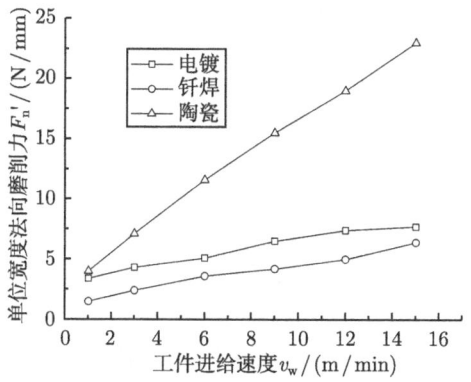

图 5.68 工件进给速度对 F_n' 的影响
(v_s=135m/s, a_p=0.03mm)

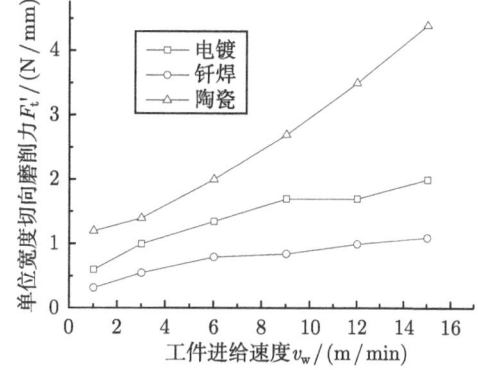

图 5.69 工件进给速度对 F_t' 的影响
(v_s=135m/s, a_p=0.03mm)

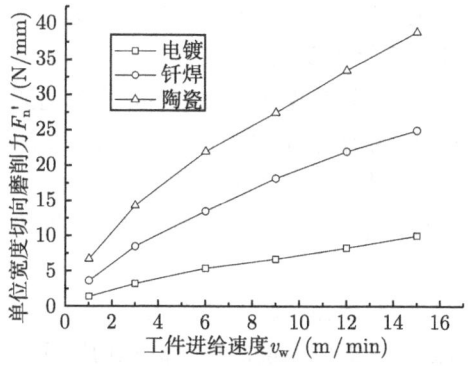

图 5.70 工件进给速度对 F_n' 的影响
(v_s=80m/s, a_p=0.03mm)

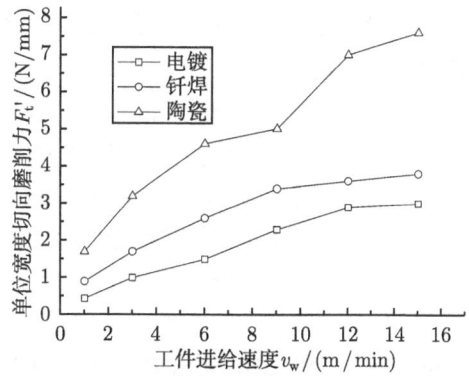

图 5.71 工件进给速度对 F_t' 的影响
(v_s=80m/s, a_p=0.03mm)

图 5.72 与图 5.73 分别为陶瓷、电镀和钎焊 CBN 砂轮在砂轮线速度 v_s 为 135m/s，工件进给速度 v_w 为 6m/min 的情况下，单位宽度法向磨削力 F_n' 和单位宽度切向磨削力 F_t' 与切深 a_p 的关系。可见，在工件进给速度和砂轮线速度一定时，随着切深的加大，单位砂轮宽度的法向磨削力和切向磨削力都相应增大。这是因为在相同情况下，切深增大，使得单颗磨粒的最大未变形切削厚度 $h_{\max}$ 增大，砂轮与工件接触弧长增大，同时参与磨削的有效磨粒数增多，导致磨削力增大，且影响最为显著；同时切深增大，磨削过程中砂轮黏结剂、磨屑及被磨工件之间的滑擦作用也增大，因此磨削力也增大。

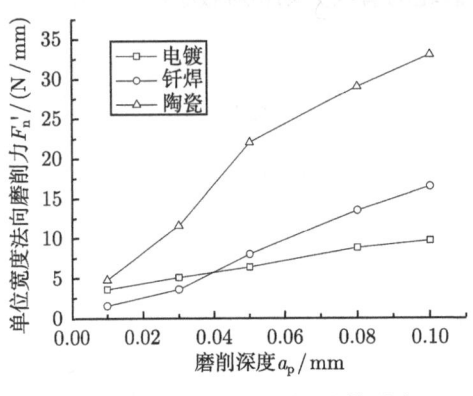

图 5.72 切深对 F_n' 的影响

(v_s=135m/s, v_w=6m/min)

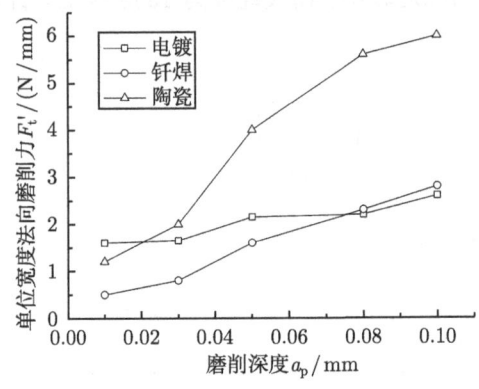

图 5.73 切深对 F_t' 的影响

(v_s=135m/s, v_w=6m/min)

3) 磨削用量对磨削比能的影响分析

(1) 工件进给速度与磨削比能的关系。图 5.74 是砂轮线速度分别为 135m/s 和 80m/s 时，磨削比能随工件进给速度的变化情况。对于三种砂轮，磨削比能均随工件进给速度的增大呈明显下降的趋势，且下降趋势逐渐变缓。

对于砂轮线速度为 135m/s 的高速磨削，工件进给速度大于 3m/min 磨削比能基本不变，且钎焊砂轮的磨削比能要低于电镀砂轮的磨削比能；而当砂轮速度为 80m/s 时，工件进给速度为 3~6m/min 磨削比能基本不变，且电镀砂轮的磨削比能低于钎焊砂轮的磨削比能。另外，在两种砂轮线速度下，陶瓷结合剂 CBN 砂轮的磨削比能要比钎焊和电镀砂轮的磨削比能都高。

(2) 单颗磨粒切厚与磨削比能的关系。图 5.75 是在砂轮线速度为 135m/s 和 80m/s 时，三种 CBN 砂轮磨削镍基高温合金过程中磨削比能随单颗磨粒切厚变化的情况。由此可见：① 随着单颗磨粒切厚增大，磨削比能呈下降趋势，随着单颗磨粒切厚不断增大，磨削比能下降的趋势渐缓；② 在相同的单颗磨粒切厚下，钎焊 CBN 砂轮的磨削比能最小，电镀 CBN 砂轮次之，而陶瓷 CBN 砂轮的磨削比能最大；③砂轮线速度为 80m/s 时，磨削比能与单颗磨粒切厚关系曲线的"拐点"在 0.3μm 左右，而当砂轮线速度升高到 135m/s 时，曲线的"拐点"则减小到 0.2μm 左右。也就是说，提高砂轮线速度，可以降低去除单位体积材料所需要消耗的能量。

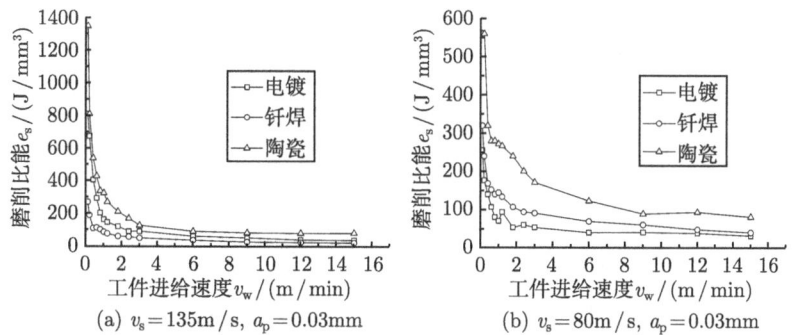

图 5.74 工件进给速度对磨削比能的影响

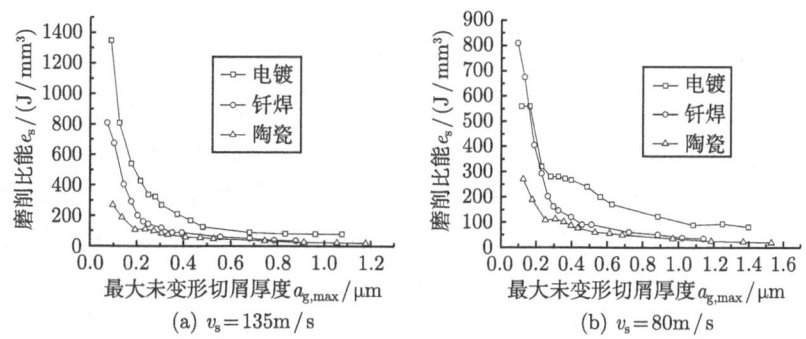

图 5.75 单颗磨粒切厚与磨削比能的关系图

2. 镍基高温合金高速超高速磨削磨削温度

针对 CBN 砂轮高速超高速磨削镍基高温合金过程中的磨削温度进行研究，分析磨削温度的特点和规律。

磨削用量对磨削温度有影响，表现在：

(1) 砂轮线速度的影响。为研究磨削温度与砂轮线速度的关系，选用工件进给速度 v_w 为 6m/min，切深 a_p 为 0.03mm。图 5.76 所示为三种 CBN 砂轮在不同工件进给速度范围内磨削温度与砂轮线速度的关系。

可以看出，随着砂轮线速度增大，电镀和钎焊砂轮的磨削温度逐渐降低，而陶瓷砂轮的磨削温度则呈现上升趋势，而且电镀砂轮的磨削温度明显低于钎焊和陶瓷砂轮的磨削温度，陶瓷砂轮的磨削温度最高。这主要与砂轮的构造有关。CBN 磨粒具有良好的导热性能,电镀和钎焊 CBN 砂轮的磨粒直接与砂轮基体接触,磨削过程中磨粒表面所产生的瞬时高温可迅速传递到砂轮基体,从而降低了磨削弧区的温度,而陶瓷砂轮的磨粒不与基体接触,因此,导热性相对较差,导致磨削温度相对较高。

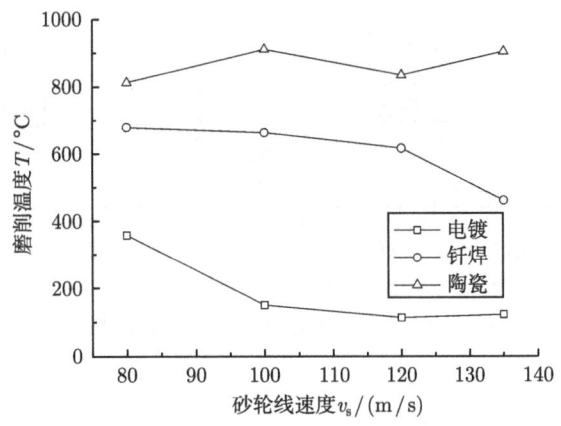

图 5.76 砂轮线速度对磨削温度的影响 (v_w=6m/min,a_p=0.03mm)

(2) 工件进给速度的影响。选用砂轮线速度为 80m/s 和 135m/s,切深 a_p=0.03mm。图 5.77 所示分别为陶瓷、电镀和钎焊三种 CBN 砂轮在不同砂轮线速度下磨削温度与工件进给速度的关系。可以看出,当砂轮线速度 v_s=135m/s 时,随工件进给速度 v_w 的增大,陶瓷和钎焊砂轮的磨削温度不断升高,并且在 v_w 小于 3m/min 时,磨削温度随工件进给速度的增大而急剧增大,当 v_w 超过 3m/min 时,磨削温度则增加缓慢;而电镀砂轮的磨削温度则随工件进给速度的增大呈起伏波动的趋势。当砂轮线速度 v_s=80m/s 时,随 v_w 的增大,三种砂轮的磨削温度均升高,并且在 v_w 小于 3~6m/min 时,磨削温度随工件进给速度的增大而急剧增大,当 v_w 超过 3~6m/min 时,磨削温度则增加缓慢。

(3) 切深的影响。图 5.78 所示为三种 CBN 砂轮在不同工件进给速度范围内磨削温度与切深的关系。选用工件进给速度 v_w=6m/min,砂轮线速度 v_s=135m/s。从试验结果来看,切深对磨削温度的影响很明显,对于这三种砂轮,磨削温度随切深的增加均有明显上升。因为随着切深增加,单颗磨粒切厚增大,切向力和法向力都增大,磨削比能增大,热源强度增大,切屑变形抗力及摩擦力均增大,所以温度明显增大。

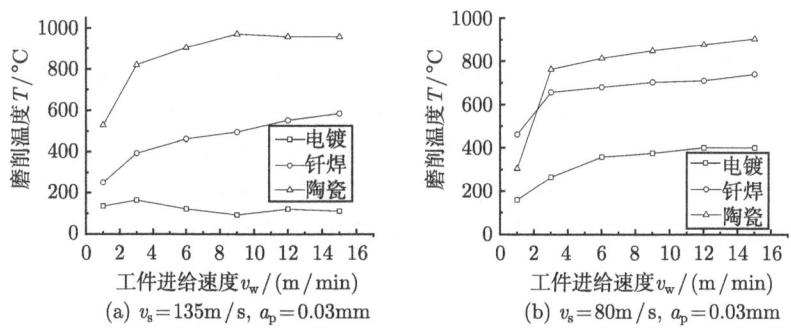

图 5.77 工件进给速度对磨削温度的影响

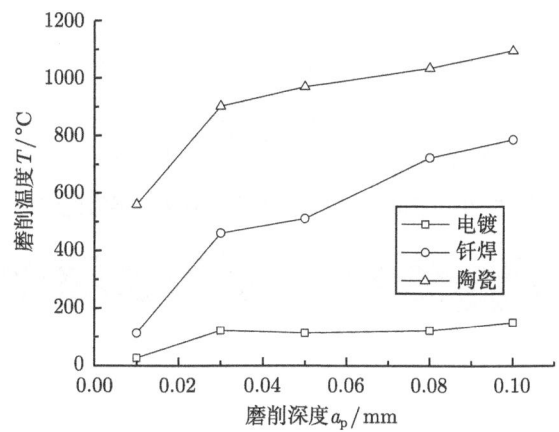

图 5.78 切深对磨削温度的影响 (v_s=135m/s, v_w=6m/min)

3. 镍基高温合金高速超高速磨削表面完整性

选择金相组织和表面层显微硬度作为评价 CBN 砂轮高速磨削 GH4169 镍基高温合金表面完整性的主要指标。为了研究不同磨削用量对工件表面层显微组织和显微硬度的影响,在对磨削力和磨削温度研究的基础上,选择砂轮线速度 135m/s,工件进给速度 6m/min,切深为 0.01、0.03、0.08mm 的磨削工件制作金相试样进行对比分析。

1) 表面层金相组织

通过三维视频显微镜 KH-7700 观察到 GH4169 镍基高温合金工件磨削前基体的金相组织如图 5.79 所示。图 5.80~图 5.82 分别为三种砂轮在不同的磨削用量下磨削后,工件表面层显微组织照片。可以看出,陶瓷结合剂 CBN 砂轮磨削后,工件表面有明显的变质层,且随磨削用量增大,变质层厚度增加,而钎焊和电镀 CBN 砂轮磨削后的工件表面层晶粒没有发生明显变化。这主要是由磨削温度的作用导致，磨削高温是导致磨削烧伤的直接因素。由于陶瓷砂轮的磨削温度明显要高于钎焊和电镀砂轮的磨削温度，一般达到 850°C 以上，而电镀和钎焊砂轮的磨削温度均在 850°C 以下。对于 GH4169 镍基高温合金，发生烧伤的最低温度为 850°C。在这个温度条件下，镍基高温合金表面层的金相组织将发生变化，当用腐蚀液进行腐蚀时，靠近磨削表面的部分不与腐蚀液发生反应或者反应不明显，使晶界变得模糊，在金相显微镜下这层变质层与基体颜色明显不同，呈现白色，称之为"白层"。

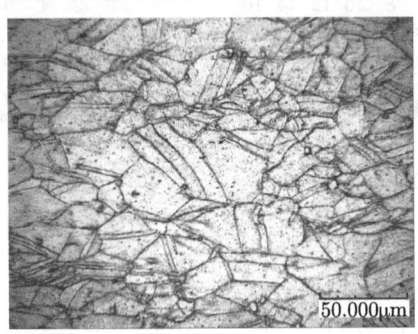

图 5.79　GH4169 镍基高温合金基体的显微组织

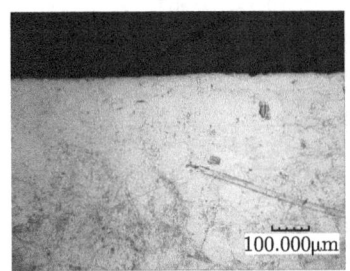 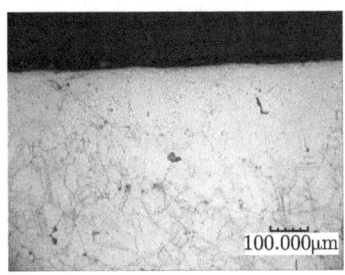

(a) $v_s=135\mathrm{m/s}$, $v_w=6\mathrm{m/min}$, $a_p=0.01\mathrm{mm}$　　(b) $v_s=135\mathrm{m/s}$, $v_w=6\mathrm{m/min}$, $a_p=0.03\mathrm{mm}$

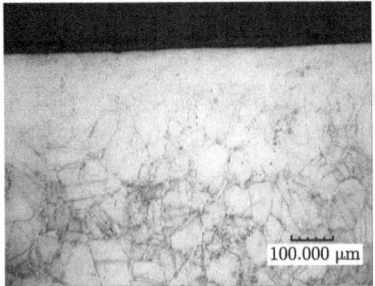

(c) $v_s=135\mathrm{m/s}$, $v_w=6\mathrm{m/min}$, $a_p=0.08\mathrm{mm}$

图 5.80　陶瓷 CBN 砂轮磨削镍基高温合金表面层显微组织

5.2 镍基高温合金高效磨削

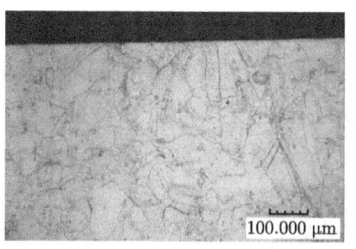

(a) $v_s=135\text{m/s}$, $v_w=6\text{m/min}$, $a_p=0.01\text{mm}$

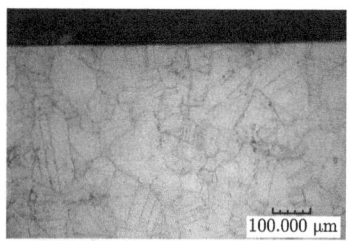

(b) $v_s=135\text{m/s}$, $v_w=6\text{m/min}$, $a_p=0.03\text{mm}$

(c) $v_s=135\text{m/s}$, $v_w=6\text{m/min}$, $a_p=0.08\text{mm}$

图 5.81 钎焊 CBN 砂轮磨削高温合金表面层显微组织

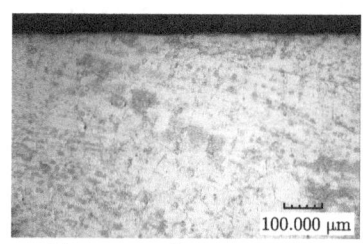

(a) $v_s=135\text{m/s}$, $v_w=6\text{m/min}$, $a_p=0.01\text{mm}$

(b) $v_s=135\text{m/s}$, $v_w=6\text{m/min}$, $a_p=0.03\text{mm}$

(c) $v_s=135\text{m/s}$, $v_w=6\text{m/min}$, $a_p=0.08\text{mm}$

图 5.82 电镀 CBN 砂轮磨削高温合金表面层显微组织

2) 表面层显微硬度

显微硬度不但能检测烧伤还能检测加工硬化，在砂轮的磨削过程中，磨粒的滑擦、耕犁与切削作用使工件表面发生塑性变形，塑性变形的重要特征之一是产生加工硬化。试验加载载荷为 100g，加载时间为 15s，加载示意图如图 5.83 所示。

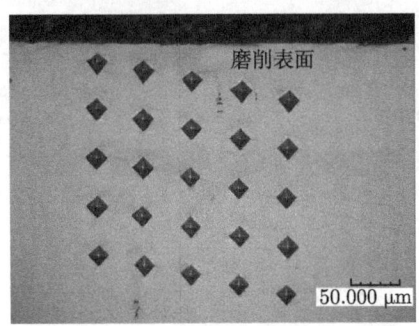

图 5.83　显微硬度测量示意图

图 5.84～图 5.86 分别为三种不同的砂轮在不同的磨削用量下工件表面层的显微硬度。

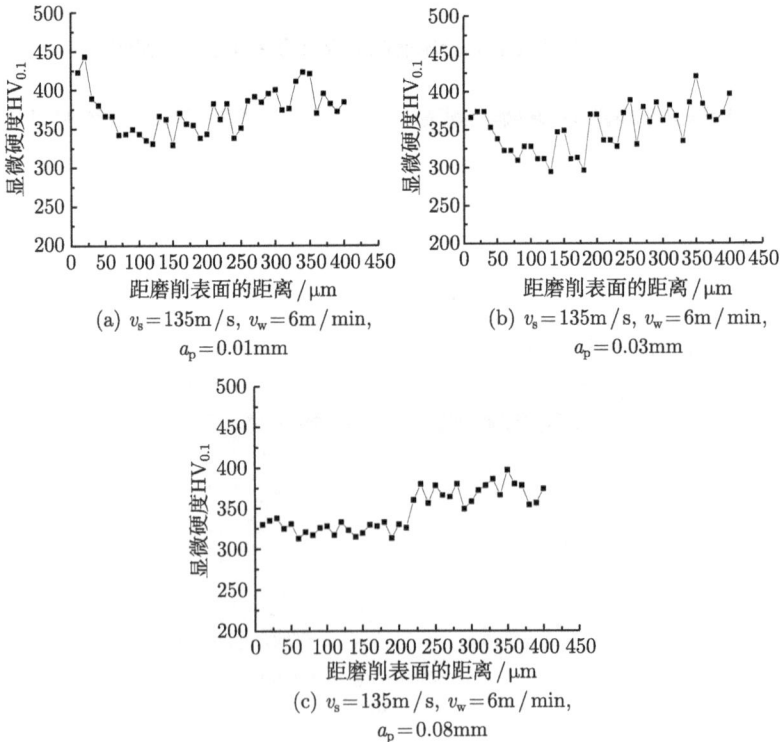

图 5.84　陶瓷 CBN 砂轮磨削高温合金表面下不同深度处的显微硬度

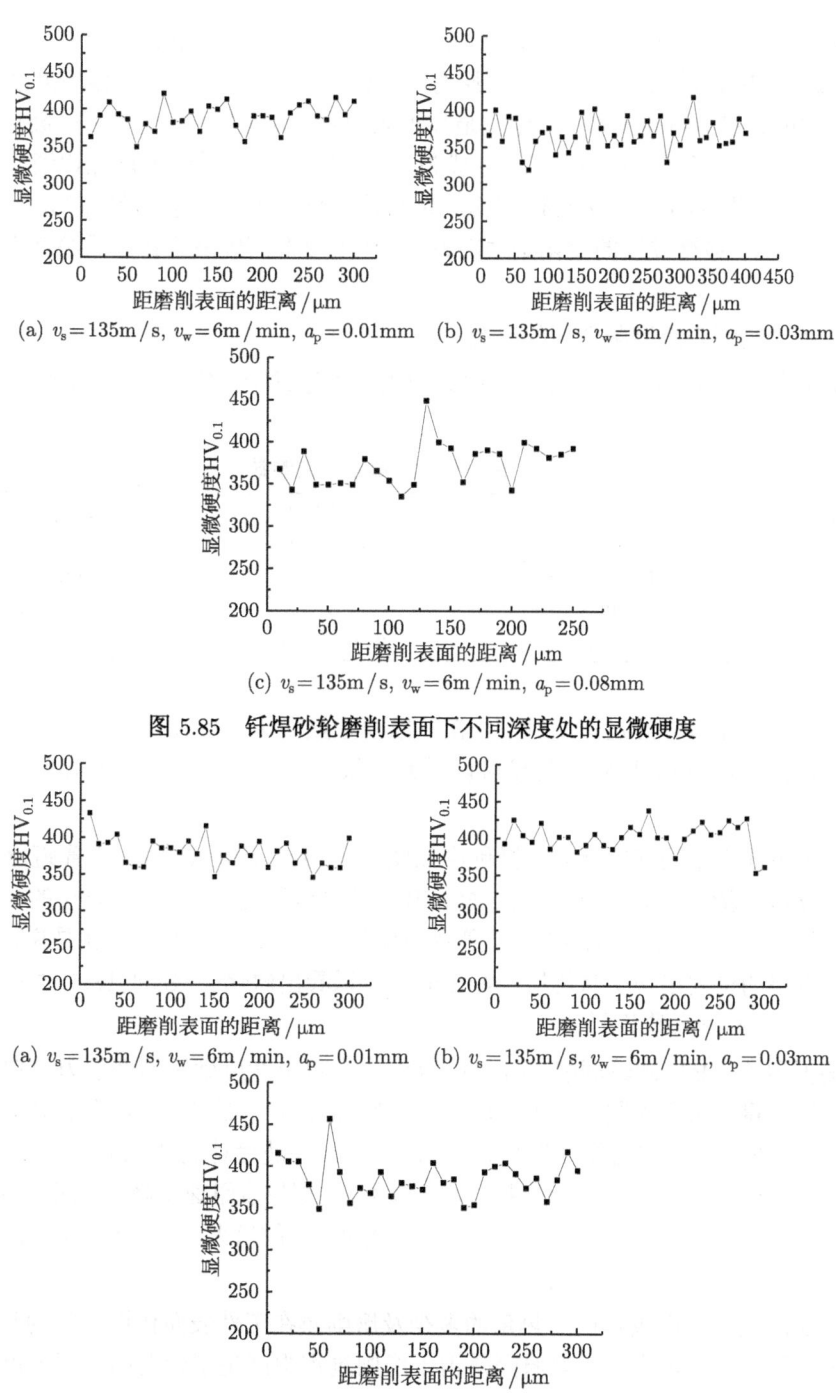

(a) $v_s=135\text{m/s}$, $v_w=6\text{m/min}$, $a_p=0.01\text{mm}$ (b) $v_s=135\text{m/s}$, $v_w=6\text{m/min}$, $a_p=0.03\text{mm}$

(c) $v_s=135\text{m/s}$, $v_w=6\text{m/min}$, $a_p=0.08\text{mm}$

图 5.85 钎焊砂轮磨削表面下不同深度处的显微硬度

(a) $v_s=135\text{m/s}$, $v_w=6\text{m/min}$, $a_p=0.01\text{mm}$ (b) $v_s=135\text{m/s}$, $v_w=6\text{m/min}$, $a_p=0.03\text{mm}$

(c) $v_s=135\text{m/s}$, $v_w=6\text{m/min}$, $a_p=0.08\text{mm}$

图 5.86 电镀砂轮磨削表面下不同深度处的显微硬度

可以看出，钎焊 CBN 砂轮磨削镍基高温合金的表面层显微硬度没有明显的变化，电镀 CBN 砂轮磨削后工件表面层有轻微的硬化，而陶瓷 CBN 砂轮磨削后工件表面层的显微硬度则有较大变化，最靠近表面有一层显微硬度较大的"硬化层"，然后硬度逐渐下降到基体硬度以下，成为"软化层"，最后随深度增加逐渐回落到基体硬度。软化层的厚度与前述"白层"的厚度相同，且随磨削用量的增大，"软化层"逐渐增大。显微硬度的变化是磨削力、磨削温度及磨削液等各方面综合作用的结果。

3) 镍基高温合金磨削白层的研究

采用陶瓷 CBN 砂轮，以表 5.7 的磨削用量进行试验，对白层进行研究。

表 5.7 白层研究用磨削工艺参数

编号	砂轮线速度 v_s/(m/s)	工件进给速度 v_w/(m/min)	切深 a_p/mm
1	80、120、135	3	1.0
2	135	3	0.2、0.5、1.0
3	135	3、6、9、15	0.5

镶好的金相试样经过酸腐蚀后，在三维视频显微镜下放大 100 倍后获得金相试样的照片如图 5.87 所示。明显可以看到一层"白层"，其颜色与基体颜色明显不同。

磨削表面下不同深度处的显微硬度如图 5.88 所示。可以看出，在靠近磨削表层的位置，显微硬度较高，甚至高于材料基体的显微硬度。而工件次表层的显微硬度则较低，然后随着深度的增加，显微硬度慢慢升高到基体硬度。也就是说，在靠近工件表层的位置出现了软化层。从图 5.88 可以看出软化层深度与图 5.87 中所示的"白层"的厚度大致相同。

测得陶瓷 CBN 砂轮磨削 GH4169 高温合金单位宽度砂轮的磨削力及白层厚度与磨削用量的关系如图 5.89 所示。随着砂轮线速度 v_s 的增大，法向和切向磨削力均一定程度减小，白层厚度先增大后减小，在砂轮速度达到 120m/s 时，白层厚度达到最大值。然后随着砂轮线速度继续增大，白层厚度迅速下降。切深 a_p 增大，则磨削力和白层厚度均增大。随着工件进给速度 v_w 的增大，磨削力增大，而白层厚度则随进给速度的增大而减小。

白层厚度与磨削过程产生热量的多少及磨削热在工件表面作用时间的长短有直接的关系。白层形成的主要原因是由于磨削过程中产生了较高的磨削温度，尤其当切深较大和砂轮线速度达到 120m/s 左右时，磨削工件表面最高温度可达到 GH4169 高温合金的相变温度，导致工件表面材料发生相变，更易形成白层。另外，磨削热作用时间长短不同导致传入工件内部的热量多少不同,也会对白层厚度产生极大的影响。

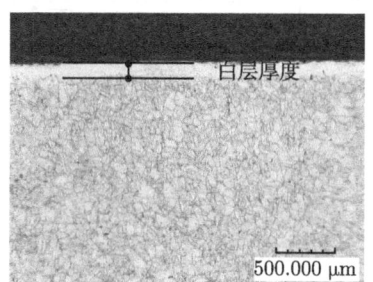

(a) $v_s=135\mathrm{m/s}$, $a_p=0.5\mathrm{mm}$, $v_w=15\mathrm{m/min}$

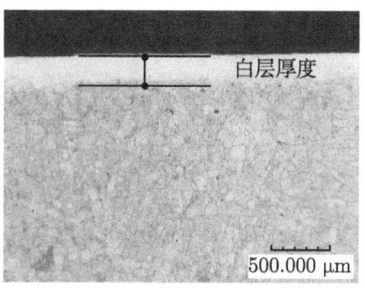

(b) $v_s=135\mathrm{m/s}$, $a_p=0.2\mathrm{mm}$, $v_w=3\mathrm{m/min}$

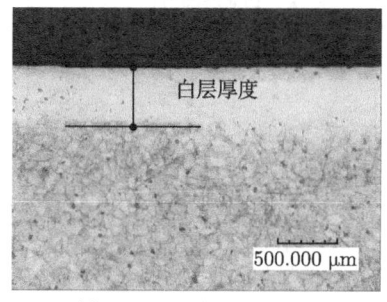

(c) $v_s=120\mathrm{m/s}$, $a_p=1.0\mathrm{mm}$, $v_w=3\mathrm{m/min}$

图 5.87 典型的磨削"白层"显微组织

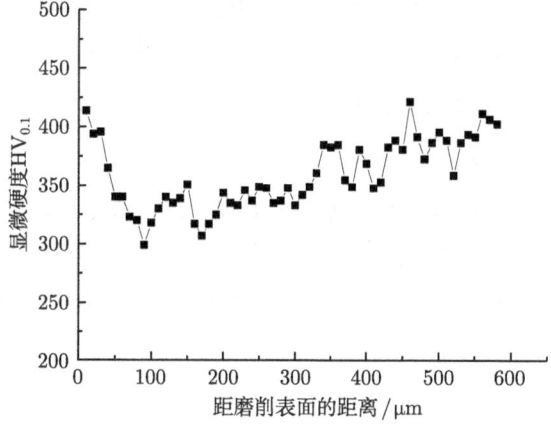

图 5.88 磨削表层下不同深度处的显微硬度 ($v_s=120\mathrm{m/s}$, $a_p=1.0\mathrm{mm}$, $v_w=3\mathrm{m/min}$)

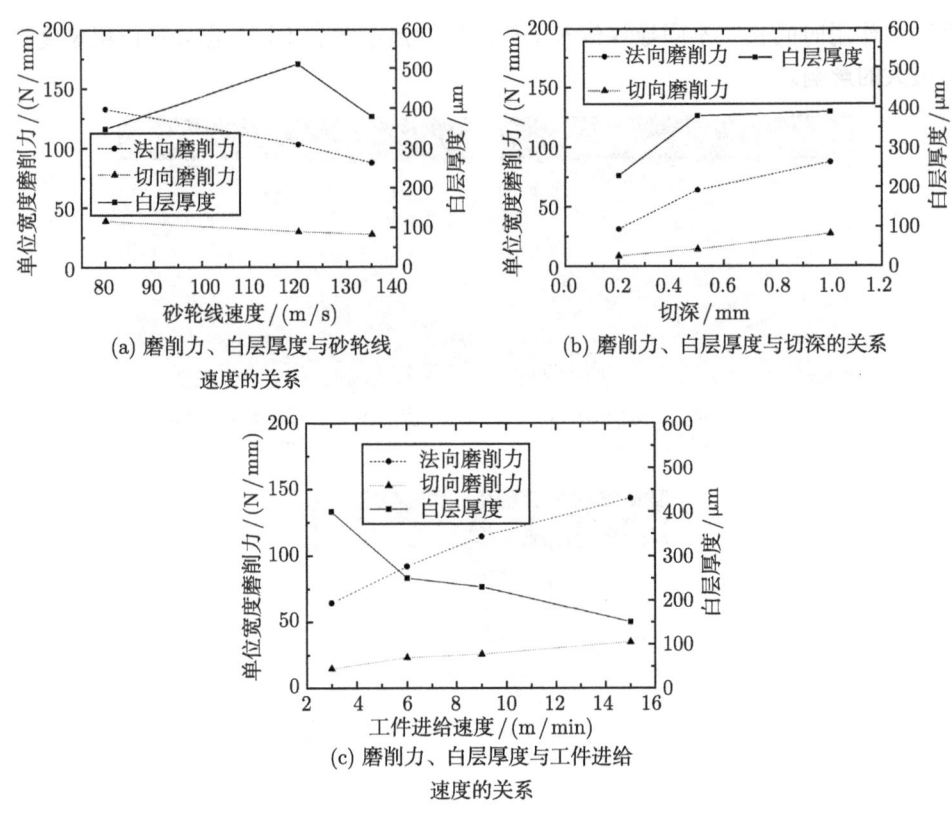

图 5.89 单位宽度磨削力及白层厚度与磨削用量的关系

由图 5.89 可以看出,随着磨削力的增大,在图 5.89(a) 中白层厚度先增大后减小,在图 5.89(b) 中白层厚度增大,而在图 5.89(c) 中白层厚度则减小。以上结果表明,改变磨削用量时,磨削力的变化与白层厚度并不同时增大或减小,这说明当磨削温度较高时,磨削力在白层形成中虽然起到一定的作用,但并不是主要影响因素。

5.2.4 镍基高温合金高效深切磨削

1. 镍基高温合金高效深切磨削力

以 GH4169 镍基锻造高温合金为加工对象,以陶瓷 CBN 砂轮作为对比对象,在 PROFIMAT MT408 型高速平面磨床开展多层钎焊 CBN 砂轮高效深切磨削研究。两种砂轮的磨粒型号与粒度大小相同。对比试验的磨削用量见表 5.8。

5.2 镍基高温合金高效磨削

表 5.8 高效深切磨削用量条件

磨削用量	陶瓷 CBN 砂轮试验	多层钎焊 CBN 砂轮试验
砂轮线速度 v_s/(m/s)	80	50~120
进给速度 v_w/(mm/min)	60~540	60~6000
切深 a_p/mm	1	0.1~1

1) 磨削力对比分析

采用单因素法，研究了两个砂轮在固定 v_s=80m/s、a_p=1mm 用量条件下不同工件进给速度对磨削力及分力比的影响，结果如图 5.90 所示。可以发现：

(1) 提高工件进给速度，材料去除率提高，单位磨削力增大。

(2) 采用多层钎焊 CBN 砂轮高效深切磨削 GH4169 高温合金的磨削力要比采用陶瓷 CBN 砂轮的大。

(3) 两种砂轮的磨削力比 F_n/F_t 均在 6 左右，这说明钎焊 CBN 砂轮具有较好的砂轮锋利度。

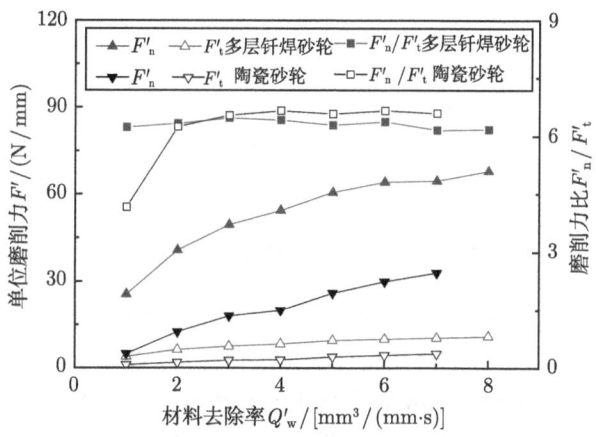

图 5.90 磨削力与磨削力比对比

2) 磨削用量对磨削力的影响

不同磨削用量条件下高效深切平面磨削 GH4169 高温合金时的单位磨削力结果如图 5.91 所示。可以看出：

(1) 当切深为 0.1mm 时，提高砂轮线速度 v_s 可使总磨削力降低；而当切深为 0.3mm 时，法向磨削力随着砂轮线速度的增大呈先减小后增大再减小的趋势，即越过临界砂轮线速度 80m/s 后磨削力开始升高，临界线速度 100m/s 后磨削力降低，如图 5.91(a) 所示。

(2) 固定砂轮线速度时，提高工件进给速度，总磨削力增大，如图 5.91(b) 所示，不同切深下磨削力的变化趋势一致。

(3) 增大切深 a_p，总磨削力增大，如图 5.91(c) 所示。

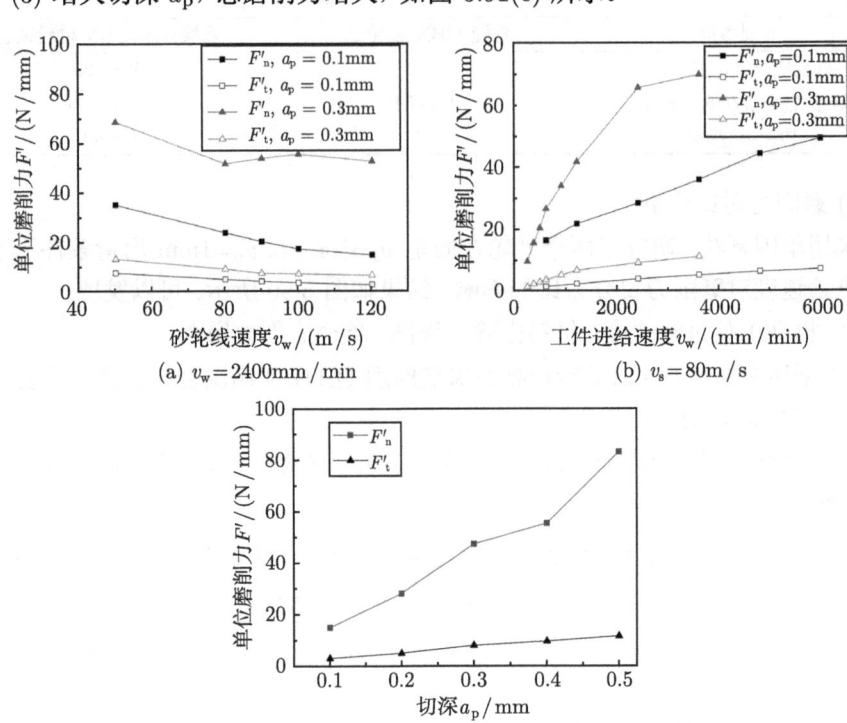

图 5.91 磨削用量对磨削力的影响

磨削力的大小是由磨削用量、砂轮磨损状况、冷却效果的综合作用决定的。当砂轮状况、材料去除率、外部冷却条件一定的情况下，磨削力的大小是砂轮线速度引起的切厚变化及弧区的冷却效果综合作用的结果。当砂轮线速度在 80m/s 左右时，弧区冷却液动压力最高，即冷却效果最好。切深为 0.3mm 时弧区冷却效果作用占主导，因此，在砂轮线速度为 80m/s 时出现临界法向力；而在较小切深 0.1mm、砂轮线速度超过 80m/s 时，对弧区冷却效果的影响不明显，因此，磨削力仍呈现随着单颗切厚减小而降低的趋势。当砂轮线速度一定的情况下，进给速度或切深对弧区冷却效果影响甚微。因此，主要表现出磨削力随着进给速度或切深的增大引起的切厚增大而升高的趋势，结果如图 5.91(b)、(c) 所示。

从 $v_s=80\text{m/s}$，$v_w=2\,400\text{mm/min}$，$a_p=0.1\text{mm}$ 的单因素试验结果可以得到如下磨削力经验公式

$$F'_n = 13\,428.62 v_s^{-0.98} v_w^{0.48} a_p^{0.94} \tag{5.7}$$

$$F'_t = 1868.87 v_s^{-1.04} v_w^{0.65} a_p^{0.89} \tag{5.8}$$

5.2 镍基高温合金高效磨削

3) 材料去除率对磨削力的影响

为探索多层钎焊 CBN 砂轮高效磨削 GH4169 高温合金所能达到的最大材料去除率，采用砂轮线速度 80m/s 对不同切深下的材料去除率对磨削力及其分力比的影响规律进行研究，结果如图 5.92 所示。

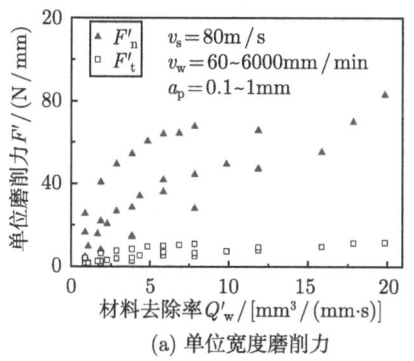
(a) 单位宽度磨削力

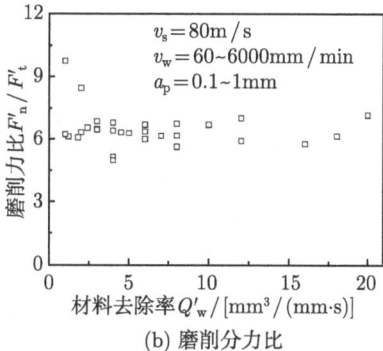
(b) 磨削分力比

图 5.92 材料去除率对磨削力及力比的影响

从图 5.92 (a) 中可以看出，随着材料去除率的提高，单位磨削力逐渐增大，当材料去除率大于 $15\text{mm}^3/(\text{mm·s})$ 时，单位法向力 F'_n 增加较为明显。从图 4.92(b) 中可以看出，当材料去除率低于 $15\text{mm}^3/(\text{mm·s})$ 时，试验范围内的力比稳定在 5～7。由于多层钎焊 CBN 砂轮参加磨削的磨粒数和切削微刃较多，加之 GH4169 高温合金的磨削性能较差，因而磨削力和磨削力比均较大。在相同砂轮线速度下，单层电镀 CBN 砂轮高效磨削 GH4169 高温合金试验中获得的磨削力比在 2.6～5.1，但最大材料去除率仅为 $1.67\text{mm}^3/(\text{mm·s})$。

2. 镍基高温合金高效深切磨削温度

1) 钎焊 CBN 砂轮与陶瓷 CBN 砂轮磨削温度对比分析

采用单因素法，研究了两种砂轮在固定用量条件 v_s=80m/s、a_p=1mm 下材料去除率对磨削温度和表面粗糙度的影响，结果如图 5.93 所示。可以看出：

(1) 随着材料去除率的增大，去除材料所消耗能量增加，磨削温度升高，表面粗糙度增大。

(2) 在正常高效深切磨削条件下，两种砂轮的磨削温度均低于 90°C；与陶瓷 CBN 砂轮相比，采用多层钎焊 CBN 砂轮磨削 GH4169 高温合金的磨削温度略低。

(3) 多层钎焊 CBN 砂轮磨削 GH4169 高温合金在切深 1mm 时的最高材料去除率为 $8\text{mm}^3/(\text{mm·s})$，与对比使用的陶瓷 CBN 砂轮基本相当；而已有文献报道的电镀 CBN 砂轮高效深切磨削 GH4169 高温合金的材料去除率仅为 $2\text{mm}^3/(\text{mm·s})$ 左右。

(4) 陶瓷结合剂 CBN 砂轮加工表面粗糙度 R_a 在 0.2～0.3μm，多层钎焊 CBN 砂轮加工表面粗糙度 R_a 在 0.3～0.6μm。

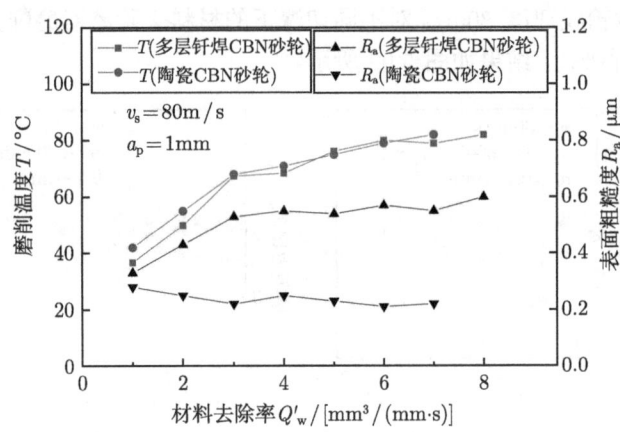

图 5.93 陶瓷与钎焊 CBN 砂轮磨削 GH4169 高温合金温度对比

2) 材料去除率对磨削温度的影响

为探索钎焊 CBN 砂轮高效磨削镍基高温合金所能达到的最大材料去除率，对不同切深下的磨削温度随材料去除率的变化进行研究，结果如图 5.94 所示，可以看出：

(1) 随着材料去除率的增大，磨削温度通常呈上升趋势。

(2) 当切深为 1mm 时，最大材料去除率为 $8mm^3/(mm·s)$；当材料去除率低于 $8mm^3/(mm·s)$ 时，磨削温度均低于 90°C；随着材料去除率的提高，磨削弧区发生"膜沸腾"，工件表面最高温度快速升至 1000°C，发生磨削烧伤。

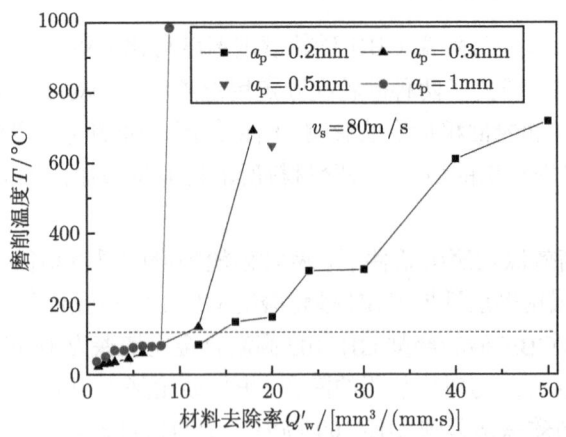

图 5.94 多层钎焊 CBN 砂轮磨削温度与材料去除率关系

(3) 当切深为 0.2mm 时，材料去除率在 16～50mm³/(mm·s) 时磨削温度在 149～719°C 变化；当切深为 0.3mm 时，材料去除率为 18mm³/(mm·s) 时磨削温度最高为 692°C；当切深为 0.5mm 时，材料去除率为 20mm³/(mm·s) 时，磨削温度最高为 650°C；最高材料去除率下的工件表面有轻微振纹；磨削温度信号特征趋近普通往复磨削。

在缓进给磨削中，影响磨削温度的关键因素在于磨削区的冷却。冷却效果取决于是否发生 "核沸腾"，受热表面成核的气泡搅动磨削液从而促进了冷却。若发生 "膜沸腾"，则连续的水蒸气会隔绝受热表面而阻碍冷却。在砂轮、磨削液介质和冷却条件一定的情况下，磨削弧区从 "核沸腾" 向 "膜沸腾" 转变与临界烧伤热流达到的临界温度有关。对于高温合金，使用水基磨削液烧伤临界点温度约为 120°C。

对多层钎焊 CBN 砂轮高效深切磨削过程的磨削温度原始信号 (图 5.94 和图 5.95) 进行特征分析，探讨高效深切磨削加工表面烧伤机理。从图 5.95 中可以看出，切深为 1mm 下的高效深切磨削温度信号特征同缓进给磨削。当热结点从 A 点移到 B 点时，砂轮从切入到切出工件，所需时间为 3.33s，弧区内最高温度约为 80°C，B 点温度即为已加工表面温升，约为 40°C。由于深切磨削过程中，砂轮直径远大于切深，当砂轮切出工件 B 点后，砂轮与工件之间仍存在光整加工时的摩擦作用，冷却效果基本同磨削弧区内，再加工高温合金材料的热导率很低，因此，B 点的温度随着砂轮的切出并没有迅速降至室温，而是保持了近 1.6s 后才开始逐渐冷却至室温 C 点，如图 5.95(a) 所示。这一特征在较小切深磨削条件下同样存在，如图 5.96 所示。

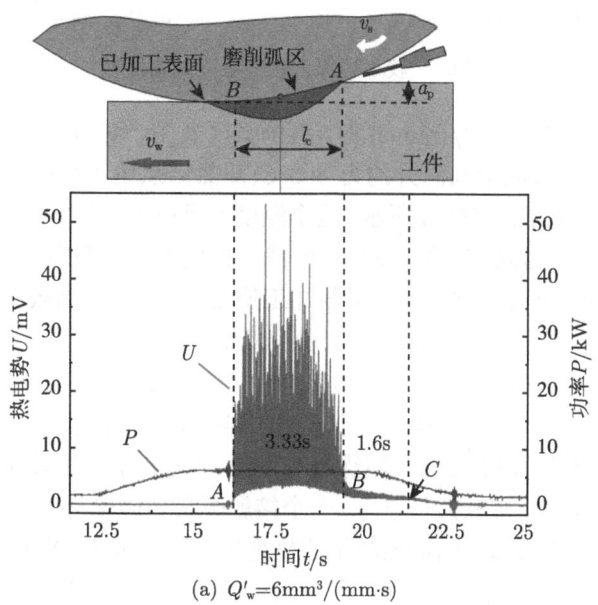

(a) Q'_w=6mm³/(mm·s)

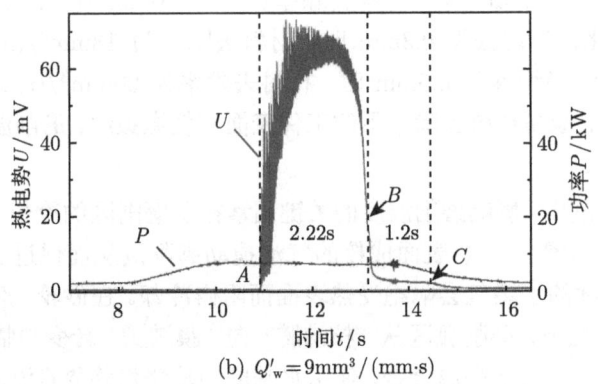

(b) $Q'_w = 9 \text{mm}^3/(\text{mm} \cdot \text{s})$

图 5.95　高效深切磨削温度原始信号 (用量条件: $v_s=80$ m/s, $a_p=1$ mm)

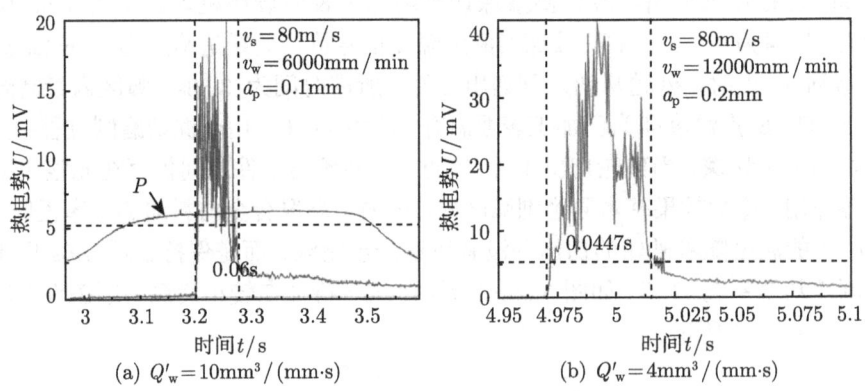

(a) $Q'_w = 10 \text{mm}^3/(\text{mm} \cdot \text{s})$　　　　(b) $Q'_w = 4 \text{mm}^3/(\text{mm} \cdot \text{s})$

图 5.96　较小切深下磨削温度原始信号

当材料去除率达 $9\text{mm}^3/(\text{mm}\cdot\text{s})$ 时,磨削弧区发生"膜沸腾",弧区温度迅速跳至 1000°C,已加工表面最高温升约为 400°C(即热结点出了磨削弧区即图中 B 点位置测到的温度),如图 5.95(b) 所示。这个温度不足以引起已加工表面烧伤,因此,工件表面并没有观察到烧伤颜色变化。但需要指出的是,磨削弧区的高温会加快 CBN 磨粒的磨损,进而影响砂轮寿命与加工质量。因此,在高效深切磨削过程中,采用不同磨削用量条件下均应保证磨削温度低于 600°C[68]。

与大切深磨削不同之处在于,较小切深高效磨削过程中的磨削温度可在 120~600°C 存在。从图 5.96 所示的切深较小下磨削温度信号可以看出,较小切深下磨削弧区工件表面温升小,没有发生"膜沸腾"现象,信号特征趋近普通往复磨削过程。这是由于切深较小时,接触弧长较短 (一个接触弧长内砂轮只工作了 2.8~3.8 圈),动态有效磨粒数显著减少,因滑擦产生的热量也相应地减少;提高进给速度,虽由单颗磨粒切厚变大引起的热量增多,但热源移动速度较快,弧区热量不易累积,工件表面温升较慢,因此,不易发生磨削烧伤。这与 Werner 提出的高效深切磨削传热机制相符:提高工件进给速度有利于改善磨削区的传热条件,使进入工件的磨削热减少。

3) 临界烧伤功率

钎焊 CBN 砂轮在不同切深条件下的磨削功率与材料去除率的关系曲线如图 5.97 所示。对于给定的砂轮、磨削宽度、砂轮线速度和切深,磨削功率 P_c 随 Q'_w 线性增加。当切深为 1mm、材料去除率 Q'_w 为 8mm³/(mm·s) 时,未发生磨削烧伤,磨削功率 P_c 约为 5.12kW;材料去除率为 9mm³/(mm·s) 时发生磨削烧伤,磨削功率 P_c 约为 5.58kW。当切深为 0.1~0.5mm、材料去除率低于 20mm³/(mm·s)时,未发生磨削烧伤;其中当 a_p=0.3mm、Q'_w=18mm³/(mm·s) 时磨削功率为 5.32kW,此时磨削弧区最高温度为 693°C(图 5.94),表面轻微振纹;当 a_p=0.5mm、Q'_w=20mm³/(mm·s) 时磨削功率为 5.2kW,此时磨削弧区最高温度为 650°C(图 5.94),表面轻微振纹,无明显烧伤。因此,取临界烧伤功率 P_c^*=5.2kW。

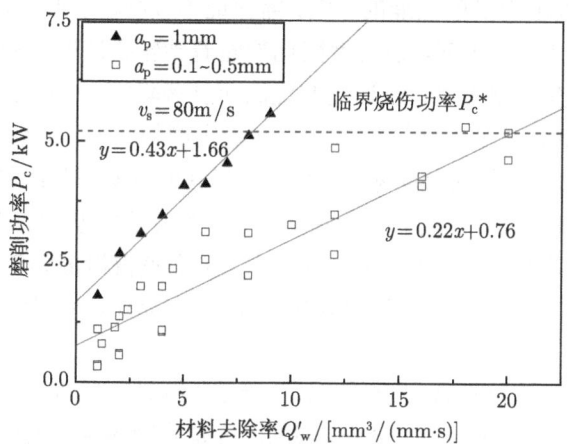

图 5.97 磨削功率与材料去除率的关系

磨削弧区的热流密度 q 可由磨削功率 P_c 表示:

$$q = \frac{P_c}{b \cdot l_c} \tag{5.9}$$

式中,P_c 为磨削功率,W;b 为磨削宽度,mm;l_c 为磨削弧长,mm,由切深决定:

$$l_c = \sqrt{a_p \cdot d_s} \tag{5.10}$$

式中,a_p 为切深,mm;d_s 为砂轮直径,mm。

将 l_c 代入式 (4.2) 计算得到临界烧伤热流密度 $q^*=52\text{W}/\text{mm}^2$。电镀 CBN 砂轮在 $v_s=160\text{m/s}$、$v_w=120\text{mm/min}$、$a_p=1\text{mm}$ 用量条件下的烧伤热流密度为 $12.5\text{W}/\text{mm}^2$。

3. 镍基高温合金高效深切磨削比能

1) 砂轮线速度对磨削比能的影响

磨削比能分析的工艺参数见表 5.9。

表 5.9 多层磨粒有序排布砂轮磨削试验条件与工艺参数

试验条件	数值
磨削方式	切入式顺磨
砂轮线速度 v_s/(m/s)	30~120
进给速度 v_w/(mm/min)	60~15 000
切深 a_p/mm	0.1~1

为研究磨削速度对磨削性能的影响，需保证单颗磨粒切厚一定，因此，采用速比 $v_s/v_w=12\ 000$ 和 a_p 不变，研究磨削比能随着砂轮线速度的变化曲线，结果如图 5.98 所示。磨削比能随砂轮线速度的提高而显著降低，这可以由绝热剪切理论来解释：在单颗磨粒未变形切屑横截面积和稳定磨粒状况下，随着磨削速度的提高，磨粒与工件的相互作用时间缩短，剪切变形区的应变率和绝热水平提高；当热软化作用大于应变强化作用时，材料就发生"热塑失稳"，从而有助于切屑的形成，再加上材料的剪切变形发生在很小的区域内，从而使得滑擦和耕犁作用减弱，磨削比能明显下降。除由绝热剪切引起磨削比能的下降外，冷却效果的贡献也不可忽视。

从图 5.98 中的温度曲线可以看出，随着砂轮线速度的提高，弧区工件表面温度先降低后升高，临界速度为 80m/s。磨削温度是磨削热生成及磨削弧区冷却效果的综合体现。单颗切厚不变的情况下，砂轮线速度提高，单位时间内砂轮与工件的相互作用次数增多，磨削热生成增多，而弧区冷却效果也得到不同程度的改善；当 $v_s=80\text{m/s}$ 时，弧区液动压力达到最大，即弧区有效流量最大，冷却效果最好，当 $v_s=80\text{m/s}$ 时，由于砂轮气障作用，进入弧区的有效流量逐渐减少，因此，磨削温度又呈现出上升的趋势。

2) 切深对磨削比能的影响

不同切深下的材料去除率与磨削比能的关系如图 5.99 所示。随着材料去除率的提高，磨削比能均呈下降趋势；在相同磨除率下，切深越小，磨削比能越小。这是由于在相同材料去除率下，切深与进给速度两者之间的不同组合对单颗磨粒最大切厚的贡献不同。单颗磨粒最大切厚可以表示为

5.2 镍基高温合金高效磨削

$$a_{g,\max} = \left[\frac{4}{C \cdot N_d} \cdot \frac{1}{v_s} \cdot \frac{Q'_w}{\sqrt{a_p}} \cdot \left(\frac{1}{d_s}\right)^{\frac{1}{2}}\right]^{\frac{1}{2}} \tag{5.11}$$

由式 (5.11) 可以看出，在相同材料去除率下切深较小时可获得较大的单颗磨粒切厚和较低的磨削比能。

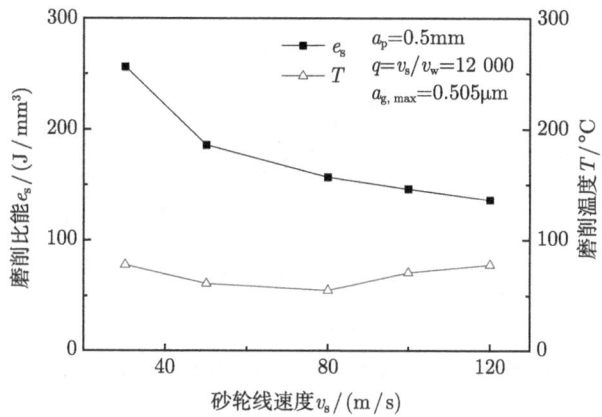

图 5.98 砂轮线速度对磨削比能的影响

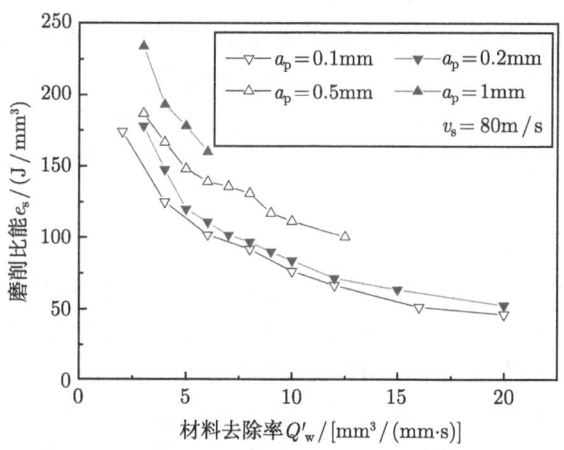

图 5.99 材料去除率对磨削比能的影响

3) 单颗磨粒切厚对磨削比能的影响

随着单颗磨粒切厚增大，磨削比能下降，结果如图 5.100 所示。对数据拟合后获得多层钎焊 CBN 砂轮在砂轮线速度为 80m/s 下高效深切平面磨削 GH4169 高

温合金时单颗磨粒切厚与磨削比能的关系曲线为

$$e_s = 156.8 a_{g,\max}^{-0.987} \tag{5.12}$$

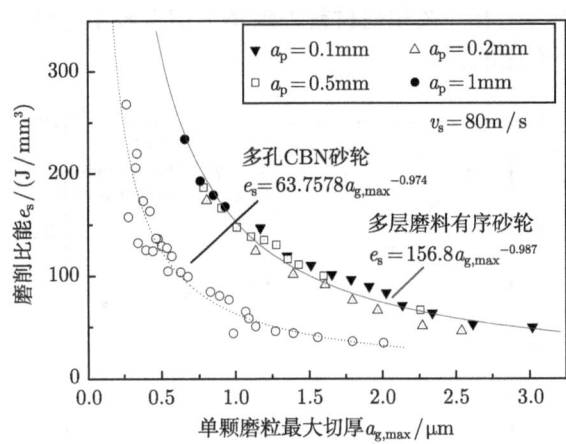

图 5.100 单颗磨粒最大切厚对磨削比能的影响

4. 镍基高温合金高效深切磨削砂轮磨损

由于多层钎焊 CBN 砂轮对磨粒的把持强度高而不易脱落,采用大粒径磨粒制备的多层 CBN 磨粒有序排布砂轮在磨削过程中极易因磨粒磨耗面积过大而导致滑擦作用加剧,磨削力、磨削比能增大,加工表面质量难以保证。为此,首先对不同磨削工艺条件下的砂轮径向磨损量进行分析,对比砂轮磨损不同阶段的磨削比变化;然后对砂轮磨钝表面形貌进行跟踪观察,表征砂轮磨钝状态,并对加工变质层进行分析[58,66,74,78,79]。

1) 多层钎焊 CBN 砂轮磨削比

图 5.101 显示了在不同用量条件下多层钎焊 CBN 砂轮随着去除材料总体积 V_w 的增加砂轮径向磨损量 Δr_s 的变化曲线。第 I 阶段为初始磨损阶段,主要进行缓进给磨削,砂轮磨削比约为 30。当材料去除体积超过 8440mm³ 后,砂轮进入稳定磨损阶段 II,该阶段主要进行了高效深切磨削试验,磨削比约为 36。为了探索砂轮极限材料去除率,前两个阶段试验过程中时常伴随磨削烧伤,因此,磨削比并不高。第 III 阶段进行了较小切深的高速高效磨削试验,材料去除率达 12~20mm³/(mm·s),该阶段砂轮磨损较为严重,主要原因是该用量条件下单颗磨粒切厚大,磨粒承受的切削力很大,导致磨粒磨损加剧,再加上此时砂轮径向磨损量约为 150μm,超过修锐后砂轮表层磨粒出露高度,结合剂黏附磨损加剧,极易发生烧伤。

5.2 镍基高温合金高效磨削

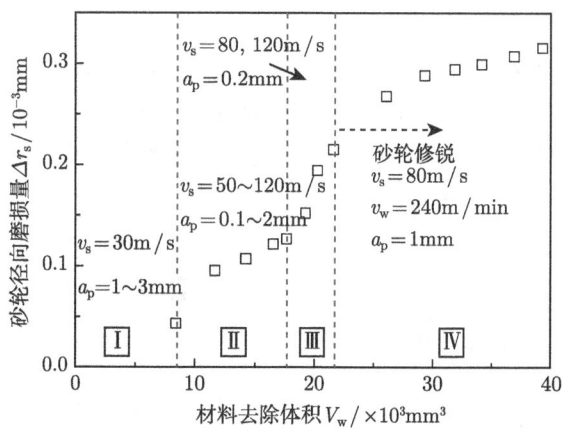

图 5.101 砂轮径向磨损体积与材料去除体积的关系

对砂轮重新喷砂修锐后进行第Ⅳ阶段的磨损试验 (喷砂主要是为了去除磨粒周围的结合剂,并对部分磨钝表面进行一定程度的微破碎,砂轮径向磨损量基本不变);采用的恒定用量条件,获得多层钎焊 CBN 砂轮的磨削比约为 80。

砂轮磨损过程中,在磨削用量 $v_s=30\text{m/s}$、$v_w=60\text{mm/min}$、$a_p=1\text{mm}$ 保持不变的条件下,随着材料去除体积的增大,磨削温度和功率都呈上升趋势,而表面粗糙度不断减小;同时,由于磨削方式的不同,不同的磨损阶段,磨削温度和功率的上升速率有所不同。

在初期缓进给磨削 Ⅰ 阶段,磨削温度和功率稳定上升,而在高效深切磨削 Ⅱ 阶段,各指标趋于稳定;在砂轮快速磨损Ⅲ阶段,磨削温度和功率上升速率增大,表面粗糙度明显降低,这与砂轮磨钝状态紧密结合 (图 5.102)。

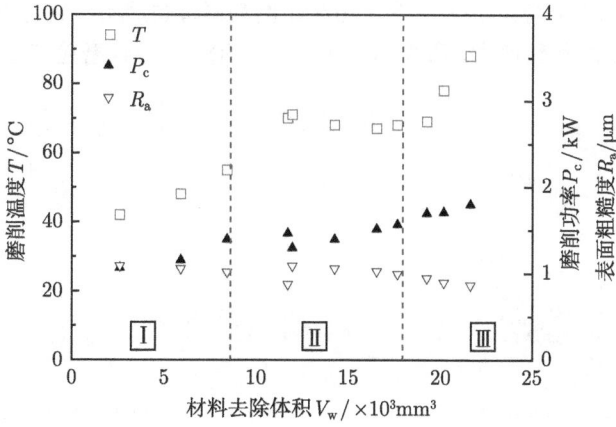

图 5.102 磨削温度与功率随材料去除体积的变化

2) 砂轮磨钝过程

对初始磨损阶段的多层钎焊 CBN 砂轮表面形貌进行观察，结果如图 5.103 所示。部分磨粒磨耗平台较大，如图 5.103(a) 所示；一些出露高度较大、结合强度不高的磨粒在初始磨损阶段承受较大的剪切力而导致磨粒断裂或宏观破碎，结合强度较高的磨粒则磨耗平台继续增大，如图 5.103(b) 所示。

(a) $V=0\text{mm}^3$ (b) $V=2650\text{mm}^3$

图 5.103 初始磨损阶段砂轮节块表面形貌

磨损过程中对砂轮局部形貌进行跟踪观察，如图 5.104～图 5.107 所示。结合图 5.103，多层钎焊 CBN 砂轮高效磨削 GH4169 高温合金时砂轮的磨损过程可以归纳为：

(1) 多层钎焊 CBN 砂轮修整后，表面磨粒磨耗平台较多，导致初始磨削力较大；在过大的剪切应力作用下出露高度大且与结合剂结合强度低的磨粒将率先断裂或脱落失效，使得更多的磨粒参与磨削，如图 5.103(b) 所示，这是砂轮初期磨损阶段的典型特征。

(2) 砂轮磨损以磨粒磨耗磨损为主，如图 5.104(a) 中磨粒②③⑥、图 5.105(a) 磨粒①、图 5.106(a) 磨粒①②、图 5.107(a) 磨粒③④⑤所示。对于单颗磨耗磨粒，磨粒顶部磨损面积不断增大，所受剪切力也不断增大，导致磨粒产生微破碎或断裂

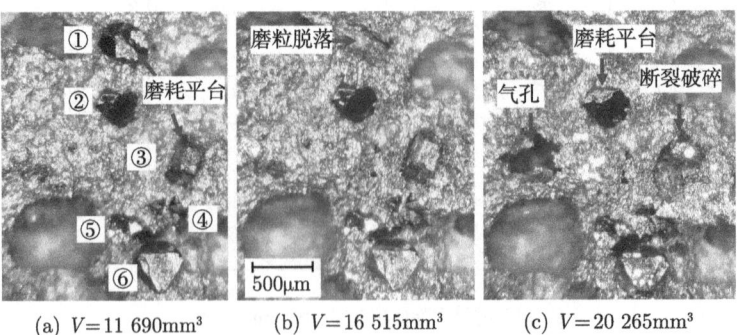

(a) $V=11\,690\text{mm}^3$ (b) $V=16\,515\text{mm}^3$ (c) $V=20\,265\text{mm}^3$

图 5.104 多层钎焊 CBN 砂轮表面磨损形貌 I

(图 5.104(c) 中磨粒③、图 5.106(c) 磨粒①),个别磨粒甚至脱落 (图 5.104(b) 中磨粒①、图 5.105(d) 磨粒①和图 5.107(b) 磨粒③)。

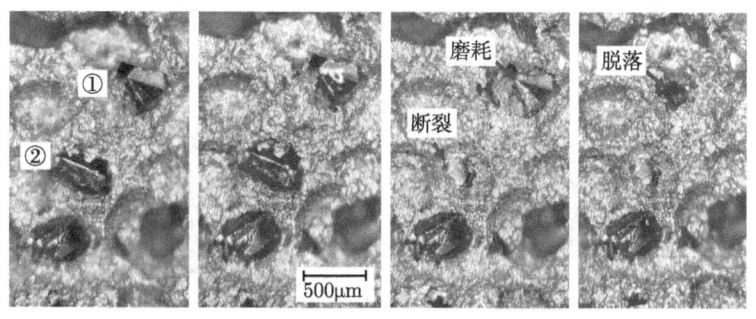

图 5.105　多层钎焊 CBN 砂轮表面磨损形貌Ⅱ

图 5.106　多层钎焊 CBN 砂轮表面磨损形貌Ⅲ

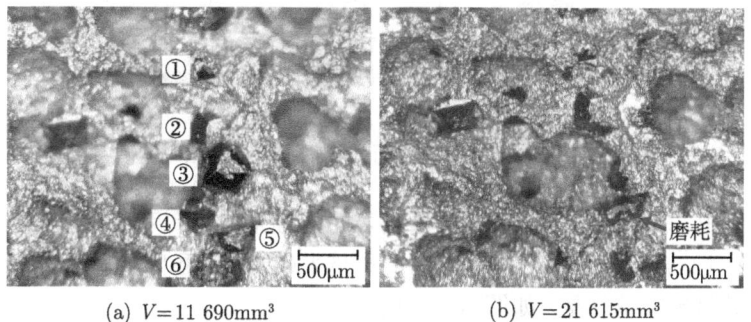

图 5.107　多层钎焊 CBN 砂轮表面磨损形貌Ⅳ

(3) 伴随磨粒磨耗面积增大、磨粒断裂或脱落,表层磨粒的出露高度越来越小,其周边的结合剂与工件、磨屑之间的摩擦作用会不断增加,造成结合剂磨损,这有利于新磨粒的出露,如图 5.104(c) 和图 5.107(b) 所示。

砂轮磨钝后极易引起工件烧伤。为了更清晰地表征砂轮磨钝形貌,采用扫描电镜对砂轮表面形貌进行观察。图 5.108 和图 5.109 显示了当累积材料去除体积达 21 615mm^3 时磨粒和结合剂的磨损形式。

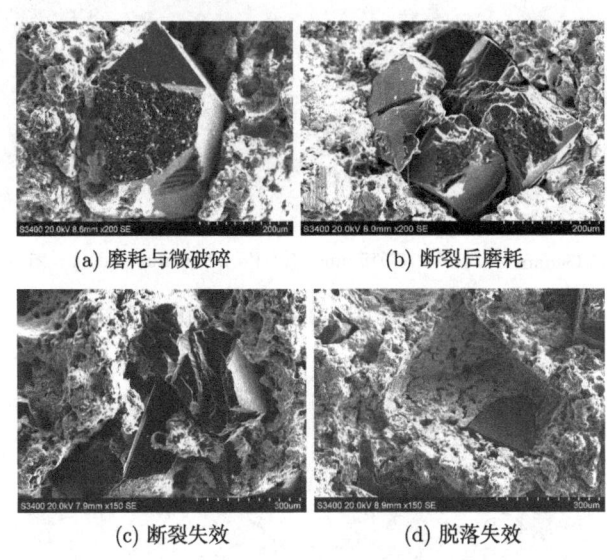

图 5.108　磨钝砂轮表面磨粒磨损形貌

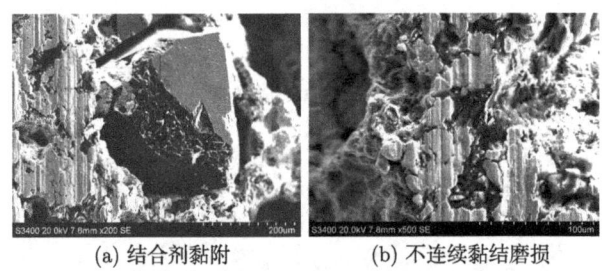

图 5.109　磨钝砂轮表面结合剂不连续黏结黏附

可以看出,砂轮磨钝主要表现为砂轮表面磨粒无出露高度,基本与周边的结合剂相平齐,且结合剂与工件之间的接触面积越来越大,被磨材料或磨屑在结合剂表面的黏结黏附越来越严重,如图 5.109(b) 所示。

此外,磨粒主要以磨耗磨损为主 (图 5.108(a)、(b) 和图 5.109(b)),同时还伴有微破碎、断裂和脱落等现象。要强调的是,通过对砂轮观察发现,磨粒整体脱落只占了极小一部分。从图 5.108(d) 可以看出,脱落磨粒主要是因为与毗邻磨粒接触而影响了与结合剂的结合强度。

5.2.5 镍基高温合金典型型槽试件高效成型磨削

发动机涡轮叶片榫头榫槽的加工是叶片制造的关键工序，通常要求加工表面粗糙度 $R_a=0.8\mu m$，并为残余压应力。采用普通陶瓷砂轮缓进给磨削时，砂轮寿命短，容易产生磨削烧伤，加工精度和加工质量难以保证。目前工业生产仍采用大气孔刚玉砂轮结合 CDCF 成形磨削工艺来保证涡轮叶片榫头榫槽的尺寸精度和加工质量，但加工效率仍不高，最大材料去除率为 $3\sim5mm^3/(mm\cdot s)$。为此，采用多层钎焊 CBN 砂轮，结合高效深切成形磨削工艺加工 GH4169 镍基高温合金直槽。

1. 型槽试件高效磨削工艺条件

依据直槽的结构特点，在磨削工件宽度小于砂轮宽度时，由于冷却液从工件两侧流失，使得进入磨削弧区的冷却液有效流量过低，工件极易发生烧伤，使得高效平面磨削 GH4169 高温合金时最大材料去除率不超过 $8mm^3/(mm\cdot s)$；而在高效深切成形磨削中，磨削弧区冷却液动压力是磨削窄小平面的 5 倍，可大幅提高弧区有效流量与临界烧伤热流密度，从而获得比平面磨削方式更高的材料去除率。

此外，采用较高的砂轮线速度可降低磨削比能，虽然 120m/s 下热产生急剧增多，但成形磨削加工方式下弧区有效流量大幅提高，并不易产生磨削烧伤。因此，为了降低磨削力和比能，直槽加工试验选用砂轮线速度为 120m/s。

对平面磨削试验后的多层钎焊 CBN 砂轮表面和两端面进行修形和修锐，槽宽同砂轮工作面宽度。高效深切成形磨削工艺见表 5.10。

表 5.10 直槽成形磨削工艺

砂轮线速度 $v_s/(m/s)$	进给速度 $v_w/(mm/min)$	切深 a_p/mm
120	180~6000	1

由于直槽磨削时磨削力还包括端面磨削，往往磨削力较大，且所测得的磨削力也是较为复杂的综合结果，因此，主要对磨削功率进行监测。工件出口处装夹石墨块导流以避免出口突发烧伤。

2. 磨削功率与比能

对直槽磨削加工过程中的主轴功率进行监测，得到的功率信号如图 5.110(a)所示。其中，P_0 为无冷却液供给下砂轮线速度在 120m/s 空转时的主轴功率，约为 1.4kW；P_0' 为冷却液喷射对砂轮空转时主轴功率的影响，约为 1kW；$P_{coolant}$ 为直槽磨削加工过程中冷却液对主轴功率的影响；除去砂轮空转功率和加工过程中冷却液对功率的影响即为净得的去除材料所作的磨削功率 P_c，约为 8.1kW。多层钎焊 CBN 砂轮磨削直槽时磨削功率随着材料去除率的提高而提高，如图 5.110(b)所示。前面也已提到，对于给定的砂轮及砂轮线速、磨削宽度和切深，在砂轮稳定

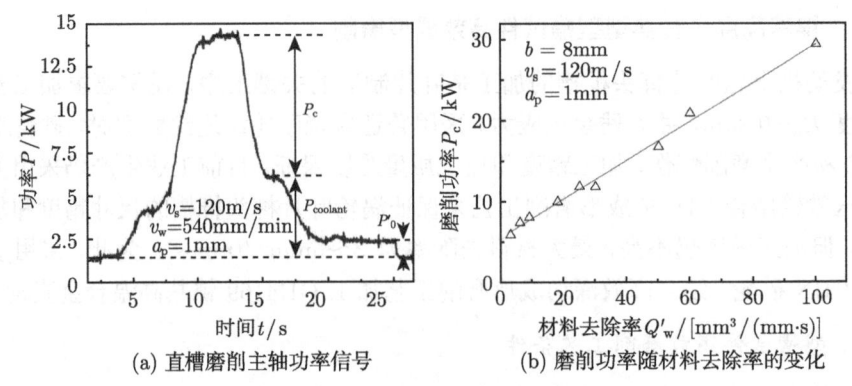

(a) 直槽磨削主轴功率信号　　(b) 磨削功率随材料去除率的变化

图 5.110　GH4169 高温合金直槽成形磨削功率

磨损阶段，磨削功率 P_c 随 Q'_w 线性增加。此外，当材料去除率达 $100mm^3/(mm·s)$ 时，磨削功率为 29.5kW，机床主轴总功率消耗约为 38kW，而该磨床主轴最大功率为 45kW，因此，材料去除率尚可进一步提高。

GH4169 高温合金直槽加工中的磨削比能随单颗磨粒最大切厚的变化曲线如图 5.111 所示。磨削比能随单颗磨粒最大切厚的增大而显著降低；当单颗磨粒最大切厚超过 1.5μm 后，磨削比能低于 $50J/mm^3$ 并逐渐趋于稳定。当材料去除率为 $100mm^3/(mm·s)$ 时，磨削比能仅为 $39J/mm^3$，实现了高材料去除率和低比能的 GH4169 高温合金直槽高效深切成形磨削。与工业生产中的缓磨工艺相比，加工效率提高了 20 倍以上。

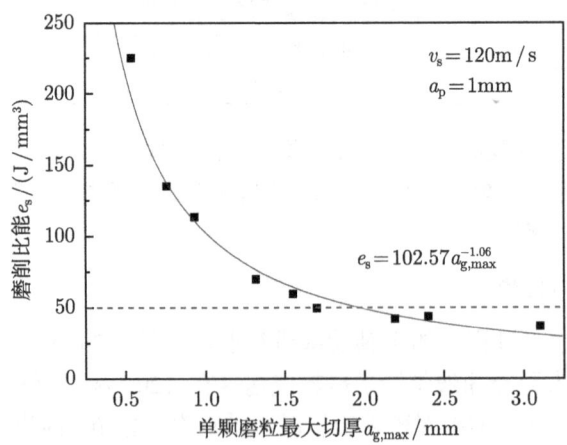

图 5.111　GH4169 高温合金直槽加工中的磨削比能随 $a_{g,max}$ 的变化

3. 型槽加工表面完整性

对多层钎焊 CBN 砂轮在磨削用量 v_s=120m/s，v_w=6 000mm/min，a_p=1mm（材

料去除率为 100mm³/(mm·s)) 条件下成形磨削 GH4169 高温合金直槽工件形貌进行观察，如图 5.112 所示，直槽出、入口均无毛刺，直角圆弧半径小，直槽底面无烧伤。

(a) 整体　　　　(b) 出口

图 5.112　GH4169 高温合金直槽工件形貌

对加工后的直槽底面微观形貌进行观察，如图5.113(a) 所示。磨削纹理较清晰，无皱叠或撕裂等现象，犁沟两侧金属稍有隆起，这是由于砂轮磨粒粒径较大，且该工艺下单颗磨粒切厚较大，砂轮修整后凸出磨粒磨耗平台较大并未及时破碎或脱落，使得磨粒顶端、结合剂与工件之间的摩擦作用增强，导致加工粗糙度较差。在实际磨削过程中，采用该工艺去除大部分加工余量后，可降低进给速度进行精磨，来获得终加工对表面粗糙度的要求。

对直槽底面沿垂直于进给方向进行取样后制得金相试样，观察到的底面表层金相组织微观形貌如图 5.113(b) 所示。从金相组织图中可以看出，底面表层金相组织基本没变化，没有明显的晶格滑移、畸变和扭曲等现象，晶界较为清晰，塑性变形层仅在近表层 5~10µm 内。塑性变形是由磨削过程中磨粒的滑擦、耕犁及切削作用造成的，往往会导致加工硬化。

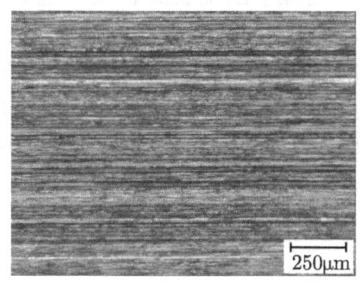 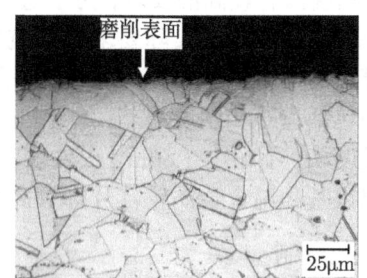

(a) 显微形貌　　　　(b) 金相组织

图 5.113　GH4169 高温合金直槽底面形貌

从图 5.114 表层显微硬度分布可以看出，直槽加工表面主要表现为加工硬化，这说明多层磨粒有序排布砂轮高效深切磨槽时在较高材料去除率下仍能保证弧区

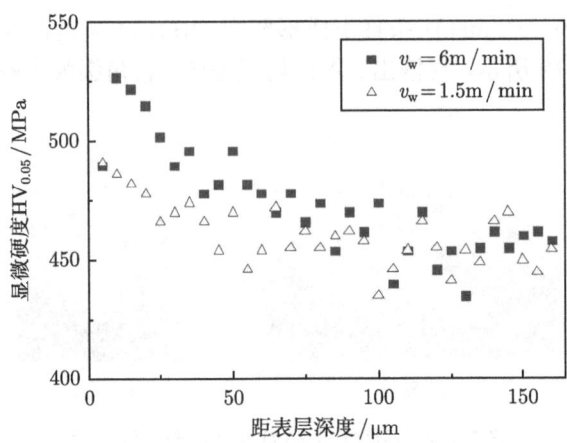

图 5.114 GH4169 高温合金直槽底面表层显微硬度

温度在 100℃ 以下，未造成烧伤软化。此外，随着进给速度的提高，硬化层深度变大，硬化程度增大。当 v_w=6m/min 时硬化层深度约为 60μm，而当 v_w=1.5m/min 时硬化层深度小于 30μm。这是由于进给速度的提高使单颗切厚显著增大，磨削力增大，导致表层塑性变形加剧。

5.2.6 镍基高温合金叶片榫头高效成型磨削

现代航空发动机的涡轮中，涡轮叶片榫头一般为枞树形，为了确保叶片在高速旋转后，榫齿能够均匀地分配叶片承受的载荷，避免因局部接触产生应力集中现象，其对型面精度具有较高的要求；为了避免使用过程中出现表面裂纹等现象，榫头的表面完整性也必须满足实际要求。某航空发动机定向凝固镍基高温合金 DZ125 涡轮叶片榫头的主要加工指标为：榫齿型面相对理论位置的面轮廓度不大于 0.1mm，公差范围包括齿距和角度误差；工作面的表面粗糙度 R_a 不超过 0.8μm，非工作面表面粗糙度 R_a 不超过 1.6μm，工件表面为残余压应力。榫齿单边余量为 1~2mm。如何实现镍基高温合金涡轮叶片榫头高效磨削是难题。

1) 砂轮研制

为了能达到枞树型涡轮叶片榫头的加工要求，对于单层 CBN 砂轮，首先砂轮基体尺寸和精度必须达到要求。综合考虑磨粒粒径和机床精度后，设计的砂轮基体型面尺寸如图 5.115 所示。最后，采用钎焊方法制作单层 CBN 砂轮，砂轮表面单位面积的 CBN 数量约为 14 颗，磨粒出露高度约为粒径的 45%，如图 5.116 所示。磨粒的粒度选为 80/100 目。

5.2 镍基高温合金高效磨削

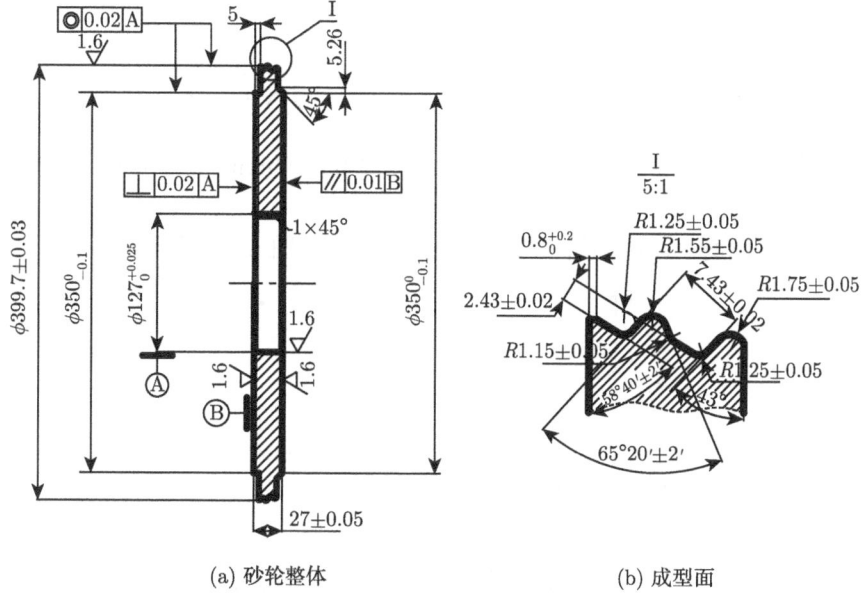

(a) 砂轮整体 (b) 成型面

图 5.115 砂轮基体尺寸 (单位: mm)

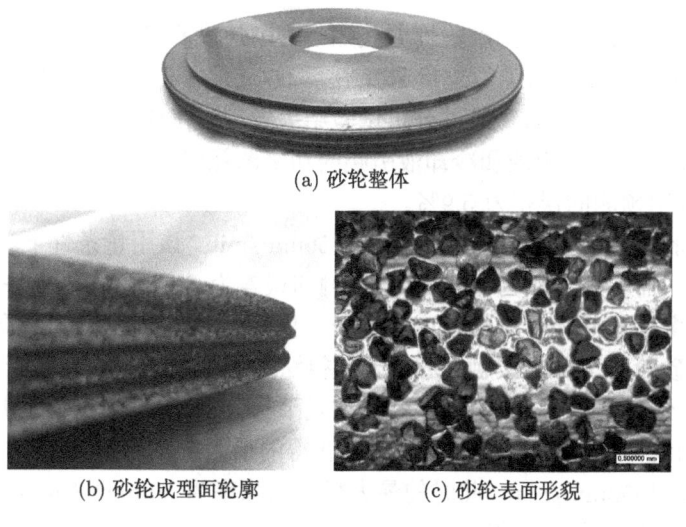

图 5.116 单层 CBN 成型砂轮

2) 磨削工艺

选用的磨削速度为 $v_s=80\text{m/s}$；DZ125 榫头的单边余量为 1.64mm，所以试验选用的切深为 $a_p=1.64\text{mm}$。结合单颗磨粒切厚和成型磨削比能的关系，可推导出

成型磨削功率的计算公式为

$$P_\mathrm{c} = 2.3 \times 10^{-4} \cdot A_\mathrm{c} \cdot a_\mathrm{p}^{0.813\,75} \cdot v_\mathrm{w}^{0.6275} \cdot \left(\frac{4}{v_\mathrm{s} N_\mathrm{d} C}\sqrt{1/d_\mathrm{s}}\right)^{-0.3725} \tag{5.12}$$

式中,单位磨削深度下工件轮廓截面积A_c=15.74mm^2/mm;N_d=14;C=6.9;a_p=1.64mm;v_s=80m/s。

由此可预测磨削功率随进给速度的变化曲线,如图 5.117 所示。

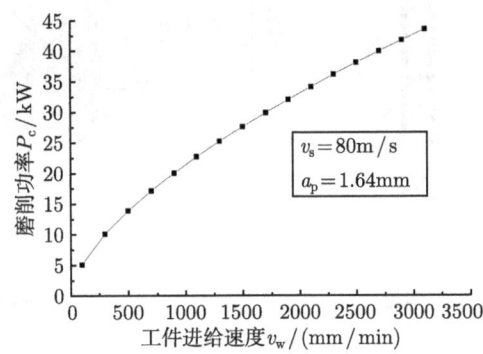

图 5.117 磨削功率随进给速度的变化曲线

为了验证该预测曲线的准确性并获知该磨削速度和磨削深度下主轴最大的可用功率,首先选择较小的工件进给速度 (v_w=900mm/min) 进行磨削试验,预测此时的磨削功率为 20.02kW。通过分析试验结果发现,在该磨削速度和磨削深度下主轴总消耗功率(包括空载和冷却液引起的功率消耗)约为 3kW,实测磨削功率为 21.27kW,表明预测的误差为 5.9%。

随后试验选择的工件进给速度 v_w=1850mm/min,该用量条件下,预测的结果为 31.47kW,而实测结果为 32.6kW,预测的误差为 3.5%,此时工件表面形貌未出现异常现象。然而随着进给速度的进一步提高,工件表面出现了振纹,分析其原因,由于砂轮与工件的接触面积大,使得法向磨削力较大,并随着工件进给速度的提高而不断增大,同时由于该装夹方式下榫齿部分的刚性受到限制,从而造成磨削振纹的产生。因此,在本试验中,获得的最大磨削用量为 v_s=80m/s,a_p=1.64mm,v_w=1850mm/min,此时的最大材料去除率为 50mm^3/(mm·s)。为此,选择该用量条件进行榫头高效磨削。

3) 加工效果

在本试验最大用量组合 (v_s=80m/s,v_w=1.85m/min,a_p=1.64mm) 下,材料去除率为 50mm^3/(mm·s),DZ125 叶片榫齿轮廓清晰,边缘无毛刺,加工精度满足实际要求,如图 5.118 所示。对工件加工表面质量分析发现,工件表面微观形貌的磨削纹理清晰,无皱叠及犁沟两侧翻起等现象;金相显微组织未发现撕裂、相变以及晶粒扭曲等现象；硬化深度为 40μm 左右，未出现软化现象，硬化程度 N 为 7.7%～19%；工件表层为残余压应力，因此，表面完整性可以达到涡轮叶片榫头的设计要求。

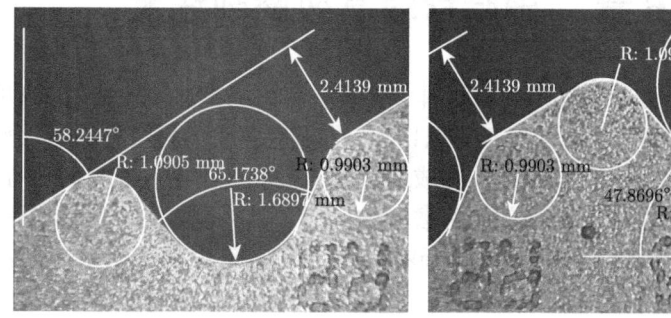

图 5.118　DZ125 叶片榫头轮廓形貌

综合对比发现，高效深切成型磨削工艺可以应用于 DZ125 叶片的高效成型磨削加工，可将当前实际生产中材料去除率提高 10 倍以上，在装夹方式等因素优化后，加工效率还可得到进一步提高。

第6章 硬脆材料高效磨削技术

非金属单晶、陶瓷和玻璃等硬脆材料大多具有良好的高温物理性能,硬度高、脆性大,磨削加工过程中,普通磨料难以切入,很难获得大的材料去除率[5,29,186]。金刚石是自然界中最硬的物质,由其构成的金刚石砂轮在磨削硬脆材料过程中容易切入工件,是实现脆硬材料高效精密磨削的重要工具类型,主要包括树脂结合剂、陶瓷结合剂、金属结合剂多层金刚石砂轮及以电镀或钎焊工艺实现的单层金刚石砂轮等多种形式[187]。

在硬脆材料的高效精密磨削中,为了获得更高的加工效率,高速超高速磨削是有效的工艺手段。单层金刚石砂轮具有磨料出露高、容屑空间大、砂轮安全性好及砂轮成本低等突出优势,因而更适用于高速超高速磨削加工场合,是硬脆材料高速高效磨削加工的最佳工具。

单层电镀金刚石砂轮的电镀工艺简单成熟,砂轮制备容易;单层结构决定了它可以达到其他砂轮所无法达到的最高工作速度;砂轮磨粒相对突出较高,加工效率高等优势,迅速适应了市场对硬脆材料高加工效率的追求,发展迅速,使得其在金刚石砂轮中长期占有相当的比重。

近年来,单层钎焊金刚石砂轮以磨粒有序分布、出露度高、容屑空间大以及结合剂对磨粒把持力大等优点,在与电镀金刚石砂轮的性能对比研究中,表现出更高的加工效率与工具寿命。例如,德国的 A. Trenker 等制作了活性钎料和镍基钎料钎焊金刚石砂轮,并与电镀工具进行了性能对比,认为高温钎焊金刚石工具的性能比电镀金刚石工具优异得多,钎焊工具起始加工效率是电镀工具的 3.5 倍以上,寿命是电镀工具的 3 倍以上。因此,单层钎焊金刚石砂轮在脆硬材料的高速高效磨削加工中,有逐渐取代单层电镀金刚石砂轮的趋势。

另外,在传统的多层金属结合剂金刚石工具领域,金属结合剂对磨料把持能力弱、磨料出刃难以及出刃后磨料的出露程度保持难等问题长期存在,阻碍着该类磨削工具技术的发展。因此,如何通过有效工艺方法,发展新型的多层金属结合剂金刚石工具,强化金属结合剂与金刚石磨粒界面的结合强度,克服磨粒易脱落的缺陷,并改善工具的修整修锐能力和提供工具表面的容屑空间,是提高磨削工具寿命和加工效率的关键,也是多层金属结合剂金刚石工具制造研究的重点。

本章主要围绕粗磨粒单层钎焊金刚石砂轮、多孔金属结合剂金刚石砂轮以及有序排布钎焊金刚石锯片三类典型金刚石磨料工具在硬脆材料高效精密磨削中的应用,介绍了硬脆材料磨削去除机理和砂轮特点,并就修整技术和磨削用量参数等关键工艺条件对硬脆材料磨削加工的影响以及砂轮地貌与磨粒形态在磨削过程中的演变进行了分析讨论。

6.1 粗磨粒金刚石砂轮高效精密磨削硬脆材料

目前,细粒度金刚石砂轮是实现硬脆材料的延性域磨削的主要工具。Y. Namba 和 Y. Ichida 报道了采用 1500 目 (磨粒粒径约 10μm) 的金刚石砂轮实现硬脆材料延性域磨削的研究情况。但是,细粒度砂轮应用中除存在修整困难的缺点外,磨削切深与进给速度也需限制在相当低的水平以防止磨粒的脱落,因此,该类砂轮加工效率低和加工成本高的问题较为突出。另外,该类砂轮在应对大型面的磨削加工时,型面加工精度也不理想。

为了改善细粒度金刚石砂轮存在的问题,先后有德国不来梅大学、日本熊本大学及哈尔滨工业大学赵清亮教授等通过杯形金刚石砂轮修整方法改善了粗粒度金刚石电镀砂轮 (磨粒粒径约 100μm) 磨削硬脆材料的加工表面质量,实现了延性域磨削。

本节简要介绍了硬脆材料磨削去除机理,探讨了硬脆材料实现延性域磨削的基本条件。围绕粗粒度金刚石砂轮高效精密磨削硬脆材料,介绍了粒度分别为 80/100 目 (磨粒粒径:151～197μm) 和 40/50 目 (磨粒粒径:302～455μm) 的单层粗粒度金刚石砂轮的修整方法及其效果,以及该类砂轮高效高效精密磨削碳化硅陶瓷等硬脆材料的试验情况。

6.1.1 硬脆材料磨削去除机理

陶瓷和玻璃等硬脆材料磨削的主要目标是在控制其表面完整性的前提下,通过磨削用量的合理组合获得最高的材料去除率。虽然采用更高的材料去除率可降低磨削成本,但是脆性材料的加工损伤会导致其表面质量变差、强度降低以及可靠性变差等问题。这就要求对该类材料的磨削机理有足够的认识,从而理解加工需求对磨削条件选用的要求。

6.1.1.1 压痕裂纹模型

硬脆材料磨削时接触弧区的真实情况并不清楚,一度存在两种磨屑形成机制观点:一是猜测由于磨料与工件接触点的高温使材料软化,可以产生塑性变形,以形成磨屑;另一机制是目前获得广泛认同的压痕裂纹模型。

压痕裂纹模型将硬脆材料磨削过程中磨料与工件的接触比作小尺度压头压入工件。由普通维氏四面体压头在材料的法向方向接触下所获得的变形和裂纹,如图 6.1 所示。

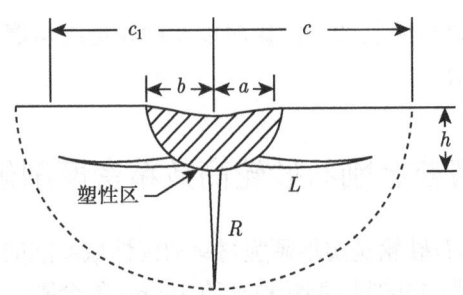

图 6.1 维氏四面体压头作用变形和裂纹

在压头的正下方为塑性变形区 (图 6.1 中阴影区域),从塑性变形区开始形成两个主要的裂纹系统: 径向 (中央) 裂纹 R 和横向裂纹 L。只要压头 (磨粒) 上所受的力 P 超过某一临界值 P_c,就会产生横向裂纹,当满足横向裂纹扩展条件时,横向裂纹向前延伸并扩展至工件表面,材料以横向裂纹扩展的方式被去除。如所受载荷低于临界值 P_c,就不会出现横向裂纹,磨粒与工件之间将产生塑性流动,材料以塑性变形的方式被去除。

不同的陶瓷材料,其临界载荷值 P_c 也不同。P_c 与材料性质存在如下关系:

$$P_c = \alpha K_C^4 / H^3 \tag{6.1}$$

式中,α 是与施载压头几何形状有关无量纲因子,$\alpha = (1.0 \sim 1.6) \times 10^4$;$K_C$ 为材料断裂韧性,$\text{MPa} \cdot \text{m}^{\frac{1}{2}}$;$H$ 为材料的硬度,MPa。

6.1.1.2 陶瓷材料的临界切削厚度

压痕裂纹模型给出了出现横向裂纹的临界载荷 P_c,因此,要使材料以塑性变形方式去除时,磨粒对硬脆材料的作用载荷必须小于临界载荷 P_c[50]。与此相对应,磨削时,陶瓷材料存在一临界切削厚度。

陶瓷材料的临界切削厚度 (a_{gc}) 是指硬脆材料在压头作用下不发生裂纹扩展时压头的最大压入深度。T. G. Bifano 给出了脆性材料 a_{gc} 的计算原则 (式 (6.2)),并以玻璃为对象,应用扫描电镜观察玻璃的压痕形貌发现: 要使表面的裂纹数少于 10%,压痕的临界深度应满足式 (6.3)。

$$a_{gc} \propto (E/H)(K_C/H)^2 \tag{6.2}$$

$$a_{gc} = 0.15(E/H)(K_C/H)^2 \tag{6.3}$$

式中,E 为材料的弹性模量,MPa。

当磨粒的最大切削厚度小于材料的临界切削厚度 ($h_m < a_{gc}$) 时,材料的去除过程主要为塑性变形控制的延性域去除过程;当磨粒的最大切削厚度大于材料的

临界切削厚度 ($h_\mathrm{m} > a_\mathrm{gc}$) 时，材料的去除过程主要为表面横向裂纹扩展控制的去除过程，也就是通常所说的材料脆性去除。

6.1.1.3 单颗磨粒最大切削厚度

磨粒切厚是重要的磨削参量。在金属材料的磨削中，磨粒切厚是一个平均概念，是砂轮地貌和磨削用量参数的综合反映，其与实际的磨粒切削状态并没有直接的关系。但是，从脆性材料的磨削去除特点出发，应更关注磨削过程中的实际磨粒条件。实际的磨粒切厚对于脆性材料来说，直接影响了加工表面质量。当砂轮上每个磨粒的切厚都控制在脆性材料的延性域临界切厚以下，那么真正意义上的延性域磨削就实现了，硬脆材料的加工损伤亦得到了有效控制。

单颗磨粒的最大切削厚度可表示为

$$h_\mathrm{m} = 2L \left(\frac{v_\mathrm{w}}{v_\mathrm{s}}\right) \left(\frac{a_\mathrm{p}}{d_\mathrm{s}}\right)^{1/2} \tag{6.4}$$

式中，L 为两相邻磨粒间距；v_w 为工件速度；v_s 为砂轮速度；a_p 为砂轮切深；d_s 为砂轮直径。

如果在这个式 (6.4) 中考虑磨粒的高度差对单颗磨粒最大切厚的影响，则单颗磨粒最大切厚可表示为

$$h_\mathrm{m} = 2L \left(\frac{v_\mathrm{w}}{v_\mathrm{s}}\right) \left(\frac{a_{n-1}}{d_\mathrm{s}}\right)^{1/2} + \delta_n \tag{6.5}$$

式中，δ_n 为两相邻磨粒的高度差，$\delta_n = a_n - a_{n-1}$。其中 a_n，a_{n-1} 为相邻磨粒的干涉深度。

对于常规金刚石砂轮，砂轮表面磨粒的随机性排布以及磨粒本身形状、大小和位向等差异，最大单颗磨粒切厚的不均匀性是显而易见的，磨粒的实际切削厚度并不一致。

式 (6.5) 中，相邻磨粒间距 L 的范围反映了砂轮工作面磨粒分布均匀性，相邻磨粒的高度差 δ_n 的范围反映了砂轮工作面磨粒的等高性。因此，若能够严格控制相邻磨粒间距 L 的范围，并使相邻磨粒的高度差 δ_n 趋于 0，必然有助于硬脆材料磨削质量稳定性的控制，即更易在较高的磨削效率下，控制硬脆材料的磨削损伤。

对于单层钎焊金刚石砂轮，如前文所述，可通过磨粒的均匀排布，调节相邻磨粒间距 L，并从统计意义上可使相邻磨粒间距 L 分布在极小的范围，这也是单层钎焊金刚石砂轮在硬脆材料高效精密磨削中所具有的重要优势。

但是，从由于砂轮基体的加工精度、磨粒粒径的不一致性及磨粒分布位向的限制，单层钎焊金刚石砂轮相邻磨粒的高度差 δ_n 的分布范围与传统单层砂轮并无本质区别。所以，发展有效的单层钎焊金刚石砂轮修整技术，控制磨粒的等高性，是

应用该类砂轮实现高效精密磨削的重要方面。

6.1.2 单层钎焊金刚石砂轮修整技术

与单层电镀金刚石砂轮一样,单层钎焊金刚石砂轮上磨粒切削刃顶端至砂轮回转中心的高度差一般可达到磨粒粒径的 10%～15%。因此,磨削加工中,单层钎焊金刚石砂轮虽然可实现其他类型砂轮难以企及的高加工效率,但是磨料等高性差的固有缺陷造成了磨削加工表面粗糙度相对较差,表面质量难以达到一般磨削加工水平[36,188]。因此,应用单层钎焊金刚石砂轮进行硬脆材料高效精密磨削时,首先需解决的问题是通过有效的修整手段,使单层钎焊金刚石砂轮在具有高加工效率特性的基础上,也能获得高加工表面质量[21]。

6.1.2.1 单层超硬磨料砂轮修整概念

超硬磨料砂轮的修整概念是针对多层磨料砂轮而提出的,其修整过程一般分为两个阶段:大量去除结合剂与磨料层使砂轮获得需要型面的整形阶段和去除磨料周围结合剂使磨料出露的修锐阶段[189-194]。单层超硬磨料砂轮本身具有较好的型面及高出露的磨粒,因此,目前广泛采用的修磨法、电加工法及新发展起来的激光修整法等针对多层超硬磨料砂轮的修整方法,并不适用于单层超硬磨料砂轮的修整。相反,由于单层超硬磨料砂轮只有一层磨料,其形状精度主要依靠砂轮基体保证,同时,直至砂轮失效,砂轮的形状都不发生变化,因此,多数研究者和工程技术人员普遍认为包括单层钎焊金刚石砂轮在内的单层超硬磨料砂轮在应用中并不是一种适于修整的磨削工具,基于此,更认为单层超硬磨料砂轮是一种不需要修整的砂轮[16]。

近年来,随着磨削技术的发展,这一传统观念受到了挑战。接触修整(touch-dressing)的概念逐渐被引入到单层磨料砂轮的使用中,以提高磨削加工的表面质量。单层超硬磨料砂轮修整前后对磨削加工的影响如图 6.2 所示。单层砂轮修整的核心思想是,通过有效的修整方法,去除砂轮上磨粒的过度突出部分(图 6.2(b)),充分改善砂轮表面磨粒的等高性,进而大幅度降低磨削表面粗糙度。

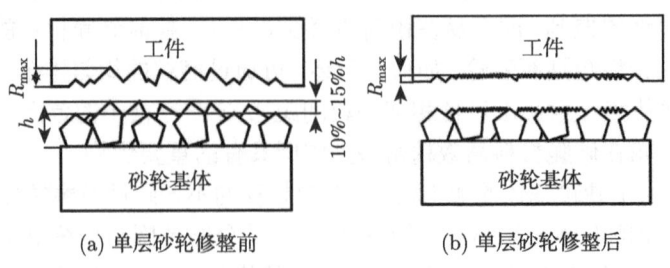

(a) 单层砂轮修整前　　　　(b) 单层砂轮修整后

图 6.2　单层超硬磨料砂轮修整前后对磨削加工的影响

6.1.2.2 单层钎焊金刚石砂轮的修整方法

单层钎焊金刚石砂轮的主要修整方法可分为机械修整方法、化学修整方法和机械化学复合修整方法三类。

1. 机械修整方法

该方法主要依靠修整工具上的金刚石与被修整砂轮上金刚石的相互干涉运动与磨耗达到修整的目的。按照修整工具与运动形式的不同,可分为磨削修整法和杯形金刚石砂轮修整法。

1) 磨削修整法

该方法原理类似金刚石笔修整方法,其利用多磨粒的固定修整工具,接触微修整高速旋转的单层钎焊金刚石砂轮。该方法操作方便简单,成本低,修整效果明显。张贝[21]使用自制的修整工具对单层钎焊金刚石砂轮进行了修整。修整工具为一个钎焊有规则排布金刚石磨粒的 45 钢块,如图 6.3 所示。修整工具根据其上的金刚石磨粒粒径的不同分为 3 种:355~425μm、160~180μm 和 90~106μm。单层钎焊金刚石砂轮的磨粒粒径为 355~425μm。试验结果表明,这种修整方法有效改善了磨粒等高性,使用修整后的砂轮磨削氧化锆陶瓷,磨削表面缺陷明显减少,表面质量得到显著提升,表面粗糙度 R_a 从 3.03μm 降低至 0.25μm。

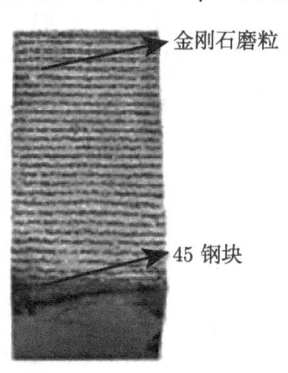

图 6.3 金刚石修整块

2) 杯形金刚石砂轮修整法

杯形金刚石砂轮修整法的修整原理如图 6.4 所示。修整轮可采用杯形金刚石树脂结合剂砂轮或杯形金刚石金属结合剂砂轮。采用磨粒粒度为 325/400 目的杯形金刚石树脂结合剂砂轮为修整轮,修整磨粒粒度为 40/50 目的单层钎焊金刚石砂轮,修整后的砂轮磨削高脆性铁氧体材料时,表面粗糙度 R_a 由未修整的 4.9μm 降至修整后的 0.8μm。

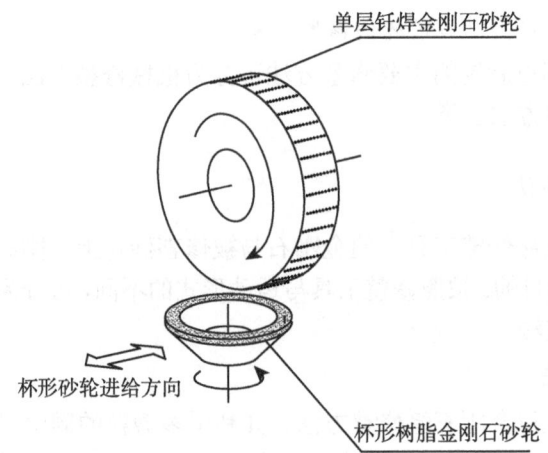

图 6.4 杯形金刚石砂轮修整法的修整原理

2. 化学修整法

该方法中所使用的修整工具是由低碳钢块和油石组成的,如图 6.5 所示。修整时砂轮正对低碳钢与油石的黏接缝隙向下进给,随着累积修整进给深度的增大,金刚石磨粒与低碳钢的接触点温度以及接触时间就会逐渐增大,当砂轮的接触弧长以及弧区温度升高到一定值时,一方面金刚石会向低碳钢中扩散而形成碳流失,另一方面铁元素向金刚石的扩散也因铁是触媒元素而促使石墨、碳化物以及非晶或者隐晶类碳质体的固溶相的形成,这样就会弱化金刚石接触表面的物理力学性能,从而造成了金刚石的损耗,因此,修整效率就会有较大的提高。采用该方法修整金刚石粒度为 80/100 目的单层钎焊金刚石砂轮,磨削 K9 玻璃时,表面粗糙度 R_a 由未修整的 3.9μm 降至修整后的 0.8μm。

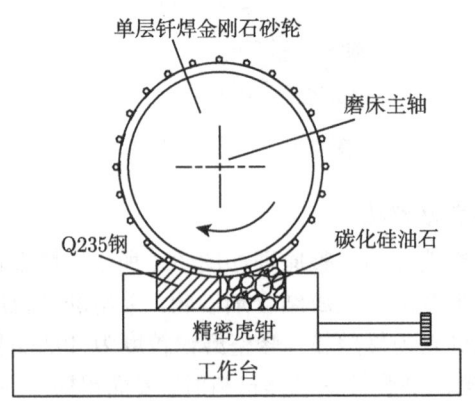

图 6.5 单层钎焊金刚石砂轮的软钢修整装置图

3. 机械化学复合修整法

该修整方法所使用的修整工具是一个 45 钢材质的碟轮,其两侧台阶面上钎焊有金刚石磨粒。修整碟轮依靠电主轴驱动,其与被修整砂轮的运动关系如图 6.6(b) 所示。如图 6.7 所示单层钎焊金刚石砂轮的机械化学复合修整过程,其基本过程为:随着修整碟轮的轴向进给,单层钎焊金刚石砂轮上过度突出的磨粒先与修整碟轮外侧金刚石产生干涉运动,起到修磨作用;然后与修整碟轮的中间 45 钢层产生干涉运动,起到化学侵蚀作用;最后与修整碟轮另一侧的金刚石产生干涉运动,起到修磨作用。该过程随着修整碟轮的径向进给,不断重复,使单层超硬磨料砂轮上过度突出的磨粒顶端部分被去除。采用该方法可明显改善修整后的单层钎焊金刚石砂轮磨粒等高性,磨削 SiC 陶瓷表面粗糙度 R_a 从 2.515μm 降低到 0.086μm,实现了延性域磨削。

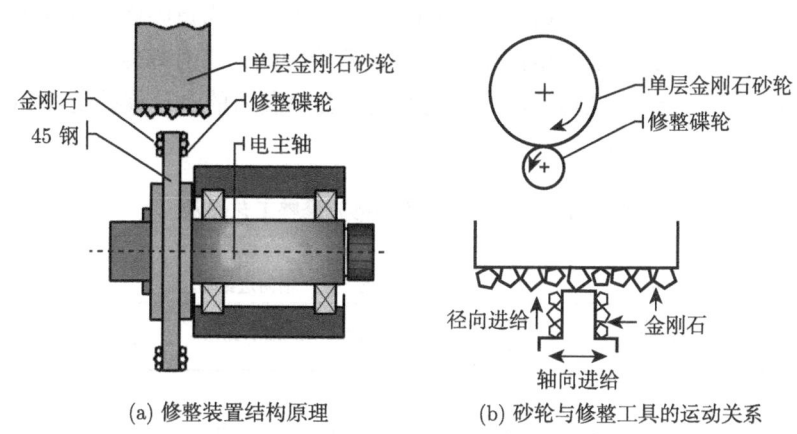

(a) 修整装置结构原理   (b) 砂轮与修整工具的运动关系

图 6.6 机械化学复合修整装置

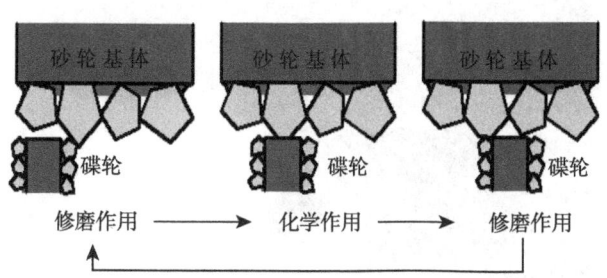

图 6.7 单层钎焊金刚石砂轮机械化学复合修整过程示意

6.1.3 机械化学复合修整中的砂轮状态

目前的研究表明,机械化学复合修整由于综合了机械磨除和化学侵蚀双重作用,具有较好的砂轮修整效率和修整质量。因此,本节详细介绍机械化学复合修整中单层钎焊金刚石砂轮状态的变化过程,为该方法的应用提供基础数据。

6.1.3.1 试验条件

拟修整的单层钎焊金刚石砂轮基体材料为 45 钢,外径为 260mm,宽度 18mm。砂轮磨粒为无镀膜金刚石,牌号 YK-9,粒度为 80/100 目。钎料为 Ag-Cu-Ti 合金,钎焊温度在 900°C。金刚石采取单颗有序直排的方式排布在砂轮的外圆面上,磨粒的周向间距为 1mm。

修整工具为碟轮,基体为 45 钢,外径为 100mm,厚度为 3mm。采用 140/170 目粒度金刚石单层密排钎焊在碟轮的两个端面,钎料为 Ag-Cu-Ti 合金,钎焊温度为 900°C。

修整试验在 PROFIMAT MT408 型高速平面精密磨床上进行。修整试验的具体工艺参数如表 6.1 所示,修整试验现场如图 6.8 所示。为反映修整过程中砂轮的变化,修整分为了 14 个连续的阶段,在相邻两阶段间,分别考察了被修整砂轮的磨粒等高性及磨削碳化硅陶瓷的表面粗糙度。各阶段内的累计修整切深和连续累计修整切深如表 6.2 所示。

表 6.1 单层钎焊金刚石砂轮修整工艺参数

砂轮参数		整修工具参数			修整切深	冷却降件
转速	方向	转速	方向	轴向进给		
962.3r/min (13.1m/s)	顺时针	5000r/min (26.2 m/s)	逆时针	60mm/min	1μm	水基冷却液

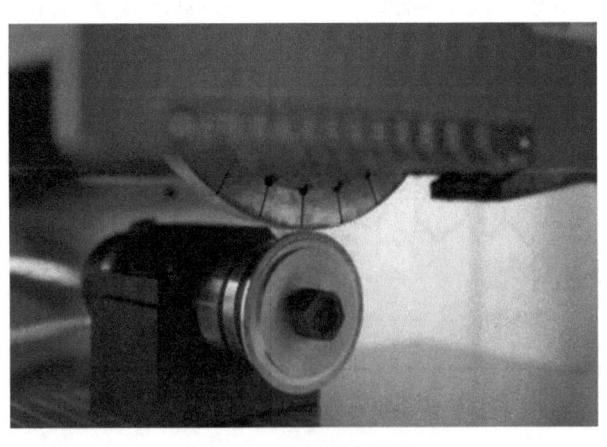

图 6.8 修整试验现场

6.1 粗磨粒金刚石砂轮高效精密磨削硬脆材料

表 6.2 各阶段累计修整切深和连续累计修整切深

修整阶段	1	2	3	4	5	6	7	8	9	10	11	12	13	14
各阶段累计/μm	5	5	5	10	10	15	15	30	30	30	60	60	60	60
连续累计/μm	5	10	15	25	35	50	65	95	125	155	215	275	335	425

6.1.3.2 磨粒等高性

各修整阶段后,采用 LK-G80 激光测距仪测量被修整砂轮同一圆周上圆跳动,来反映磨粒等高性的变化。图 6.9 为砂轮同一节块上同一圆周在不同修整阶段的圆跳动。理论上,每个大的波峰为一颗金刚石磨粒。砂轮初始状态,图 6.9(a) 中激光点约 170 处与 630 处相对高度差超过 100μm,表明磨粒等高性差。随着砂轮修整过程的进行,激光点约 170 处与其他大波峰的高度差不断缩小,至修整的第 14 阶段,各大波峰的高度基本一致,表明通过修整,砂轮上的磨粒一致等高。

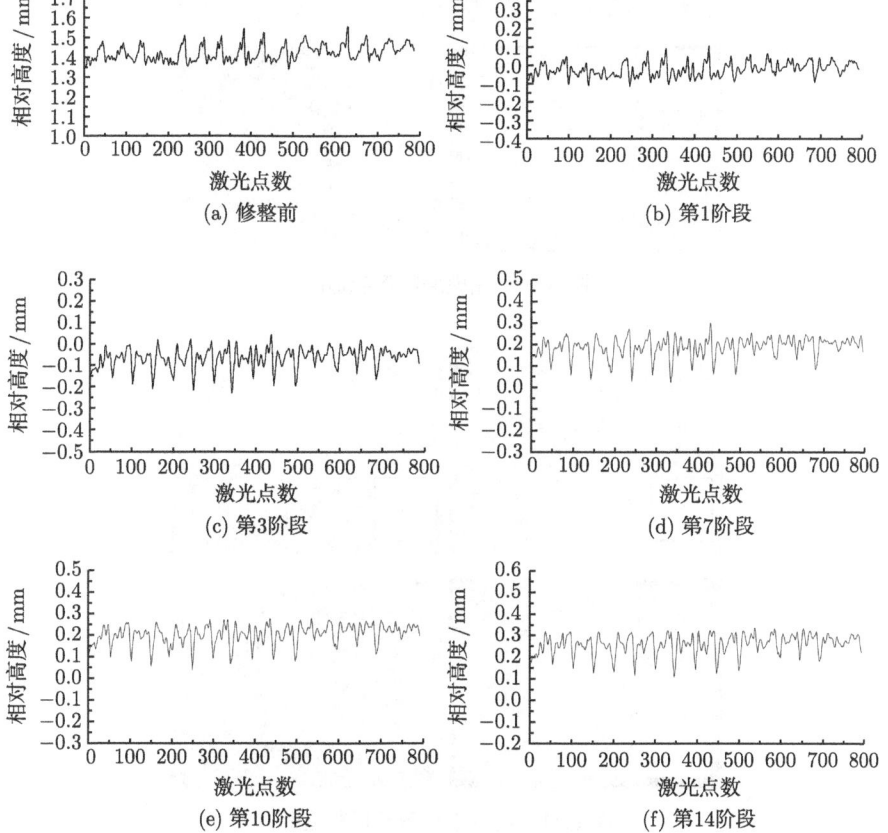

图 6.9 砂轮同一节块上同一圆周在不同修整阶段的圆跳动

6.1.3.3 磨粒形貌

由于修整是直接对磨粒进行微量的磨损，大部分磨粒的形貌特征会随着修整的进行而发生变化。因此，磨粒的微观形貌是反映砂轮修整特征重要方面。对每阶段修整后的砂轮磨粒进行跟踪观察，发现砂轮磨粒顶端的去除形式以磨耗平台和微破碎为主，同时也有少量的完整和断裂的形貌存在。对于这四种磨粒磨损形式分别选取了典型代表进行了跟踪观察，结果分别如图 6.10～图 6.13 所示，各图中 0、6、11 和 14 分别表示砂轮未修整以及修整的第 6、第 11 和第 14 修整阶段。

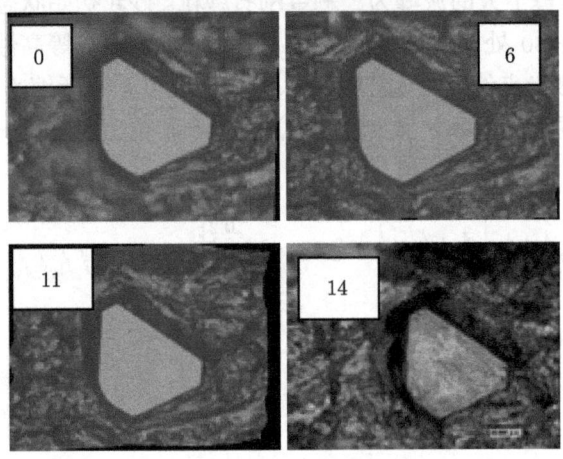

图 6.10　完整磨粒形貌追踪

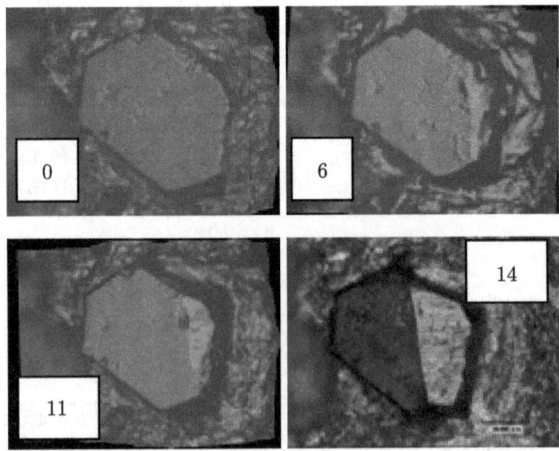

图 6.11　磨耗平台磨粒形貌追踪

6.1 粗磨粒金刚石砂轮高效精密磨削硬脆材料

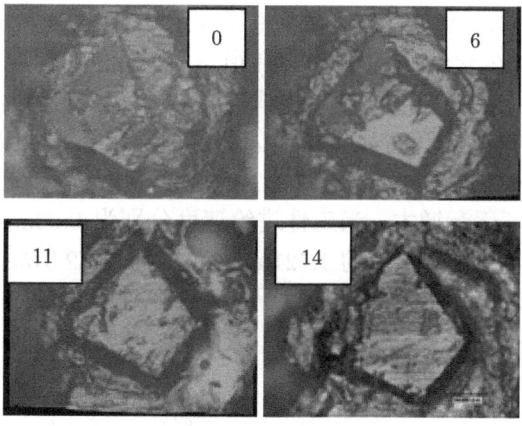

图 6.12 破碎磨粒形貌追踪

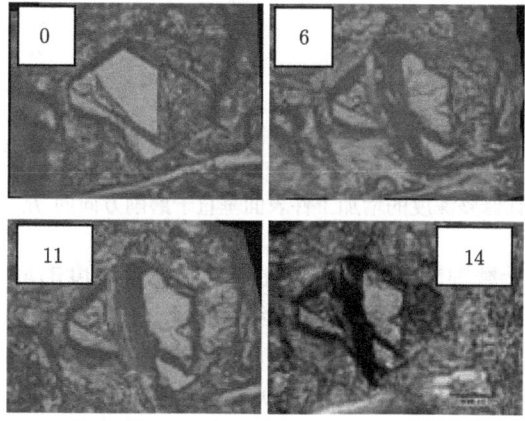

图 6.13 断裂磨粒形貌追踪

6.1.3.4 修整对砂轮磨削性能的影响

为了更直观地反映修整对砂轮状态的影响，各修整阶段后进行了 SiC 陶瓷的磨削试验。具体的磨削工艺参数如表 6.3 所示。

表 6.3 磨削工艺参数

试验条件	参数
磨削方式	切入式磨削
单层钎焊金刚石砂轮线速度	80m/s
工件纵向进给速度	0.03m/min、0.3m/min、3m/min
磨削切深	5μm
冷却条件	水基冷却液
加工对象	SiC 陶瓷材料

图 6.14(a) 所示为随着累计修整深度的增加工件表面垂直于磨削方向的轮廓算术平均偏差 R_a 值的变化情况，图 6.14(b) 所示为累计修整深度从 95μm 到 425μm 即修整 8 次到 14 次的局部放大图。从试验结果可以看到，随着累计修整深度的增加，垂直于磨削方向的工件表面粗糙度 R_a 值一直在降低，但降低的趋势逐渐放缓。这是因为随着修整过程的进行，砂轮上的磨粒高度逐渐接近，被修整的磨粒不断增多，修整的难度逐渐增大。当工件进给速度分别为 0.03m/min、0.3m/min 和 3m/min 时，R_a 值分别从修整前的 1.721μm、1.756μm 和 2.515μm 降低到修整后的 0.086μm、0.097μm 和 0.113μm，修整效果显著。

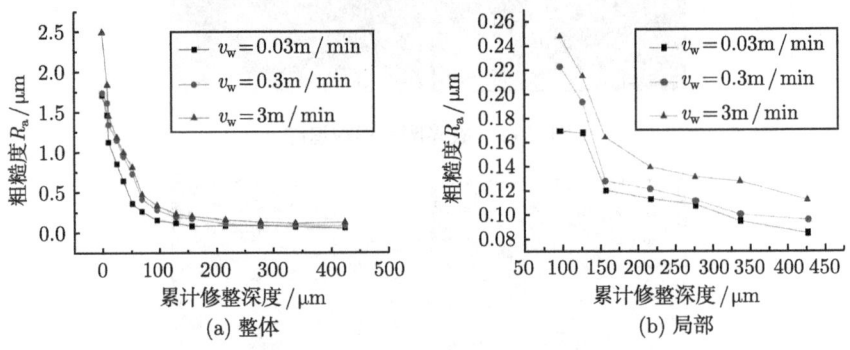

图 6.14 随累计修整深度的增加工件表面垂直于磨削方向的 R_a 值的变化情况

工件表面平行于磨削方向的 R_a 值随着累计修整深度的增加的变化情况与垂直方向的情况类似 (图 6.15)，当工件进给速度分别为 0.03m/min、0.3m/min 和 3m/min 时，平行于磨削方向的 R_a 值分别从修整前的 0.165μm、0.349μm 和 0.706μm 降低到修整后的 0.036μm、0.046μm 和 0.097μm，且与垂直方向的 R_a 值接近，说明采用机械化学复合修整方法，可使单层钎焊金刚石砂轮无论在轴向方向还是在周向方向的磨粒等高性都达到较高水准。

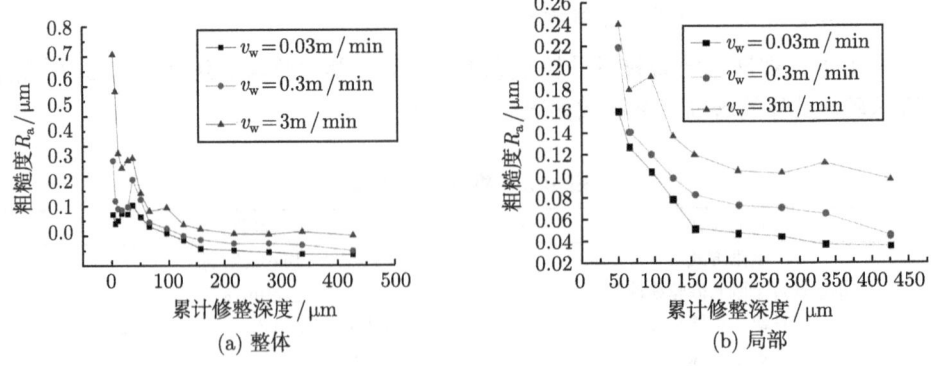

图 6.15 随累计修整深度的增加工件表面平行于磨削方向的 R_a 值的变化情况

6.1.4 单层钎焊粗磨粒金刚石砂轮高速磨削陶瓷材料

应用经过机械化学复合修整的 40/50 目单层钎焊粗磨粒金刚石砂轮高速磨削 SiC 陶瓷,分析了不同磨削用量下的磨削力、表面粗糙度与表面微观形貌。

6.1.4.1 试验条件

1) 单层钎焊粗磨粒金刚石砂轮

砂轮基体材料为 45 钢,直径为 400mm,宽度 10mm。磨粒为无镀膜金刚石,牌号 YK-9,粒度 40/50 目。钎料为 Ag-Cu-Ti 合金粉末,钎焊温度为 900°C。金刚石磨粒为 45° 斜排,每排磨粒之间的间距 1.2mm,如图 6.16 所示。

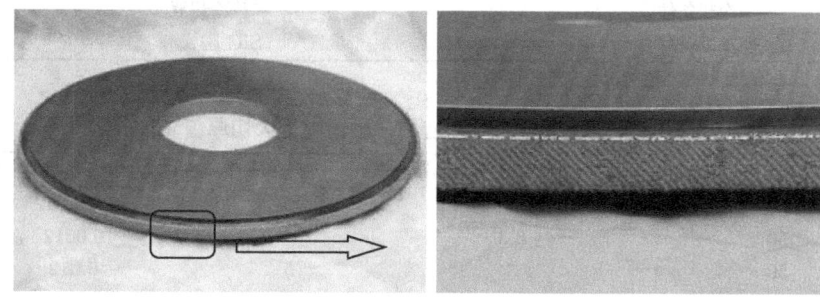

图 6.16 单层钎焊金刚石砂轮

2) 工件材料

工件材料为 SiC 陶瓷,其具有高硬度、高耐磨性和良好的抗腐蚀性,广泛用于航空航天、汽车和电子电器等领域。SiC 陶瓷的部分力学性能和按式 (6.3) 计算得到的脆延性转变临界切厚 a_{gc},如表 6.4 所示。

表 6.4 SiC 陶瓷的力学性能及脆延性转变临界切厚

参数	参数值
硬度/GPa	28
弹性模量/MPa	4.1×10^5
断裂韧性/(MPa·m$^{1/2}$)	3.2
脆延性转变临界切厚/μm	0.0026

3) 磨削用量参数

磨削工艺参数,如表 6.5 所示。按式 (6.4) 计算得到在本试验的工艺参数下的单颗磨粒最大未变形切厚 h_m,如表 6.6 所示。

SiC 陶瓷的脆延性转变临界切厚 $a_{gc} = 0.0026$μm。从表 6.6 可知,在工件进给速度 v_w 为 3m/min 时的磨削工艺参数下单颗磨粒最大未变形切厚 h_m 大于脆延性转变临界切厚 a_{gc} 的,此时 SiC 陶瓷工件表面材料的去除应主要以脆性断裂方式为主;在工件进给速度 v_w 为 0.03m/min 和 0.3m/min 时的磨削工艺参数下单颗磨

粒最大未变形切厚 h_m 远小于脆延性转变临界切厚 a_{gc}，此时 SiC 陶瓷工件表面材料的去除应主要以塑性方式为主。

表 6.5 SiC 陶瓷磨削工艺参数

试验条件	参数
磨削方式	切入式磨削
金刚石砂轮线速度	50m/s、80m/s、120m/s、150m/s
工件进给速度	0.03m/min、0.3m/min、3m/min
磨削切深	5μm、10μm、15μm
累计磨削深度	50μm
冷却条件	水基冷却液
加工对象	SiC 陶瓷

表 6.6 各工艺参数下对应的单颗磨粒最大切厚值 h_m

砂轮线速度/(m/s)	工件进给速度/(m/min)	切深/μm	单颗磨粒最大切厚/μm
50	0.03	5	0.000 12
50	0.3	5	0.0012
50	3	5	0.012
80	0.03	5	0.000 075
80	0.3	5	0.000 75
80	3	5	0.0075
120	0.03	5	0.000 05
120	0.3	5	0.0005
120	3	5	0.005
120	0.03	10	0.000 071
120	0.3	10	0.000 71
120	3	10	0.0071
120	0.03	15	0.000 087
120	0.3	15	0.000 87
120	3	15	0.0087
150	0.03	5	0.000 04
150	0.3	5	0.0004
150	3	5	0.004
150	0.03	10	0.000 057
150	0.3	10	0.000 57
150	3	10	0.0057
150	0.03	15	0.000 069
150	0.3	15	0.000 69
150	3	15	0.0069

6.1.4.2 磨削力

1) 砂轮线速度对磨削力的影响

在磨削切深 $a_p = 5\mu m$ 的条件下,砂轮线速度 v_s 对法向磨削力 F_n 与切向磨削力 F_t 的影响,如图 6.17 和图 6.18 所示。显然,法向磨削力 F_n 和切向磨削力 F_t 随着砂轮线速度 v_s 的增大而呈明显下降的趋势。主要原因是在进给速度 v_w 和磨削切深 a_p 一定的条件下,增大砂轮线速度 v_s 会增加单位时间内通过磨削弧区的有效磨粒数,继而单颗磨粒最大未变形切厚 h_m 变小,切屑变薄和切屑截面积变小,所产生的磨削力降低。

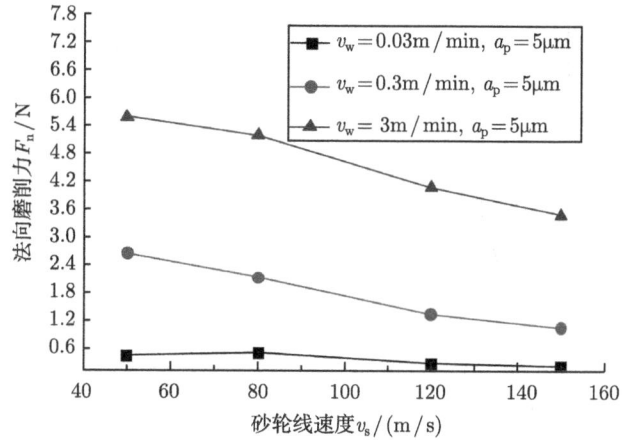

图 6.17 线速度 v_s 对法向磨削力 F_n 的影响

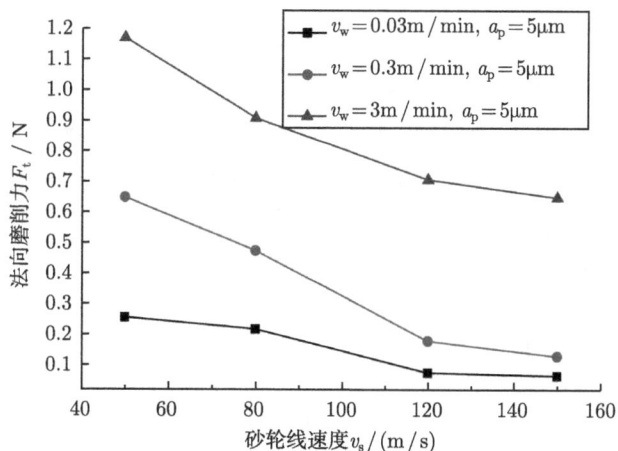

图 6.18 线速度 v_s 对切向磨削力 F_t 的影响

2) 进给速度对磨削力的影响

在磨削切深 a_p 为 5μm 的条件下,通过磨削 SiC 工件,获得进给速度 v_w 对砂轮法向磨削力 F_n 和切向磨削力 F_t 的影响,如图 6.19 和图 6.20 所示。由图可以得知,SiC 工件表面的法向磨削力 F_n 和切向磨削力 F_t 随着进给速度 v_w 的提高而都呈明显增大的趋势,而且变化趋势相似。这是因为在砂轮线速度 v_s 和磨削切深 a_p 一定的条件下,增大进给速度 v_w 会增大单颗磨粒未变形最大切屑切厚 h_m,而且材料去除率提高,磨削力相应升高。

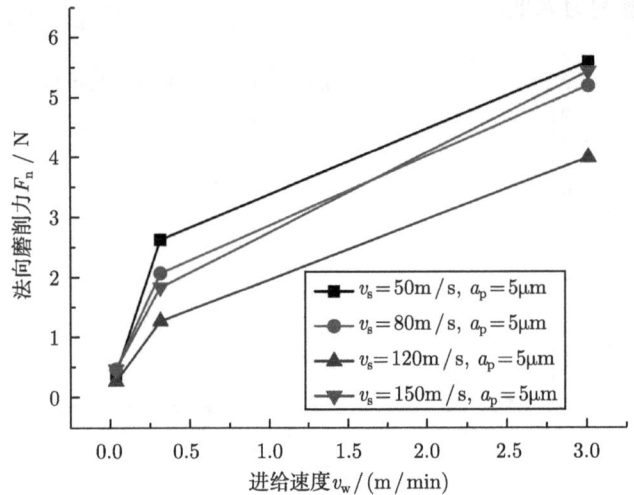

图 6.19 进给速度 v_w 对法向磨削力 F_n 的影响

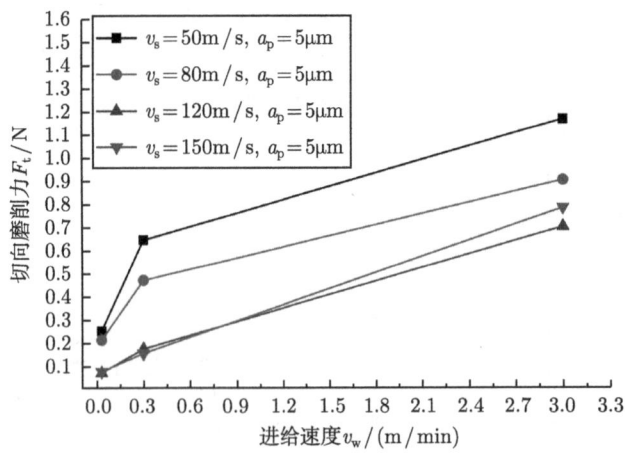

图 6.20 进给速度 v_w 对切向磨削力 F_t 的影响

3) 磨削切深对磨削力的影响

在砂轮线速度 $v_s = 80\text{m/s}$ 的条件下，磨削切深 a_p 对砂轮法向磨削力 F_n 和切向磨削力 F_t 的影响，如图 6.21 和图 6.22 所示。显然，SiC 工件表面的 F_n 和 F_t 随着磨削切深 a_p 的增加而呈明显增大的趋势。因为在进给速度 v_w 和砂轮线速度 v_s 不变时，增大磨削切深 a_p 会增大单颗磨粒最大未变形切屑切厚 h_m，使得单颗磨粒的磨削力变大，而且增大磨削切深 a_p 也会使金刚石砂轮的磨削弧变长，所以参与磨削的动态有效磨粒就变多了，致使总的磨削力增大。

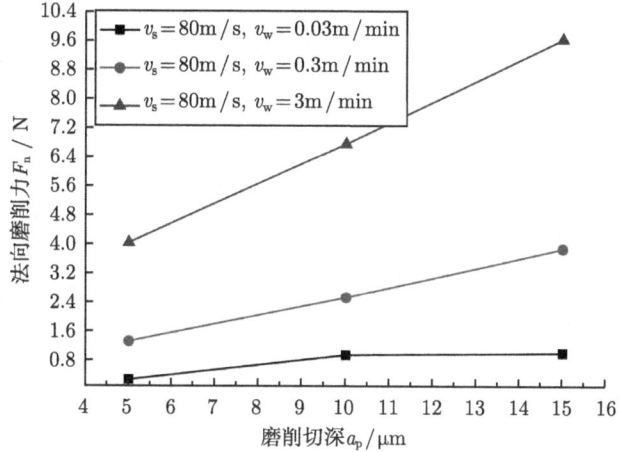

图 6.21 砂轮线速度 $v_s = 80\text{m/s}$ 时 a_p 对法向磨削力 F_n 的影响

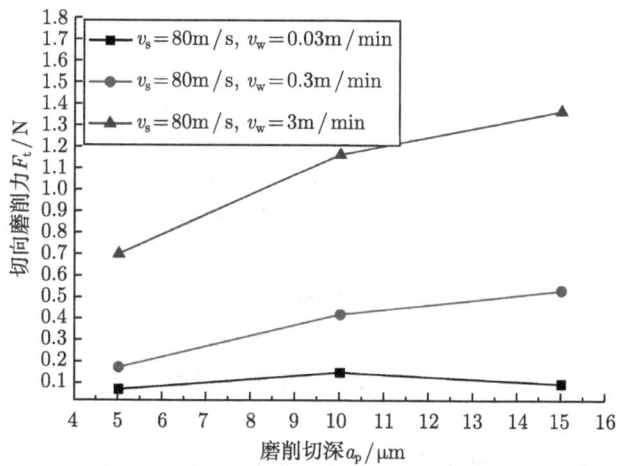

图 6.22 砂轮线速度 $v_s = 80\text{m/s}$ 时 a_p 对切向磨削力 F_t 的影响

6.1.4.3 表面粗糙度

1) 砂轮线速度对 SiC 工件表面粗糙度的影响

在磨削切深 a_p 为 $5\mu m$ 的条件下，获得砂轮线速度 v_s 对 SiC 工件表面垂直于磨削方向的 R_a 值、R_z 值以及平行于磨削方向的 R_a、R_z 值的影响，如图 6.23 所示。

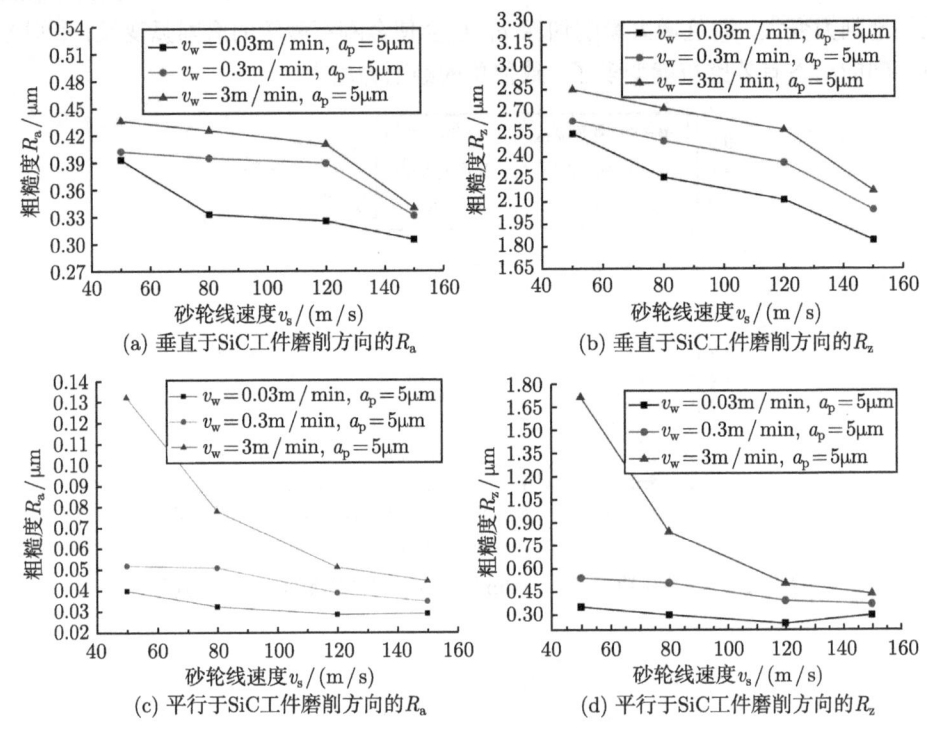

图 6.23 砂轮线速度 v_s 对 SiC 工件表面粗糙度的影响

由图 6.23 可知，垂直磨削方向的 R_a 的变化范围为 $0.3\sim0.45\mu m$；平行磨削方向的 R_a 的变化范围为 $0.02\sim0.15\mu m$，表面粗糙度值随着砂轮线速度 v_s 的增加而减小。

2) 进给速度对 SiC 工件表面粗糙度的影响

在磨削切深 $a_p=5\mu m$ 的条件下，通过磨削 SiC 工件，获得进给速度 v_w 对 SiC 工件表面垂直于磨削方向的 R_a 值、R_z 值和平行于磨削方向的 R_a、R_z 值的影响，如图 6.24 所示。

由图 6.24 可知，垂直磨削方向的 R_a 的变化范围为 $0.3\sim0.42\mu m$，平行磨削方向的 R_a 的变化范围为 $0.02\sim0.14\mu m$，SiC 工件表面粗糙度随着进给速度 v_w 的增加而变大。依据表 6.6，在三种工件进给速度 v_w 下单颗磨粒最大未变形切厚值是 10 倍递增的关系。在工件进给速度 v_w 为 3m/min 时，工件表面是以脆性断裂的方式去除的,这也是粗糙度值随着工件进给速度 v_w 增大而增大的主要原因。

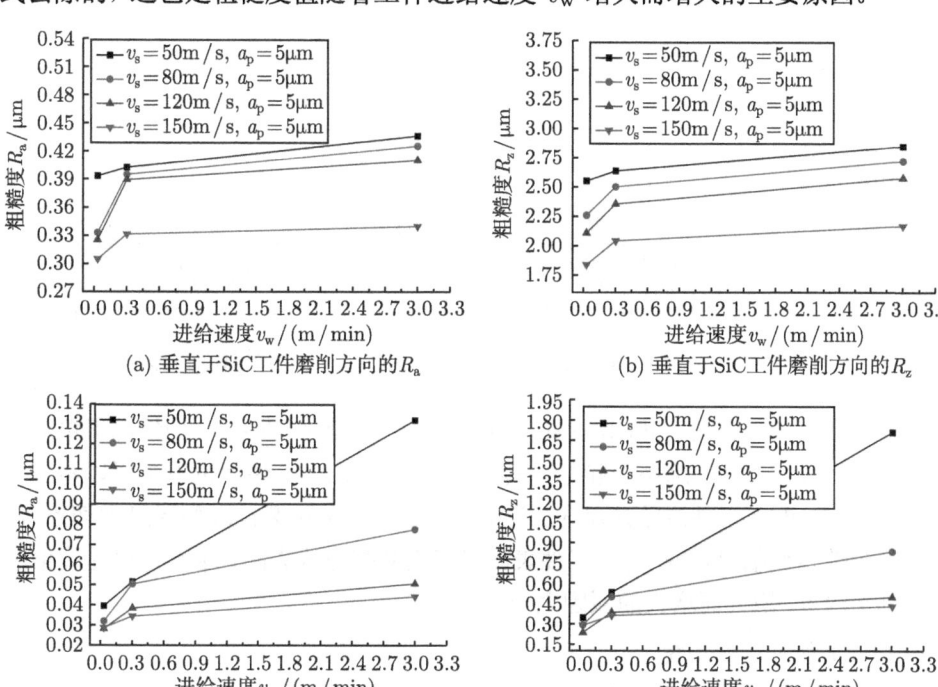

图 6.24 进给速度 v_w 对 SiC 工件表面粗糙度的影响

3) 磨削切深对 SiC 工件表面粗糙度的影响

在砂轮线速度 $v_s = 150\text{m/s}$ 的条件下,磨削切深 a_p 对 SiC 工件表面垂直于磨削方向的 R_a、R_z 值和平行于磨削方向的 R_a、R_z 值的影响,如图 6.25 所示。结果表明:SiC 工件表面粗糙度随着磨削切深 a_p 的增加而变大。这是由于在砂轮线速度 v_s 为固定值时,单颗磨粒切屑厚度随着磨削切深 a_p 的增加而增大,因此,在 SiC 工件表面留下的刻痕深度增大,从而使工件表面粗糙度值变大。依据表 6.4 与表 6.6,

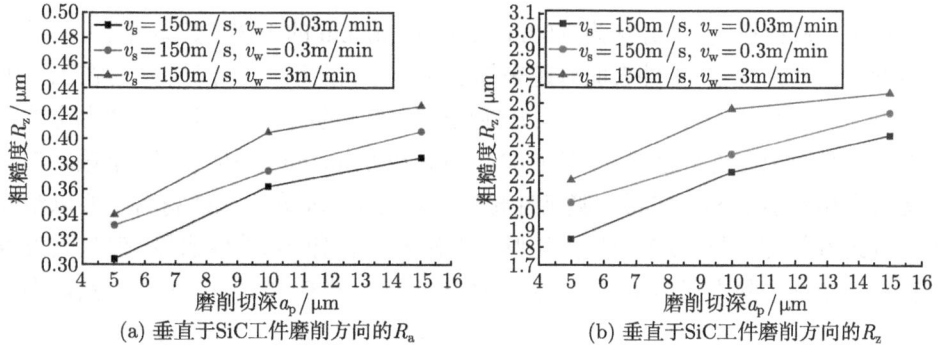

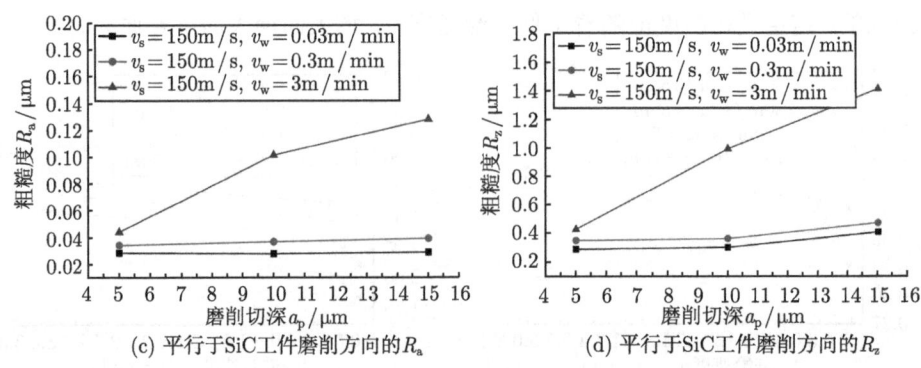

图 6.25　$v_s = 150\mathrm{m/s}$ 时磨削切深 a_p 对 SiC 工件表面粗糙度的影响

当进给速度 v_s 为 0.03m/min 和 0.3m/min 时,在三种磨削切深 a_p 的情况下单颗磨粒未变形最大切厚 h_m 远小于脆延性转变临界切厚 a_{gc},工件理论上主要以塑性去除方式为主;而在工件进给速度 v_w 为 3m/min 时,单颗磨粒未变形最大切厚 h_m 大于脆延性转变临界切厚 a_{gc},工件表面以脆性断裂方式去除,这也是粗糙度值随着磨削切深 a_p 增大而增大的原因之一。

6.1.4.4 加工表面形貌

1) 砂轮线速度和进给速度对 SiC 工件表面形貌的影响

在 $a_p = 5\mu\mathrm{m}$,$v_w = 0.03\mathrm{m/min}$、$0.3\mathrm{m/min}$、$3\mathrm{m/min}$,$v_s = 50\mathrm{m/s}$、$80\mathrm{m/s}$、$120\mathrm{m/s}$、$150\mathrm{m/s}$ 的工艺条件下,SiC 工件表面形貌随线速度和进给速度变化的情况,如图 6.26 所示。

从图 6.26 可以知道,在不同的工件进给速度下,随着砂轮线速度 v_s 的增大,SiC 工件表面的延性磨削区域面积在增大,即脆性断裂产生的凹坑在减少。这是由于砂轮线速度 v_s 增大会使单颗磨粒最大切屑厚度 h_m 减小,SiC 材料主要以塑性的方式去除,而且砂轮线速度 v_s 增大会使磨削弧区的温度升高,在一定程度上可能会软化 SiC 工件表面,使得 SiC 工件表面更多以塑性方式去除。

在工件进给速度 v_w 分别为 0.03m/min、0.3m/min 的工艺参数条件下,随着砂轮线速度的增大,SiC 工件表面有越来越多的延性域面积,非常明显。而在工件进给速度 v_w 为 3m/min 时,工件表面延性域面积增加的趋势不太明显。产生这种现象的原因是由于在进给速度 v_w 为 0.03m/min 和 0.3m/min 的情况下,单颗磨粒未变形最大切厚小于 SiC 材料的脆延性转变临界切厚,理论上 SiC 材料主要以塑性去除方式为主,此时单颗磨粒最大切厚对工件表面形貌的影响较明显,但是因为两者都是以塑性去除方式为主,所以两者的 SiC 表面粗糙度上相差不大。然而在工件进给速度 v_w 为 3m/min 的情况下,单颗磨粒最大切厚 h_m 大于 SiC 材料的脆延

性转变临界切厚 a_c,理论上 SiC 材料主要以脆性去除方式为主,所以 SiC 工件表面形貌可以看到材料的脆性断裂和剥落,但是因为脆性断裂和剥落的程度有所不同,造成 SiC 工件表面的凹坑深度不一样,所以在 SiC 工件表面粗糙度有相当大的差别。

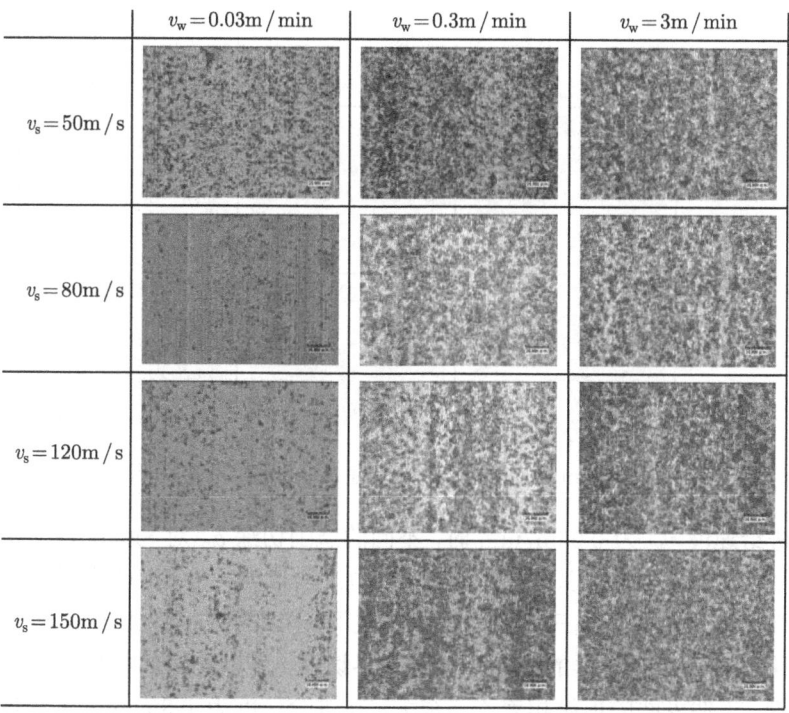

图 6.26　线速度 v_s 与进给速度 v_w 对 SiC 陶瓷工件表面形貌的影响

从图 6.27 可见,在不同的砂轮线速度 v_s 条件下,工件进给速度 v_w 的增大使得 SiC 工件表面的延性磨削域面积减小,而且因脆性断裂产生的凹坑数量增多。产生这种现象的原因是随着进给速度 v_w 的增大,单颗磨粒未变形最大切厚 h_m 也增大,使得 SiC 材料更多的以脆性断裂的方式去除,所以工件表面的凹坑数量增多。

经过上述分析可以得知,工件进给速度 v_w 较砂轮线速度 v_s 对工件表面形貌的影响更为显著。说明在不同进给速度 v_w 的条件下,由于单颗磨粒切厚的不同使得 SiC 材料表面形貌变化很大,而且粗糙度的变化也很大;在不同线速度 v_s 的条件下,单颗磨粒切厚也不一样,但是 SiC 材料表面形貌和表面粗糙度的变化较小。

2) 磨削切深对 SiC 工件表面形貌的影响

在线速度 v_s 为 120m/s,进给速度 v_w 分别为 0.03m/min、0.3m/min、3m/min,磨削切深 a_p 分别为 5μm、10μm 和 15μm 的工艺条件下,SiC 工件表面形貌随磨削

切深 a_p 变化的情况,如图 6.27 所示。

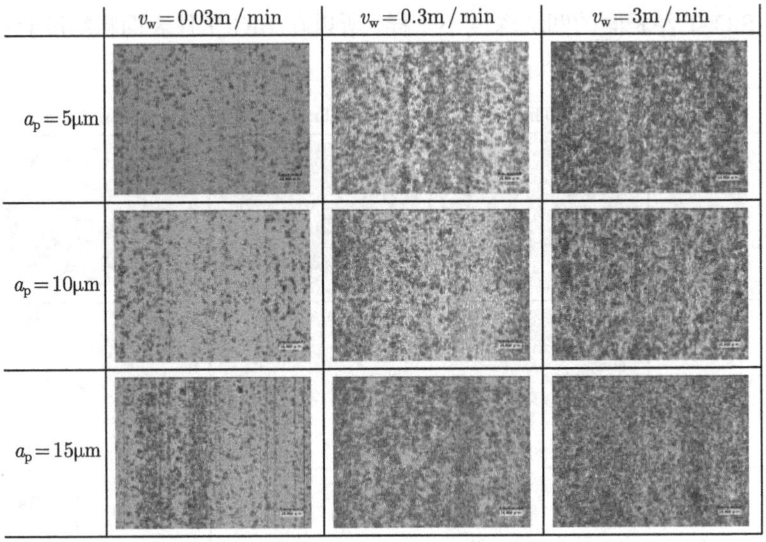

图 6.27 v_s =120m/s 时磨削切深 a_p 对 SiC 陶瓷工件表面形貌的影响

在进给速度 v_w 为 0.03m/min 时,不同的磨削切深 a_p 对 SiC 工件形貌表面影响差别不是很大,三者都以塑性去除方式为主,所以有大面积的塑性磨削区域。产生这种现象的原因是在此三者磨削用量参数下,单颗磨粒最大切厚都在一个数量级,而且都小于 SiC 材料的脆延性转变临界切厚,所以此时的材料大部分以塑性方式去除,工件表面的形貌相差不是很大。在进给速度为 0.3m/min 时,随着磨削切深的增大,材料大部分以塑性去除方式为主,SiC 工件表面的延性磨削区域的面积减小,这是由于材料脆性断裂造成的凹坑增多,可知磨削切深成为影响工件表面形貌的主导因素。此时,如果磨削切深继续增大,那么工件表面的脆性断裂区域面积会增多。在进给速度为 3m/min 时,随着磨削切深的增大,工件表面形貌相差不是很大,材料大部分以脆性断裂去除为主,这是因为此时的单颗磨粒最大切厚大于 SiC 材料的脆延性转变临界切厚,但是工件表面的脆性断裂程度的差别导致工件表面粗糙度相差比较大。

在线速度 v_s 都为 150m/s,进给速度 v_w 分别为 0.03m/min、0.3m/min、3m/min,磨削切深 a_p 分别为 5μm、10μm 和 15μm 的工艺条件下,SiC 工件表面形貌随磨削切深 a_p 变化的情况,如图 6.28 所示。其工件表面形貌的变化规律与线速度为 120m/s 是一样的。

6.1 粗磨粒金刚石砂轮高效精密磨削硬脆材料

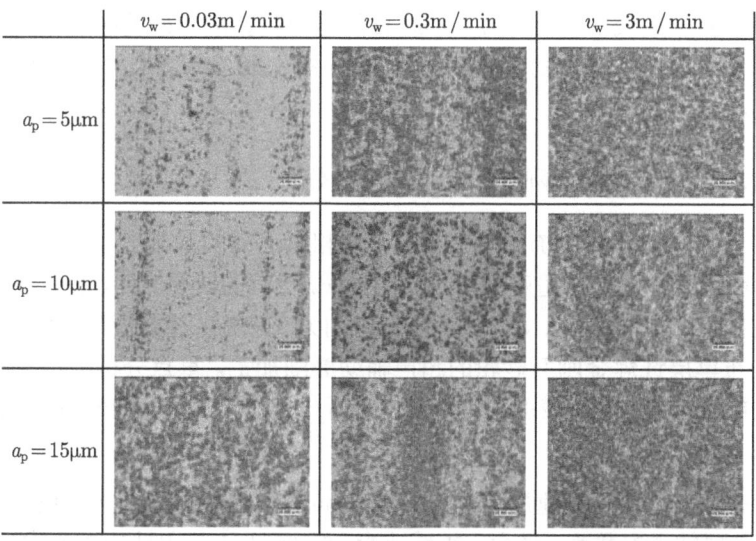

图 6.28 $v_s = 150\text{m/s}$ 时磨削切深 a_p 对 SiC 陶瓷工件表面形貌的影响

6.1.4.5 往复式磨削 SiC 陶瓷的表面形貌

SiC 工件的尺寸为 50mm×50mm×10mm。采用的磨削工艺参数为 $v_s = 80\text{m/s}$，$v_w = 0.3\text{m/min}$，$a_p = 10\mu\text{m}$，磨削方式为往复式磨削，横向进给为 2mm/行程。磨削后，垂直于工件磨削方向的工件表面粗糙度为 $0.237\mu\text{m}$，SiC 工件表面主要以塑性方式去除为主。磨削得到的 SiC 工件能够达到亚镜面的效果，如图 6.29 所示。往

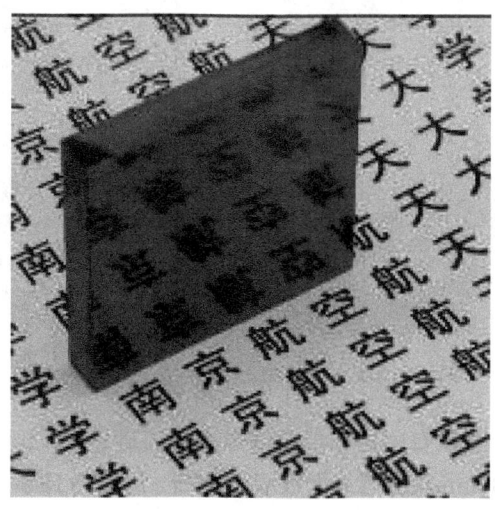

图 6.29 往复式磨削 SiC 工件表面外观

复式磨削试验结果表明，粒径为 40/50 目的粗磨粒金刚石砂轮在磨粒有序排布控制磨粒间距和精密修整控制磨粒等高性的条件下，可实现 SiC 陶瓷等硬脆材料的精密磨削。

6.1.5 单层钎焊粗磨粒金刚石砂轮超声辅助磨削

超声辅助磨削是在传统磨削工具与工件相对运动的基础上，通过超声振动装置在工具或者工件上施加超声振动的加工方法。已有的研究表明，超声辅助磨削可实现硬脆材料的高性能加工，如显著降低磨削力、减轻工具磨损等。本书介绍了磨粒有序排布单层钎焊金刚石砂轮的超声辅助磨削加工，重点分析了 SiC 陶瓷超声辅助磨削的磨削力、加工表面三维形貌、表面/亚表面微观形貌和砂轮磨损特征。

6.1.5.1 试验条件

试验是在立式超声高速加工中心 (Ultrasonic 20 Linear) 上进行，设备如图 6.30 所示。其主要技术参数为：最大主轴转速为 42 000r/min；主轴功率为 15kW；最大扭矩为 7.6N·m；超声动系统的振动频率范围为 20～30.4kHz；系统末端工具的振幅为 3～5μm。

图 6.30 DMG Ultrasonic 20 Linear 立式超声高速加工中心

试验工具为杯形磨粒有序排布单层钎焊金刚石砂轮，砂轮实物如图 6.31 所示。砂轮工作端直径为 30mm。磨粒为无镀膜金刚石，牌号 YK-9，粒度 80/100 目。钎料为 Ag-Cu-Ti 合金粉末，钎焊温度为 900°C。金刚石磨粒为 45° 斜排，每排磨粒之间的间距 1.25mm。

(a) 整体

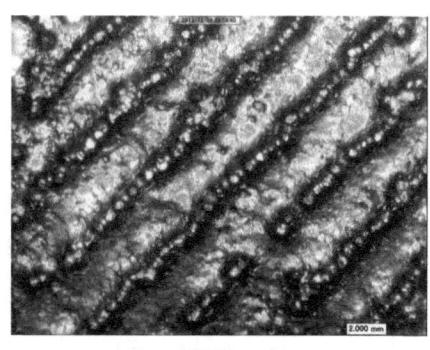
(b) 局部

图 6.31 磨粒有序排布单层钎焊金刚石砂轮

试验所用材料为 SiC 陶瓷性能如表 6.4 所示。当进行超声辅助磨削试验时，SiC 陶瓷试样尺寸为 25mm×10mm×6mm，其中 25mm×6mm 的表面为磨削加工面，磨削宽度为 6mm。进行亚表面损伤试验时，SiC 陶瓷试样尺寸为 25mm×10mm×3mm，其中 25mm×10mm 的表面为抛光面，25mm×3mm 的表面为磨削加工面。

磨粒有序排布砂轮超声辅助磨削 SiC 陶瓷试验所采用的条件见表 6.7。

表 6.7 磨粒有序排布钎焊砂轮超声辅助磨削试验条件

试验条件	参数
磨削方式	侧面磨削，切入式顺磨
砂轮	钎焊金刚石砂轮，ϕ30mm，80/100目
冷却方式	5%水基乳化液 (Castrol 9954)；内冷压力：1MPa；外冷压力：0.4MPa
振幅 $A/\mu m$	3.85
谐振频率 f/kHz	21.5
磨削速度 $v_s/(m/s)$	10~30
进给速度 $v_w/(m/min)$	SiC: 0.05~1
磨削深度 $a_p/\mu m$	SiC: 5~15

进行亚表面损伤试验时，采用的磨削工艺参数共 4 组，分别为：① $v_s=30m/s$, $v_w=0.05m/min$, $a_p=5\mu m$；② $v_s=20m/s$, $v_w=0.05m/min$, $a_p=10\mu m$；③ $v_s=10m/s$, $v_w=0.5m/min$, $a_p=5\mu m$；④ $v_s=10m/s$, $v_w=1m/min$, $a_p=15\mu m$。

6.1.5.2 磨削力

磨粒有序排布钎焊金刚石砂轮超声辅助磨削及普通磨削 SiC 陶瓷时磨削力随工艺参数变化而变化的规律如图 6.32 所示。在 $v_w=1m/min$, $a_p=10\mu m$ 时，当 v_s 从 10m/s 增大至 30m/s 后，磨削法向力的 K_F(磨削力降低量以百分比表示) 值由 17.5%降低至 8.8%，磨削切向力的 K_F 值由 14.9%降低至 6.9%。这表明磨粒有序排布钎焊砂轮可在更高的磨削速度范围内保持超声辅助磨削降低磨削力的优势。

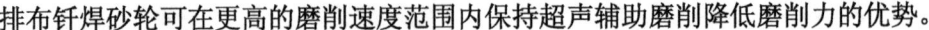

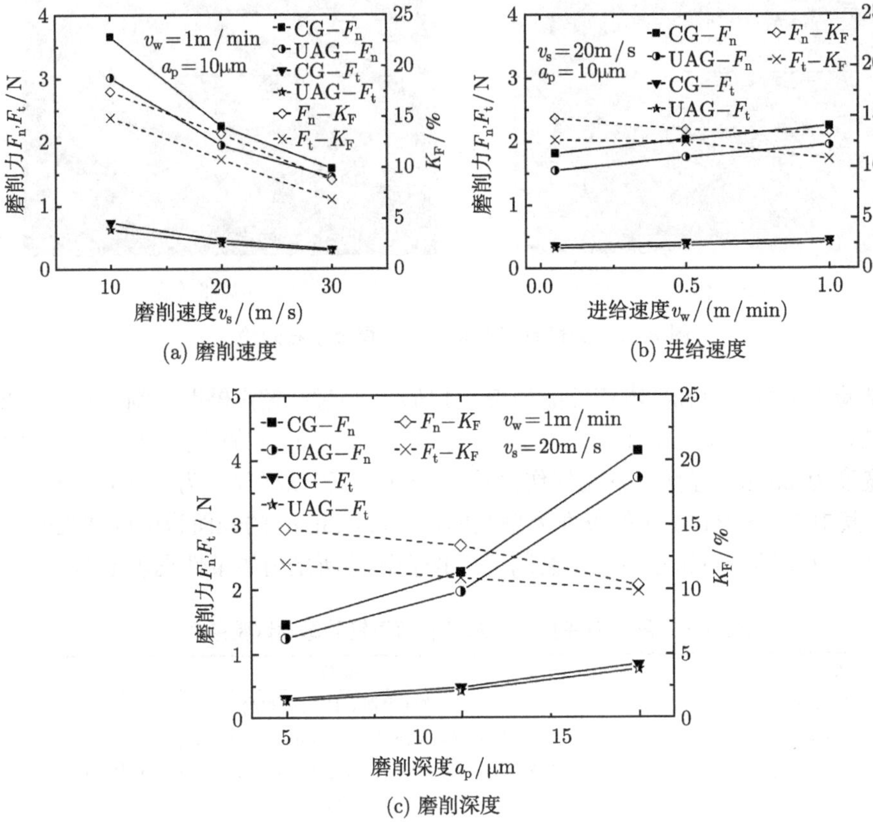

图 6.32 钎焊砂轮超声辅助磨削 SiC 时工艺参数对磨削力及 K_F 的影响

另外,由图 6.32 可以看出,在 v_s =20m/s 时,当 v_w = 0.05~1m/min,a_p = 5~15μm 范围内,磨削法向力的 K_F 值范围为 10.2%~14.8%,而磨削切向力的 K_F 值范围为 9.8%~12.7%,波动较小,表明磨粒有序排布砂轮在此工艺参数范围内可保持稳定的磨粒运动轨迹交错重叠效果。

6.1.5.3 已加工表面三维形貌

典型磨粒有序排布钎焊金刚石砂轮超声辅助磨削与普通磨削 SiC 陶瓷表面的三维形貌如图 6.33 所示,图中白色虚线表示普通磨削区域与超声辅助磨削区域的分界线,其两侧区域颜色的差异程度反映了相同工艺参数条件下超声辅助磨削相对于普通磨削改善表面质量的效果。差异越大,即表明改善效果越明显。

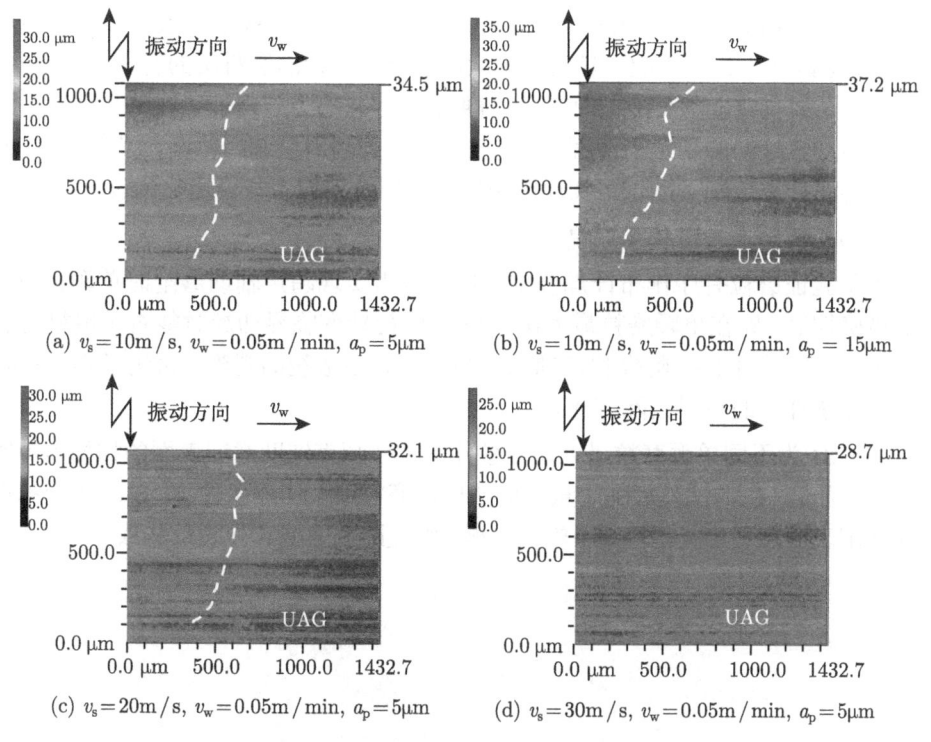

图 6.33 钎焊砂轮磨削加工 SiC 表面三维形貌

从图 6.33 可以看出，钎焊金刚石砂轮在 $v_s = 10\text{m/s}$ 条件下超声辅助磨削效果显著，当 v_s 增大至 20m/s 后，超声辅助磨削效果有所减弱，但当 v_s 增大至 30m/s 后，普通磨削区域与超声辅助磨削区域已经没有明显的分界线，表明超声辅助磨削表面与普通磨削表面之间的磨削划痕高度已经趋于一致，此时超声辅助磨削效果已经非常微弱。与一般烧结金刚石砂轮超声辅助磨削效果相比，钎焊金刚石砂轮的特征在于：首先，在砂轮的宽度方向(轴向)内，超声辅助磨削表面颜色整体变浅，而不仅仅是局部区域得到改善，表明其超声辅助磨削效果均匀性和稳定性相对较优，可在整个磨削平面内降低磨削划痕高度。其次，烧结金刚石砂轮在 $v_s = 18.9\text{m/s}$，$v_w = 100\text{mm/min}$，$a_p = 5\mu\text{m}$ 条件下所获得的超声辅助磨削表面与普通磨削表面颜色已经无明显差别，表明这两个区域的磨削划痕高度已非常接近；而从图 6.34(c)可知钎焊金刚石砂轮在 $v_s = 20\text{m/s}$，$v_w = 0.05\text{m/min}$，$a_p = 5\mu\text{m}$ 时超声辅助磨削区域颜色仍比普通磨削区域颜色浅，表明超声辅助磨削仍然可减小磨削划痕高度，超声振动作用依然存在。因此，相比于磨粒无序分布的烧结金刚石砂轮只能在较低的磨削速度条件下发挥超声辅助磨削优势，钎焊金刚石砂轮在实现磨粒有序排布后，可在更高的磨削速度条件下应用于超声辅助磨削，从而具有更高的实际应用价值。

钎焊金刚石砂轮超声辅助磨削时之所以可以更均匀、稳定地改善加工表面质量，本质原因在于其基于超声辅助磨削运动学分析设计的磨料层的有序排布方式。相比于烧结或电镀金刚石砂轮而言，这种磨粒有序排布方式保证了在整个磨削平面内磨粒运动轨迹间的稳定干涉程度，以及更广的磨削用量选择范围。综上所述，磨粒有序排布钎焊金刚石砂轮可实现超声辅助磨削效果均匀与稳定化的设计目标。

6.1.5.4 已加工表面微观形貌

为了验证磨粒有序排布钎焊金刚石砂轮能否实现超声辅助磨削时单颗磨粒切厚的精确控制，即在单颗磨粒最大切厚小于脆-延转变临界切深时能否实现材料的延性去除，通过对 SiC 陶瓷超声辅助磨削加工表面形貌的观察，讨论了不同单颗磨粒切厚条件下的材料去除方式。

图 6.34 为不同单颗磨粒最大切厚条件下 SiC 超声辅助磨削表面的扫描电镜照片。可以看出，在本试验磨削用量对应的单颗磨粒最大切厚条件下，SiC 陶瓷超声辅助磨削表面主要由光滑区域、塑性沟槽、脆性断裂区域和微裂纹构成。

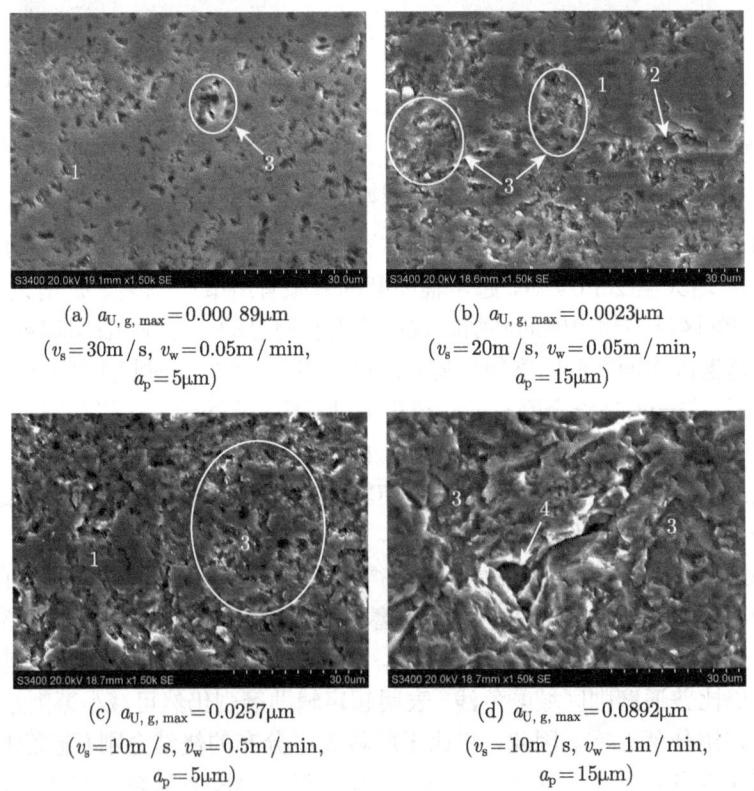

(a) $a_{U, g, max} = 0.00089\mu m$
($v_s = 30m/s$, $v_w = 0.05m/min$, $a_p = 5\mu m$)

(b) $a_{U, g, max} = 0.0023\mu m$
($v_s = 20m/s$, $v_w = 0.05m/min$, $a_p = 15\mu m$)

(c) $a_{U, g, max} = 0.0257\mu m$
($v_s = 10m/s$, $v_w = 0.5m/min$, $a_p = 5\mu m$)

(d) $a_{U, g, max} = 0.0892\mu m$
($v_s = 10m/s$, $v_w = 1m/min$, $a_p = 15\mu m$)

图 6.34 钎焊砂轮超声辅助磨削 SiC 陶瓷表面 SEM 照片
1-光滑区域；2-塑性沟槽；3-脆性断裂区；4-微裂纹

图 6.34 反映了 SiC 陶瓷超声辅助磨削表面包含塑性去除和脆性去除两种材料去除方式,其中脆性去除方式所占的比例随单颗磨粒最大切厚 $a_{\mathrm{U,g,max}}$ 的增大而显著增加。当单颗磨粒最大切厚 $a_{\mathrm{U,g,max}} = 0.00089\mathrm{\mu m} \ll$ SiC 陶瓷脆延转变临界切厚 $h_{\mathrm{c}} = 0.0026\mathrm{\mu m}$ 时,如图 6.34(a) 所示,此时可观察到磨削表面绝大多数区域为材料延性去除所形成的光滑区域。一些微孔隙在材料制备时已经存在,因此,该条件下超声辅助磨削仅仅产生了因局部脆性去除而形成的微破碎。当单颗磨粒最大切厚增大为 $0.0023\mathrm{\mu m}$ 后,已经与 h_{c} 非常接近,此时由图 6.34(b) 可以看出虽然光滑区域与塑性沟槽仍然为超声辅助磨削表面的主要组成部分,但相比于图 6.34(a) 脆性断裂区域比例已经明显增大。当 $a_{\mathrm{U,g,max}}$ 增大至 $0.0257\mathrm{\mu m}$ 时,由图 6.34(c) 可以看出脆性断裂已经成为主要的材料去除方式,光滑区域面积已经很小。最终当 $a_{\mathrm{U,g,max}}$ 为 $0.0892\mathrm{\mu m}$ 时,由图 6.34(d) 可以看出超声辅助磨削表面已全部为脆性断裂区域,光滑区域消失不见;且局部区域发生了 SiC 晶粒脱落并进而在磨削应力的作用下诱发产生了微裂纹。

综上所述,在使用磨粒有序排布钎焊金刚石砂轮超声辅助磨削 SiC 陶瓷时,在满足单颗磨粒最大切厚小于该材料的脆延转变临界切厚的磨削用量条件下,SiC 陶瓷表现出较理想的磨削表面形貌,基本实现了延性域磨削。

6.1.5.5 已加工表面粗糙度

单颗磨粒最大切厚是综合决定加工表面粗糙度 R_{a} 的主要参数。而在一定的砂轮条件下,磨削用量组合可以唯一确定单颗磨粒最大切厚水平。当 $v_{\mathrm{s}} = 10 \sim 30\mathrm{m/s}$, $a_{\mathrm{p}} = 5 \sim 15\mathrm{\mu m}$, $v_{\mathrm{w}} = 0.05 \sim 1\mathrm{m/min}$ 时,在不同的磨削用量组合下,采用钎焊砂轮超声辅助磨削时单颗磨粒最大切厚的范围为 $0.00089 \sim 0.0892\mathrm{\mu m}$,分布于 SiC 陶瓷磨削时的脆延转变临界切厚 $h_{\mathrm{c}} = 0.0026\mathrm{\mu m}$ 的两侧。SiC 陶瓷超声辅助磨削表面粗糙度随单颗磨粒最大切厚变化而变化的规律如图 6.35 所示。

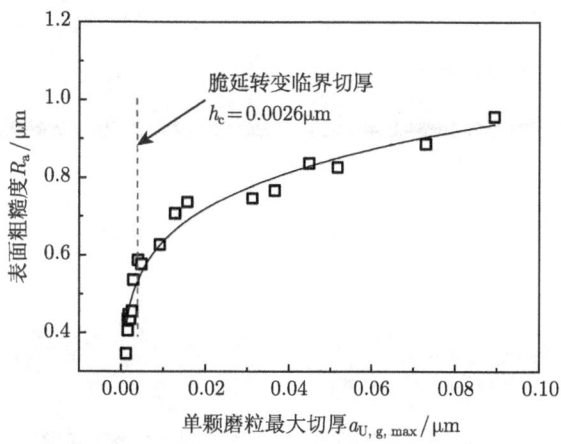

图 6.35 表面粗糙度与单颗磨粒最大切厚的关系

在上述的单颗磨粒最大切厚范围内，SiC 陶瓷超声辅助磨削表面粗糙度范围为 $R_a = 0.35 \sim 0.96\mu m$。其中当 $a_{U,g,\max} < h_c$ 时，表面粗糙度 $R_a = 0.31 \sim 0.46\mu m$。而当烧结金刚石砂轮在 $v_s = 8.82 \sim 31.5 m/s$，$a_p = 6 \sim 14\mu m$，$v_w = 0.05 \sim 0.5 m/min$ 范围内以相同方式对 SiC 陶瓷进行超声辅助磨削时，所获得的表面粗糙度 $R_a = 0.54 \sim 0.79\mu m$。

6.1.5.6 亚表面损伤

采用钎焊金刚石砂轮超声辅助磨削与普通磨削 SiC 陶瓷时的亚表面损伤随磨削用量变化而变化的规律如图 6.36 所示。在 $v_s = 30 m/s$，$v_w = 0.05 m/min$，$a_p = 5\mu m$ 时，超声辅助磨削与普通磨削的对比情况如图 6-36(a) 所示。此工艺参数条件下超声辅助磨削与普通磨削时的最大单颗磨粒切厚分别为 $0.000\ 89\mu m$ 和 $0.0009\mu m$，相应地可看出此时这两种方法所产生的磨削亚表面损伤形式均为小尺寸分散存在的微破碎，且损伤深度无明显差别。

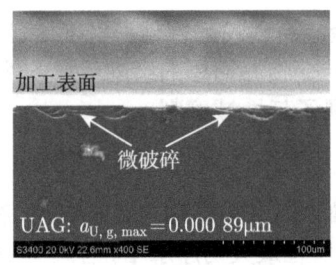 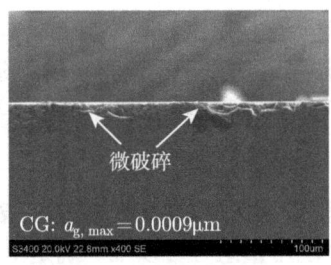

(a) $v_s = 30 m/s$，$v_w = 0.05 m/min$，$a_p = 5\mu m$

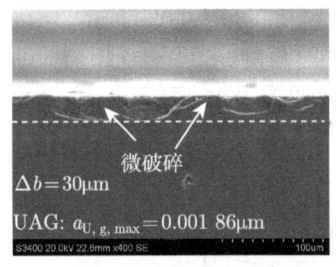 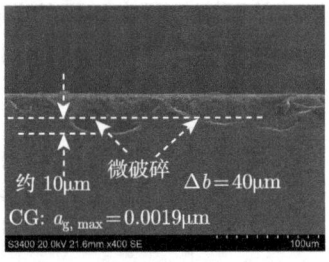

(b) $v_s = 20 m/s$，$v_w = 0.05 m/min$，$a_p = 10\mu m$

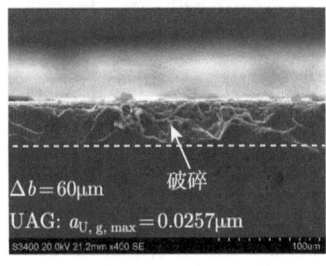 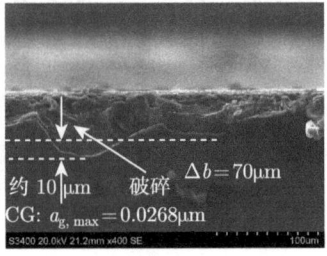

(c) $v_s = 10 m/s$，$v_w = 0.5 m/min$，$a_p = 5\mu m$

6.1 粗磨粒金刚石砂轮高效精密磨削硬脆材料

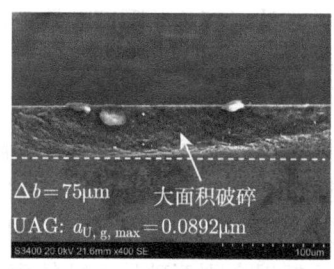 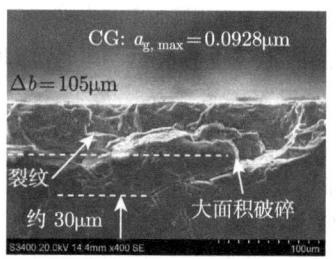

(d) $v_s=10\text{m/s}$, $v_w=1\text{m/min}$, $a_p=15\mu\text{m}$

图 6.36 钎焊砂轮磨削加工 SiC 亚表面损伤

当 $v_s=20\text{m/s}$, $v_w=0.05\text{m/min}$, $a_p=10\mu\text{m}$ 时，超声辅助磨削与普通磨削时的最大单颗磨粒切厚分别增大为 $0.00186\mu\text{m}$、$0.0019\mu\text{m}$，此时的磨削加工亚表面损伤如图 6.36(b) 所示。由图中可以看出，单颗磨粒切厚增大后，这两种方法所导致的亚表面损伤深度均增大，分散存在的微破碎区域增大且有相互连通的趋势。如图 6.36(c) 所示是当 $v_s=10\text{m/s}$, $v_w=0.5\text{m/min}$, $a_p=5\mu\text{m}$ 时，超声辅助磨削与普通磨削时的最大单颗磨粒切厚分别增大至 $0.0257\mu\text{m}$、$0.0268\mu\text{m}$，各自的亚表面损伤深度显著增大，且损伤区域形成材料整体破碎和剥落。不同于图 6.36(a) 中的情况，图 6.36(b)、(c) 中超声辅助磨削引起的亚表面损伤深度比普通磨削亚表面损伤小，约为 $10\mu\text{m}$。在工艺参数 $v_s=10\text{m/s}$, $v_w=1\text{m/min}$, $a_p=15\mu\text{m}$ 条件下，超声辅助磨削与普通磨削时的最大单颗磨粒切厚分别增大至 $0.0892\mu\text{m}$ 和 $0.0928\mu\text{m}$。由图 6.37(d) 可看出这两种方法所引起的亚表面损伤深度显著增大，且在损伤区域内趋于均匀；尤其是普通磨削亚表面内还产生了大尺寸的微裂纹。此时超声辅助磨削引起的亚表面损伤深度约为 $\Delta b=75\mu\text{m}$，小于普通磨削时的亚表面损伤深度 $\Delta b=105\mu\text{m}$，差值为 $30\mu\text{m}$，相比于图 6.36(b)、(c) 参数条件下有所增大。

通过上述分析可以看出，采用磨粒有序排布钎焊金刚石砂轮超声辅助磨削及普通磨削 SiC 陶瓷时，亚表面损伤以材料破碎和剥落为主，而当单颗磨粒切厚增大到一定水平后可产生大尺度的裂纹。亚表面损伤是磨削陶瓷材料时普遍存在的现象，其产生可用"边缘碎裂"效应来解释。"边缘碎裂"效应是指加工过程中即使工件边缘部分的应力水平不是很高，但往往具有很高的应变水平，从而导致出现材料碎裂和脱落的现象。陶瓷材料磨削时，在材料内部的局部微裂纹损伤形成过程中，裂纹扩展的最小阻力在材料的边缘表面处，因此，"边缘碎裂"得以形成与扩展。

磨削时，随单颗磨粒最大切厚值的增大，砂轮和工件间的作用力随之增大，"边缘碎裂"效应加剧，小尺度的材料微破碎和剥落将搭接在一起形成裂纹从而导致大片材料的整体剥落，因此，这两种方法所引起的亚表面损伤深度均随之增大，普通磨削方法还产生了大尺寸的裂纹。另外，在较大的磨削速度条件下，超声辅助磨削与普通磨削单颗磨粒最大切厚相差极小，相应的两者所引起的亚表面损伤尺寸也相差无几；但在较小的磨削速度条件下，两种方法对应的单颗磨粒最大切厚差值增大，两者引起的亚表面损伤尺寸则相应增大。

6.1.5.7 钎焊金刚石砂轮的磨损

为更明显地分析磨粒有序排布钎焊金刚石砂轮超声辅助磨削 SiC 陶瓷时的磨损特征，同时考虑到实际磨削用量水平，选择在 $v_s = 10\text{m/s}$，$v_w = 0.5\text{m/min}$，$a_p = 20\mu\text{m}$ 条件下进行该砂轮的磨损试验。超声辅助磨削时的振动参数同于表 6.7。

图 6.37 为累计超声辅助磨削 60 行程后钎焊金刚石砂轮磨粒的磨损形貌。从图中可以看出，金刚石磨粒的磨损形式以磨耗磨损为主，没有出现任何磨粒的脱落现象。与烧结金刚石砂轮相比，由于没有出现磨粒的脱落，超声辅助磨削过程中金刚石磨粒运动轨迹的交错重叠程度不会弱化，因此，从工具磨损的角度而言，磨粒有序排布钎焊金刚石砂轮要比传统烧结金刚石砂轮更有利于保持超声辅助磨削改善加工表面质量等优势的稳定性。

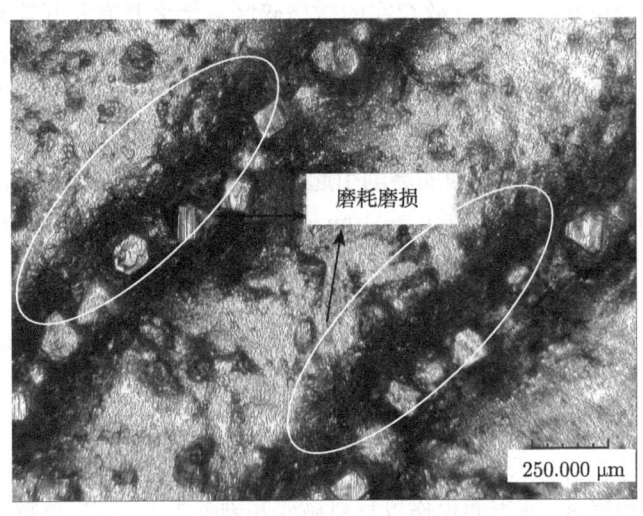

图 6.37　钎焊砂轮超声辅助磨削 60 行程后金刚石磨粒磨损特征

6.2　多孔金属结合剂金刚石砂轮磨削氧化铝陶瓷

传统多层金属结合剂金刚石磨料工具都为密实型，在其制造中为了追求对磨料的高把持力，普遍将其致密度作为衡量工具制造质量的重要指标。由于金属结合剂金刚石磨料工具的高致密化，在其使用之初和磨损后造成工具的整形和修锐困难。

为了解决这一难题，发展了多种新型工具修整修锐方法，如 ELID 在线修整技术以及近年发展起来的激光修整技术等，此类技术已成为金属结合剂金刚石磨料

6.2 多孔金属结合剂金刚石砂轮磨削氧化铝陶瓷

工具使用技术研究的重要分支之一。但是,如果从工具的本身着手,来改善金属结合剂金刚石磨料工具的修整修锐能力,显然具有事半功倍的效果。

日本 T.Tanaka 提出了多孔金属结合剂金刚石砂轮,其后经过 H. Tomino 与 S. H. Truong 等的工作发展了脉冲电流热压烧结、热等静压烧结和真空烧结等多种制造方法并对其制造工艺、孔隙率控制和磨削性能进行了研究,认为该类砂轮具有下列优点:砂轮锋利,易于从工件上去除材料;相对于致密金属结合剂砂轮,其易于修整和修锐;磨削温度低;由于砂轮工作面与工件接触面积减少而使磨削力降低。

但是,已有的多孔金属结合剂金刚石砂轮的孔隙率低,普遍小于 30%,孔隙结构减少了砂轮中的金属结合剂量,牺牲了结合剂对磨料的把持能力,因此,其虽然具有陶瓷结合剂超硬磨料工具易修整修锐的特点,但结合剂对磨料把持能力降低,还仅在小负荷精密磨削中显露一定优势,砂轮寿命低是突出的问题。

本节介绍以松装液相烧结工艺制备的新型多孔金属结合剂金刚石砂轮。该类砂轮的特点表现为:金刚石与结合剂为化学结合,从而有效地提高了结合剂对金刚石的把持强度;砂轮节块强度高以及孔隙率大;在与传统树脂基金刚石砂轮磨削氧化铝陶瓷的对比试验中体现出磨削力小和工具寿命长的优点。

6.2.1 多孔金属结合剂金刚石砂轮结构特点

多孔金属结合剂金刚石砂轮如图 6.38 所示,是由砂轮基体、镶块和含磨料节块组成。其中,含磨粒节块的主要原料为:Fe 粉与 Ni-Cr 合金 (质量比为 1:1)、造孔剂 (质量分数为 2.5%) 和金刚石 (粒度为 140/170 目,浓度为 20%)。上述原料采用松装液相烧结工艺制备获得砂轮节块,制得的节块孔隙率为 62%,抗弯强度为

图 6.38 新型多孔金属结合剂金刚石镶块砂轮的实物

61.08MPa。节块采用 302 银焊片并选择相应焊剂与镶块通过高频感应钎焊连接,镶块再与砂轮基体安装为一体。

图 6.39 为多孔金属结合剂金刚石砂轮节块中心断口的形貌,图 6.40 为断口上单颗金刚石的典型形貌,多孔金属结合剂金刚石砂轮节块断口形貌具有如下特征:

(1) 金刚石随机分布于结合剂中,未被结合剂包裹,周围存在大量孔隙,孔隙相互连通。

图 6.39 节块中心断口形貌

 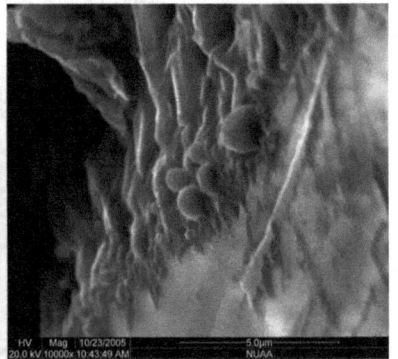

(a) 整体   (b) 局部放大图

图 6.40 断口上的单颗金刚石的典型形貌

(2) 节块具有多孔砂轮典型结构,即:磨料、孔隙和结合剂桥。结合剂与金刚石具有良好的润湿性,金属在金刚石上的铺展(图 6.40(b))为 Ni-Cr 合金粉末熔化浸润金刚石表面所致。

上述微观结构中,金刚石与 Fe 粉在高温下不熔化,为烧结体系中固相骨架的一部分,金刚石颗粒与 Fe 粉颗粒间通过 Ni-Cr 合金钎接,因此,结合剂除对金刚石具有机械把持的物理作用外,还有 Ni-Cr 合金钎料提供的化学结合作用。

6.2.2 氧化铝陶瓷磨削

6.2.2.1 试验条件

1) 试验设备与加工对象

Al_2O_3 工程陶瓷的磨削试验及测试分析中所用的设备如表 6.8 所示。

表 6.8　Al_2O_3 工程陶瓷的磨削试验所用主要设备

设备名称	型号	主要性能指标
平面磨床	MMD7125	直流电机,无级调速;转速范围 0~3000r/min;工作台进给速度:0.05mm/min~20m/min
测力仪	KISTLER 9265B	灵敏度:0.05N;量程:±15kN(X、Y、Z);刚度:1μm/kN
表面粗糙度测量仪	MarSurf PS1	测量范围:−150~+250μm;精度:0.001μm 最大扫描长度:17.5mm
三维视频显微镜	KH7700	放大倍数:3500;分辨率:1600×1200
扫描电子显微镜	QUANTA-200	放大倍数:25~200 000;分辨率:3.5nm

Al_2O_3 工程陶瓷主要性能如表 6.9 所示。

表 6.9　磨削加工对象的主要性能

材料	密度/(g/cm^3)	抗弯强度/MPa	断裂韧性/(MPa·m$^{1/2}$)	弹性模量/GPa	硬度/GPa
Al_2O_3	3.98	330	5	385	18

2) 试验条件与方法

Al_2O_3 工程陶瓷的磨削试验条件见表 6.10。

表 6.10　磨削试验条件

试验条件	参数
砂轮参数	砂轮直径276mm,工作面宽6mm,金刚石颗粒大小为140/170目,浓度为20%,实测磨粒面密度为 2.3 颗/mm^2,节块的孔隙率为62%
磨削方式	切入式顺磨
砂轮速度	17.5m/s, 22.5m/s
进给速度	0.3~3m/min

续表

试验条件	参数
磨削深度	6~180μm
冷却方式	5% 水基乳化液；冷却泵流量：90L/min；冷却泵压力：0.4MPa
工件材料	Al_2O_3 陶瓷

6.2.2.2 磨削条件对磨削力的影响

磨削用量、砂轮特性、砂轮磨损状态以及冷却润滑条件是影响磨削力大小的主要因素。在多孔金属结合剂金刚石砂轮的稳定磨损阶段，研究了不同磨削条件对磨削力的影响。

1) 磨削用量

磨削用量对多孔金属结合剂砂轮磨削 Al_2O_3 工程陶瓷的切向力与法向力的影响如图 6.41 所示。结果表明：增大切深 a_p，单颗磨粒切削厚度增加，砂轮与工件接触弧长增大，同时参与磨削的磨粒数增多，摩擦作用增强，因而总磨削力增大；提高工作台进给速度 v_w，单颗磨粒切削厚度增加，总磨削力增大；提高砂轮线速度 v_s，由于单位时间内参与切削的有效磨粒数增多，单颗磨粒平均切厚减小，使磨削力降低。

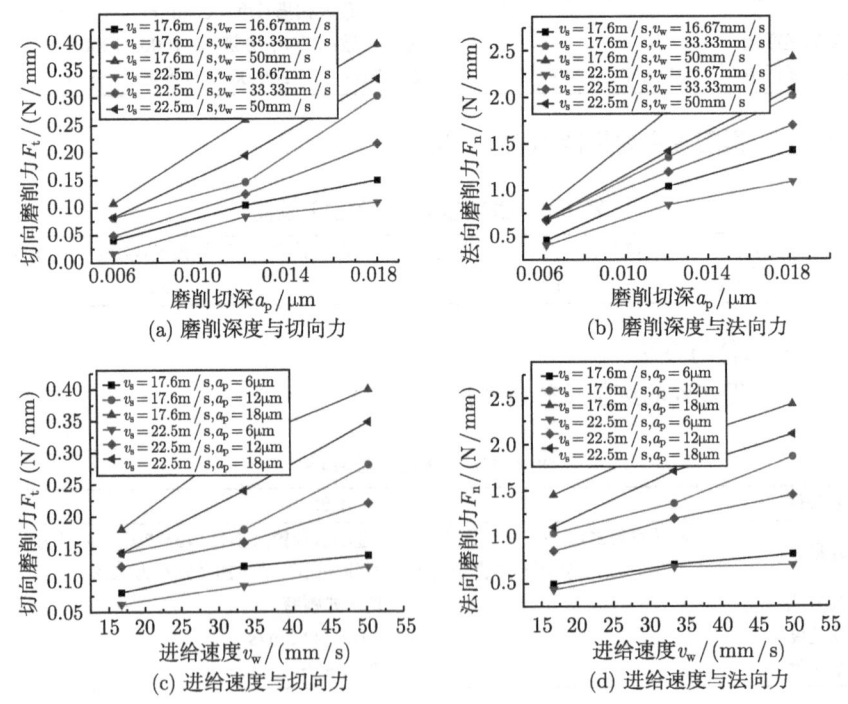

图 6.41 磨削用量对磨削力的影响

6.2 多孔金属结合剂金刚石砂轮磨削氧化铝陶瓷

2) 结合剂

在磨削加工中,材料磨削的难易程度可以用二维加工中的法向力与切向力之比值来说明,即比值 F_n/F_t,可称为磨削力比。它表示了磨削过程中磨粒切入工件的难易程度。相反,若采用不同的砂轮对相同的工件进行磨削并比较其磨削力比,则可判断砂轮的锋利程度,也就是不同砂轮上的磨料切入工件的难易程度。

采用树脂结合剂金刚石砂轮 (磨料:140/170 目金刚石;浓度:100%;直径:250mm) 作为比较对象,以表 6.8 中所列 Al_2O_3 工程陶瓷为加工对象,对比了砂轮磨削力与磨削力比。

图 6.42 为分别采用多孔金属结合剂金刚石砂轮和树脂结合剂金刚石砂轮磨削时的磨削力。图 6.43 为采用图 6.41 和图 6.42 磨削力试验数据所获得的磨削力比。结果表明:采用树脂结合剂和多孔金属结合剂时,这两种砂轮的磨削力随磨削用量的变化规律相似,磨削力均随磨削切深和进给速度的增加而增大,随砂轮线速度的增加而减小;采用树脂结合剂金刚石砂轮磨削 Al_2O_3 工程陶瓷时,在相同的磨削用量条件下,与采用多孔金属结合剂金刚石砂轮相比,法向力 F_n 大而切向力 F_t 小

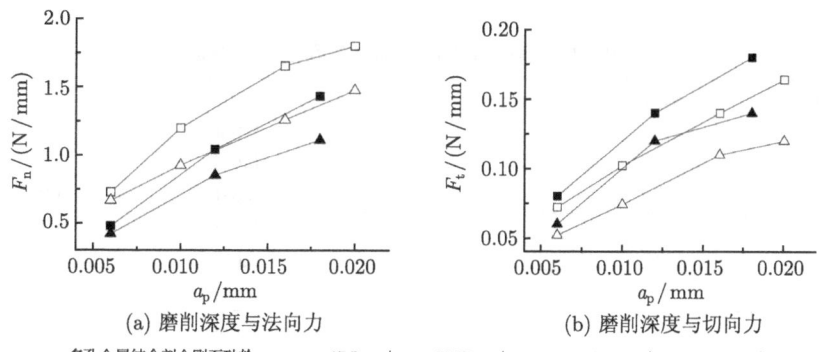

(a) 磨削深度与法向力   (b) 磨削深度与切向力

多孔金属结合剂金刚石砂轮:—■—: v_b=17.5mm/s; v_w=16.67mm/s —▲—: v_b=22.5mm/s; v_w=16.67mm/s
树脂结合剂金刚石砂轮:—□—: v_b=17.5mm/s; v_w=16.67mm/s —△—: v_b=22.5mm/s; v_w=16.67mm/s

图 6.42 结合剂对磨削力的影响

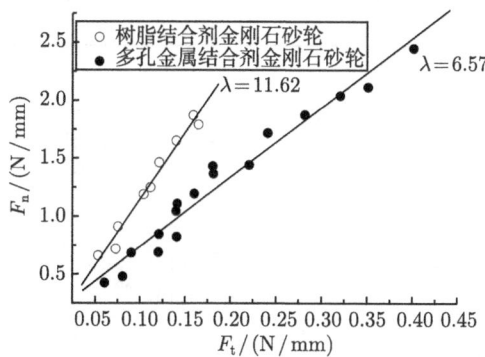

图 6.43 不同结合剂金刚石砂轮磨削力比

小；对比这两种砂轮的磨削力比，树脂结合剂砂轮的磨削力比为 11.62，而新型多孔金属结合剂金刚石砂轮磨削力比则小得多，为 6.57。这说明，树脂结合剂砂轮的锋利性不如多孔金属结合剂砂轮，并与前者的地貌状态、磨料浓度高和未开槽有关。

3) 磨削方式

在相同的材料去除率 (Z') 下，采用不同的磨削用量组合，可获得不同的磨削效果。对比了小切深大进给和大切深小进给磨削用量组合下的磨削力和磨削力比的变化，试验参数如表 6.11 所示，试验结果如图 6.44 所示。结果表明：

(1) 不同磨削方式对磨削力有较大的影响，当砂轮在材料去除率一致的条件下，采用小切深大进给方式磨削时，单位砂轮宽度表面同时参加切削的磨粒数减少，单颗磨粒平均切厚增加，由于切入材料容易，表现得较为锋利，因此，法向力较小；而采用大切深小进给方式磨削时，法向力较大。两种磨削方式对切向力的影响规律不明显。

(2) 小切深大进给方式磨削 Al_2O_3 工程陶瓷的磨削力比为 6.21，明显小于大切深小进给磨削方式的 10.97。

表 6.11 磨削方式对磨削力的影响试验参数

试验类	编号	v_s/(m/s)	v_w/(mm/s)	a_p/mm	Z'/[mm³/(mm·s)]
小切深大进给	Ⅰ	17.5	50	0.006	0.3
				0.012	0.6
				0.018	0.9
	Ⅱ	22.5	50	0.006	0.3
				0.012	0.6
				0.018	0.9
大切深小进给	Ⅲ	17.5	5	0.06	0.3
				0.12	0.6
				0.18	0.9
	Ⅳ	22.5	5	0.06	0.3
				0.12	0.6
				0.18	0.9

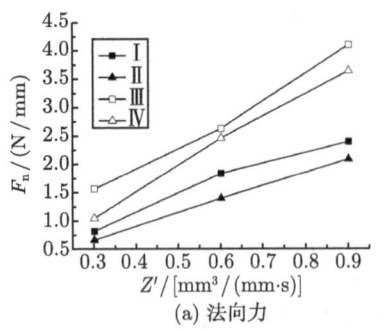

(a) 法向力

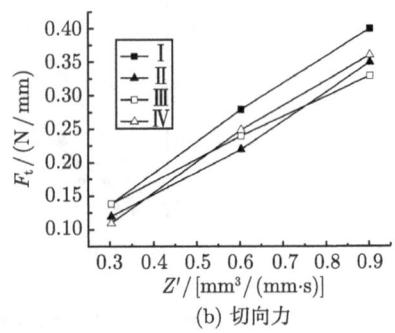

(b) 切向力

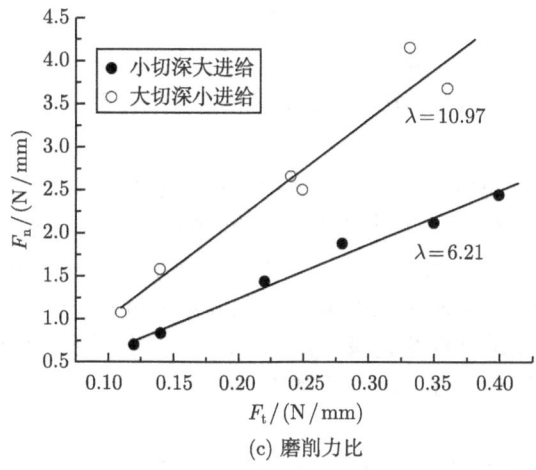

(c) 磨削力比

图 6.44 磨削方式对磨削力与磨削力比的影响

4) 分析与讨论

磨削用量是影响磨削过程的一个重要因素。在砂轮地貌一定的条件下，由于磨削用量的组合条件可以决定单颗磨粒最大切削厚度，因而也就可以决定磨削加工的状态。单颗磨粒最大切削厚度增加，则材料对磨粒切入工件的抗力增加，因此，在其他条件相同的情况下，宏观上表现为磨削力的增加。基于此分析，磨削厚度和工件进给速度的增加均增加单颗磨粒最大切削厚度和磨削接触弧长，参与切削的磨粒数增加，从而使磨削力增加；砂轮转速的增加不改变磨削接触弧长，但减小单颗磨粒最大切削厚度，使磨削力减小。

磨削时，切向力来源于磨粒去除材料的变形抗力和磨粒及结合剂与工件接触摩擦阻力两部分；法向力来源于磨粒在压入工件时周围结合剂接触工件引起的与磨粒运动方向垂直的阻力和磨粒压入工件的阻力。因此，当结合剂及磨粒周围存在孔隙时，可有效减少磨削力中来源于非材料去除所引起的阻力。同时，本书介绍的多孔金属结合剂金刚石砂轮采用了较低的磨料浓度，砂轮更锋利，所以在相同磨削用量条件下，相比于树脂结合剂砂轮，其法向力和磨削力比均小。

砂轮和磨床的刚度是影响磨削过程的另一个重要因素，由于磨削力的存在，必然引起磨床主轴和砂轮的相应变形。显然，在相同磨削用量条件下，砂轮越锋利，磨削法向力越小，引起的砂轮和主轴变形越小，实际的材料去除率越大。当多孔金属结合剂金刚石砂轮采用小切深大进给方式磨削时，较好的砂轮锋利度，使砂轮和磨床系统变形小，实际的材料去除率大，加工效率高。采用树脂结合剂砂轮时，砂轮锋利度较差，法向力较大，引起的砂轮和磨床系统变形大，实际的材料去除率小，加工效率相应就低。

6.2.2.3 多孔金属结合剂金刚石砂轮磨损

通过对多孔金属结合剂金刚石砂轮磨削氧化铝陶瓷一定量后的砂轮表面的跟踪观察,分析砂轮结构中的孔隙以及金刚石和结合剂在磨削中的变化过程,可促进对砂轮性能认识的深入。

砂轮工作面跟踪观察的具体方法是:①采用图 6.38 所示砂轮基体,在基体上安装 2 个砂轮镶块,分别位于砂轮基体直径两端;②对只有两个镶块的砂轮进行平衡和修整;③采用 $v_s = 22.5 \text{m/s}$,$v_w = 16.67 \text{mm/s}$,$a_p = 0.006 \text{mm}$ 的磨削用量磨削 Al_2O_3 工程陶瓷;④每去除 $720 \text{mm}^3 (120 \text{mm} \times 6 \text{mm} \times 1 \text{mm})$ 体积的陶瓷材料后,取下砂轮,对工作面进行观测记录,并采用排水法测量镶块体积,共进行 10 次,陶瓷材料总去除体积为 7200mm^3,两镶块体积总损失为 17.26mm^3,则砂轮磨耗比为 417。

图 6.45 为刚经过修整后的新型多孔金属结合剂金刚石砂轮工作表面。选定可

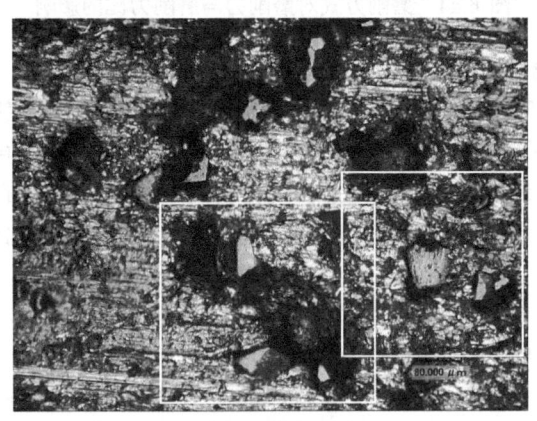

(a) 观察点1

(b) 观察点2

图 6.45 节块刚修整后的工作表面

观察到工作表面上随机分布的金刚石和金刚石周围的孔隙(偏黑色)。按前述试验过程,对图 6.45 所示的两个观察点进行跟踪观察,砂轮工作面磨损过程的试验结果如图 6.46~图 6.48。为表述方便,图 6.46~图 6.48 分别对应于图 6.45 中方框圈出的区域。

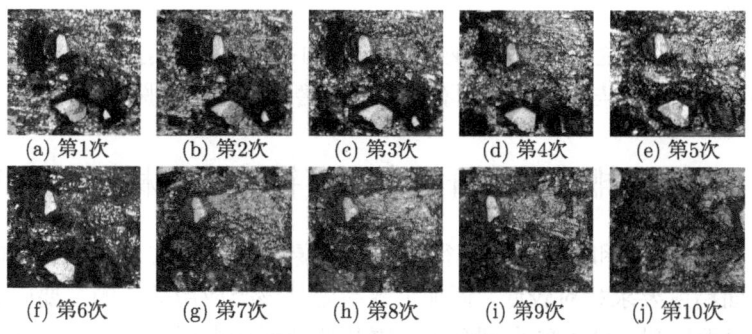

图 6.46 砂轮工作面的磨损过程中孔隙交替更迭与金刚石磨损脱落

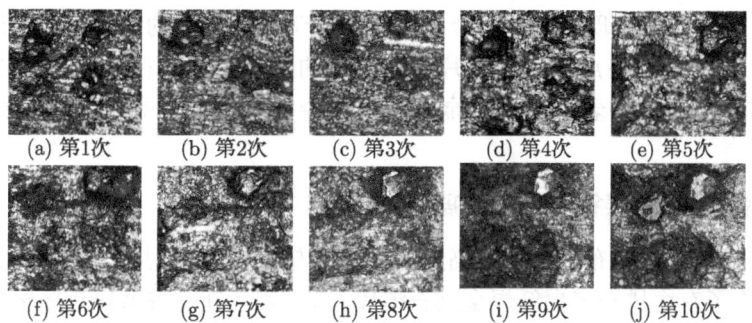

图 6.47 砂轮工作面的磨损过程中金刚石的出露磨耗

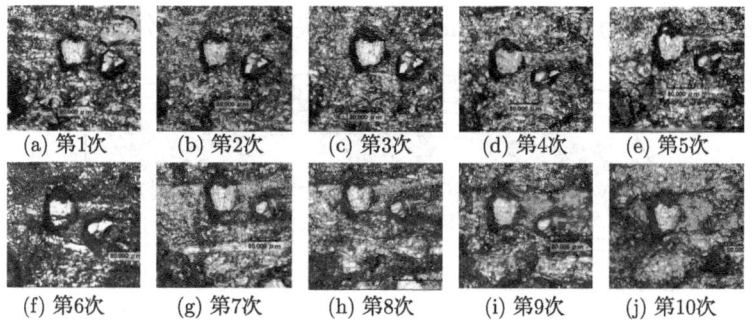

图 6.48 砂轮工作面的磨损过程中金刚石的破碎与磨耗

由图 6.46 可知,随着磨削过程的进行,金刚石经历了磨耗磨损,磨损平台面积不断扩大,最终从结合剂中脱落。同时,金刚石周围的孔隙亦随磨削过程的进行而交替更迭。

由图 6.47 可观察到，随着磨削过程的进行，金刚石不断出露，并出现磨耗磨损的现象，同时亦观察到工作面上不同区域的孔隙消失与出现并扩展交替更迭。

由图 6.48 可知，随着磨削过程的进行，金刚石出现磨耗、破碎、再磨耗和最终消失的变化。

总之，新型多孔金属结合剂金刚石砂轮中的孔隙可在磨削过程中交替更迭；金刚石可不断出露并参与磨削；金刚石存在磨耗磨平、破碎和脱落三种磨损形式。

6.3 有序排布多层钎焊金刚石锯片的石材锯切加工

随着石材、建筑和公路养护等行业迅猛发展，类似石材、墙体和路面的切割等对加工表面精度要求相对较低，而加工效率则是该类应用关心的主要问题。有资料统计，用于切割的金属结合剂金刚石锯片的消耗量占据了金刚石工具消耗总量的 70%。

本节介绍能够实现结合剂与金刚石具有化学结合界面的有序排布多层钎焊金刚石锯片锯片性能特点。该类锯片在花岗石的锯切加工试验及与专业生产厂家同规格锯片的对比中表现出具有金刚石用量少、锯切效率高以及寿命长的突出优点。

6.3.1 有序排布多层钎焊金刚石锯片结构特点

通过磨料有序排布的金刚石高温钎焊技术与常规的金刚石节块热压技术有效结合，制作了有序排布多层钎焊金刚石锯片，该类锯片在实现磨料有序化分布的同时，磨料与结合剂通过活性钎料的作用达到化学结合。

参照国家标准 GB 11270-89(金刚石圆锯片)，采用直径为 350mm 窄水槽圆锯片，其节块外形尺寸为 40mm×7mm×4mm。节块中金刚石的分布示意图见图 6.49。

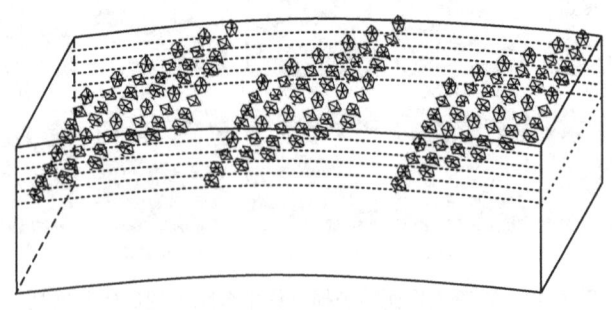

图 6.49　节块中金刚石分布示意图

如图 6.49 所示，试验锯片的同心圆上周向两颗相邻磨料与锯片圆心连线的夹角为 5°，在锯片半径方向上共设置了 6 层磨料。有序排布多层钎焊金刚石锯片结构特点实物如图 6.50 所示。

图 6.50 磨料有序排布金属结合剂金刚石锯片

6.3.2 花岗石锯切对比

6.3.2.1 试验条件

1) 试验对象和工具

以安溪红花岗石 (G635，性能参数见表 6.12) 为锯切加工对象。对比锯片为某专业厂家生产，表 6.13 为有序排布多层钎焊金刚石锯片 (后简称为新型锯片) 和对比锯片的相关参数。

表 6.12 安溪红花岗石的性能参数

石材代号	比重/(g/cm^3)	抗压强度/MPa	抗折强度/MPa	肖氏硬度	莫氏硬度
G635	2.69	230	192	103.5	6~7

表 6.13 锯片相关参数

锯片	直径/mm	节块数	节块工作面宽度/mm	金刚石粒度/目	单个节块工作面出露磨粒平均数*
新型锯片	350	24	4	40/45	24
对比锯片	350	24	4	40/50	46

*单个节块工作面出露磨粒平均数的测量方法为在 KH7700 型三维视频显微镜上观察锯片所有 24 个节块顶面金刚石磨料并计数，将计数值平均到每个节块，获得单个节块工作面出露磨粒平均数

2) 花岗石对比试验研究内容

以锯切试验机主轴电机电流和锯片磨损量为指标，通过在不同锯切试验条件下的对比试验，研究讨论锯片的锋利度、加工效率和寿命。具体锯切试验参数如表

6.14 所示。

表 6.14 对比试验锯切工艺参数

锯切方式	锯片圆周线速度 v_s/(m/s)	锯切深度 a_p /mm	进给速度 v_w /(cm/min)	锯切效率 $Q_w(a_p \times v_w)$ /(cm²/min)
顺切	33	10	50 100 150 200	50 100 150 200
		20	50 100 150 200	100 200 300 400

6.3.2.2 锯切效率与锯片寿命

采用不同锯切工艺参数，对比了新型锯片与对比锯片的锯切效率和锯片寿命。

1) 锯片锋利性与锯切效率

随着对锯切效率的要求日益提高，锯片的锋利性越来越受到重视，但对于锋利性的度量还是一个模糊的概念，目前无统一明确的定义，一般生产企业习惯上将锯片工作轻松和锯切效率高归结为锯片锋利。我们认为在相同的锯切条件下锯切时，锯切过程消耗的功率越小，锯片越锋利。随着锯切过程的进行，锯切电机消耗额外的功率，电流增加，因此，对应于锯切功率消耗量的直接表征参数是锯切电机的电流增量。在以下的试验中，将锯切过程中主电机电流 (锯切电机) 的增量作为锯片锋利度的指标。

图 6.51 为不同锯切进给速度下的主电机电流增量(用 ΔI 表示) 的变化。图 6.52 为主电机电流增量与锯切效率的关系。

对比结果表明：①在相同锯切深度条件下，随着锯切进给速度的增加，锯切电机电流增加。这是因为锯切进给速度增加将切除更多的材料，消耗的功率也相应增加；②在相同的锯切条件下，新型锯片相比于对比锯片电流增量小，亦即新型锯片更锋利，因此，在相近锯切能量消耗条件下可较大幅度提高锯片的锯切效率，按本书条件可达 1.35 倍 (图 6.52)。

在已开展的金刚石锯切研究中，多数研究者均通过相关试验得到了锯片锋利度与参与工作的金刚石数量间的定性关系，即锯片中参与实际工作的金刚石数量越少，锯片越锋利，锯切效率也越高。因此，相比于对比锯片，新型磨料有序排布金属结合剂金刚石锯片具有高锋利度，可较大幅度提高锯切加工效率的原因可归结为：新型锯片工作面磨料少且在锯切方向上分布均匀，单颗磨粒切厚大且均匀，因此，每颗金刚石磨料均能够在锯切工作期间发挥充分的效率。

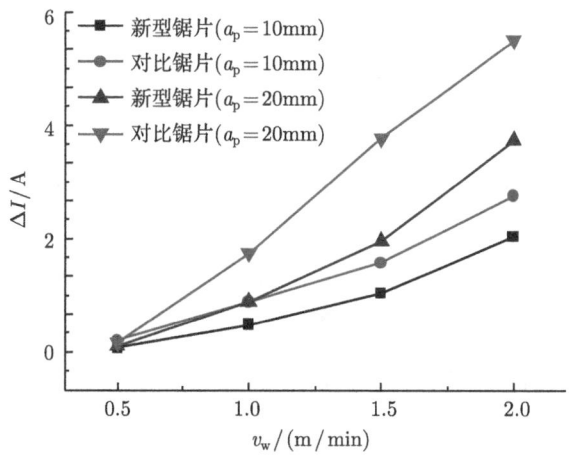

图 6.51 主电机电流增量与进给速度的关系

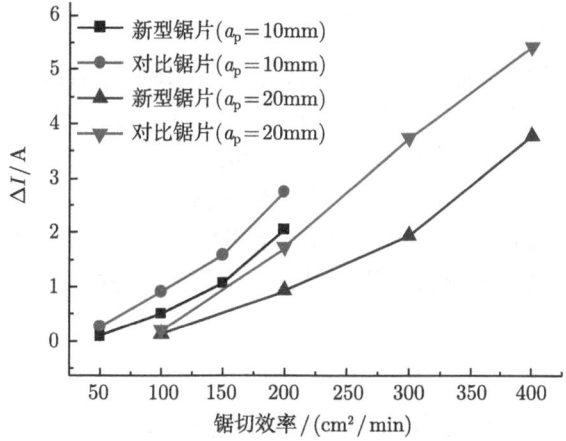

图 6.52 主电机电流增量与锯切效率的关系

2) 锯片的寿命

为考察锯片的锯切寿命,采用对比试验方法,即在相同的锯切条件下,对安溪红花岗石进行连续锯切,每切割 0.5m² 测量一次锯片直径,计算直径变化量 ΔL($\Delta L =$ 锯片原始直径 − 锯片直径的当前测量值),记录 ΔL 随锯切过程的变化,以此比较两种锯片的寿命。

采用的锯切工艺参数为:$v_s = 33$m/s,$a_p = 10$mm,$v_w = 1.5$m/min。图 6.53 为锯片直径变化量 ΔL 随锯切过程的变化。显然,新型有序排布多层钎焊金刚石锯片具有更高的工具寿命,按本书条件推算,锯切寿命可提高 1.5 倍。

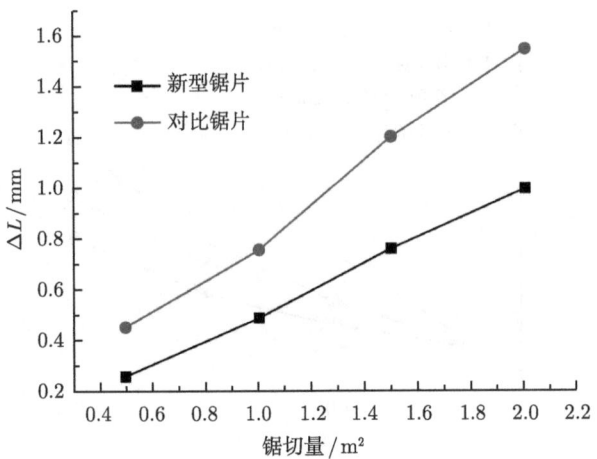

图 6.53　锯片直径随锯切过程的变化

6.3.2.3 锯片节块的磨损及影响因素

花岗石锯切过程中金刚石锯片表面状态是一切影响因素的综合反映,因此,受到了国内外研究者的普遍重视,早在 1979 年,Bailey 已提出了金刚石磨损形态的分类,随后的研究对金刚石磨损形态的观测不断细化,并期望通过对工作面状态的研究揭示锯切过程的本质。由此可见,深入研究锯切过程中工具工作面状态的变化是解释试验现象和理解加工过程的常用而有效的手段。跟踪观察磨料有序排布多层钎焊金刚石锯片锯切安溪红花岗石过程中工作面形态的变化,解析其形貌特征并做定性分析讨论。

1) 磨料损耗特征

采用大景深三维视频显微镜观察磨料有序排布多层钎焊金刚石锯片锯切过程中的磨料形态,具有典型特征的磨料损耗形态如图 6.54 所示。

(a) 磨料的摩擦损耗

(b) 磨料的纵向破损

6.3 有序排布多层钎焊金刚石锯片的石材锯切加工

(c) 磨料的横向破损　　　　　　(d) 磨料的脱落损耗

图 6.54 新型磨料有序排布金属结合剂金刚石锯片磨粒的损耗特征

结果表明磨粒的损耗特征可分为三类：

(1) 磨粒的摩擦损耗。锯切过程中，金刚石切入花岗石，在材料被去除的同时，金刚石本身也受到被切材料和石屑的剧烈摩擦，因此，金刚石表面摩擦磨损。在形貌上的典型特征为金刚石表面毛糙发暗，棱角圆化。

(2) 磨料的破损损耗。锯切时，金刚石与被切材料相互作用而受较大的作用力，当金刚石不能承受外界作用力时，会出现破损现象。在形貌特征上，观察到的破损面方向有两类：一是基本与锯片工作表面垂直，本书称为纵向破损；一是基本与工作表面平行，本书称为横向破损。

(3) 磨料的脱落损耗。锯切时，当金刚石所受外界作用力较大但又不足以使金刚石破损时，存在两种情况。即结合剂对金刚石的把持力足够大，则金刚石发生摩擦磨损；当外界力达到或超过结合剂对金刚石的把持力时，磨料则脱落。

显然，三种磨料损耗行为中，如仅发生金刚石的摩擦磨损，则工具具有最高的使用寿命，但是，随着金刚石摩擦磨损过程的发展，金刚石摩擦磨损面积不断增大，导致其受力也越来越大，所以金刚石的破损和脱落是一个不可避免的过程。从提高金刚石工具寿命的角度出发，应充分提高结合剂对磨料的把持强度和避免磨料负荷失衡导致的磨料过早破损或脱落。

2) 锯片工作面形貌

采用 $v_s =33\text{m/s}$，$a_p =10\text{mm}$，$v_w =1.5\text{m/min}$ 锯切工艺参数，对安溪红花岗石连续锯切，每锯切 0.5m^2 面积，对新型磨料有序排布结合剂金刚石锯片定点进行观察并记录。图 6.55 为记录的锯片工作面的变化过程，磨料的变化描述见表 6.15。

由图 6.55 的观察和表 6.15 的描述可知，锯切过程中，新型磨料有序排布金属结合剂金刚石锯片工作面上磨料的损耗基本经历如下的过程：

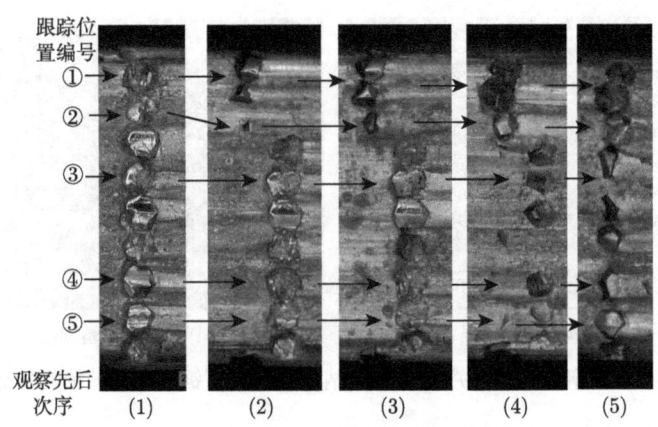

图 6.55 锯片工作面随锯切过程的变化

表 6.15 锯切过程中锯片工作面的磨料变化过程

跟踪位置编号	第(1)次观测	第(2)次观测	第(3)次观测	第(4)次观测	第(5)次观测
①	横向破损	下一层磨料出露	摩擦磨损面积增大	磨料脱落	结合剂磨损
②	横向破损	下一层磨料出露	摩擦磨损面积增大	摩擦磨损面积增大	摩擦磨损面积增大
③	纵向破损并磨平	摩擦磨损面积增大	摩擦磨损面积增大	磨料脱落	下一层磨料出露
④	摩擦磨损	横向破损	横向破损	下一层磨料出露	摩擦磨损
⑤	摩擦磨损	纵向破损	横向破损	下一层磨料出露	摩擦磨损

磨料的自然出露 ⟶ 摩擦磨损 ⟶ 摩擦磨损面积增大 ⟶ 破损损耗 ⟶ 摩擦磨损 ⟶ 脱落。

由此可知，磨料有序排布多层钎焊金刚石锯片之所以能够在较少的磨料数量下仍能够使其具有较高的使用寿命的原因就在于：①通过金刚石的高温钎焊技术和常规热压技术的有效结合，提高了结合剂对金刚石磨料的把持力，极大地延长了磨料经历的摩擦磨损阶段，充分发挥了金刚石超硬耐磨的特点；②实现的磨料有序化排布技术使磨料负荷均匀，这从磨料基本一致的损耗行为获得了证明。如此，新型锯片中磨料数量虽然较少，但都充分发挥了其作用，使结合剂中的金刚石"物尽其用"。

第7章 碳纤维树脂基复合材料高效磨削技术

碳纤维树脂基复合材料 (CFRP) 作为先进树脂基复合材料的代表,具有高比强度和比模量、抗疲劳、耐腐蚀、可设计性强和便于大面积整体成型等特点,已经成为继铝合金、钛合金和钢之后的最重要航空结构材料之一,在航空航天等领域得到广泛应用[196]。

CFRP 是由质软而黏性大的基体材料和强度高以及硬度大的碳纤维增强材料混合而成的二相或多相结构,具有硬度高、各向异性、非均质性、导热性差和层间强度低等特点。在机械加工中,分层、撕裂、毛刺、树脂融化和纤维崩缺等问题始终困扰着制造现场,是一种很难高质量加工的材料,并且碳纤维的高硬度使得刀具磨损快并且刀具寿命短。由于在加工时任何质量问题都会形成工件的缺陷,导致零件报废;为了保证 CFRP 结构件的加工质量,不得不以牺牲加工效率以及刀具使用寿命[197-200]为代价。

采用磨削加工 CFRP 可以获得优良的加工质量和较长的工具寿命,但碳纤维的高硬度以及加工 CFRP 的粉末状切屑导致普通磨料工具难以进行复合材料的加工,而传统的电镀或者烧结金刚石刀具都存在磨粒出露低、容屑空间小、易导致刀具堵塞以及排屑困难的缺点,虽然可提高加工质量,但是效率低下,无法用于现场加工。钎焊金刚石刀具具有容屑空间大,钎料对磨粒把持力大,并且可通过磨粒的有序排布来降低磨削时的磨削力。因此,可以解决传统电镀或烧结金刚石刀具存在磨粒出露低以及容屑空间小、易导致刀具堵塞的缺点[59]。本章主要阐述钎焊金刚石工具在 CFRP 的制孔与铣磨加工中的应用。

7.1 CFRP 材料制孔加工

针对 CFRP 加工时钻头磨损快、容易产生加工缺陷等问题,使用金刚石材料,缩小横刃长度或无横刃结构以及无螺旋槽结构的钻头成为 CFRP 钻孔的首选。金刚石磨粒具有硬度高和耐磨性好的特点,套料钻的结构形式去掉横刃及螺旋槽的结构,减小材料去除体积,适合 CFRP 的加工。因此,将金刚石磨粒与套料钻结构进行结合,通过钎焊工艺制作钎焊金刚石套料钻,并将其用于 CFRP 的制孔加工。

7.1.1 钎焊金刚石套料钻研制

根据 CFRP 的制孔质量及精度要求,对钎焊金刚石套料钻的基体结构设计,包括磨粒粒度选择，磨粒排布方式以及基体结构形式的确定[22,53]。基体作为磨粒附着的部分，其加工精度是套料钻的精度基础。

套料钻的管状基体结构使其加工时无法准确定心，影响钻孔的位置精度。而且，套料钻在加工完 CFRP 层合板后，会形成一个圆柱状磨屑。由于材料在加工后存在一定的弹性回复，圆柱状磨屑的直径略微变大，堵塞在套料钻内部，无法自动排出，影响加工效率。

为解决定心和排屑的问题，经过优化的钎焊金刚石套料钻结构如图 7.1 所示。在套料钻基体内部中安装一个直径较小的顶尖来对加工位置进行精确定位，称之为定心顶尖。定心顶尖在套料钻内部有一定范围的伸缩空间，这样套料钻在层合板中进给时，顶尖能够与套料钻内部的部分材料保持接触。而当套料钻的加工过程完成后，顶尖向下运动，将圆柱状磨屑顶出。加工过程中的顶尖往复运动采用弹簧对其进行支持，定心顶尖在完成定心动作后，套料钻向下进给而压缩弹簧，当加工完成，弹簧伸展将圆柱状磨屑顶出，实现排屑，并推动顶尖回复到加工前的初始位置，保证下次加工前能够精确定心。

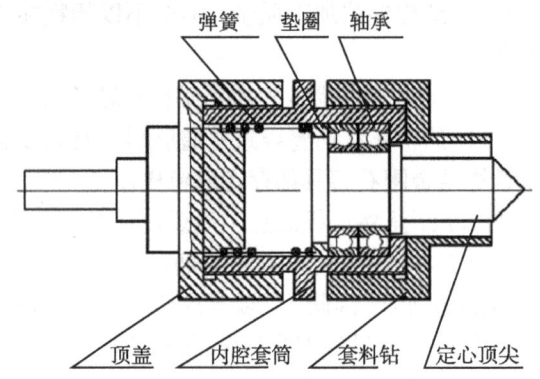

图 7.1 带定心及自动排屑装置的钎焊金刚石套料钻结构示意图

套料钻的壁厚对强度影响显著，如果管壁壁厚过小，套料钻易变形。根据套料钻的直径及实际加工水平，选择套料钻基体外径为 5.6mm，以保证钎焊后的套料钻直径为 6mm，壁厚为 0.45mm，0.6mm，0.8mm 三种进行试验比较。套料钻在加工过程中受轴向压缩与扭矩两种载荷，试验中测量的最大扭矩为 2.3N·m，最大轴向载荷为 150N。套料钻基体在受扭矩作用时可以看作薄壁圆截面，其抗扭截面模量为

$$W_\mathrm{p} = 2\pi R_0^3 t/R_0 = 2\pi R_0^2 t \tag{7.1}$$

套料钻的最大扭转剪应力为

$$\tau_\mathrm{max} = M/W_\mathrm{p} \tag{7.2}$$

式中，R_0 是平均半径；M 是扭矩；t 为壁厚。经过计算，最大扭转剪应力 $\tau_{\max}$ 为 30MPa，远小于 45 钢的强度。套料钻在受轴向压缩载荷时的截面压应力为

$$\sigma = F_z/A \tag{7.3}$$

式中，F_z 是轴向压缩载荷；A 是截面面积。经计算，压应力 σ 为 10.3MPa，远小于材料强度。

在主轴转速为 15 000r/min，进给速度分别为 60mm/min、100mm/min 和 150mm/min 的工艺条件下进行制孔试验，三种套料钻的入口均没有出现任何加工缺陷，其出口形貌分别如图 7.2~图 7.4 所示。在进给速度为 60mm/min 时，壁厚 0.45mm、0.6mm 的套料钻加工的出口没有出现撕裂缺陷，0.8mm 壁厚套料钻加工的出口在孔边出现了小范围的材料撕裂。在进给速度为 100mm/min 时，0.45mm 壁厚套料钻加工的出口也没有出现缺陷；0.6mm 壁厚套料钻加工的出口沿孔边出现两处撕裂；0.8mm 壁厚套料钻加工的出口在孔边出现了三处撕裂。在进给速度为 150mm/min 时，0.45mm 壁厚套料钻加工的出口出现了撕裂缺陷；0.6mm 壁厚套料钻加工的出口沿孔边出现两处撕裂；0.8mm 壁厚套料钻加工的出口左上方的撕裂范围较大，右下方有一处撕裂。

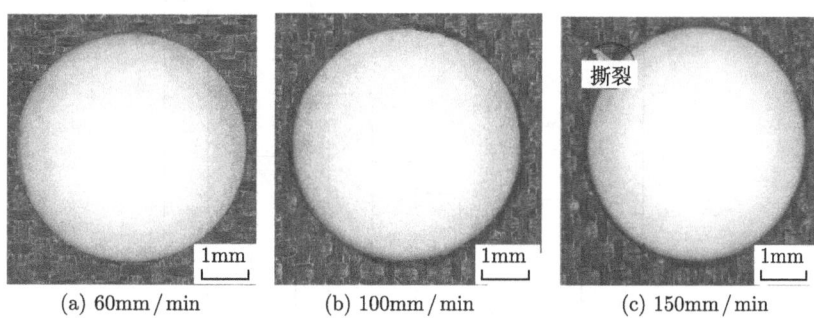

图 7.2 套料钻钻削出口形貌 (壁厚 0.45mm，15 000r/min)

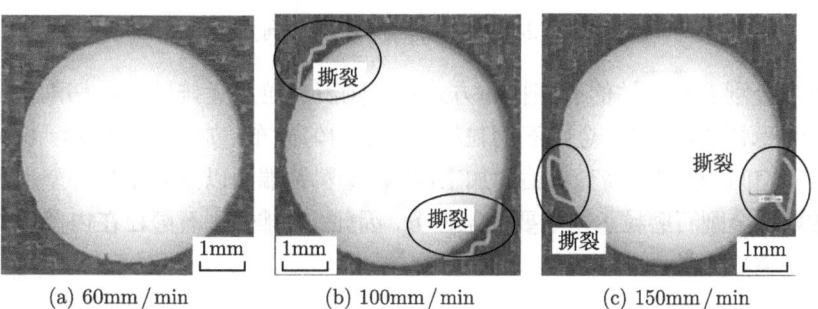

图 7.3 套料钻钻削出口形貌 (壁厚 0.6mm，15 000r/min)

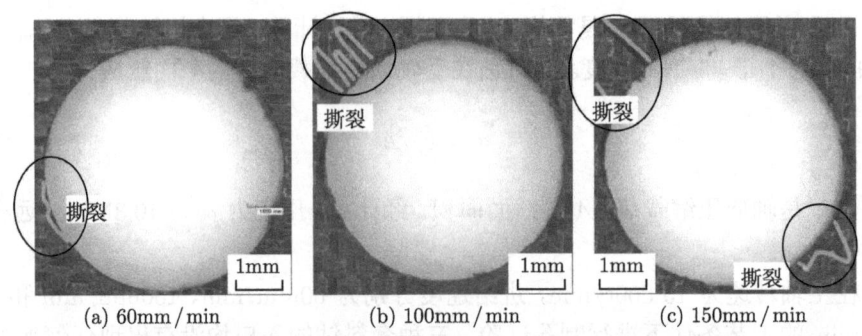

图 7.4　套料钻钻削出口形貌 (壁厚 0.8mm，15 000r/min)

不同壁厚套料钻钻削轴向力的测量结果如图 7.5 所示。在相同的进给速度条件下，套料钻壁厚越大，钻削轴向力越大，这与出口形貌的变化趋势一致。随着进给速度的增大，轴向力增大的幅度也随套料钻壁厚的增加而增加。套料钻的壁厚越薄，在相同工艺条件下，轴向力越小，加工质量也越好。因此，选择套料钻壁厚为 0.45mm，能够满足套料钻基体的强度要求，也更有利于提高套料钻的加工质量。

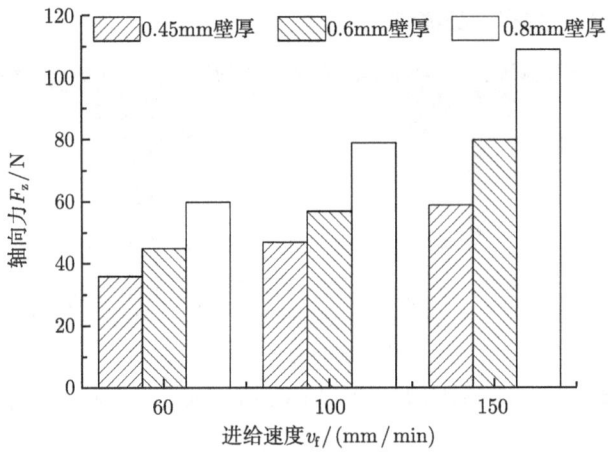

图 7.5　不同壁厚套料钻的轴向力

钎焊金刚石套料钻的有序排布方式将金刚石磨粒成竖排钎焊在切削部分的外壁、内壁及端面上，多排金刚石磨粒在端面上均匀分布，如图 7.6 所示，保证了充足的容屑空间，能够提高套料钻的加工性能。套料钻端面以及内壁与外壁上最靠近端面的两颗金刚石磨粒承担主要加工任务，因此，每排金刚石磨粒在内壁和外壁上的长度不需要太长。

7.1 CFRP 材料制孔加工

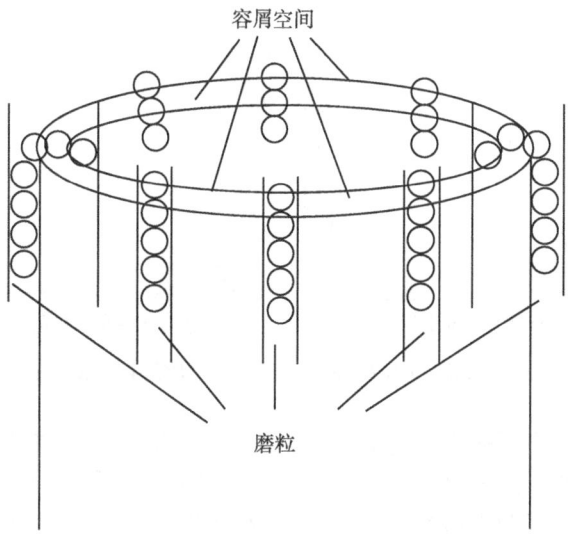

图 7.6 金刚石磨粒有序排布示意图

选择粒径 80/100 目金刚石磨粒分别按照8排有序排布和无序排布方式制作的套料钻如图 7.7 所示。在主轴转速为 5000r/min，进给速度为 50mm/min、150mm/min 和 300mm/min 下进行工艺试验。两种套料钻所加工的入口在进给速度达到 150mm/min 时都没有出现加工缺陷，在进给速度为 300mm/min 时，入口如图 7.8 所示，无序排布套料钻的入口的孔边缘有微小材料破损，而且发生变色，这是加工中温度过高导致的，而有序排布套料钻的入口处光滑无变色，无加工缺陷。

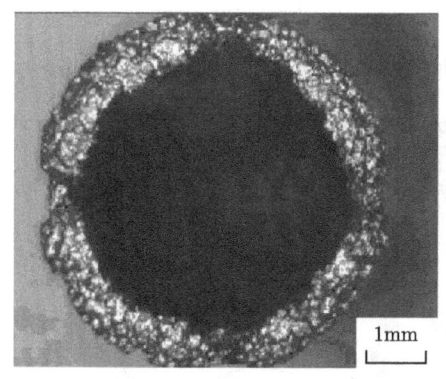

(a) 无序排布

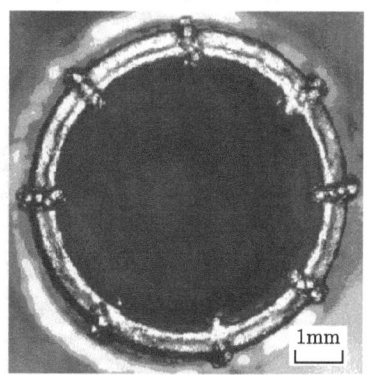

(b) 有序排布

图 7.7 不同磨粒排布方式的套料钻 (磨粒粒度 80/100 目)

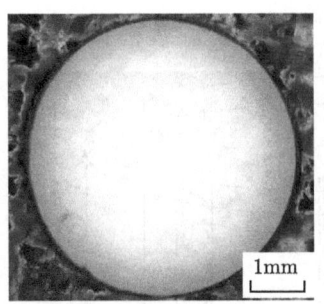
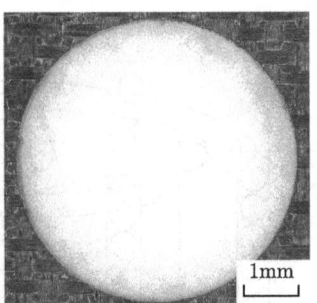

(a) 无序排布套料钻　　　　　　(b) 有序排布套料钻

图 7.8　入口形貌 (主轴转速 5000r/min，进给速度 300mm/min)

两种套料钻在不同的进给速度下所加工的出口如图 7.9、图 7.10 所示。进给速度为 50mm/min 时，无序排布套料钻加工的出口出现了毛刺，而且孔边发生变色；有序排布套料钻加工的出口光滑无缺陷。进给速度不小于 150mm/min 时，两种套料钻加工的出口均出现了撕裂缺陷。

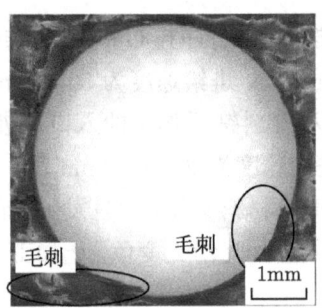
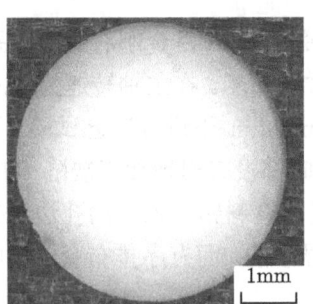

(a) 无序排布套料钻　　　　　　(b) 有序排布套料钻

图 7.9　套料钻钻削出口形貌 (主轴转速 5000r/min，进给速度 50mm/min)

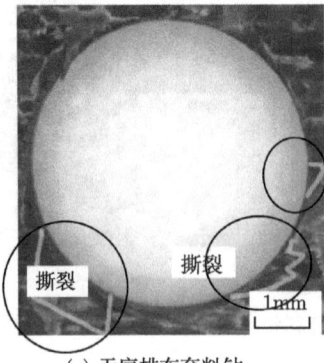
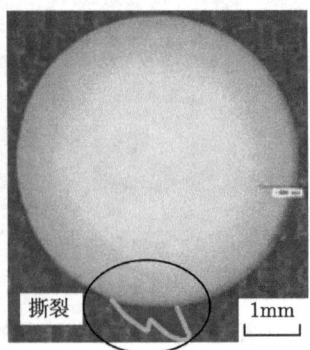

(a) 无序排布套料钻　　　　　　(b) 有序排布套料钻

图 7.10　套料钻钻削出口形貌 (主轴转速 5000r/min，进给速度 150mm/min)

7.1 CFRP 材料制孔加工

两种套料钻加工中的钻削轴向力如图 7.11 所示，无序排布和有序排布套料钻加工的轴向力都随着进给速度的增加而增大，在同样的进给速度条件下，无序排布套料钻的轴向力比有序排布套料钻大。无序排布套料钻的轴向力随进给速度增加的幅度比有序排布套料钻大。

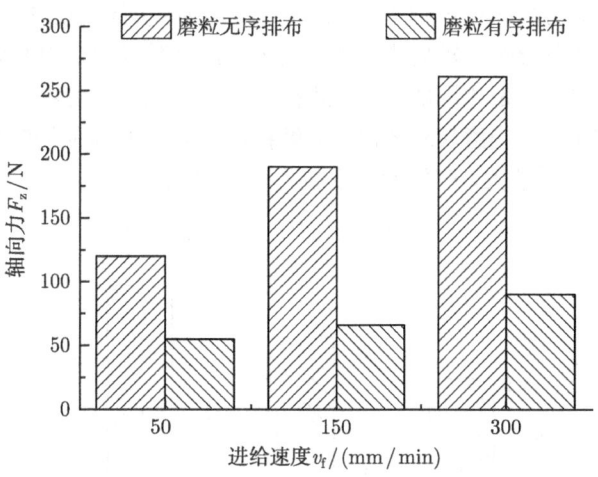

图 7.11 不同排布方式套料钻的钻削轴向力

金刚石磨粒粒度的选择需要根据被加工工件的表面粗糙度和加工精度来决定。碳纤维复合材料孔壁粗糙度 R_a 要求低于 $1.6\mu m$，据此金刚石磨粒粒度范围的选择为 40/45～80/100 目。分别使用粒度 40/45 目与粒度 80/100 目的金刚石磨粒，按照 8 排有序排布方式制作的钎焊套料钻如图 7.12 所示，标记为 1# 套料钻，如图 7.12(a)，磨粒粒度为 80/100 目的 8 排有序排布，标记为 2# 套料钻，如图 7.12(b)。基体钎焊部分的壁厚均为 0.45mm。工艺参数为主轴转速 15000r/min，进给速度分别为 60mm/min、100mm/min、150mm/min，钻削试验采用干式切削。

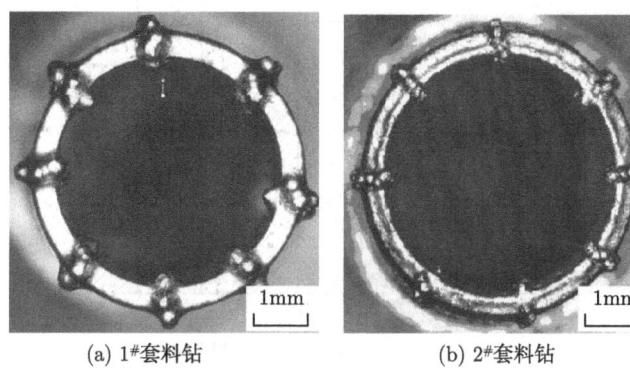

(a) 1#套料钻　　　　(b) 2#套料钻

图 7.12 钎焊金刚石套料钻

不同磨粒粒度下的轴向力和扭矩对比如图 7.13 和图 7.14 所示,无论金刚石粒度大小,随着进给速度的提高,轴向力与扭矩都逐渐增大。随着进给速度的增加,磨粒的切入深度增加,磨粒两侧的变形材料体积同样增加,变形抗力也在增加。而在相同的工艺参数下,1#套料钻的轴向力与扭矩始终大于 2#套料钻。磨粒粒径越大,单颗磨粒的切削截面积也越大。因此,实际切削截面积与磨粒粒度的关系更加密切,磨粒粒度进而影响了轴向力大小。由于不同磨粒粒度的套料钻外径相同,因此,其扭矩产生的力臂是相同的,而导致扭矩产生的切向力存在差异,其大小与磨粒粒度存在一定关系。当磨粒粒径越大,磨粒压入材料并向前切削时,磨粒两侧产生变形的材料体积也越大,产生的变形抗力也就越大。

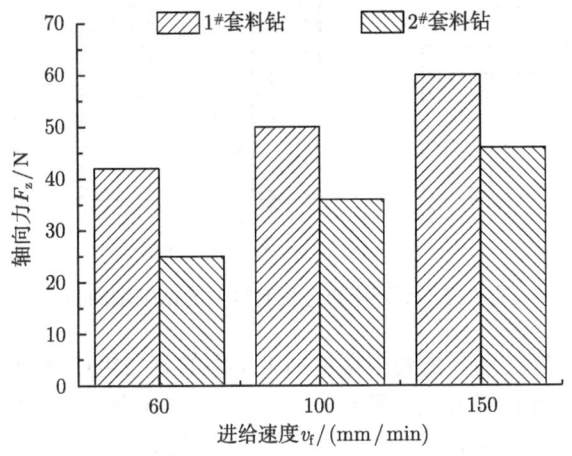

图 7.13　磨粒粒度与轴向力的关系

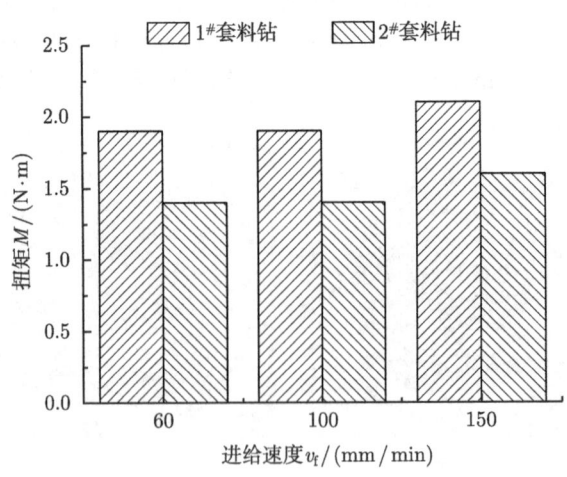

图 7.14　磨粒粒度与扭矩的关系

7.1 CFRP 材料制孔加工

两种套料钻钻削时出口的最高温度如图 7.15 所示,出口温度都随主轴转速的提高而上升,随着进给速度的提高而下降。从温度变化幅度来看,进给速度对于出口温度的影响比主轴转速的影响弱。在同样的工艺条件下,1# 套料钻的出口温度始终大于 2# 套料钻。

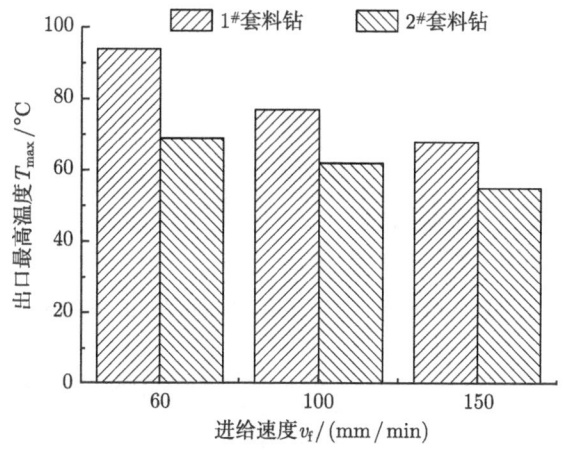

图 7.15 不同粒度的钎焊套料钻钻削温度图

主轴转速增加而进给速度不变时,套料钻的每转进给量降低,这样完成一个孔的加工过程时,每颗磨粒与孔壁的摩擦次数增加,增加的摩擦热使钻削出口温度上升。进给速度增加而主轴转速不变时,每转进给量增加,加工一个孔的时间降低了,磨粒与孔壁的摩擦次数下降,减少的摩擦热使出口温度下降。另外,进给速度增加使加工时间缩短,加工中产生的热量向材料传递时间的缩短也会使温度下降。两种套料钻的壁厚是一致的,随着磨粒粒径增加,套料钻切除材料的体积增加,材料变形产生的热量增加而使温度上升。磨粒粒径增加使套料钻上两排磨粒之间的空隙体积减小,这部分空隙作为容屑空间,产生的磨屑量增加而且容屑空间减小,磨屑在磨粒周围堆积并与磨粒之间反复摩擦,不利于热量传导出去。

CFRP 层合板上的孔出入口处作为薄弱位置,容易出现撕裂缺陷,特别是孔出口处。图 7.16 为 1# 套料钻、2# 套料钻在主轴转速 15 000r/min 及进给速度 150mm/min 的条件下的入口形貌。这时轴向力与扭矩均比较大,但无论钎焊套料钻的磨粒粒度大小,孔入口质量依然良好,没有出现任何缺陷。两种套料钻在进给速度为 100mm/min 时所加工的孔出口均没有出现撕裂缺陷,如图 7.17 所示。随着进给速度提高到 150mm/min 时,出口处开始出现撕裂缺陷,如图 7.18 所示。由于磨粒粒度对轴向力及切向力大小有影响,特别是切向力的大小对撕裂缺陷的产生及范围有显著影响,导致 1# 套料钻所加工孔出口处的撕裂缺陷范围大于 2# 套料钻所加工孔。从两种套料钻的加工质量来看,选择磨粒粒度为 80/100 目的钎焊金刚石套料钻更有利于提高加工质量。

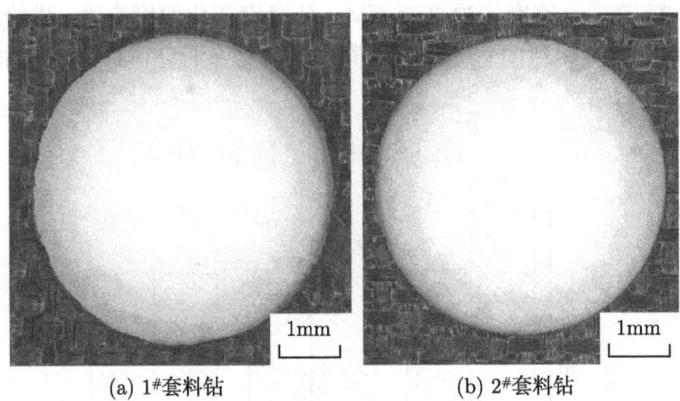

图 7.16　套料钻钻削孔入口形貌 (主轴转速 15 000r/min，进给速度 150mm/min)

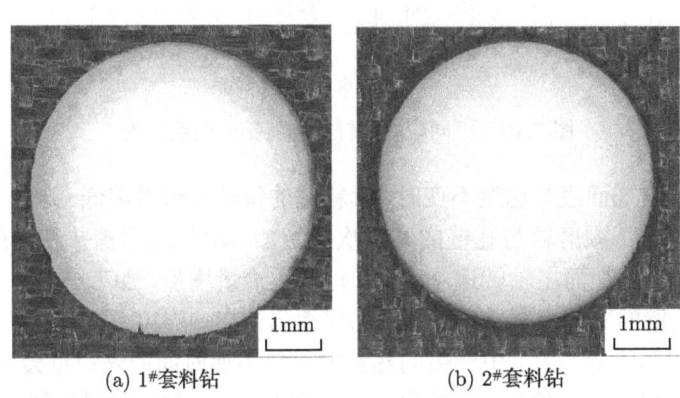

图 7.17　套料钻钻削无缺陷孔出口形貌 (主轴转速 15 000r/min，进给速度 100mm/min)

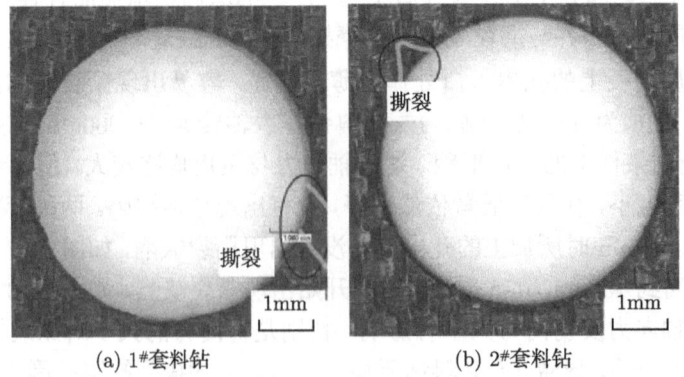

图 7.18　套料钻钻削有缺陷孔出口形貌 (主轴转速 15 000r/min，进给速度 150mm/min)

7.1.2 钎焊金刚石套料钻的加工机理研究

7.1.2.1 钻削力与钻削温度

改变磨粒的排布方式会影响套料钻钻孔时的钻削力与钻削温度,而且对孔径精度及孔壁粗糙度也有一定影响。这是由于改变磨粒排布能够改变磨粒的单颗磨粒切厚,而单颗磨粒切厚影响了套料钻的加工机理。

排布方式为 8 排 80/100 目磨粒有序排布的 2# 套料钻、12 排 80/100 目磨粒有序排布的 3# 套料钻及 16 排 80/100 目磨粒有序排布的 4# 套料钻 (图 7.19) 在主轴转速为 15 000r/min,不同进给速度下的钻削轴向力与扭矩,如图 7.20 与图 7.21 所示。随着进给速度的增加,轴向力与扭矩都呈增大趋势。当进给速度为 60mm/min 时,三种套料钻的钻削力与扭矩差别很小。随着进给速度的增加,不同钻头的轴向力与扭矩差距也在增大。

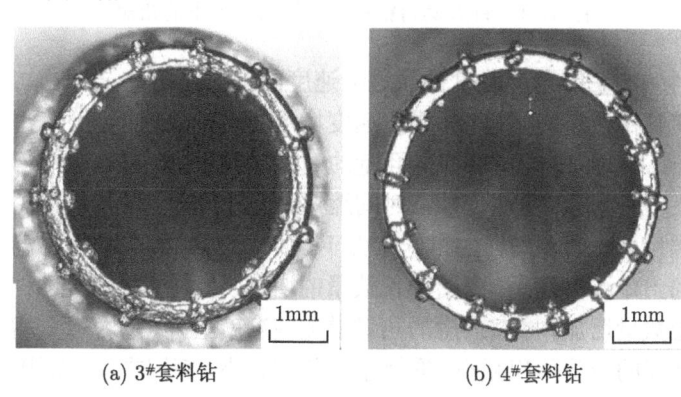

(a) 3#套料钻   (b) 4#套料钻

图 7.19 钎焊金刚石套料钻

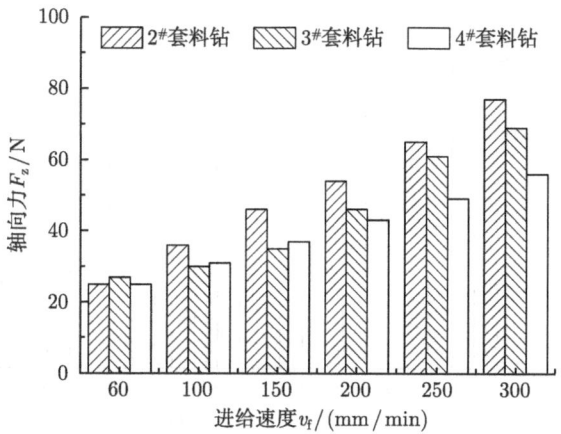

图 7.20 钎焊套料钻在不同进给速度下的轴向力

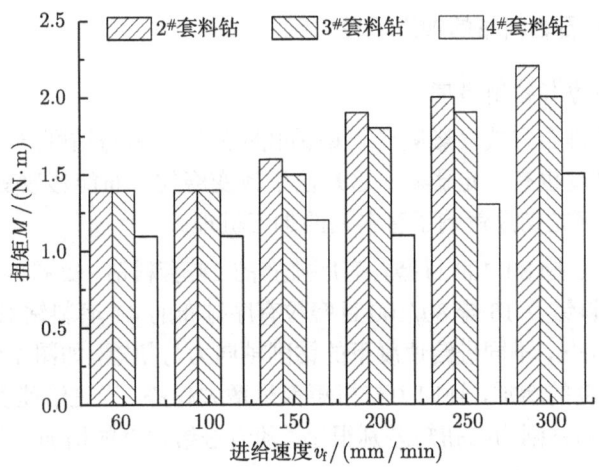

图 7.21　钎焊套料钻在不同进给速度下的扭矩

三种套料钻加工的出口温度都随进给速度的提高而下降,如图 7.22 所示。这是由于对同样磨粒排布的套料钻,进给速度增加而主轴转速不变时,每转进给量增加,加工一个孔的时间降低,磨粒与孔壁的摩擦次数下降,减少的摩擦热使出口温度降低。另外,进给速度增加使加工时间缩短,套料钻产生的热量向材料传递时间的缩短也使温度降低。在同样的工艺条件下,2# 套料钻加工的出口温度最低,4# 套料钻加工的出口温度最高。随着磨粒数量的增加,套料钻每一转过程中与孔壁发生摩擦的磨粒数量增加,摩擦产生的热量增加使温度上升。磨粒数量增加使套料钻上两排磨粒之间的空隙体积减小,容屑空间相应减小,磨屑在磨粒周围堆积并与磨粒之间反复摩擦,导致温度上升。

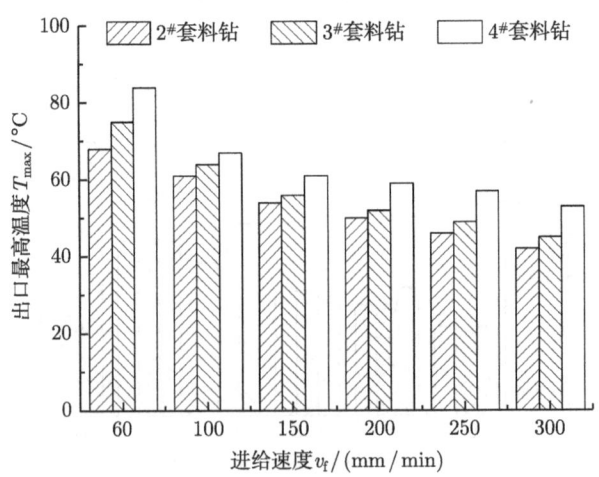

图 7.22　不同进给速度下的钻削温度

7.1 CFRP 材料制孔加工

CFRP 的钻削过程温度采集比较困难,因此,在试验测量钻削出口温度的基础上,采用仿真软件对钎焊金刚石套料钻的钻削温度场进行仿真研究。钎焊金刚石套料钻几何模型如图 7.23 所示。

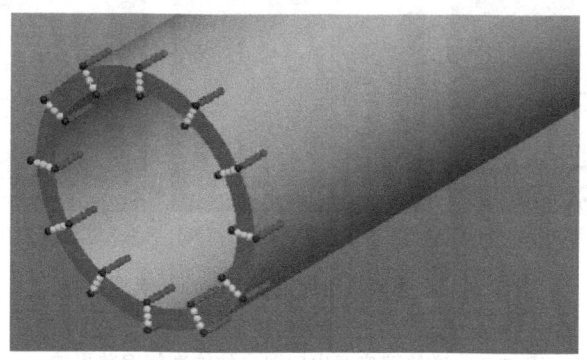

图 7.23　套料钻几何模型

轴向进给速度 60mm/min 同时主轴转速为 5000r/min、10 000r/min 和 15 000 r/min 时,制孔出口温度场如图 7.24 所示,出口最高温度的仿真值分别为 58°C、69°C 和 80°C。与钻削试验测得出口最高温度对比见表 7.1,随主轴转速的变化趋势与试验测量的温度变化趋势相同,钻削温度模型得到的出口最高温度仿真值与试验测量最高温度值误差在 15% 以内。

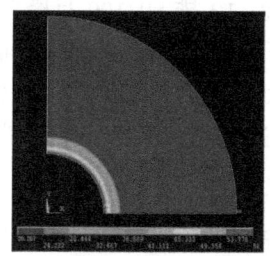 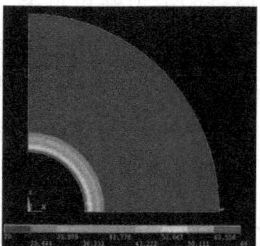 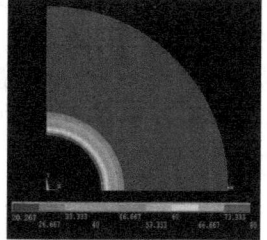

(a) 主轴转速 5000r/min　　(b) 主轴转速 10 000r/min　　(c) 主轴转速 15 000r/min

图 7.24　在不同主轴转速下的出口仿真温度场

表 7.1　主轴转速对出口温度的仿真值误差影响

主轴转速 N/r/min	出口最高温度试验测量值 T_{max}/°C	出口最高温度仿真值 T/°C	仿真误差/%
5000	55	58	5
10 000	60	69	15
15 000	75	80	7

主轴转速 15 000r/min 和轴向进给速度 60mm/min、100mm/min 和 150mm/min,制孔出口温度场如图 7.25 所示,出口最高温度的仿真值分别为 80°C、72°C 和 62°C。

与钻削试验测量的出口最高温度对比见表 7.2，此时钻削温度模型得到的出口最高温度仿真值与试验测量最高温度值误差在 13%以内。

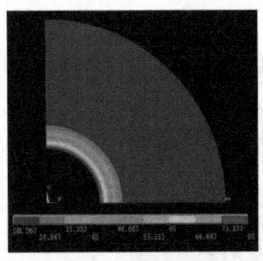 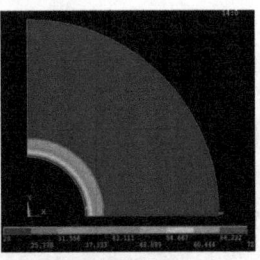 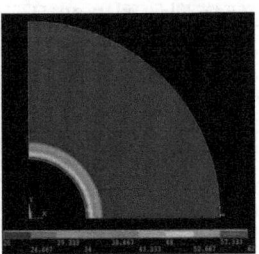

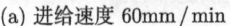

(a) 进给速度 60mm/min　　(b) 进给速度 100mm/min　　(c) 进给速度 150mm/min

图 7.25　在不同进给速度下的出口仿真温度场

表 7.2　进给速度对出口温度的仿真值误差影响

进给速度 v_f/(mm/min)	出口最高温度试验测量值 T_{max}/°C	出口最高温度仿真值 T/°C	仿真误差/%
60	75	80	7
100	64	72	13
150	57	62	9

套料钻钻削层合板时，钻削热使得孔壁周围的工件材料温度升高，加工完成后工件温度降低至室温，由此导致的热变形量对于钻削制孔的直径尺寸影响较大。不同主轴转速条件下的孔径热变形量的模拟结果见表 7.3，12 排 80/100 目磨粒的套料钻钻削时热变形量最小为 15μm，最大为 34μm，制孔直径相差 19μm。在同样的主轴转速条件下，进给速度提高会使孔径热变形量减小，而同样进给速度条件下，提高主轴转速会使孔径热变形量增大。这与钻削工艺参数对钻削出口处的温度影响趋势相同。

表 7.3　工艺参数对制孔直径的热变形量影响

主轴转速 N/(r/min)	$v_f = 60$mm/min		$v_f = 100$mm/min		$v_f = 150$mm/min	
	T_{max}/°C	Δ/mm	T_{max}/°C	Δ/mm	T_{max}/°C	Δ/mm
5000	55	0.020	46	0.017	44	0.015
10 000	60	0.025	52	0.020	51	0.020
15 000	75	0.034	64	0.027	57	0.024

7.1.2.2　磨屑形成机制

金刚石磨粒压入材料内部后，形成的粉末状磨屑会从金刚石磨粒的前方流出，并向两侧运动。金刚石磨粒继续施加的载荷会在材料内部微小缺陷处产生微裂纹，随着磨削的进行，裂纹会在碳纤维和环氧树脂中继续扩展，当裂纹达到一定长度后，会转而向着自由表面扩展，当裂纹扩展至自由表面，这部分材料就脱离材料主体分离为磨屑。

金刚石磨粒是负前角磨削,金刚石磨粒与材料之间的相互作用、材料所处的应力状态以及断裂机制都不同于切削过程中的切屑形态。CFRP 磨屑宏观上是粉末状,形状规则性差,如图 7.26 所示。磨屑大小接近,呈粗而短的小块,夹杂细而长的纤维束。可以发现磨屑中的纤维连接松散,如图 7.26(b) 所示。纤维外侧黏接的环氧树脂不明显,环氧树脂多呈团状黏在纤维束一端的纤维断口上,还能观察到大量的单根纤维碎段和环氧的碎屑。

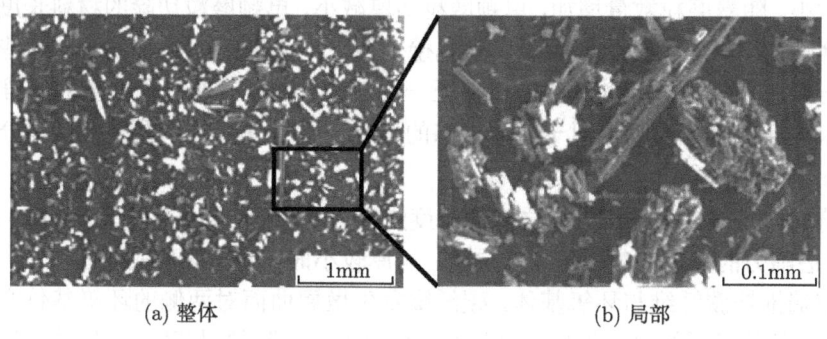

(a) 整体　　　　　　　　　　　　(b) 局部

图 7.26　CFRP 磨屑形态

套料钻上的金刚石磨粒,无论是位于套料钻顶端还是内外侧,钻削过程中都位于层合板的法向。在固定的工艺参数条件下,套料钻上每颗磨粒对复合材料层合板的作用力方向仅受到套料钻旋转的影响,因而每颗金刚石磨粒的钻削力方向与纤维方向之间的相对位置也仅随套料钻旋转而变化。图 7.27(a) 表示套料钻上的每颗磨粒运动轨迹都是一条螺旋线,展开如图 7.27(b) 所示,其导程由进给量决定。多颗磨粒共同运动,不同磨粒运动轨迹之间留下的工件材料体积很小,从而形成规则的孔内壁表面。对于单颗磨粒而言,其加工过程从切入材料到切出材料是连续的。三种套料钻在同样的工艺参数下,每颗磨粒的运动轨迹仍是相似的,仅有磨粒间距

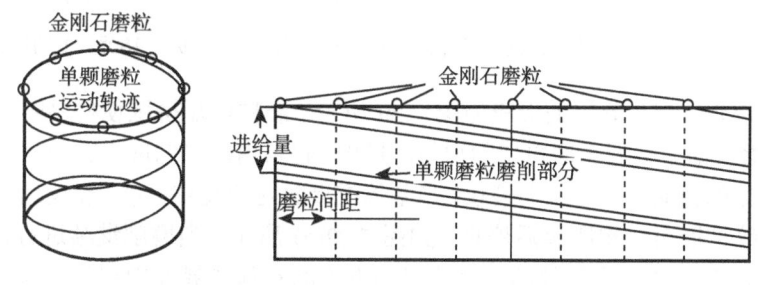

(a) 金刚石磨粒螺旋线运动轨迹　　　(b) 磨粒运动轨迹展开图

图 7.27　钎焊套料钻上金刚石磨粒运动轨迹

发生变化，进而影响单颗磨粒切厚的形状及大小。根据图中几何关系，可得单颗磨粒切厚的表达式：

$$h = \frac{pv_f}{v_s} = \frac{pfn}{n\pi d_0} = f\frac{p}{\pi d_0} \tag{7.4}$$

式中，h 为单颗磨粒切厚；p 为磨粒间距；v_f 为进给速度；v_s 为切削速度；f 为每转进给量；N 为主轴转速；d_0 为钻头直径。

轴向力与扭矩的大小都受单颗磨粒切厚的影响，而磨粒数量会影响单颗磨粒切厚大小。随着磨粒数量增加，单颗磨粒切厚减小，单颗磨粒切除的材料长度也减小。磨屑在从材料主体上断裂脱离后孔壁上留下的是断裂的另一部分，这些断口特征与磨屑初始形成时的纤维断口特征一一对应，因此，通过孔壁上的纤维断口特征来佐证单颗磨粒切厚对于磨屑形态的影响。用于分析的单颗磨粒切厚分别是 37.5μm 与 0.5μm。

将切向力方向与纤维方向之间的角度定义为 θ。当 $0° \leqslant \theta \leqslant 5°$，或 $175° \leqslant \theta \leqslant 180°$，磨削力的方向在材料的主方向上，切厚较小时，磨屑的形成如图 7.28 所示。磨粒前端推挤碳纤维与环氧基体，碳纤维发生微屈曲而对两侧的环氧基体产生剪切作用，裂纹沿纤维纵向扩展，如图 7.28(a) 所示；碳纤维与环氧基体的变形程度超过临界强度而发生微破碎，磨粒前端应力场发生变化，裂纹转向自由表面扩展，如图 7.28(b) 所示；裂纹贯穿碳纤维并导致环氧基体开裂而形成磨屑，如图 7.28(c) 所示。单颗磨粒切厚为 0.5μm 时形成的纤维断口如图 7.30(a) 所示，部分纤维已发生断裂，依靠基体的连接作用而未脱落，纤维断口基本沿纤维横向，具有剪切断裂的特征。

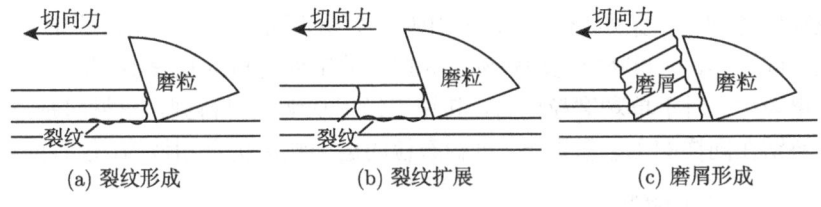

图 7.28　磨屑形成过程图 ($0° \leqslant \theta \leqslant 5°$，或 $175° \leqslant \theta \leqslant 180°$，小切厚)

切厚较大时，磨屑的形成如图 7.29 所示。磨粒前端挤压使材料内部的应力增大，在磨粒前方略低于磨粒切削刃的区域内，材料内的纵向应力会使环氧基体或基体与纤维的界面内产生纵向裂纹，当基体或界面内的裂纹扩展，裂纹顶端的能量减小，裂纹扩展至一定距离后停止，如图 7.29(a) 所示。当磨削继续进行，裂纹受磨粒的作用在已经产生裂纹的基体或界面下方的基体或界面中裂纹再次扩展，如图 7.29(b) 所示。裂纹在基体或界面中继续纵向扩展，同时裂纹上方的纤维与基体受向上的拉应力作用而发生脆性断裂，破碎的纤维与基体在磨粒推动下向上运动，如

图 7.29(c) 所示。随着纵向裂纹上方的纤维与基体不断破碎，纵向裂纹顶端的应力场发生变化，裂纹朝向自由表面扩展导致纤维和环氧基体发生脆性断裂，断裂的材料形成了磨屑，如图 7.29(d) 所示。单颗磨粒切厚为 37.5μm 时形成的纤维断口如图 7.30(b) 所示，纤维不在一个平面内，图中下面部分的纤维较高，上面部分的纤维较低，说明在低于磨粒切削刃的位置处也发生了沿纤维纵向的裂纹扩展。

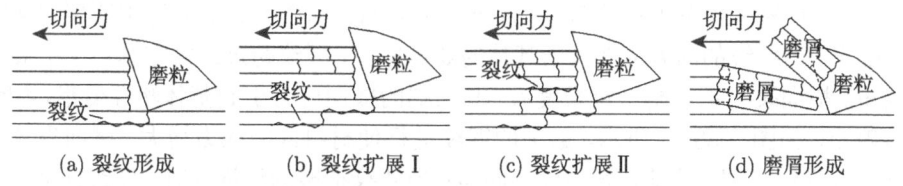

图 7.29　磨屑形成过程图 ($0° \leqslant \theta \leqslant 5°$，或 $175° \leqslant \theta \leqslant 180°$，大切厚)

(a) 单颗磨粒切厚 0.5μm　　(b) 单颗磨粒切厚 37.5μm

图 7.30　纤维断口形貌 ($0° \leqslant \theta \leqslant 5°$，或 $175° \leqslant \theta \leqslant 180°$)

当 $85° \leqslant \theta \leqslant 95°$ 时，磨削力的方向仍然在材料的主方向上。切厚较小时，如图 7.31 所示，碳纤维在横向载荷作用下弯曲，纤维靠近磨粒的外侧被拉伸，远离磨粒的内侧被压缩。基体材料受两侧纤维的作用，产生剪切载荷，发生剪切断裂，如图 7.31(a)。拉伸载荷处首先发生脆性断裂，裂纹扩展到压缩载荷区，压缩载荷区发生压缩破坏或者剪切破坏，如图 7.31(b) 所示。纤维断裂后，应力重新分布，使得周围相邻纤维所承受的应力放大，这时裂纹前端应力场随之变化，裂纹朝向自由表面扩展，

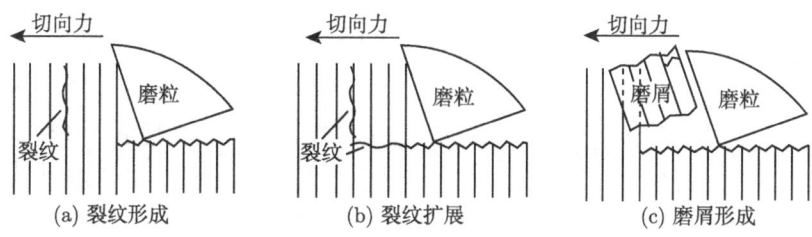

图 7.31　磨屑形成过程图 ($85° \leqslant \theta \leqslant 95°$，小切厚)

贯穿碳纤维并导致环氧基体开裂而形成磨屑,如图 7.31(c) 所示。单颗磨粒切厚为 0.5μm 时形成的纤维断口如图 7.32(a) 所示,纤维断口都在一个平面内,说明单颗磨粒切厚较小时材料中的裂纹产生在切削平面内。

切厚较大时,如图 7.33 所示。磨粒前端挤压使材料内部的应力增大,在磨粒前方略低于磨粒切削刃的区域内会产生裂纹,裂纹方向沿纤维横向,在横向裂纹的扩展过程中,环氧基体发生脆性断裂;纤维与基体的界面强度较弱时纤维断裂并从基体中抽出。当纤维的断裂应变大于基体的断裂应变,裂纹跨过纤维在基体中扩展为裂纹桥。横向裂纹扩展至一定长度后,其顶端的横向应力引起基体塑性变形,裂纹扩展停止,如图 7.33(a) 所示。磨削的继续进行使材料内的应力增大,横向裂纹转向下方并继续扩展,使基体发生脆性断裂;当裂纹扩展到纤维处时,导致纤维与基体界面的破坏,当裂纹顶端能量足够大时即可冲断纤维,如图 7.33(b) 所示。当裂纹在基体或界面中继续扩展时,基体承受剪切应力而发生断裂,纤维纵向承载能力较强而不发生纵向破坏。纤维在失去基体支撑后随磨粒推动向上运动,如图 7.33(c) 所示。随着纵向裂纹上方的纤维与基体的运动,正在扩展的裂纹顶端应力场发生变化,裂纹转向自由表面扩展,断裂的纤维和环氧基体形成磨屑,如图 7.33(d) 所示。单颗磨粒切厚为 37.5μm 时形成的纤维断口如图 7.32(b) 所示,纤维断口从下面至上面逐渐变高,说明纤维断裂的位置低于切削平面,而且沿纤维横向的裂纹两次扩展时存在高度差。

(a) 单颗磨粒切厚 0.5μm

(b) 单颗磨粒切厚 37.5μm

图 7.32　纤维断口形貌 ($85° \leqslant \theta \leqslant 95°$)

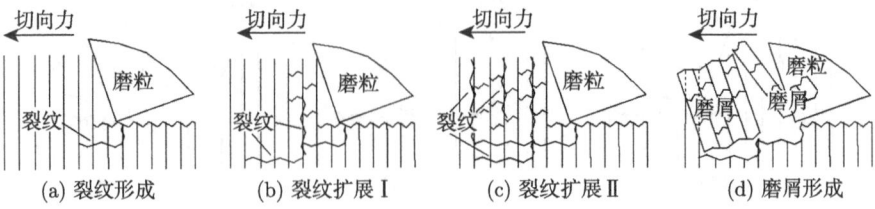

(a) 裂纹形成　　(b) 裂纹扩展Ⅰ　　(c) 裂纹扩展Ⅱ　　(d) 磨屑形成

图 7.33　磨屑形成过程图 ($85° \leqslant \theta \leqslant 95°$,大切厚)

当 $5° < \theta < 85°$ 时,磨削力的方向不在材料的主方向上,需要考虑材料压缩与剪切的耦合作用带来的影响。切厚较小时,如图 7.34 所示,碳纤维在横向载荷作用下弯曲,纤维的横截面上同时存在压缩载荷与拉伸载荷。基体两侧纤维的弯曲使其受剪切应力而发生剪切断裂,如图 7.34(a) 所示。脆性断裂从拉伸载荷区扩展到压缩载荷区,脆性断裂从拉伸破坏转变为压缩破坏或者剪切破坏。由于磨削力并不沿纤维横向,在耦合作用下会产生纤维剪切应力和面内剪切应力,纤维首先发生拉伸破坏或者剪切破坏,如图 7.34(b) 所示。纤维断裂后,基体无法承受纤维断裂后转移载荷而随即发生拉伸断裂,这些断裂的纤维与基体即形成磨屑,如图 7.34(c) 所示。单颗磨粒切厚为 0.5μm 时形成的纤维断口如图 7.35(a) 所示,图中的纤维断口是几根纤维成束平齐,说明纤维断裂时成束断裂。

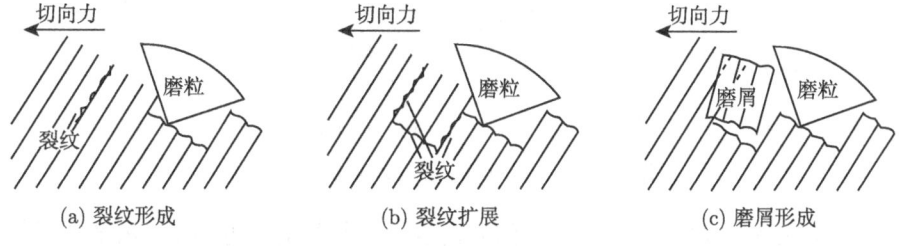

(a) 裂纹形成　　(b) 裂纹扩展　　(c) 磨屑形成

图 7.34　磨屑形成过程图 ($5° < \theta < 85°$,小切厚)

(a) 单颗磨粒切厚 0.5μm　　(b) 单颗磨粒切厚 37.5μm

图 7.35　磨屑形成过程图 ($5° < \theta < 85°$,大切厚)

切厚较大时,如图 7.36 所示,产生的裂纹方向贯穿纤维向下扩展。由于纤维的强度高于基体,裂纹容易在基体中绕过纤维扩展,因此,环氧基体会发生脆性断裂;纤维与基体的界面也容易在裂纹扩展过程中发生破坏。当裂纹扩展至一定长度后,裂纹扩展停止,如图 7.36(a) 所示。已经停止扩展的裂纹转向更下方扩展,裂纹的继续扩展使基体及界面的破坏程度增加,如图 7.36(b) 所示。当裂纹在基体或界面中继续扩展时,裂纹上方的纤维与基体受磨粒作用发生弯曲,纤维的脆性断裂从横截面上的拉伸载荷区扩展到压缩载荷区,纤维的弯曲使基体受剪切应力而发生脆性断裂。耦合产生的纤维剪切应力使纤维首先发生拉伸破坏或者剪切破坏,基体在纤维断裂后发生拉伸断裂。这些断裂的纤维与基体随磨粒推动向上运动,如图 7.36(c) 所示。随着纵向裂纹上方的纤维与基体的运动,裂纹顶端应力场发生变化,裂纹转向自由表面扩展,断裂的纤维和环氧基体形成磨屑,如图 7.36(d) 所示。单颗磨粒切厚为 37.5μm 时形成的纤维断口如图 7.35(b) 所示,材料内部裂纹的扩展过程中,环氧基体发生脆性断裂而形成了大量块状碎屑。

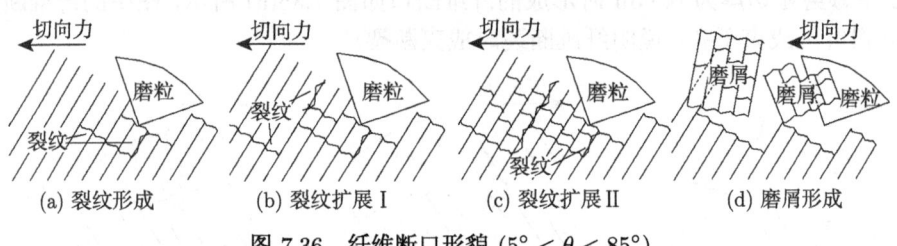

图 7.36 纤维断口形貌 ($5° < \theta < 85°$)

当 $95° < \theta < 175°$ 时,磨削力的方向也不在材料的主方向上,需要考虑材料压缩与剪切的耦合作用带来的影响。切厚较小时,如图 7.37 所示,与前一种状况类似,磨粒前端推挤使碳纤维发生脆性断裂,基体发生剪切断裂,如图 7.37(a) 所示。不同的是,纤维受磨粒作用产生偏轴的压缩载荷,伴有耦合产生的纤维剪切应力。材料可能发生纤维的弯曲断裂并伴有基体的剪切破坏,也可能发生纤维与基体的剪切破坏,如图 7.37(b)。由于纤维始终承受剪切载荷,纤维发生剪切断裂,基体发生拉伸断裂,这些断裂的纤维与基体即形成磨屑,如图 7.37(c)。单颗磨粒切厚为 0.5μm 时形成的纤维断口如图 7.38(a) 所示,纤维断口之间的高度差异较大,说明纤维断裂时多是单根或者两三根一起断裂,这也导致断口顶端由于压缩载荷而再次发生断裂,断裂后的微小纤维段仍保留在断口上。

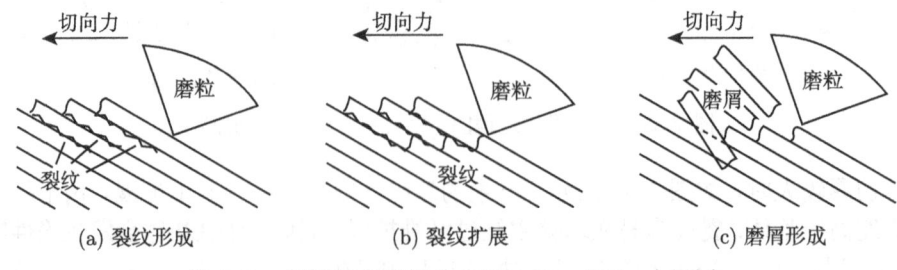

图 7.37 磨屑形成过程图 ($95° < \theta < 175°$,小切厚)

7.1 CFRP 材料制孔加工

(a) 单颗磨粒切厚 0.5μm

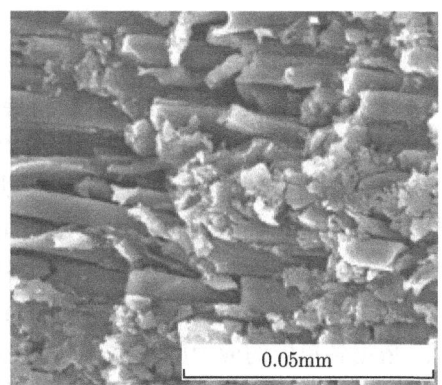
(b) 单颗磨粒切厚 37.5μm

图 7.38 纤维断口形貌 ($95° < \theta < 175°$)

切厚较大时，如图 7.39 所示。与前一种状况类似，裂纹在基体中绕过纤维扩展。当裂纹扩展至一定长度而停止，在裂纹顶端的应力场改变后，裂纹继续在基体及界面中转向更下方扩展，如图 7.39(a)(b) 所示。当裂纹在基体或界面中继续扩展时，碳纤维发生脆性断裂，基体发生剪切断裂。纤维受偏轴压缩载荷而断裂。这些断裂的纤维与基体随磨粒推动向上运动，如图 7.39(c) 所示。正在扩展的裂纹顶端应力场发生变化，裂纹转向自由表面扩展，断裂的纤维和环氧基体形成磨屑，如图 7.39(d) 所示。单颗磨粒切厚为 37.5μm 时形成的纤维断口如图 7.38(b) 所示，纤维与基体的界面破坏使出露的纤维断口外侧光滑而没有树脂碎屑黏附。纤维的脆性断裂截面上基本沿纤维横向。

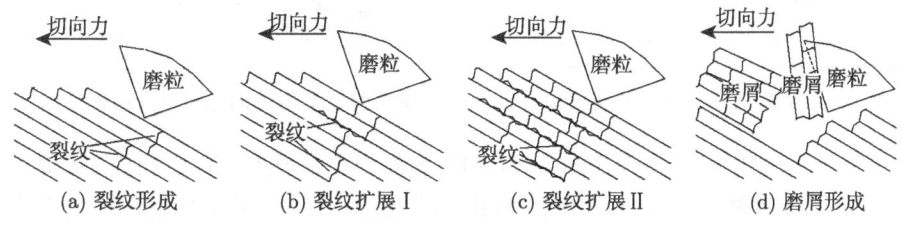

(a) 裂纹形成　(b) 裂纹扩展 I　(c) 裂纹扩展 II　(d) 磨屑形成

图 7.39 磨屑形成过程图 ($95° < \theta < 175°$，大切厚)

7.1.3 CFRP 材料加工缺陷的控制

钎焊金刚石套料钻的钻削过程的本质是"以磨代钻"，使用多颗金刚石磨粒组成的不连续切削刃完成加工。在同样的工艺条件下，可以通过改变磨粒排布来减小单颗磨粒切厚，而单颗磨粒切厚的大小影响加工过程中的材料变形模式及程度等。本节进一步分析套料钻加工中单颗磨粒切厚改变对加工缺陷的影响。

7.1.3.1 分层缺陷的控制

分层缺陷产生的根本原因在于层间应力超过了层间结合强度。套料钻顶端的金刚石磨粒从接触材料开始，复合材料层合板的表面层首先受轴向力，相对于层合板坐标轴而言是法向压缩载荷，如图 7.40 所示。层合板中靠近上表面的各层在法向受压的情况下产生相应的应力应变，尤其是表面最上层材料由于没有上方材料限制，其层内的弯曲应力也最大。从表面层向下，各单层所受到的上方材料压迫程度增大，其变形程度也逐渐缩小。由于各单层是各向异性，单层间的力学特性不相同，其应力应变大小与方向存在差别，为了协调层合板整体变形，层间应力产生并增大。依据各单层的应力应变大小，可知从表面层开始向下各单层之间的层间应力在逐渐缩小。当层间应力超过层间结合强度时，分层出现。

随着套料钻开始接近层合板靠近底部的各层，如图 7.41 所示，底部各层在轴向力作用下发生变形，尤其是最底部的一层由于没有下方材料的支撑，向下弯曲的变形程度大，层内的弯曲应力较大。当层间应力超过层间结合强度时，发生分层。

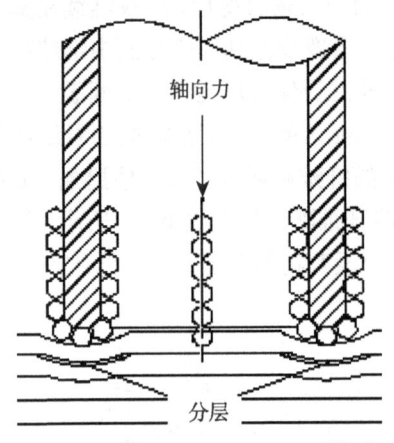
图 7.40　套料钻钻孔入口分层模型

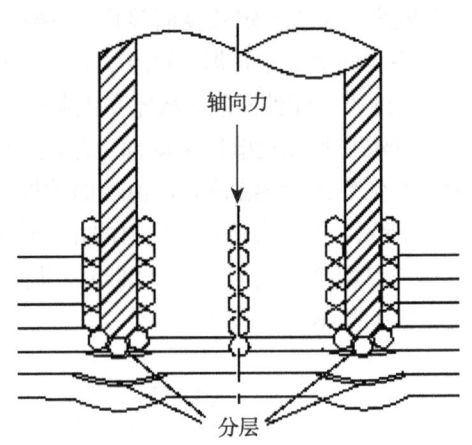
图 7.41　套料钻钻孔出口分层模型

在钻出过程中，顶端磨粒钻出后，轴向力减小程度最大，从内外侧倒角处到内外管壁上的磨粒钻出，轴向力的减小程度越来越小。当出口处的分层范围大于孔径而无法被后续磨粒完全切除时，孔边就会留下分层缺陷，如图 7.42 所示。

出口处的材料容易在法向载荷作用下向下弯曲，出口分层缺陷的产生可以认为是当钻削轴向力超过层合板两层之间的层间结合力时，层合板两层之间的界面发生破坏，界面的结合强度与层间断裂能 G_{IC} 有关。Jamal 等研究得出层合板临界轴向力 F_z 的计算方法，见式 (7.5)。

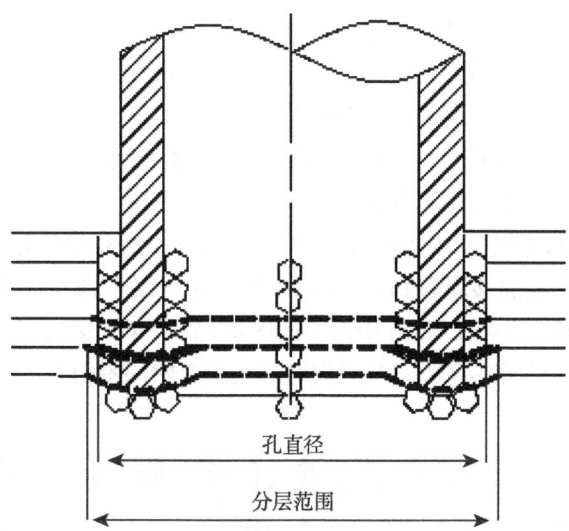

图 7.42 套料钻钻孔分层范围示意图

$$F_z = 3\pi \left(\frac{D_{22}}{D_{11}}\right)^{\frac{1}{4}} \left(2G_{IC}\left[2D_{11} + \frac{2(D_{12} + 2D_{66})}{3}\left(\frac{D_{11}}{D_{22}}\right)^{\frac{1}{2}}\right]\right)^{\frac{1}{2}} \quad (7.5)$$

式中，层合板的刚度矩阵 D_{11}、D_{22}、D_{12}、D_{66} 分别为

$$D_{11} = \frac{E_{11}(il)^3}{12 \times (1 - \nu_{12}\nu_{21})} \quad (7.6)$$

$$D_{22} = \frac{E_{22}(il)^3}{12 \times (1 - \nu_{12}\nu_{21})} \quad (7.7)$$

$$D_{12} = \frac{\nu_{12}E_{22}(il)^3}{12 \times (1 - \nu_{12}\nu_{21})} \quad (7.8)$$

$$D_{66} = \frac{E_{66}(il)^3}{12} \quad (7.9)$$

式中，i 为层合板的剩余层数；l 为层合板每层的厚度。

根据试验用 CFRP 层合板的力学性能参数计算可得层合板靠近底部 3 层的临界分层轴向力，见表 7.4。

表 7.4 临界分层轴向力

剩余层数 i	3	2	1
临界分层轴向力 F_z/N	352	198	86

层合板的底部两层是产生分层缺陷的最薄弱环节，根据工件的力学性能参数计算可得到层合板底部两层之间的分层临界轴向力为 86N。钎焊金刚石套料钻要降低轴向力的关键在于减小单颗磨粒切厚。

图 7.43 是单颗磨粒切厚为 18.8μm 时，已加工孔的入口处分层情况。在 1-2 层层间的分层区域仅仅是沿孔边分布的很窄的范围，在图 7.43(a) 右上方有一处分层缺陷。2-3 层层间的分层范围变小，如图 7.43(b) 所示，沿孔边的分层区域变得更窄，只在孔边的部分位置能够观察到。3-4 层层间已经观察不到点状的分层区域，孔边的分层也进一步缩小为图 7.43(c) 中圈出的区域。到了 4-5 层层间，已经观察不到分层缺陷。这说明入口处分层缺陷，从表面两层之间开始，越接近层合板中间分层范围越小。

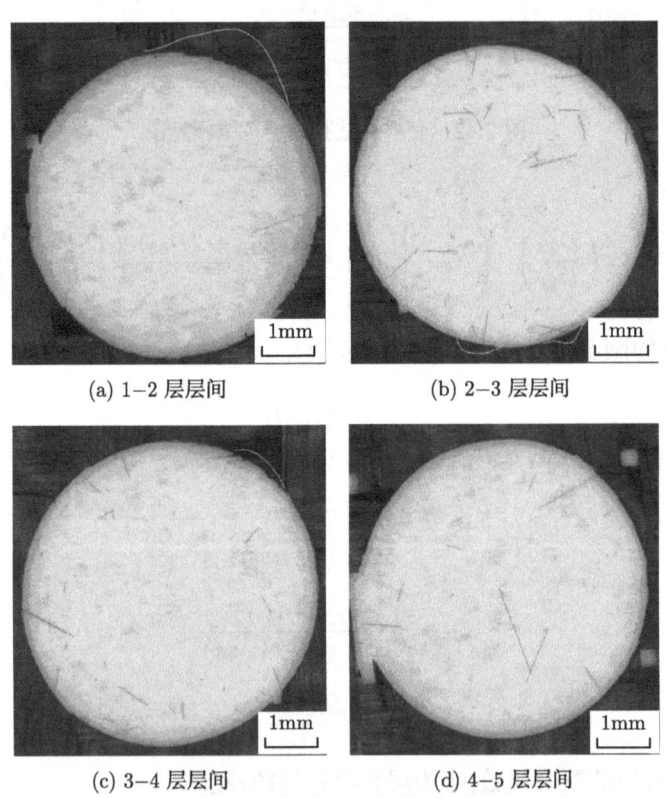

图 7.43 单颗磨粒切厚 18.8μm 时的入口分层

单颗磨粒切厚为 12.5μm，孔入口分层图片如图 7.44 所示。在 1-2 层层间的有两处分层区域，如图 7.44(a) 中左下方与右上方。在 2-3 层层间，如图 7.44(b) 所示，已经没有可观察到的分层区域，说明分层已经消失。

7.1 CFRP 材料制孔加工

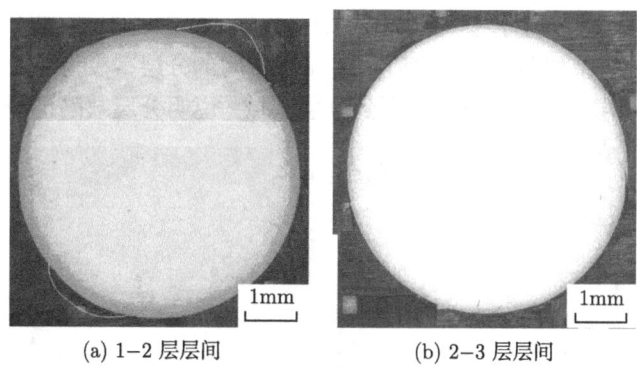

(a) 1-2 层层间　　　　　　(b) 2-3 层层间

图 7.44　单颗磨粒切厚 12.5μm 时的入口分层

图 7.45 是单颗磨粒切厚为 18.8μm 时，孔的出口处分层情况。出口侧 1-2 层层间的分层范围很大，2-3 层层间的分层范围较 1-2 层层间大幅度减小，3-4 层层间的分层减少为两处，到了 4-5 层层间，分层缺陷进一步缩小，5-6 层层间的分层只出现在沿孔边的区域，到了 6-7 层层间已经观察不到分层区域，说明分层缺陷已经消失。

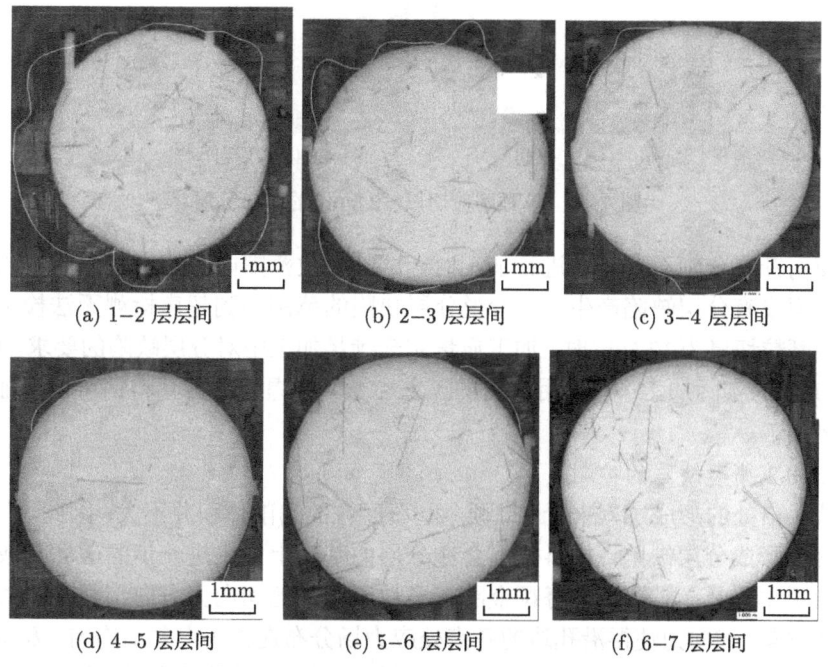

(a) 1-2 层层间　　　　(b) 2-3 层层间　　　　(c) 3-4 层层间

(d) 4-5 层层间　　　　(e) 5-6 层层间　　　　(f) 6-7 层层间

图 7.45　单颗磨粒切厚为 18.8μm 的出口分层

图 7.46 是单颗磨粒切厚为 12.5μm 时加工的出口分层图片。在 1-2 层层间的

能观察到明显的大范围分层区域,如图 7.46(a) 所示。2-3 层层间的分层范围较 1-2 层层间大幅度减小,如图 7.46(b) 所示。3-4 层层间的分层减少为两处,如图 7.46(c) 所示。到了 4-5 层层间,已经观察不到分层区域,说明分层缺陷已消失。

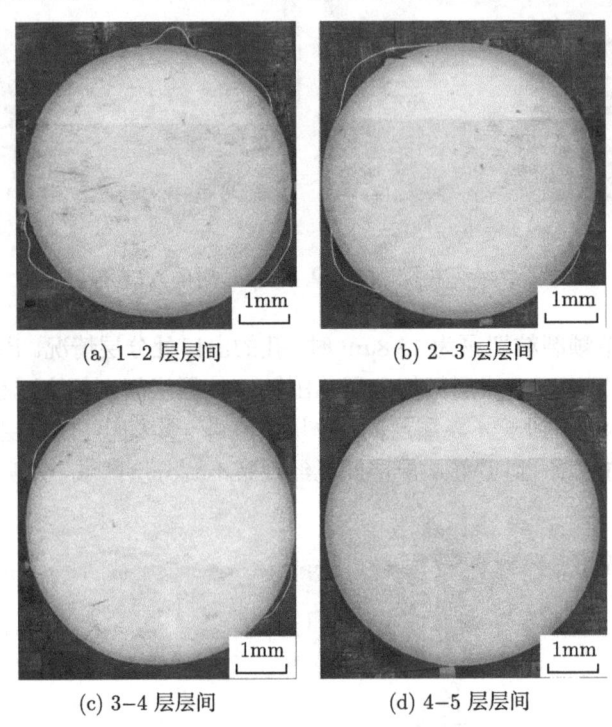

图 7.46 单颗磨粒切厚 12.5μm 的出口分层

使用钎焊金刚石套料钻进行加工时,试验参数范围内孔的出入口通过超声检测发现都没有分层缺陷产生,或者说分层缺陷的范围小到超声检测无法检出。说明单颗磨粒切厚为 12.5μm 时,加工质量完全满足加工中对分层缺陷的要求。因此,在 CFRP 的实际加工中,采用常用的工艺参数,钎焊金刚石套料钻可以保证无分层缺陷加工。

7.1.3.2 撕裂缺陷的控制

从入口处的形成过程来看,每颗金刚石磨粒的切削体积并不大,因此,在入口处不容易形成分层缺陷,材料也不会在分层的基础上发生进一步的破坏形成大范围的撕裂缺陷。套料钻上的每颗金刚石磨粒所施加的切向力方向都是沿当时的切削速度方向,切向力使得沿孔边的各点处应力场分布在大小上并不均匀,方向上也存在差别。当孔边某点处的应力超过了材料的临界裂纹扩展强度时,会在该点处发生裂纹扩展,当裂纹扩展到表面时这一部分材料断裂,就形成了孔边的一处破损,也就是微小的撕裂缺陷,如图 7.47 所示。入口孔边损伤是由于顶端的金刚石磨粒

7.1 CFRP 材料制孔加工

产生的损伤范围较大而超过了孔径时，无法被后续的金刚石磨粒切除所形成的。

当钎焊金刚石套料钻钻削至靠近层合板底层材料时，在套料钻的轴向力作用下，靠近底层的材料层间应力增大，会产生局部的分层。在套料钻的切向力作用下，已分层的材料容易沿切向力方向运动，导致层间的应力进一步增大，而使分层范围扩大，已分层的表层材料也会被切向力撕裂断裂，而形成撕裂缺陷，如图 7.48 所示。套料钻所加工的孔出口处撕裂近似矩形，撕裂的长边与宽边的大小随进给速度增大或主轴转速降低而增大。

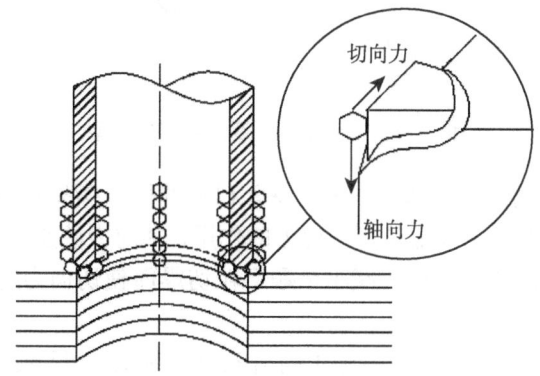

图 7.47 入口处微小撕裂的形成模型

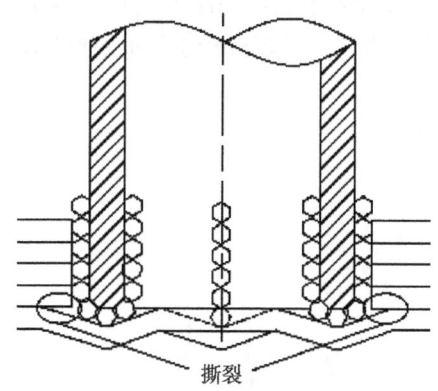

图 7.48 出口处细长条形撕裂缺陷产生模型

当套料钻的轴向力较大时，出口处分层的区域沿孔边的范围扩大。如图 7.49 所示，在分层缺陷的一侧受轴向力及切向力作用，分层边缘处受剪切力作用而使材料破裂形成了撕裂的一条长边，与下层分离的材料随着切向力运动，在远离孔边的分层边缘处产生了剪切应力，当剪切应力超过材料强度就会再次断裂，形成撕裂的一条宽边。

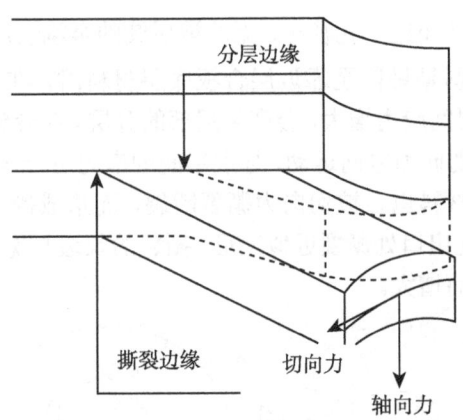

图 7.49 出口矩形撕裂缺陷产生模型

在钎焊套料钻的加工过程中，无论是入口处的微小撕裂缺陷还是出口处的撕裂缺陷，其形成过程的关键都是在切向力的作用，轴向力的影响相对切向力较小。因此，要控制撕裂缺陷的产生，减小单颗磨粒切厚而使切向力降低可以起到显著作用。

单颗磨粒切厚为 12.5μm 时所加工的出入口如图 7.50 所示。从图 7.50(a) 中可以观察到入口处没有大范围撕裂缺陷。图 7.50(b) 中的出口处有多处撕裂，其中大部分撕裂缺陷并没有露出下层材料，而是能观察到撕裂缺陷上方材料被撕开的两条平行的裂纹。但右上方出现了一处范围较小的撕裂缺陷，表层材料已经脱落，能观察到下层的材料。

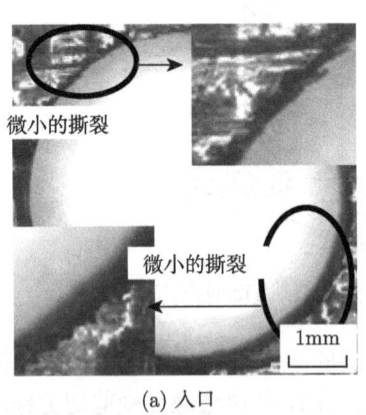
(a) 入口

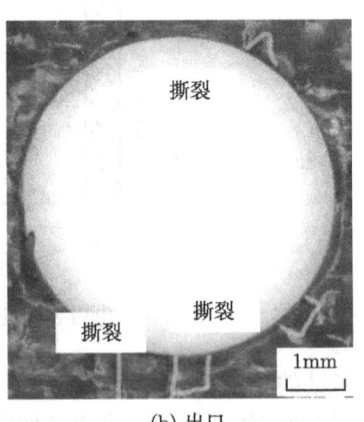
(b) 出口

图 7.50 单颗磨粒切厚 12.5μm 时的出入口撕裂形貌

不同单颗磨粒切厚时的孔入口处均没有出现任何缺陷，孔边平整无毛刺，如图 7.51 所示。而出口质量存在差异，有的出现了撕裂缺陷。三种套料钻所加工的孔

7.1 CFRP 材料制孔加工

出口开始出现撕裂缺陷的进给速度各不相同，如图 7.52 中所示。2# 套料钻在进给速度 150mm/min 时，出现一处撕裂缺陷。3# 套料钻在进给速度 250mm/min 时，出现了一处宽而长的三角形撕裂缺陷。4# 套料钻在进给速度 200mm/min 时，出现了两条撕裂缺陷。

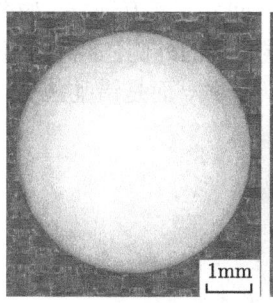
(a) 单颗磨粒切厚 2.5μm

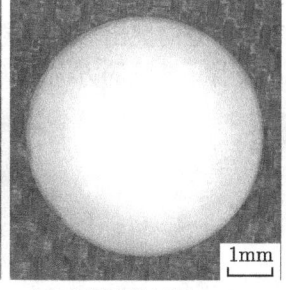
(b) 单颗磨粒切厚 1.67μm

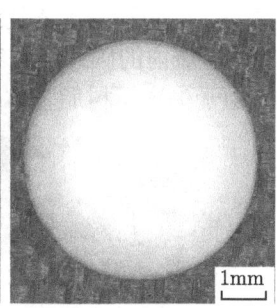
(c) 单颗磨粒切厚 1.25μm

图 7.51 不同单颗磨粒切厚时的孔入口形貌

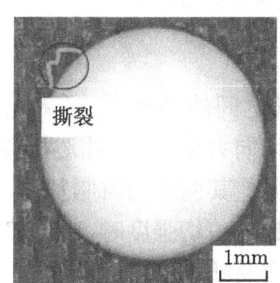
(a) 2#套料钻
单颗磨粒切厚 1.25μm

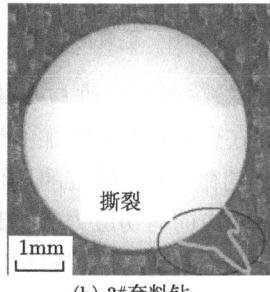
(b) 3#套料钻
单颗磨粒切厚 1.39μm

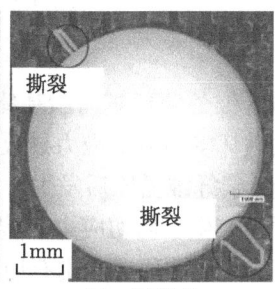
(c) 4#套料钻
单颗磨粒切厚 0.83μm

图 7.52 套料钻钻削有缺陷孔出口形貌 (主轴转速15 000r/min)

试验中不同磨粒排布的套料钻加工时，最大的单颗磨粒切厚为 2.5μm，最小单颗磨粒切厚为 0.25μm。随着单颗磨粒切厚的增加，磨粒施加的载荷也在增加，磨粒加工引起的撕裂范围及凹坑深度也随之增加。因此，减小单颗磨粒切厚来降低磨粒产生的钻削力可以有效地减小撕裂缺陷大小，提高加工质量。根据试验中钻削力与钻削温度、出入口质量，可以看出当单颗磨粒切厚小于 1.11μm，而且钻削温度不高时，可以实现无缺陷制孔，满足加工要求。

7.1.3.3 毛刺缺陷的控制

在钻头在沿纤维方向也就是"顺向"切削的情况下，纤维不容易被切断会形成毛刺。当钻头切削至最后一层时，这一层在轴向力作用下弯曲变形，已经分层的区域没有其他材料约束，容易在切向力作用下运动，而使切削刃无法在其上面施加载荷将其切断，形成了毛刺。孔出口处的撕裂缺陷和毛刺多数情况下是同时存在的，两者的变化趋势相同。撕裂越大，毛刺也越大；撕裂越小，毛刺也越小。当撕裂减小到一定程度时，毛刺先行消失。

钎焊金刚石套料钻顶端金刚石磨粒施加的载荷靠近孔边，因此，不会形成很长的毛刺缺陷。毛刺缺陷本质是纤维束集，这些纤维束之间并不相互连接，如图 7.53 所示，毛刺区域内的碳纤维向着孔内方向突出，多数碳纤维的外侧已经观察不到树脂基体。由于失去了树脂基体的支撑，纤维的方向不再一致，而是错乱丛生。

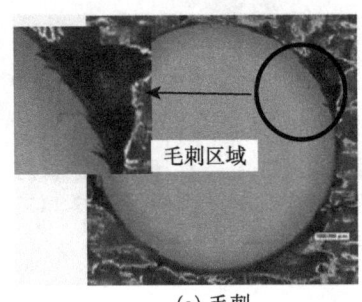 

(a) 毛刺　　　　　　　　　(b) 毛刺区域SEM照片

图 7.53　毛刺区域

碳纤维外侧环氧树脂基体的缺失说明纤维与基体之间的界面发生了破坏，而界面的破坏多为剪切应力导致。在金刚石磨粒施加的切向力作用下，孔边材料受压缩载荷，碳纤维受压后发生一定的微屈曲，纤维的屈曲使其两侧的树脂基体，特别是界面内产生了剪切应力。当界面内的剪切应力大小超过剪切强度时，就会产生界面破坏。套料钻顶端金刚石切出后，经磨粒撕裂材料容易随着磨粒运动退让，而无法干脆切断。另外，从顶端金刚石磨粒切入最后一层到外侧面磨粒切入的间隔短，材料的变形时间短，这对控制毛刺缺陷有良好的效果。因此，选择合理的工艺参数来发挥套料钻的优势，便可以达到抑制毛刺的目的。

7.1.4　孔壁粗糙度的控制

在 CFRP 孔加工的质量评价中，对孔壁粗糙度提出了明确要求，要求钻削加工后孔壁粗糙度 R_a 值小于 $1.6\mu m$。CFRP 孔壁内的不同位置处粗糙度大小存在一定差异，其中 $\theta = 0°$ 方向的粗糙度值大小在各个位置中居中，$\theta = 45°$ 方向的粗糙度值最大。因此，测量选择 $0°$ 与 $45°$ 两个具有代表性的位置进行，测量项目为轮廓算术平均偏差 R_a。

金刚石磨粒形状接近菱形十二面体，套料钻外壁上每排内的磨粒紧密相连，每排磨粒以如图 7.54 所示的轨迹对材料进行钻削。磨粒与磨粒之间残余材料的凸起高度 H 与孔内壁的粗糙度值 R_a 关系密切，凸起高度 H 越大，粗糙度 R_a 值就越大。

7.1 CFRP 材料制孔加工

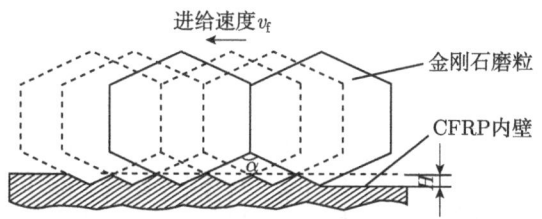

图 7.54　孔内壁残余材料的残余高度 H

孔内壁残余材料的凸起高度 H 可以通过计算获得：磨粒间距 p，刀具进给速度 v_f，主轴转速 n，刀具每转进给量 f，那么刀具每转进给量

$$f = v_f/n \tag{7.10}$$

残余宽度

$$L_0 = fp/\pi D \tag{7.11}$$

由此，残余高度

$$H = \frac{L_0}{2\tan\frac{\alpha}{2}} = \frac{fp}{2\pi D\tan\frac{\alpha}{2}} = \frac{v_f p}{2\pi n D\tan\frac{\alpha}{2}} \tag{7.12}$$

由式 (7.12) 可知，磨粒数量越少会使磨粒间距越大，则孔内壁的残余高度 H 越大，导致表面粗糙度越大。进给速度越大，主轴转速越低，表面粗糙度值越大。

不同套料钻钻削的孔壁粗糙度如图 7.55 所示，无论是哪种磨粒排布或是工艺参数，45° 方向粗糙度值都比 0° 方向粗糙度值略高，0° 方向的粗糙度值都低于 1.6μm，满足了孔壁粗糙度的精度要求。而 45° 方向粗糙度值中，2# 套料钻进给速度大于

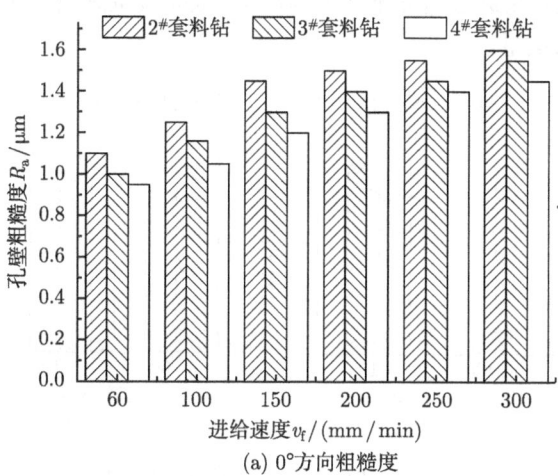

(a) 0° 方向粗糙度

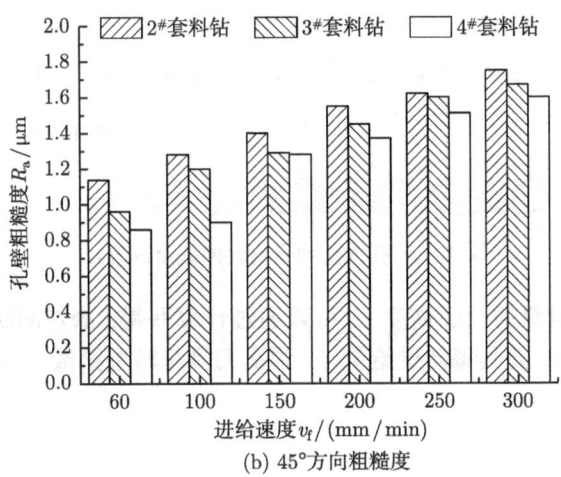

(b) 45°方向粗糙度

图 7.55 磨粒数量对孔壁粗糙度影响

250mm/min 时，3# 套料钻进给速度大于 300mm/min 时的表面粗糙度值都不符合要求。对于一定磨粒数量的套料钻，其加工的孔壁粗糙度都随进给速度的增加而增大；在同样的进给速度条件下，孔壁粗糙度随着磨粒数量的增加而降低。

孔内壁的形成是套料钻外侧磨粒的修磨，套料钻外侧磨粒的等高性对孔内壁的粗糙度有一定影响。磨粒等高性越好，孔内壁的表面粗糙度值也越低。对于同样磨粒粒度、不同磨粒数量的套料钻而言，随着磨粒数量的增加，后续磨粒将前面残留材料加工掉的几率增大，孔内壁的表面粗糙度值将会进一步降低。

采用 12 排 80/100 目磨粒套料钻在不同主轴转速下的内壁粗糙度如图 7.56 所示，在相同的轴向进给速度下，主轴转速从 5000r/min 升高到 15 000r/min，孔壁粗糙度降低。可见，在进给速度不变的情况下，提高主轴转速，可以降低孔壁粗糙度，提高孔壁表面质量。

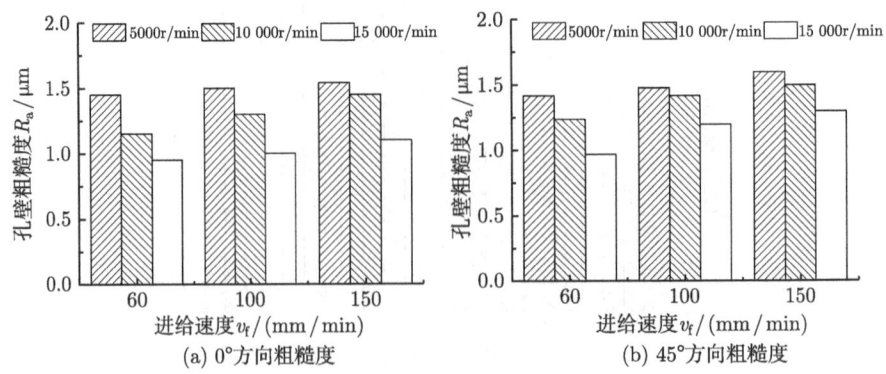

图 7.56 主轴转速对孔壁粗糙度影响

综上所述，使用 12 排 80/100 目磨粒套料钻在主轴转速为 15 000r/min，进给速度为 200mm/min 时，单颗磨粒切厚为 1.11μm，轴向力为 45.7N，表面粗糙度值为 1.45μm，孔出入口处均没有分层与撕裂缺陷，制孔精度满足要求，如图 7.57 所示。

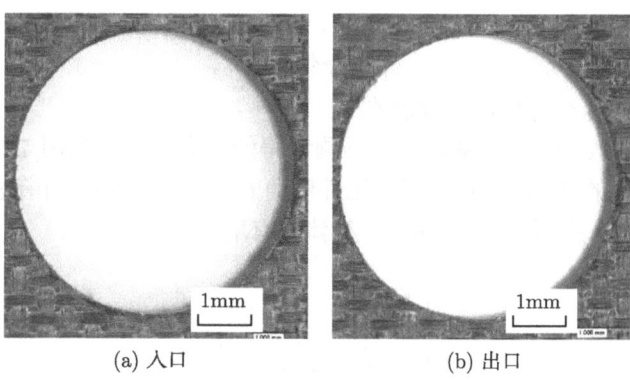

(a) 入口　　　　　　　　(b) 出口

图 7.57 钎焊金刚石套料钻加工的出入口形貌

7.2 CFRP 材料铣磨加工

本节主要阐述工件倾角、加工参数、铺层结构及表层纤维方向对铣磨加工过程中磨削力、加工表面形貌、加工缺陷形式变化规律及产生机制的影响。

7.2.1 磨削力

加工刀具为单层钎焊有序排布金刚石铣磨刀具，直径为10mm。磨粒粒度为 80/100 目金刚石，钎料为 Ag-Cu-Ti 合金，刀具螺旋角为 45°，排数为 12 排。单层钎焊有序排布金刚石铣磨刀具及表面微观形貌如图 7.58 所示。

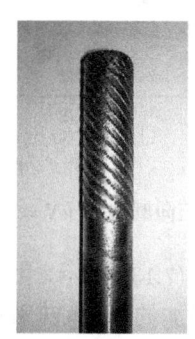 

(a) 单层钎焊有序排布　　　(b) 刀具表面微观形象
　　金刚石铣磨刀具

图 7.58 单层钎焊有序排布金刚石铣磨刀具及其表面微观形貌

CFRP 层合板铺层方式为 [(45/0/135/90)6]s，表层纤维方向分别为 0°、45°、90° 和 135°，工件倾角 θ 为 0°、15°、30° 和 45°。加工方式为顺磨加工，工具径向切深 a_e 为 1mm，轴向切深 a_p 为 CFRP 工件厚度，采用全因素试验，主轴转速 N 分别为 10 000r/min、20 000r/min 和 40 000r/min，进给速度 v_f 分别为 250mm/min、500mm/min、1000mm/min、2000mm/min 和 4000mm/min。磨削液为嘉实多 Syntilo 9954 水基乳化液，体积分数为 4%。

7.2.1.1 进给速度对磨削力的影响

不同进给速度 v_f 和工件倾角 θ 下测量得的三向磨削力如图 7.59 所示，在保持主轴转速不变的情况下，对于任一工件倾角 θ，磨削分力 F_x 随着进给速度 v_f 的增大而迅速增大，磨削分力 F_y 和 F_z 整体略有增大。

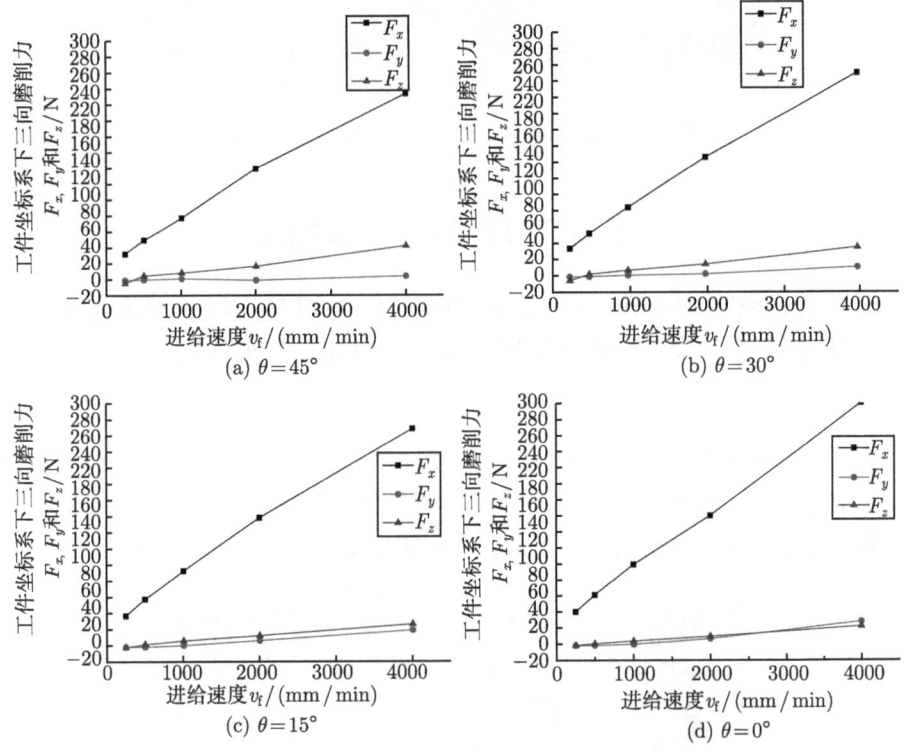

图 7.59 不同进给速度 v_f 和工件倾角 θ 下测量得到的三向磨削力（$N = 10\ 000$r/min）

根据磨削原理，最大单颗磨粒切厚 $a_{g,max}$ 如式 (7.13) 所示，可以发现随着进给速度的增加，单颗磨粒所切除材料的厚度是不断增加的，这意味着单颗磨粒所去除的碳纤维数量在不断增加，碳纤维集束去除，导致磨削力增大。

$$a_{g,\max} = \left(\frac{4v_f}{CN_d v_s}\sqrt{\frac{a_e}{d_s}}\right)^{1/2} \tag{7.13}$$

式中，v_f 为铣磨工具进给速度；a_e 为径向切深；C 为最大单颗磨粒切削宽度与厚度之比；N_d 为铣磨工具单位面积动态有效磨刃数；v_s 为铣磨工具线速度；d_s 为铣磨工具直径。

7.2.1.2 主轴转速对磨削力的影响

根据式 (7.13) 可知最大单颗磨粒切厚与加工参数和铣磨工具本身结构密切相关，对于式 (7.13) 中 $C = 4\tan\theta$，θ 为金刚石磨粒的锥顶半角，此处 θ 取 $60°$，则 $C = 6.93$。N_d 是铣磨工具的动态有效磨粒数，我们制作的铣磨工具表面磨粒是有序密排的，即同一排相邻两磨粒之间没有间隙，假设磨粒完全等高，则铣磨工具的动态有效磨粒数 N_d 可近似用单位面积静态有效磨刃数代替，求得 $N_d \approx 7.6 \times 10^6$。$a_e$ 在本次试验中保持不变，固定为 1mm，铣磨工具直径 d_s 为 10mm。切削速度 v_s 与主轴转速 N 之间的关系如式 (7.14) 所示，将其代入式 (7.13) 整理后可得式 (7.15)。

$$v_s = \pi \cdot d_s \cdot N \tag{7.14}$$

$$a_{g,\max} = \left(\frac{v_f}{N} \cdot \frac{4v_f}{\pi C N_d d_s} \cdot \sqrt{\frac{a_e}{d_s}}\right)^{1/2} \tag{7.15}$$

可以发现实际影响最大单颗磨粒切厚的因素为进给速度 v_f 与主轴转速 N 的比值，其他参数在本次试验中均为常数。与铣削工艺类似，进给速度 v_f 与主轴转速 N 的比值实则为铣磨工具每转进给 f_r，具体为式 (7.16) 所示。

$$f_r = \frac{v_f}{N} \tag{7.16}$$

在不同主轴转速 N 和工件倾角 $\theta = 0°$(其他工件倾角 θ 下规律类似，在此不再重复说明) 下铣磨加工 CFRP 层合板测量的三向磨削力如图 7.60 所示，在保持铣磨工具每转进给 f_r 不变的情况下，提高主轴转速 N 会显著降低磨削力 F_x。一方面是由于主轴转速的提高，磨粒与 CFRP 材料之间的摩擦显著加剧，尽管碳纤维属于硬脆材料，但树脂基体在较低温度即可发生软化，甚至发生分解。树脂的软化显著降低了对碳纤维增强体的把持力，使得碳纤维更容易被去除。另一方面，随着主轴转速的提高，由于巨大的离心力作用切削液几乎难以进入磨削弧区，这进一步提高了磨削弧区的温度。同时，在加工过程中亦观察到随着主轴转速的提高，加工过程中切削液在高速主轴周围已完全雾化，并不能完全进入磨削弧区。

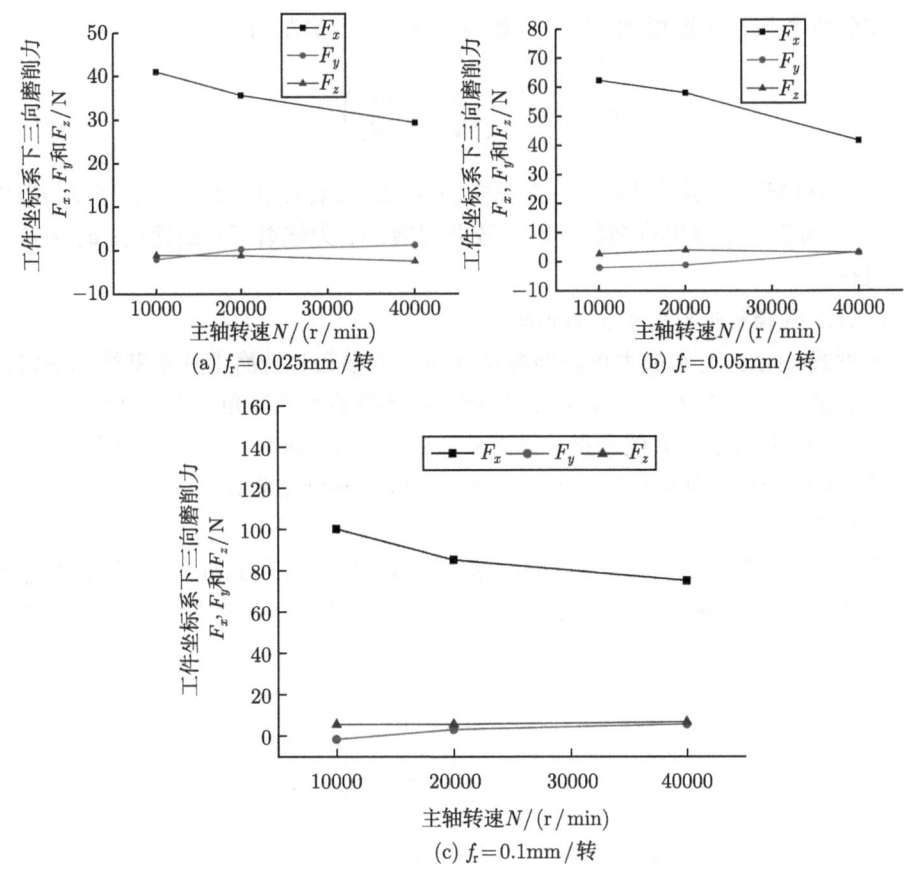

图 7.60 不同每转进给 f_r 和主轴转速 N 下测量得到的三向磨削力（工件倾角 $\theta = 0°$）

7.2.1.3 工件倾角对磨削力的影响

主轴转速 N 为 10 000r/min 时，磨削力随刀具进给速度 v_f 和工件倾角 θ 的变化趋势如图 7.61 所示。可以发现在主轴转速 N 和进给速度 v_f 保持不变时，随着工件倾角 θ 的增大，磨削分力 F_x 呈现递减趋势，而磨削分力 F_y 呈现略微减小趋势，整体变化不大。需要指出的是，磨削分力 F_z 其整体增加幅度与分力 F_x 相比非常小。一方面，尽管铣磨工具在制作时金刚石属于有序密排的，同时具有 45° 的螺旋角，但是与铣刀存在的本质区别在于，磨粒与碳纤维之间的作用仍属于不连续和离散的，独立磨粒之间的空隙能够有效阻止未切断纤维集束，防止被后续磨粒整体去除。换言之，铣刀连续式的切削刃会使得首先与之接触的碳纤维沿刃口发生弯曲，同时由于螺旋角的存在，发生滑移，但不足以断裂。这些碳纤维不断聚集成束，同时其受到的弯曲应力不断增大，当弯曲应力足够大时整体发生断裂。另一方面，铣磨加工其本质属于负前角加工，在磨粒切入材料的过程中，碳纤维本身属于硬脆材料,在负前角磨粒的作用下其更倾向于发生破碎,材料去除的形式属于磨粒在材料表面滑擦形成沟痕,碳纤维不断被压碎或破碎被去除,与铣削加工相比,某些方向的碳纤维并不是受到弯曲应力发生断裂而被去除,而是直接被磨粒压碎。

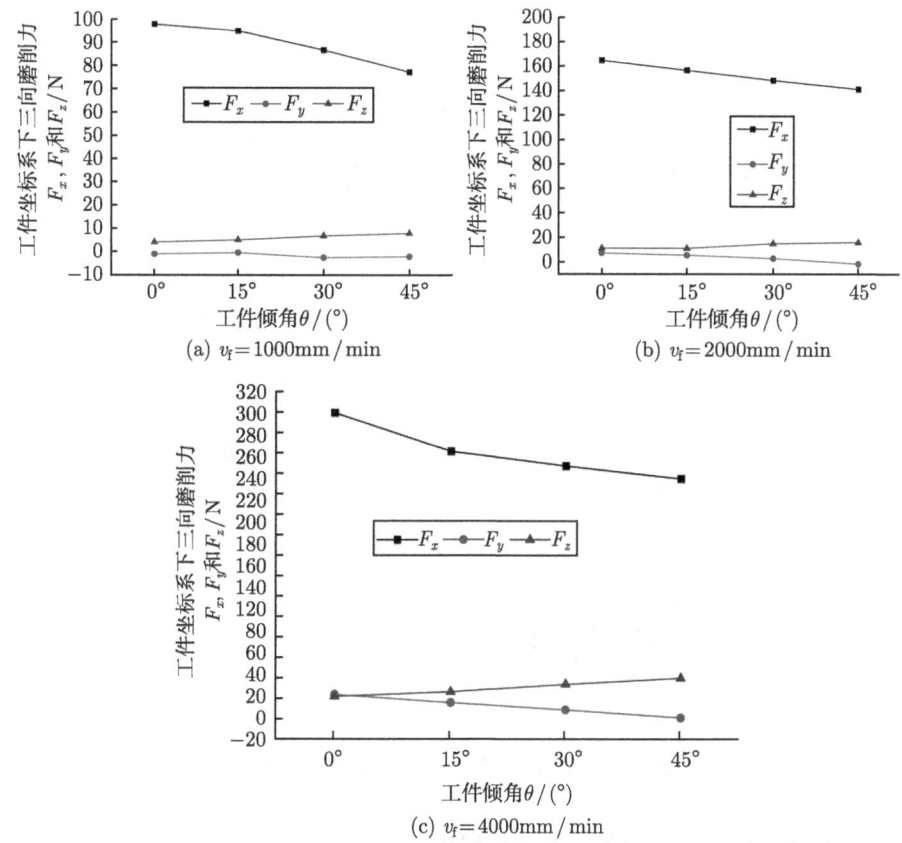

图 7.61　磨削力随刀具进给速度 v_f 和工件倾角 θ 的变化趋势 ($N = 10\,000$ r/min)

7.2.1.4　铺层方式对磨削力的影响

4 种不同的 CFRP 工件铺层方式随刀具进给速度 v_f 和工件倾角 θ 的变化趋势如图 7.62 所示。4 种结构的 CFRP 工件其铺层数量均为 12 层,总数为 48 层,铺层方式仅仅是 4 种纤维角度在同一铺设重复单元内变化。基于此可以认为,以目前 4 种纤维方向作为重复单元的铺设方式,只要其铺层总数保持一致,且为对称铺设,无论在铺层单元内 4 种纤维方向如何变化其磨削力均不受影响。

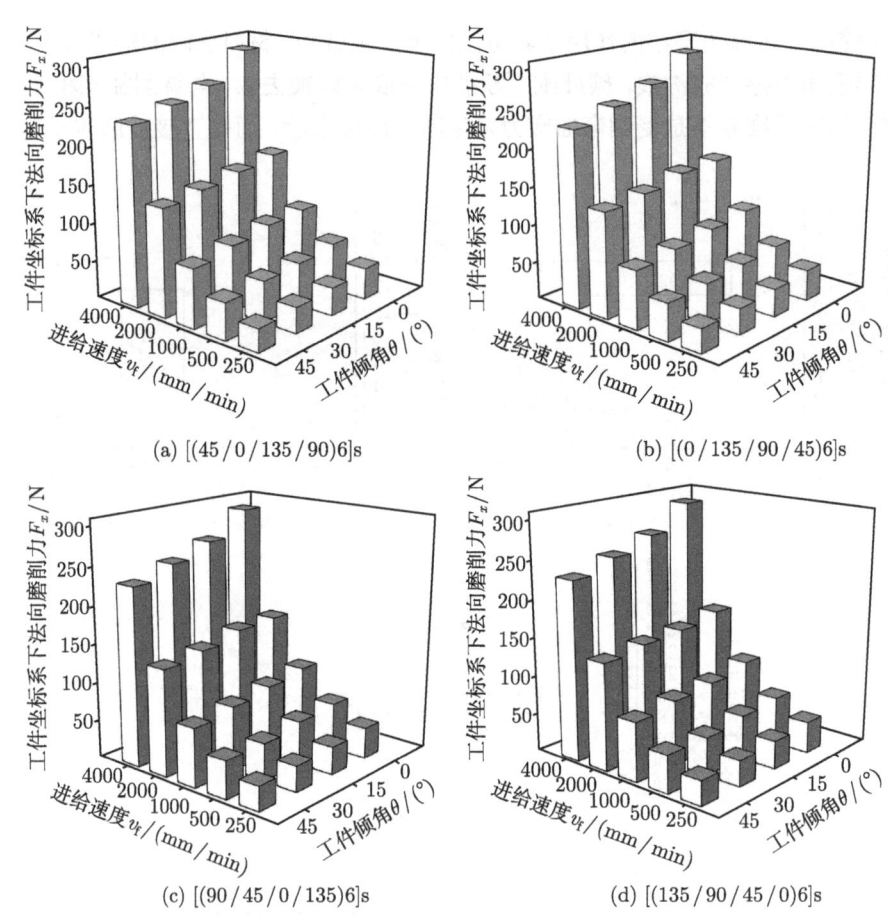

图 7.62 四种不同铺层方式 CFRP 铣磨加工法向磨削力 $F_x(N = 10\,000\text{r/min})$

7.2.2 CFRP 铣磨加工表面形貌及粗糙度

7.2.2.1 工件倾角对加工表面形貌的影响

图 7.63 为 CFRP 工件在 $N=1000\text{r/min}$，$v_\text{f} =4000\text{mm/min}$ 下加工表面微观形貌，可以发现加工表面形成了明显的与工件倾角 θ 对应的磨粒划痕，尽管金刚石已通过筛网将粒径控制在 $160\sim170\mu\text{m}$，但是由于铣磨工具基体本身存在公差，同时金刚石磨粒本身在布料过程中其排列方式的随机性，导致铣磨工具并不能保证良好的磨粒等高性。因此，在实际铣磨加工过程中，处于较高位置的金刚石磨粒会在加工表面形成明显的与工件倾角 θ 对应的划痕。对于 0° 方向纤维，可以发现明显的纤维断裂形成的沟槽，磨粒划过纤维发生断裂被去除，而周围的碳纤维仍与基体保持良好把持，对于其他方向纤维，可以发现在磨粒划过形成的沟槽碳纤维并不十分明显，而可见光滑的树脂基体黏附于沟槽表面，这一现象说明磨粒划过时，树

7.2 CFRP 材料铣磨加工

脂基体受金刚石磨粒顶部的挤压作用,发生软化,进而黏附于加工表面,形成表面较光滑的沟槽。总之,无论是由于纤维断裂还是树脂黏附形成的沟槽,其形成原因均是由刀具表面高度较高的磨粒在加工表面滑擦挤压形成的。

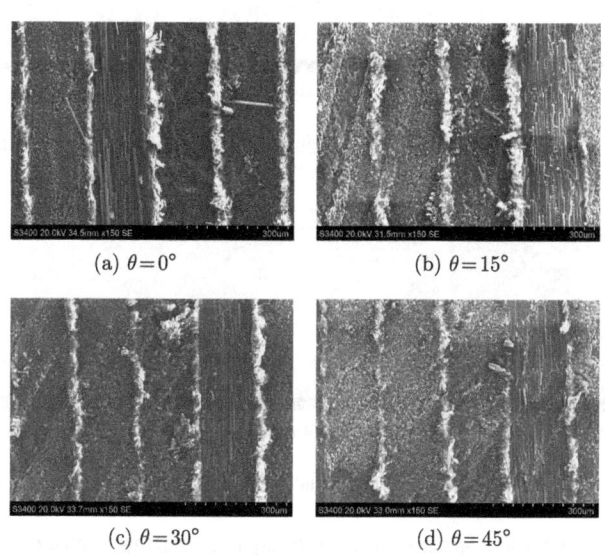

图 7.63 不同工件倾角 θ 下加工表面形貌 ($N = 1000\mathrm{r/min}$, $v_\mathrm{f} = 4000\mathrm{mm/min}$)

7.2.2.2 加工参数对加工表面形貌的影响

图 7.64～图 7.66 所示为不同进给速度下 CFRP 工件加工表面形貌,可以发现随着进给速度的提高,加工表面逐渐粗糙,磨粒划痕也更加明显。说明随着进给速度的增加,单颗磨粒所切除的碳纤维数量逐渐增加,断裂的碳纤维和破碎的树脂基体逐渐增多,在磨粒的挤压作用下,部分树脂基体受热受力发生软化黏附于加工表面,致使加工表面质量变差。

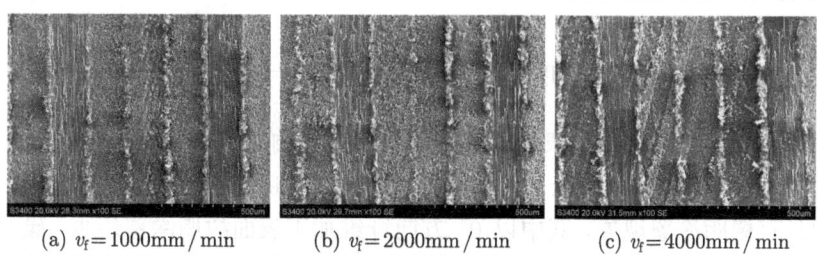

图 7.64 不同进给速度下加工表面形貌 ($N=1000\mathrm{r/min}$, $\theta = 15°$)

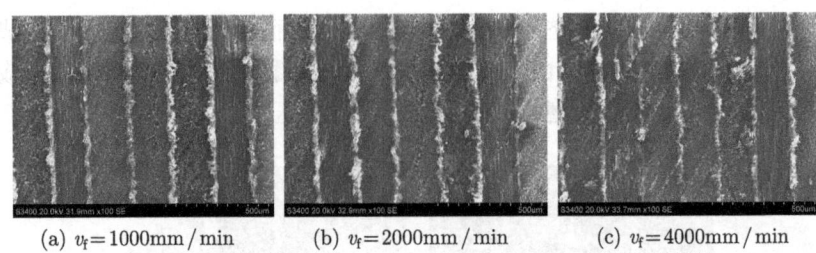

(a) $v_f=1000$mm/min   (b) $v_f=2000$mm/min   (c) $v_f=4000$mm/min

图 7.65　不同进给速度下加工表面形貌 ($N=1000$r/min, $\theta=30°$)

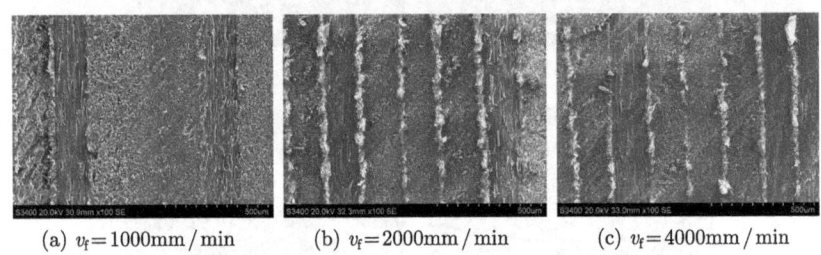

(a) $v_f=1000$mm/min   (b) $v_f=2000$mm/min   (c) $v_f=4000$mm/min

图 7.66　不同进给速度下加工表面形貌 ($N=1000$r/min, $\theta=45°$)

图 7.67 为不同主轴转速下 CFRP 工件加工表面形貌,可以发现随着主轴转速的提高,加工表面树脂涂覆现象逐渐加剧。这一现象说明随着主轴转速的提高,磨削弧区的温度逐渐升高,树脂基体更加容易发生软化而黏附于加工表面。

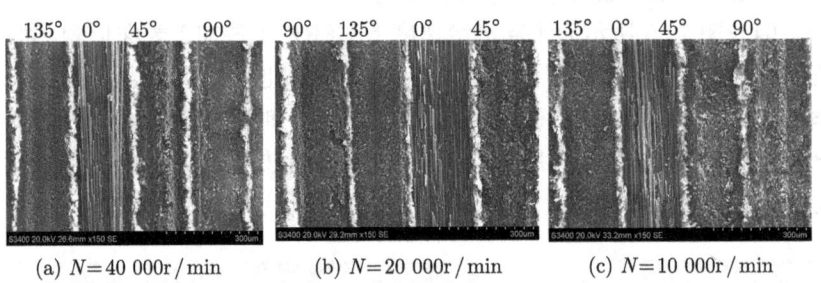

(a) $N=40\,000$r/min   (b) $N=20\,000$r/min   (c) $N=10\,000$r/min

图 7.67　不同主轴转速下加工表面形貌 ($f_r=0.1$mm/转, $\theta=0°$)

7.2.2.3　纤维方向对加工表面形貌和粗糙度的影响

如图 7.67 和图 7.68 所示,对于不同主轴转速和进给速度下,加工表面均不同程度的具有树脂涂覆现象,其中以 0° 方向纤维加工表面树脂涂覆最少,碳纤维排列整齐。对于 90° 和 135° 方向纤维表面,都存在不同程度的树脂涂覆现象,同时在高主轴转速和低进给速度的参数配合下,135° 方向纤维加工表面树脂涂覆最为严重。相比较而言,以 45° 方向纤维加工表面形貌,即使在低主轴转速和高进给速度的参数组合下其加工表面仍旧良好,大型凹坑几乎没有,加工参数对 45° 方向纤

7.2 CFRP 材料铣磨加工

维加工表面的影响主要在表面树脂涂覆。

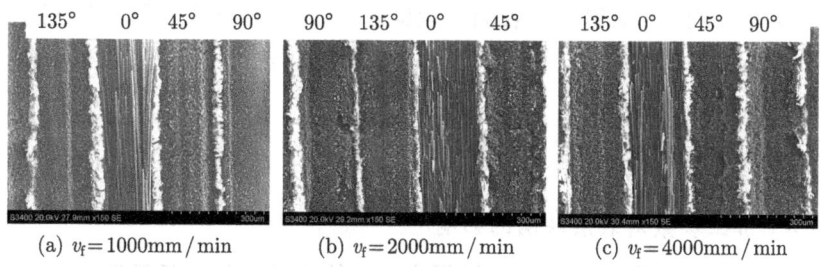

(a) $v_f=1000\text{mm}/\text{min}$　　(b) $v_f=2000\text{mm}/\text{min}$　　(c) $v_f=4000\text{mm}/\text{min}$

图 7.68　不同进给速度下加工表面形貌 ($N=20\,000\text{r}/\text{min}, \theta=0°$)

图 7.69 所示为铣削加工与铣磨加工工艺下，加工表面粗糙度随刀具每转进给 f_r 的变化规律，可以发现对于轮廓算术平均偏差 R_a，铣磨加工表面粗糙度要高于铣削加工工艺，而对于微观不平度十点高度 R_z，铣磨加工表面粗糙度要低于铣削加工工艺。但无论对于何种粗糙度评价标准，可以发现铣削加工粗糙度误差要远大于铣磨加工，说明对于铣削加工其测得的粗糙度原始数据离散而且误差较大，而且这一误差随着刀具每转进给的增大而逐渐增大。相比而言，铣磨加工工艺粗糙度误差相对稳定，且其误差随刀具每转进给的增大幅度要远低于铣削加工。45° 方向纤维在铣削加工过程中会出现难以避免的大型凹坑，而凹坑的随机分布使得粗糙度仪并不可能每次都能正确反映加工表面轮廓。当粗糙度仪探头采样区间内不包含大型凹坑，或者凹坑数量较少时，其输出的粗糙度值较小，这一方面使得采集到的粗糙度值偏小，另一方面也使得数据的误差增大。相比而言，采用微观不平度十点高度 R_z 粗糙度评价铣削加工表面质量则更为合理，能够有效反应加工表面质量，同时可以发现其误差随刀具每转进给的增大幅度显著减小。

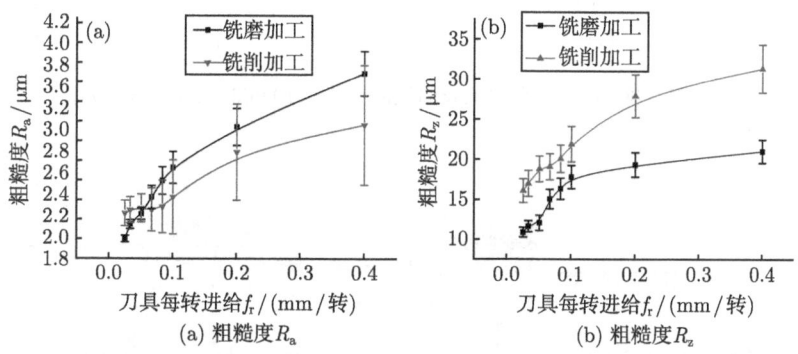

(a) 粗糙度 R_a　　(b) 粗糙度 R_z

图 7.69　铣削加工与铣磨加工工艺粗糙对比 ($N=10\,000\text{r}/\text{min}, \theta=0°$)

总之，铣磨加工表面质量要明显优于铣削加工表面质量。45° 方向纤维在铣削加工过程中产生的大型凹坑会使得测量得到的轮廓算术平均偏差 R_a 偏小，且误差较大,并不能正确反应加工表面质量,采用微观不平度十点高度 R_z 粗糙度来评价更为合适。相比而言,铣磨加工表面质量良好,45°方向纤维表面不存在随机分布的大型凹坑,采用粗糙度 R_a 和 R_z 来评价加工表面质量均较为可靠和准确。

7.2.3 CFRP 铣磨加工表层缺陷分析

7.2.3.1 加工参数对表层缺陷的影响

图 7.70~图 7.73 所示为 4 种表层纤维方向的 CFRP 层合板铣磨加工表层缺陷随进给速度的变化规律。0°方向纤维几乎无任何缺陷。对于 45°、90° 和 135° 方

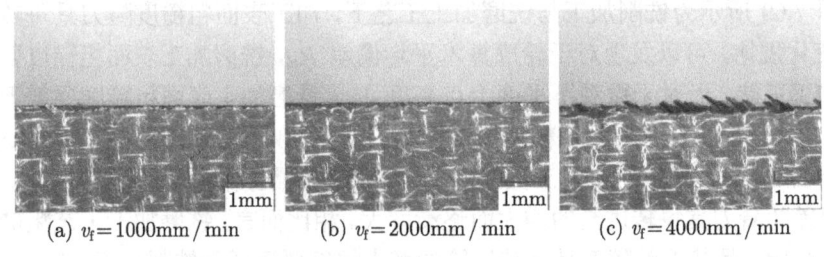

图 7.70　45°方向纤维加工表面缺陷 ($N = 10\,000 \text{r/min}, \theta = 45°$)

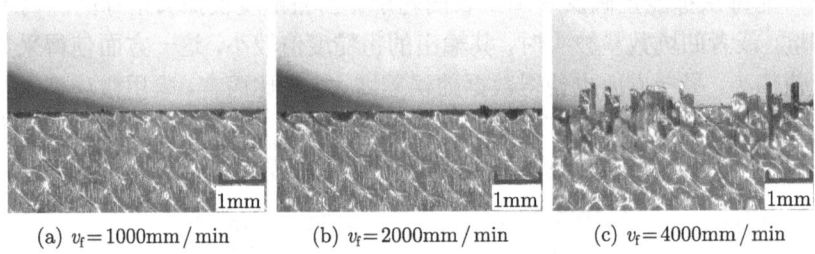

图 7.71　90°方向纤维加工表面缺陷 ($N = 10\,000 \text{r/min}, \theta = 45°$)

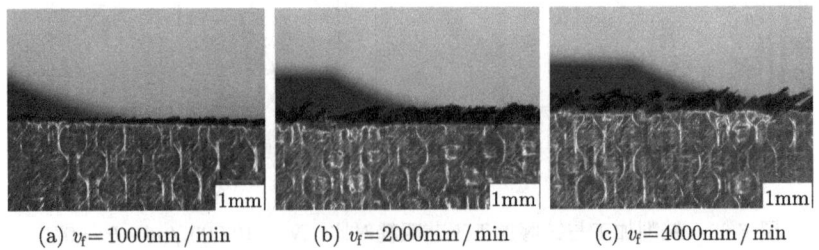

图 7.72　135°方向纤维加工表面缺陷 ($N = 10\,000 \text{r/min}, \theta = 45°$)

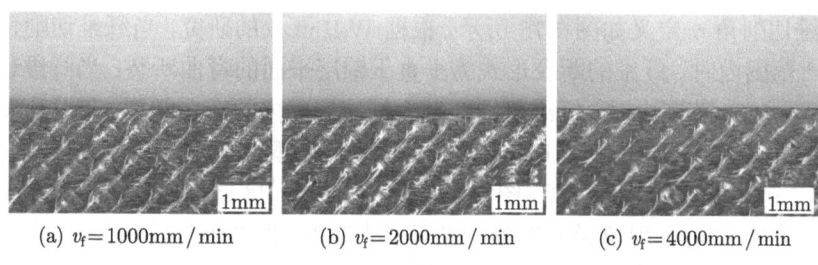

图 7.73　0°方向纤维加工表面缺陷 ($N = 10\,000$r/min, $\theta = 45°$)

向纤维，表层缺陷随进给速度的增大而逐渐加剧。当进给速度 v_f 和工件倾角 θ 达到最大时，表层纤维没有发生大面积的 I/II 型分层，绝大部分仍为典型的 II 型分层。随着进给速度 v_f 的提高，有限增长的轴向磨削力 F_z 并没有引起表层纤维的整体弯曲退让，这有效抑制了 I/II 型分层的产生。在保持每转进给量不变的情况下，并没有发现明显的表层缺陷随主轴转速的变化规律。

7.2.3.2 工件倾角对表层缺陷的影响

图 7.74 所示为 135° 表层纤维方向 (其他方向纤维类似，不再赘述) 铣磨加工表层缺陷随工件倾角的变化规律，可以发现在所有工件倾角 θ 情况下，表层缺陷形式均为典型的 II 型分层分层，仅仅是在工件倾角增大时，未切断的碳纤维束由原本较为细窄的毛刺状转变为宽厚的带束状，结合磨削力的分析可知，有限增长的轴向磨削力 F_z 使得纤维束发生了部分弯曲退让，但并没有发生大面积的 I/II 型分层的转变。

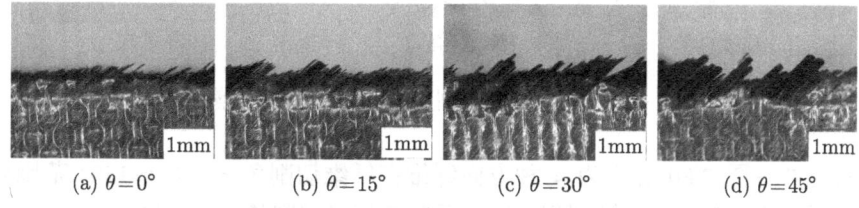

图 7.74　工件倾角对表层缺陷的影响规律 ($N = 10\,000$r/min, $v_f = 4000$min/min)

7.2.3.3 纤维方向及纤维切削角对表层缺陷的影响

图 7.75 为不同纤维方向加工表层缺陷，可以发现 45° 和 90° 方向纤维加工表层出现了典型 I 型分层缺陷，而 135° 方向纤维加工表层出现了典型 II 型分层缺陷，当这两类缺陷较轻微时，I 型分层缺陷一般又称为崩边，而 II 型分层缺陷一般又称为毛刺。显然，无论出现何种缺陷，纤维方向是影响其形成的最主要因素。考虑到刀具在切削过程中，切削刃 (或磨粒) 瞬时速度方向与纤维方向是不断变化的，因而碳纤维在刀具从切入到切出这一过程中其受力形式并不是一成不变的。基于这一认识，近年来国内外学者在纤维方向的基础上提出了纤维切削角的概

念。纤维切削角 γ 定义如图 7.76 所示,根据 W.Hintze 的研究,当纤维切削角 γ 在 $0°\sim 90°$ 范围内时,纤维的断裂形式为垂直于铺层平面的弯曲断裂;当纤维切削角 γ 在 $90°\sim 180°$ 范围内时,纤维可能会发生铺层平面内的弯曲断裂。但是无论发生何种形式的断裂,一定会在切口出现崩边和撕裂等缺陷,但这一现象仅仅在纤维切削角 $\gamma=0°\sim 90°$ 范围内出现 (图 7.76(a)),而在另一区域则出现了典型的毛刺缺陷 (图 7.76(c))。这一现象说明纤维并没有发生断裂,而是仅仅发生了弯曲,当切削刃离开切削区域后,碳纤维又回弹至初始位置。

 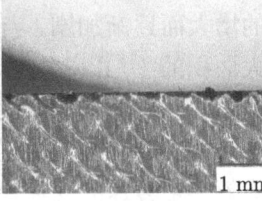 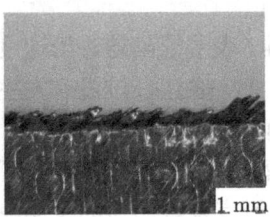

(a) 45°纤维方向　　　　(b) 90°纤维方向　　　　(c) 135°纤维方向

图 7.75　不同纤维方向加工表层缺陷

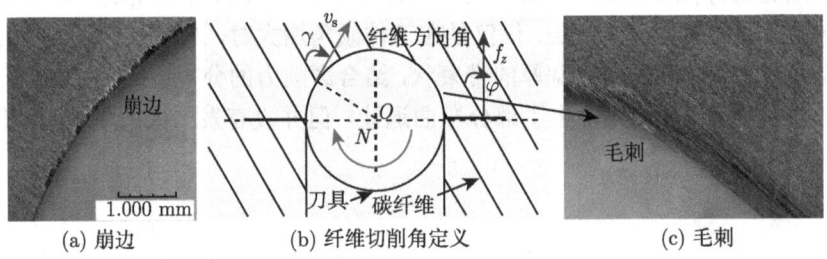

(a) 崩边　　　　(b) 纤维切削角定义　　　　(c) 毛刺

图 7.76　崩边及纤维切削角定义、毛刺缺陷示意图

图 7.77～图 7.80 分别为 4 种方向纤维在纤维切削角 $\gamma=90°\sim 180°$ 范围内同一根碳纤维从与刀具刚接触到离开时不同时刻每齿切削长度示意图。可以发现,除了 0° 纤维方向 CFRP 外,其他 3 种方向的碳纤维与刀具初始接触时其纤维切削角均等于 180°(或 0°)。随着刀具的继续前进,碳纤维在初始接触点发生断裂,其中位于断裂左侧区域的碳纤维切削角 γ 均从 180° 逐渐降低。其中 45° 和 90° 方向的碳纤维完整经历了从纤维切削角 $\gamma=180°$ 到 $\gamma=90°$ 的连续变化过程,而 135° 方向的碳纤维仅仅经历了从纤维切削角 $\gamma=180°$ 到 $\gamma=135°$ 的一半过程,其另一半变化过程出现在另一段纤维束顺切加工过程中,且纤维切削角变化规律为从 $\gamma=90°$ 到 $\gamma=135°$。相比而言,0° 方向纤维在刀具进给过程中所经历的过程十分简单,对于任一碳纤维其纤维切削角 γ 自始至终均保持不变。将每根碳纤维所经历的纤维切削角 γ 从 180° 变化至 90°(或 135°) 的过程中刀具沿进给方向所前进的长度记为

A_0A_n，对于这一过程中所经历的刀具切削刃的总数记为 n，具体如式 (7.17) 所示。

$$n = \frac{A_0A_n}{f_z} \tag{7.17}$$

图 7.77～图 7.80 所示 l_k(浅虚线 + 实线) 为第 k 个刀具切削刃所累积切削的碳纤维长度；d_k(粗线) 为第 k 个刀具切削刃所实际切削的碳纤维长度，具体见式 (7.18)，为与后续验证试验相呼应，式中刀具半径均为 5mm。可以发现，随着纤维切削角 γ 的增大，每个切削刃实际切削的碳纤维长度 d_k 逐渐减小，具体计算值及趋势图见图 7.81。

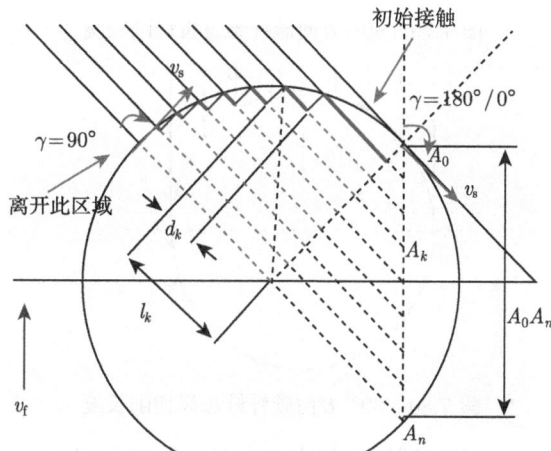

图 7.77 45° 方向碳纤维每齿切削长度

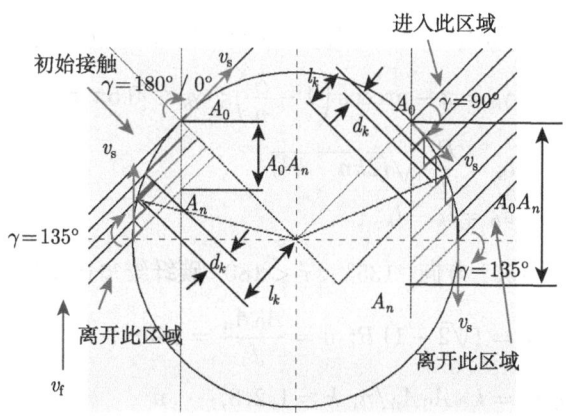

图 7.78 135° 方向碳纤维每齿切削长度

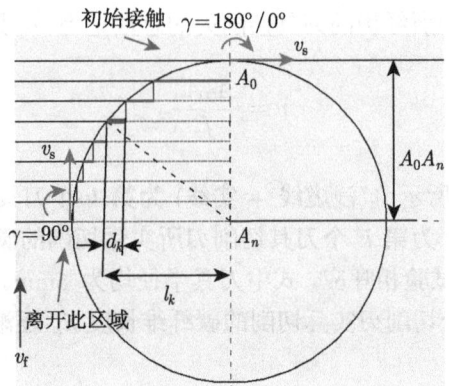

图 7.79　90° 方向碳纤维每齿切削长度

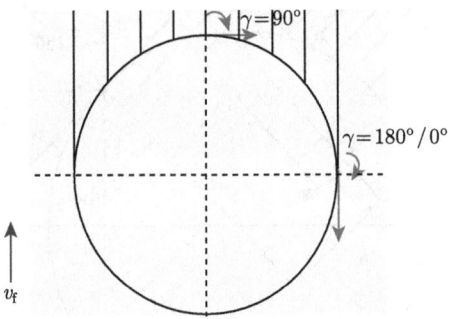

图 7.80　80° 方向碳纤维每齿切削长度

图 7.77 中对应 45° 方向碳纤维每齿切削长度计算公式：

$$A_0A_n = \sqrt{2}R;\ n = \frac{A_0A_n}{f_z} = 4810$$
$$A_0A_n = k \cdot A_0A_n/n;\ k = 1,2,3,\cdots,n$$
$$\gamma_k = \pi - \arccos\left(1 - \frac{k}{n}\right);\ \gamma_k \in [0.5\pi, \pi] \tag{7.18}$$
$$l_k = \frac{R}{n} \cdot \sqrt{(2kn - k^2)}$$
$$d_k = l_k - l_{k-1}$$

图 7.78 中对应 135° 方向，$135° < r < 180°$ 碳纤维每齿切削长度计算公式：

$$A_0A_n = (\sqrt{2} - 1)R;\ n = \frac{A_0A_n}{f_z} = 1408$$
$$A_0A_k = k \cdot A_0A_n/n;\ k = 1,2,3,\cdots,n$$
$$\gamma_k = \pi - \arccos\left(1 - \frac{(2-\sqrt{2}) \cdot k}{2 \cdot n}\right);\ \gamma_k \in [0.75\pi, \pi]$$

$$l_k = \frac{R}{n} \cdot \left[\sqrt{(2-\sqrt{2})\, k \cdot n + (\sqrt{2} - 1.5)\, k^2} - \left(1 - \frac{1}{\sqrt{2}}\right) k \right] \tag{7.19}$$
$$d_k = l_k - l_{k-1}$$

图 7.78 中对应 135° 方向，$90° < r < 135°$ 碳纤维每齿切削长度计算公式：

$$\begin{aligned} & A_0 A_n = R;\, n = \frac{A_0 A_n}{f_z} = 3401 \\ & A_0 A_k = k \cdot A_0 A_n / n\,;\ k = 1, 2, 3, \cdots, n \\ & \gamma_k = \pi - \arccos \frac{k}{\sqrt{2} n};\ \gamma_k \in [0.5\pi, 0.75\pi] \\ & l_k = \frac{R}{n} \cdot \left(\sqrt{n^2 - 0.5 k^2} - n + \frac{k}{\sqrt{2}} \right) \\ & d_k = l_k - l_{k-1} \end{aligned} \tag{7.20}$$

图 7.79 中对应 90° 方向碳纤维每齿切削长度计算公式：

$$\begin{aligned} & A_0 A_n = R;\ n = \frac{A_0 A_n}{f_z} = 3401 \\ & A_0 A_k = k \cdot A_0 A_n / n;\ k = 1, 2, 3, \cdots, n \\ & \gamma_k = \pi - \arccos \frac{n-k}{n};\ \gamma_k \in [0.5\pi, \pi] \\ & l_k = \frac{R}{n} \cdot \sqrt{2k \cdot n - k^2} \\ & d_k = l_k - l_{k-1} \end{aligned} \tag{7.21}$$

图 7.80 中对应 0° 方向碳纤维每齿切削长度计算公式：

$$d_k = f_z \tag{7.22}$$

如图 7.81(a) 和图 7.81(c) 所示，对于 45° 和 90° 方向纤维，由于其纤维切削角 γ 均从 180° 到 90° 连续变化，所以其每齿切削纤维长度 d_k 均随着纤维切削角 γ 的减小而急剧减小，当纤维切削角 $\gamma < 135°$ 时可见每齿切削纤维长度 d_k 已经非常小，同时在此以后切削纤维长度 l_k 几乎不变化。这说明了对于任一碳纤维其主要被切断的过程发生在 $135° < \gamma < 180°$ 的范围内，当 $90° < \gamma < 135°$ 时，每齿所实际切削的碳纤维长度几乎可以忽略不计。而对于 135° 方向纤维其纤维切削角 γ 的变化区间被分割为两个部分，如图 7.81(b) 所示在 $135° < \gamma < 180°$ 的范围内，其变化规律与其他方向纤维类似。而当在 $90° < \gamma < 135°$ 的范围内时，出现了相反的现象，即随着纤维切削角 γ 的减小，每齿所切削碳纤维长度出现了急剧增大的趋势。但是进一步分析可以发现，与在 $135° < \gamma < 180°$ 的区间不同，每齿切削纤维长度 d_k 在 $\gamma = 135°$ 附近迅速增大后在其后一段范围内保持相对稳定，且

在 $\gamma = 90°$ 附近也没有出现任何第二次激增,这说明在这一区间每齿所切削纤维长度 d_k 相对平均。同时可以发现在两个区间 ($135° < \gamma < 180°$ 和 $90° < \gamma < 135°$) 内,碳纤维累计被切削的长度相等为 $l_k = 2.07\text{mm}$,但是在两个区间过程中实际参加的刀具齿数相差巨大分别为 $1408(135° < \gamma < 180°)$ 和 $3401(90° < \gamma < 135°)$,即在 $135° < \gamma < 180°$ 的范围内平均每齿所切碳纤维长度为在 $90° < \gamma < 135°$ 的范围内的 2.42 倍。由于本身碳纤维属于脆性材料,在相同长度下,在 $90° < \gamma < 135°$ 的范围内其受到刀具切削刃的持续冲击作用要远高于在另一范围内,碳纤维更加容易发生断裂而被去除,因此,可形成的毛刺也更加微观从而难以观察。

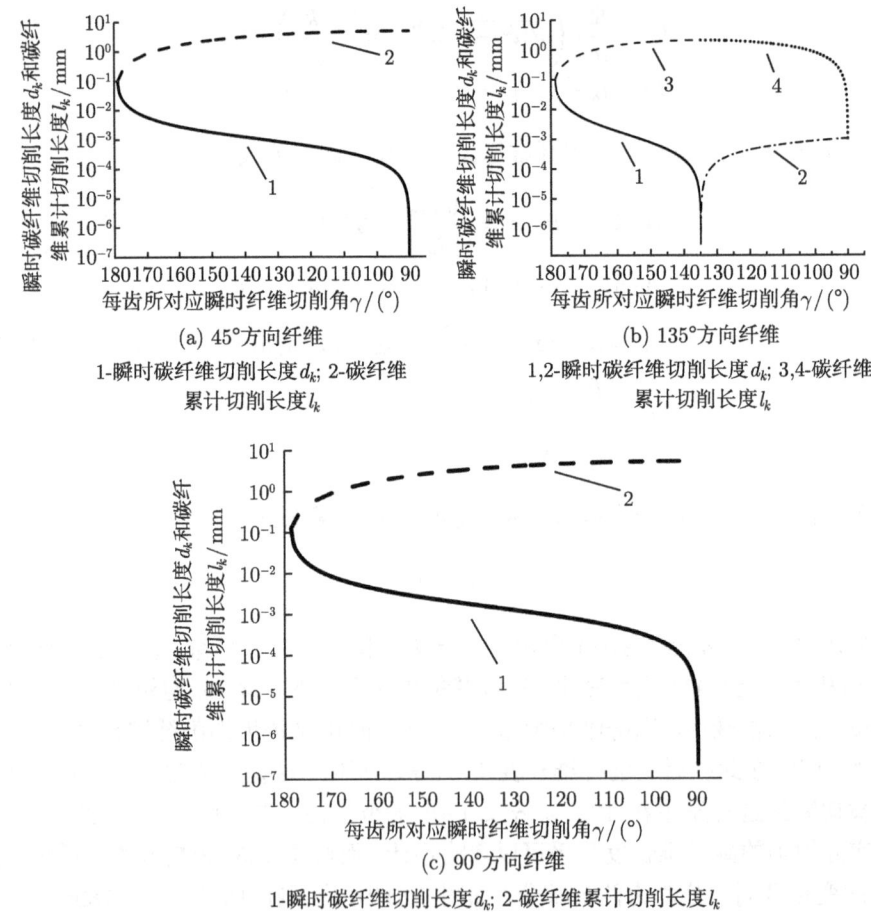

图 7.81 瞬时碳纤维切削长度与碳纤维累计切削长度随纤维切削角变化趋势图

以上分析均基于运动学规律所得,为进一步研究材料失效及毛刺形成规律,在此引入碳纤维最小弯曲半径 $r_{\min}$,当碳纤维实际弯曲半径降低至此时即发生弯曲断裂。而毛刺缺陷的产生正是由于纤维束仅仅发生了弯曲并没有发生断裂，因此，碳纤维实际弯曲半径 r 要大于理论最小弯曲半径。将纤维切削角 γ 引入碳纤维实际弯曲半径 r，具体如图 7.82(a) 和式 (7.23) 所示。

$$r = \frac{d_k \sin(\pi - \gamma)}{(\pi - \gamma)\sin(\pi - \gamma) - 1 + \cos(\pi - \gamma)} \tag{7.23}$$

4 种方向碳纤维实际弯曲半径 r 随纤维切削角 γ 的变化趋势如图 7.82(b) 所示，可以发现 135° 方向纤维在 $\gamma = 135°$ 时出现了弯曲半径的最小值，其他三种方向纤维均呈现单调减小的趋势。但是四种方向纤维实际弯曲半径的极大值均出现在纤维切削角 γ 无限逼近 180° 处。可以发现当纤维切削角 γ 较大时，实际弯曲半径 r 要大于碳纤维最小弯曲半径 $r_{\min}$，这说明碳纤维仅仅发生了弯曲并没有断裂。这一现象从力学角度同样证明了纤维切削角对纤维失效及毛刺形成规律有重大影响。

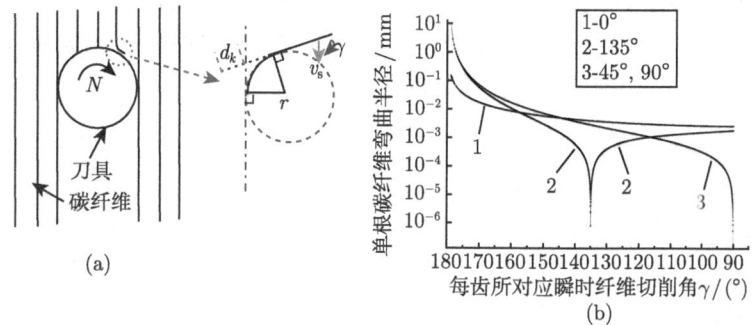

图 7.82　单根碳纤维弯曲半径示意图和 4 种不同方向碳纤维弯曲半径趋势图

为验证上述计算方法的正确性，采用 4 种不同纤维方向的单向带结构 CFRP 层合板进行切槽加工，研究切口毛刺形成随纤维切削角的变化规律。加工方式为分别对 4 种纤维方向 CFRP 层合板进行开槽试验，具体加工参数见表 7.5。

表 7.5　加工参数及试验安排

切削速度 v_s/(m/min)	刀具转速 N/(r/min)	进给速度 v_f/(mm/min)	轴向切深 a_p/mm	径向切深 a_e/mm	冷却方式
500	15 915	200	6(板厚)	10(刀具直径)	水基乳化液

如图 7.83 所示，将切口半圆平均分为 4 个部分，按纤维切削角分别为 $\gamma=0°\sim 45°$，$\gamma=45°\sim 90°$，$\gamma=90°\sim 135°$，$\gamma=135°\sim 180°$。可以明显发现当纤维切削角 γ 在 0°~90° 时切口质量要优于当纤维切削角 γ 在 90°~180° 时，同时在两区间缺陷形式有明显区别。当纤维切削角 γ 在 0°~90° 时，切口缺陷形式主要为典型的崩边缺陷，且随着纤维切削角的增大，崩边缺陷逐渐明显。这与 Hintze W 等所建立

的模型是符合的,即在此区域纤维的断裂形式主要为垂直于铺层平面内的弯曲断裂,同时表层破坏深度随纤维切削角的增大而增大,并在当 $\gamma=90°$ 时达到最大值,可以发现,主要的崩边缺陷几乎都集中在纤维切削角 $\gamma=90°$ 周围。当纤维切削角 γ 在 $90°\sim180°$ 时,切口缺陷形式主要为典型的毛刺缺陷,且随着纤维切削角的增大,毛刺缺陷逐渐明显,毛刺长度不断增大。这与 Hintze 等所建立的模型是相悖的,此时纤维并没有发生断裂,而是仅仅弯曲形成毛刺。单根碳纤维每齿切削长度,从运动学角度来看,在 $\gamma=135°\sim180°$ 区域内参加切削的切削刃数量少,同时每齿所切碳纤维长度也很大。这一现象说明碳纤维经受切削刃冲击较少,碳纤维更趋向于弯曲退让而不是直接断裂或破碎,毛刺更加容易形成。从力学角度来看,在 $\gamma=135°\sim180°$ 区域内碳纤维的实际弯曲半径与理论最小弯曲半径相当,并且其极大值均出现在纤维切削角 γ 无限逼近 $180°$ 处。这一现象说明随着纤维切削角的增大,碳纤维由于弯曲半径较大更加趋向于弯曲而非断裂。同时在图 7.83 中 $\gamma=90°\sim135°$ 区域内可以明显发现崩边和微量毛刺共存,而在 $\gamma=135°\sim180°$ 区域内纤维几乎都是明显毛刺,说明了缺陷产生的形式和发展规律是连续的,试验结果与单根碳纤维每齿切削长度计算结果的预测是相符的。

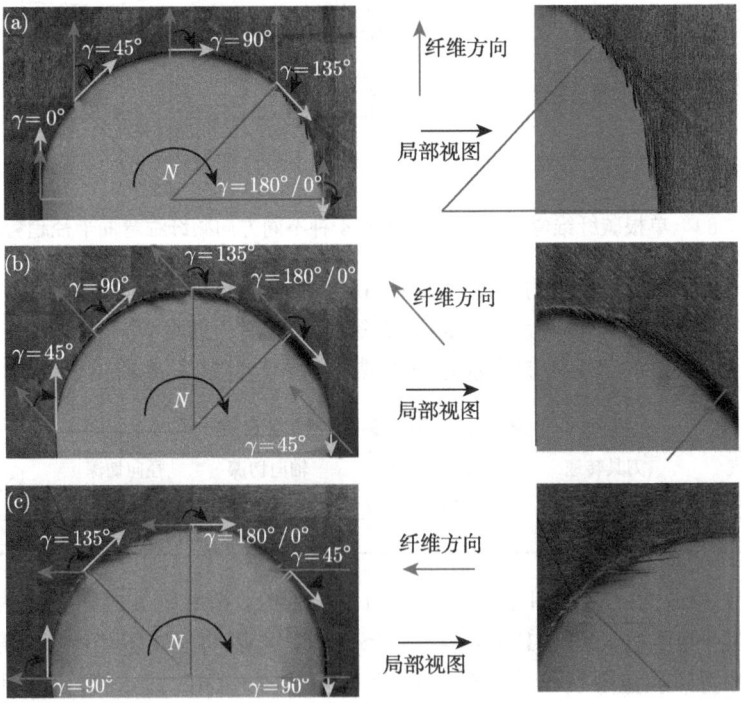

7.2 CFRP 材料铣磨加工

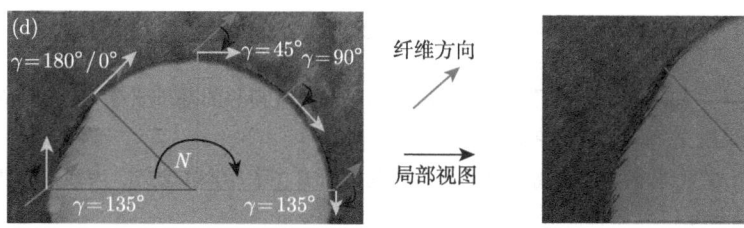

图 7.83 四种纤维方向切口范围分区

本章在研制 CFRP 用钎焊金刚石制孔与铣磨刀具的基础上,分析了钎焊金刚石刀具结构与加工参数对 CFRP 制孔与铣磨质量的影响,发现了单颗磨粒切厚的大小是影响 CFRP 复合材料磨屑形成及复合材料断裂形式的关键因素,阐明了加工参数对 CFRP 复合材料加工质量的影响规律,优化了钎焊金刚石刀具的切削用量,为 CFRP 复合材料加工工艺规范的制定提供了依据。

参 考 文 献

[1] 孙方宏. 关于高效磨削时采用径向射流冲击强化弧区换热的基础研究 [博士学位论文]. 南京：南京航空航天大学，1998.
[2] 傅玉灿. 关于进一步开发高效磨削潜力的基础研究 [博士学位论文]. 南京：南京航空航天大学，1999.
[3] 肖冰. 单层超硬磨料工具高温钎焊的基础研究 [博士学位论文]. 南京：南京航空航天大学，2001.
[4] 武志斌. 高效磨削的瓶颈与对策 [博士学位论文]. 南京：南京航空航天大学，2001.
[5] 黄辉. 关于花岗石材高光泽度饰面形成机理的基础研究 [博士学位论文]. 南京：南京航空航天大学，2002.
[6] 姚正军. 高温钎焊超硬磨料的机理与应用研究 [博士学位论文]. 南京：南京航空航天大学，2004.
[7] 卢金斌. 金刚石钎焊机理与工艺基础研究 [博士学位论文]. 南京：南京航空航天大学，2004.
[8] 马伯江. 金刚石磨料高频感应钎焊的基础研究 [博士学位论文]. 南京：南京航空航天大学，2005.
[9] 丁文锋. 镍基高温合金高效磨削用单层钎焊立方氮化硼砂轮的研制 [博士学位论文]. 南京：南京航空航天大学，2006.
[10] 安庆龙. 低温喷雾射流冷却技术及其在钛合金机械加工中的应用 [博士学位论文]. 南京：南京航空航天大学，2006.
[11] 苏宏华. 新型金属结合剂金刚石工具技术的基础研究 [博士学位论文]. 南京：南京航空航天大学，2007.
[12] 张小锋. 关于砂轮地貌双目视觉检测技术的基础研究 [博士学位论文]. 南京：南京航空航天大学，2007.
[13] 祝锡晶. 功率超声振动珩磨技术的基础与应用研究 [博士学位论文]. 南京：南京航空航天大学，2007.
[14] 杨志波. 金刚石磨粒激光钎焊工艺与机理研究 [博士学位论文]. 南京：南京航空航天大学，2008.
[15] 陈燕. 高温钎焊金刚石磨料热损伤分析及其控制对策的基础研究 [博士学位论文]. 南京：南京航空航天大学，2008.
[16] 李曙生. 新型钎焊金刚石砂轮磨削工程陶瓷的基础研究 [博士学位论文]. 南京：南京航空航天大学，2008.
[17] 徐正亚. 感应钎焊金刚石工具的研究与应用 [博士学位论文]. 南京：南京航空航天大学，2008.
[18] 霍文国. 钛合金干式磨抛加工技术研究 [博士学位论文]. 南京：南京航空航天大学，2010.
[19] 杨长勇. 单层钎焊立方氮化硼砂轮缓进深切磨削钛合金的基础研究 [博士学位论文]. 南京：南京航空航天大学，2011.

[20] 马可. 基于热管技术的磨削弧区强化换热基础研究 [博士学位论文]. 南京：南京航空航天大学，2011.
[21] 张贝. 磨粒切厚可控的脆性材料延性域磨削基础研究 [博士学位论文]. 南京：南京航空航天大学，2012.
[22] 牟娟. 钎焊金刚石工具钻削碳/环氧复合材料的基础研究 [博士学位论文]. 南京：南京航空航天大学，2012.
[23] 赫青山. 热管砂轮高效磨削加工技术研究 [博士学位论文]. 南京：南京航空航天大学，2012.
[24] 田霖. 基于磨粒有序排布砂轮的高速磨削基础研究 [博士学位论文]. 南京：南京航空航天大学，2014.
[25] 李奇林. 超高频连续感应钎焊高速砂轮 [博士学位论文]. 南京：南京航空航天大学，2014.
[26] 张志伟. 镍基高温合金高效深切成型磨削关键技术研究 [博士学位论文]. 南京：南京航空航天大学，2014.
[27] 陈珍珍. 多孔复合结合剂立方氮化硼砂轮高效磨削研究 [博士学位论文]. 南京：南京航空航天大学，2014.
[28] 丁兰英. 自润滑多层有序钎焊金刚石工具技术研究 [博士学位论文]. 南京：南京航空航天大学，2014.
[29] 丁凯. 磨粒有序排布砂轮超声辅助磨削技术研究 [博士学位论文]. 南京：南京航空航天大学，2015.
[30] 傅玉灿，徐鸿钧. 一种适于国内引进开发的新型超硬磨料砂轮——国外单层高温钎焊超硬磨料砂轮制造技术述评. 中国机械工程，1999，(4): 375-377.
[31] 傅玉灿，孙方宏，徐鸿钧. 缓进给断续磨削时射流冲击强化磨削弧区换热的实验研究. 南京航空航天大学学报，1999，(2): 151-155.
[32] 傅玉灿，徐鸿钧. 高效磨削用砂轮地貌的优化设计研究. 应用科学学报，2001，(1): 48-52.
[33] 傅玉灿，徐鸿钧. 开槽砂轮缓磨时射流冲击强化换热的研究. 航空学报，2001，(3): 222-226.
[34] 肖冰，徐鸿钧，傅玉灿，等. 采用径向射流冲击与钎焊砂轮解决磨削烧伤的研究. 机械工程学报，2002，(1): 91-94.
[35] 徐鸿钧，傅玉灿，孙方宏，等. 高效磨削时弧区热作用机理与强化弧区换热的基础研究. 中国科学 (技术科学)，2002，(3): 261-272.
[36] 马伯江，徐鸿钧，傅玉灿，等. 金刚石磨盘磨削的磨粒损伤特性研究. 中国机械工程，2004，15(12): 1085-1088.
[37] 卢金斌，徐九华，徐鸿钧，等. Ni-Cr 合金真空钎焊金刚石界面反应的热力学与动力学分析. 焊接学报，2004，25(1): 21-24.
[38] 丁文锋，徐九华，卢金斌，等. 高温钎焊立方氮化硼界面结构. 焊接学报，2004，25(5): 29-32.
[39] 苏宏华，徐鸿钧，傅玉灿，等. 多层烧结超硬磨料工具现状综述与未来发展构想. 机械工程学报，2005，41(3): 12-17.
[40] 安庆龙，傅玉灿，徐九华，等. 低温气动喷雾射流冲击冷却技术在钛合金磨削中的应用. 中国机械工程，2006，17(11): 1117-1120.

[41] 张小锋,徐鸿钧,吴琦,等. 基于双目视觉技术的磨粒高度检测. 中国机械工程,2007,18(7): 812-815.

[42] 徐正亚,徐鸿钧,傅玉灿. 基于模糊控制的感应钎焊金刚石系统研究. 中国机械工程,2007, 18(10): 1222-1225.

[43] 丁文锋,徐九华,周来水,等. 立方氮化硼超硬磨料与45钢钎焊接头残余应力有限元分析. 机械工程学报,2007,43(5): 133-137.

[44] 丁文锋,徐九华,傅玉灿,等. 银铜钛合金与立方氮化硼磨粒钎焊界面显微分层结构及形成机理. 机械工程学报,2008,44(6): 61-65.

[45] 陈燕,徐鸿钧,苏宏华,等. 钎焊气氛对金刚石磨耗特性的影响. 中国机械工程,2008, 19 (22): 2733-2736.

[46] 陈珍珍,徐九华,丁文锋,等. TiN颗粒增强AgCuTi合金钎焊CBN磨粒的界面微结构. 稀有金属材料与工程,2009,38(8): 1398-1401.

[47] 杨长勇,徐九华,丁文锋,等. 稀土La改性Ag-Cu-Ti钎料的显微组织和力学性能. 焊接学报,2010,1: 67-70.

[48] 霍文国,徐九华,傅玉灿. 近α钛合金砂带磨削的磨粒磨损研究. 山东大学学报(工学版),2010,40(1): 53-58.

[49] 张志伟,徐九华,丁文锋,等. 铜锡钛合金炉中钎焊立方氮化硼界面微观结构. 焊接学报,2011,32(1): 73-76.

[50] 傅玉灿,张贝,徐鸿钧,等. 单颗磨粒切厚均匀化实现脆性材料延性域磨削技术. 南京航空航天大学学报,2012,44(5): 754-761.

[51] 苏宏华,马可,傅玉灿,等. 环形热管砂轮强化磨削弧区换热研究. 南京航空航天大学学报,2012,44(2): 233-239.

[52] 苏宏华,李奇林,徐九华,等. 超高频微区感应钎焊中加热温度的影响因素. 焊接学报,2012,33(12): 13-15.

[53] 徐九华,牟娟,陈燕,等. 钎焊金刚石套料钻CFRP制孔研究. 南京航空航天大学学报,2012,44(5): 747-753.

[54] 赫青山,傅玉灿,徐鸿钧,等. TC4钛合金高效磨削加工用环形热管砂轮的研制. 航空学报,2013,34(7): 1740-1747.

[55] 田霖,傅玉灿,杨路,等. 基于速度效应的高温合金高速超高速磨削成屑过程及磨削力研究. 机械工程学报,2013,49(9): 169-177.

[56] 徐九华,张志伟,傅玉灿. 镍基高温合金高效成型磨削的研究进展与展望. 航空学报,2014, 35(2): 351-360.

[57] 田霖,傅玉灿,杨路,等. 钛合金Ti6Al4V高速磨削试验研究. 中国机械工程,2014,25(22): 3056-3060.

[58] 陈珍珍,徐九华,丁文锋,等. 多孔复合结合剂立方氮化硼砂轮磨损特性. 机械工程学报,2014,50(17): 201-207.

[59] 陈燕,葛恩德,傅玉灿,等. 碳纤维增强树脂基复合材料制孔技术研究现状与展望. 复合材料学报,2015,32(2): 301-316.

[60] Fu Y C, Xu H J, Xu J H. Optimization design of grinding wheel topography for high efficiency grinding. Journal of Materials Processing Technology, 2002, 1-3: 118-122.

[61] Zhu Y J, Ding W F, Xu J H, et al. An investigation of residual stresses in brazed cubic boron nitride abrasive grains by finite element modelling and raman spectroscopy. Materials & Design, 2015, 87: 342-351.

[62] Ding W F, Zhu Y J, Xu J H, et al. Finite element investigation on the evolution of wear and stresses in brazed CBN grits during grinding. International Journal of Advanced Manufacturing Technology, 2015, 81: 985-993.

[63] Dai J B, Ding W F, Zhang L C, et al. Understanding the effects of grinding speed and undeformed chip thickness on the chip formation in high-speed grinding. International Journal of Advanced Manufacturing Technology, 2015, 81: 995-1005.

[64] Ding W F, Zhu Y J, Zhang L C, et al. Stress characteristics and fracture wear of brazed CBN grains in monolayer grinding wheels. Wear, 2015, 332-333: 800-809.

[65] Ma C Y, Ding W F, Xu J H, et al. Influence of alumina bubble particles on microstructure and mechanical strength in porous Cu-Sn-Ti metals. Materials & Design, 2015, 65: 50-56.

[66] Zhu Y J, Ding W F, Xu J H, et al. Surface fractal evolution of fracture behavior of polycrystalline cBN grains in high speed grinding. International Journal of Advanced Manufacturing Technology, 2015, 76: 1505-1513.

[67] Tian L, Fu Y C, Xu J H, et al. The influence of speed on material removal mechanism in high speed grinding with single grit. International Journal of Machine Tools & Manufacture, 2015, 89: 192-201.

[68] Chen Z Z, Xu J H, Ding W F, et al. Grinding temperature during high-efficiency grinding Inconel 718 using porous CBN wheel with multilayer defined grain distribution. International Journal of Advanced Manufacturing Technology, 2015, 77: 165-172.

[69] Ding W F, Zhao B, Xu J H, et al. Grinding behavior and surface appearance of (TiC_p+TiB_w)/Ti-6Al-4V titanium matrix composites. Chinese Journal of Aeronautics, 2014, 27(5): 1334-1342.

[70] Chen Z Z, Xu J H, Ding W F, et al. Grinding performance evaluation of porous composite-bonded CBN wheels for Inconel 718. Chinese Journal of Aeronautics, 2014, 27(4): 1022-1029.

[71] Ding W F, Xu J H, Chen Z Z, et al. Interface characteristics and fracture behavior of brazed polycrystalline CBN grains using Cu-Sn-Ti alloy. Materials Science and Engineering A, 2013, 559: 629-634.

[72] Ding W F, Miao Q, Xu J H, et al. Preparation mechanism and grinding performance of single-layer self-lubrication brazed CBN abrasive wheels. International Journal of Advanced Manufacturing Technology, 2013, 68: 249-255.

[73] Ding W F, Miao Q, Xu J H, et al. Yang. Joining interface and grain fracture of

single-layer brazed grinding wheels with binderless CBN grains. International Journal of Advanced Manufacturing Technology, 2013, 68: 1261-1266.

[74] Miao Q, Ding W F, Xu J H, et al. Fractal analysis of wear topography of brazed polycrystalline cBN abrasive grains during grinding nickel superalloy. International Journal of Advanced Manufacturing Technology, 2013, 68: 2229-2236.

[75] Ding W F, Xu J H, Chen Z Z, et al. Microstructure and performance of self-lubrication CBN grinding wheels. International Journal of Abrasive Technology, 2012, 5(1): 62-71.

[76] Chen Z Z, Tian L, Fu Y C, et al. Chip formation of nickel-based superalloy in high speed grinding with single diamond grit. International Journal of Abrasive Technology, 2012, 5(2): 93-106.

[77] Ding W F, Xu J H, Chen Z Z, et al. Brazed joints of CBN grains and AISI 1045 steel with AgCuTi-TiC mixed powder as filler materials. International Journal of Minerals Metallurgy and Materials, 2011, 18(6): 717-724.

[78] Ding W F, Xu J H, Chen Z Z, et al. Grain wear of brazed polycrystalline CBN abrasive tools during constant-force grinding Ti-6Al-4V alloy. International Journal of Advanced Manufacturing Technology, 2011, 52: 969-976.

[79] Ding W F, Xu J H, Chen Z Z, et al. Wear behavior and mechanism of single-layer brazed CBN abrasive wheels during creep-feed grinding cast nickel-based superalloy. International Journal of Advanced Manufacturing Technology, 2010, 51: 541-550.

[80] Ding W F, Xu J H, Chen Z Z, et al. Grindability and surface integrity of cast nickel-based superalloy in creep feed grinding with brazed CBN abrasive wheels. Chinese Journal of Aeronautics, 2010, 23(4): 501-510.

[81] Yang C Y, Xu J H, Ding W F, et al. Dimension accuracy and surface integrity of creep feed ground titanium alloy with monolayer brazed CBN shaped wheels. Chinese Journal of Aeronautics, 2010, 23(5): 585-590.

[82] Ding W F, Xu J H, Chen Z Z, et al. Microstructure characteristics of CBN/steel joints brazed with TiB_2 modified active filler. Materials Science and Technology, 2009, 25(12): 1448-1452.

[83] Yang C Y, Xu J H, Ding W F, et al. Effect of cerium on microstructure, wetting and mechanical properties of Ag-Cu-Ti filler alloy. Journal of Rare Earths, 2009, 27(6): 1051-1055.

[84] Ding W F, Xu J H, Shen M, et al. Development and performance of monolayer brazed CBN grinding tools. International Journal of Advanced Manufacturing Technology, 2007, 34: 491-495.

[85] Ding W F, Xu J H, Shen M, et al. Joining of CBN abrasive grains to medium carbon steel with Ag-Cu/Ti powder mixture as active brazing alloy. Materials Science and Engineering A, 2006, 430: 301-306.

[86] Ding W F, Xu J H, Shen M, et al. Solid-state interfacial reactions and compound morphology of cBN grain and surface Ti coating. Vacuum, 2006, 81: 434-440.

[87] 傅杰才. 磨削原理与工艺. 长沙：湖南大学出版社，1986.

[88] 张幼桢. 金属切削理论. 北京：航空工业出版社，1988.

[89] 任敬心，康仁科，史兴宽. 难加工材料的磨削. 北京：国防工业出版社，1999.

[90] 任敬心，华定安. 磨削原理. 北京：电子工业出版社，2011.

[91] Andrew C, Howes T D, Pearce T R. Creep-feed Grinding. London:Holt, Rinehart, and Winston Ltd, 1985.

[92] Malkin S, Guo C. Grinding Technology - Theory and Applications of Machining with Abrasives. New York: Industrial Press, 2008.

[93] Rowe W B. Principles of Mordern Grinding Technology. Oxford: William Andrew, 2009.

[94] Klocke F. Manufacturing Processes 2 - Grinding, Honing, Lapping. Berlin:Springer, 2009.

[95] 雷源忠. 现代制造学科的新发展. 中国机械工程，1999，10(9)：962-965.

[96] Pecherer E, Malkin S. Grinding of steels with cubic born nitride (CBN). CIRP Annals-Manufacturing Technology, 1984, 33(1): 211-216.

[97] Konig W, Schleich H, Yegenoglu K. High performance grinding with electroplated CBN wheels. Industrial Diamond Review, 1984, 6: 320-323.

[98] Yui A, Lee H S. Surface grinding with ultra high speed CBN wheel. Journal of Materials Processing Technology, 1996, 62: 393-396.

[99] Hwang T W, Evans C J, Malkin S, et al. High speed grinding of silicon nitride with electroplated diamond wheels. ASME Journal of Manufacturing Science and Engineering, 2000, 122(2): 42-50.

[100] Hwang T W, Evans C J, Malkin S, et al. High speed grinding of silicon nitride with electroplated diamond wheels, part 1: wear and wheel life. ASME Journal of Manufacturing Science and Engineering, 2000, 122(2): 32-41.

[101] Jackson M J, Davis C J, Hitchiner M P. High-speed grinding with CBN grinding wheels—applications and future technology. Journal of Materials Processing Technology, 2001, 110: 78-88.

[102] Furukawa Y, Ohishi S, Shiozaki S. Selection of creep feed grinding condition in view of workpiece buring. CIRP Annals-Manufacturing Technology, 1979, 28(1): 213-218.

[103] Fuh K H, Huang J S. Thermal analysis of creep-feed grinding. International Journal of Materials Processing Technology, 1994, 43(2-4): 109-124.

[104] Guo C, Malkin S. Analytical and experimental investigation of burnout in creep-feed grinding. CIRP Annals-Manufacturing Technology, 1994, 43(1): 238-286.

[105] Tawakoli T. High Efficiency Deep Grinding - Technology, Process Planning, and Economic Application. Mechanical Engineering Publication Limited, London, 1993.

[106] 金滩, 蔡光起. 材料应变率强化与磨削加工中的尺寸效应. 中国机械工程, 1999, 12(10): 1401-1407.

[107] 王龙山, 李国发. 磨削过程模型的建立及其计算机仿真. 中国机械工程, 2002, 13(1): 1-4.

[108] 赵恒华, 高兴军, 蔡光起. 超高速磨削冲击成屑机理试验研究. 机械工程学报, 2006, 42(9): 43-47.

[109] 霍凤伟, 郭东明, 金洙吉, 等. 细粒度金刚石砂轮地貌测量与评价. 机械工程学报, 2007, 43(10): 109-113.

[110] 谢晋, 万启伟, 韦凤. 金刚石砂轮微观出刃形貌的参数化评价. 华南理工大学学报, 2009, 37(4): 46-51.

[111] 言兰, 融亦鸣, 姜峰. 氧化铝砂轮地貌的量化评价及数学建模. 机械工程学报, 2011, 47(17): 179-186.

[112] 言兰, 姜峰, 融亦鸣. 基于数值仿真技术的单颗磨粒切削机理. 机械工程学报, 2012, 48(11): 172-182.

[113] 宿崇, 施志辉, 刘元伟. 陶瓷CBN砂轮地貌建模与磨削仿真. 中国机械工程, 2012, 23(14): 1742-1745.

[114] Inasaki I. Grinding process simulation based on the wheel topography measurement. Manufacturing Technology, 1996, 45(1): 347-350.

[115] Chen X, Rowe W B. Analysis and simulation of the grinding process, part 1: generation of the grinding wheel surface. International Journal of Machine Tools & Manufacture, 1996, 36: 871-882.

[116] Blunt L A, Ebdon S. The application of three-dimensional surface measurement technique to characterizing grinding wheel topography. International Journal of Machine Tools & Manufacture, 1996, 36(11): 1207-1226.

[117] Koshy P, Jain V K, Lal G K. Stochastic simulation approach to modeling diamond wheel topography. International Journal of Machine Tools & Manufacture, 1997, 37(6): 751-761.

[118] Butler D L, Blunt L A, See B K, et al. The characterisation of grinding wheels using 3D surface measurement techniques. Journal of Materials Processing Technology, 2002, 127: 234-237.

[119] Hou Z B, Ranga K. On the mechanics of the grinding process, part 1: stochastic nature of the grinding process. International Journal of Machine Tools & Manufacture, 2003, 43: 1579-1593.

[120] Brinksmeier E, Giwerzew A. Chip formation mechanisms in grinding at low speeds. CIRP Annals-Manufacturing Technology, 2003, 52: 253-258.

[121] Nguyen A T, Butler D L. Correlation of grinding wheel topography and grinding performance-a study from a viewpoint of three dimensional surface characterization. Journal of Materials Processing Technology, 2008, 208: 14-23.

[122] Shaw M C. Metal Cutting Principles. Oxford: Clarendon Press, 1984.

[123] Aurich J C, Braun O, Warnecke G. Development of s superabrasive grinding wheel with defined grain structure using kinematic simulation. CIRP Annals-Manufacturing Technology, 2003, 52: 275-280.

[124] Aurich J C, Herzenstiel P, Sudermann H, et al. High-performance dry grinding using a grinding wheel with a defined grain pattern. CIRP Annals-Manufacturing Technology, 2008, 57: 357-362.

[125] 孙毓超, 刘一波, 王秦生. 金刚石工具与金属性基础. 北京: 中国建材工业出版社, 1999.

[126] 方啸虎. 超硬材料科学与技术. 北京: 中国建材工业出版社, 2000.

[127] 王秦生. 超硬材料电镀制品. 北京: 中国标准出版社, 2001.

[128] 李志宏. 陶瓷磨具制造. 北京: 中国标准出版社, 2001.

[129] 王艳辉. 金刚石磨料表面镀钛层的制备、结构、性能及应用 [博士学位论文]. 秦皇岛: 燕山大学, 2002.

[130] 万隆, 陈石林, 刘小磐. 超硬材料与工具. 北京: 化学工业出版社, 2006.

[131] Pinkstone W G. The Abrasive Ages. Pennsylvania: Sutter House, 1974.

[132] 徐西鹏, 沈剑云, 黄辉. 实现花岗石高效锯切的关键因素分析. 机械工程学报, 1998, 34(1): 104-110.

[133] Chattopadhyay A K, Chollet L, Hintermann H E. On performance of brazed bonded monolayer diamond grinding wheel. CIRP Annals-Manufacturing Technology, 1991, 40(1): 347-350.

[134] Chattopadhyay A K, Hintermann H E. New generation superabrasive tool with monolayer configuration. Diamond and Related Materials, 1992, 1: 1131-1143.

[135] Chattopadhyay A K, Chollet L, Hintermann H E. Improved monolayer CBN wheel for load free grinding. International Journal of Machine Tools & Manufacturing, 1992, 32(4): 571-588.

[136] Chattopadhyay A K, Hintermann H E. On brazing of cubic boron nitride abrasive crystals to steel substrate with alloys containing Cr or Ti. Journal of Materials Science, 1993, 28: 5887-5893.

[137] Chattopadhyay A K, Hintermann H E. On performance of brazed single-layer CBN wheel. CIRP Annals-Manufacturing Technology, 1994, 43(1): 313-317,

[138] Hintermann H E, Chattopadhyay A K. Abrasive tool having film-covered CBN grits bonded by brazing to a substrate. U.S. Patent, 5389118, February 14, 1995.

[139] Chen X, Rowe W B, Cai R. Precision grinding using cBN wheels. International Journal of Machine Tools & Manufacture, 2002, 42: 585-593.

[140] Sung C M. Brazed diamond grid: a revolutionary design for diamond saws. Diamond and Related Materials, 1999, 8: 1540-1543.

[141] Khalid F A, Klotz U E, Elsener H R, et al. On the interfacial nanostructure of brazed diamond grits. Scripta Materialia, 2004, 50: 1139-1143.

[142] Klotz U E, Khalid F A. Elsener H R. Nanocrystalline phases and epitaxial interface reactions during brazing of diamond grits with silver based Incusil-ABA alloy. Diamond and Related Materials, 2006, 15:1520-1524.
[143] 罗格夏特 E, 庄鸿寿. 高温钎焊. 北京: 国防工业出版社, 1989.
[144] 张启运, 庄鸿寿. 钎焊手册. 北京: 机械工业出版社, 1998.
[145] Nicholas M G, Mortimer D A, Jones L M, et al. Some observations on the wetting and bonding of nitride ceramics. Journal of Materials Science, 1990, 25: 2679-2689.
[146] 阎承沛. 真空热处理工艺与设备设计. 北京: 机械工业出版社, 1998.
[147] Huang S F, Tsai H L, Lin S T. Effects of brazing route and brazing alloy on the interfacial structure between diamond and bonding matrix. Materials Chemistry and Physics, 2004, 84(2-3): 251-258.
[148] Holcomb G R, Alman D E. The effect of manganese additions on the reactive evaporation of chromium in Ni-Cr alloys. Scripta Materialia, 2006, 54(10): 1821-1825.
[149] Klotz U E, Fazal C L, Khalid A, et al. Influence of brazing parameters and alloy composition on interface morphology of brazed diamond. Materials Science and Engineering A, 2008, 495: 265-270.
[150] Zurek J, Young D J, Essuman E, et al. Growth and adherence of chromia based surface scales on Ni-base alloys in high- and low-pO_2 gases. Materials Science and Engineering A, 2009, 467(1-2): 450-458.
[151] 曲仕尧, 邹增大, 王新洪. Ag-Cu-Ti 活性钎料热力学分析. 焊接学报, 2003, 24(4): 13-16.
[152] Nomura M, Ichimori T, Iwamoto C, et al. Structure of wetting front in the Ag-Cu-Ti/SiC reactive system. Journal of Materials Science, 2000, 35: 3953-3958.
[153] Sung C M, Tai M F. Reactive of transition metals with carbon: impications to mechanisms of diamond synthesis under high pressure. International Journal of Refractory Metal & Hard Materials, 1997, 15: 237-256.
[154] 葛志明. 钛的二元系相图. 北京: 国防工业出版社, 1977.
[155] 叶大伦. 实用无机材料热力学数据手册. 北京: 冶金工业出版社, 1981.
[156] Tillmann W, Lugscheider E. Kinetic and microstructural aspects of the reaction layer at ceramic/metal braze joints. Journal of Materials Science Letters, 1996, 31: 445-449.
[157] Li W C, Liang C, Lin S T. Epitaxial interface of nanocrystalline TiC formed between Cu-10Sn-15Ti alloy and diamond. Diamond and Related Materials, 2002, 11: 1366–1373.
[158] 戚正风. 固态金属中的扩散与相变. 北京: 机械工业出版社, 1998.
[159] 臧建兵, 王艳辉, 王明智. 金刚石热稳定性的几个方面和影响因素的探讨. 金刚石与磨料磨具工程, 1997, 5(1): 5-7.
[160] 邓福铭. 超高压高温烧结中金刚石表面石墨化过程再研究. 高压物理学报, 2001, 15(3): 235-239.
[161] 杨咸启, 李晓玲. 现代有限元理论技术与工程应用. 北京: 北京航空航天大学出版社, 2007.

[162] 石亦平, 周玉蓉. ABAQUS 有限元分析实例详解. 北京: 机械工业出版社, 2006.
[163] Lavine A S, Malkin S, Jen T C. Thermal aspects of grinding with cBN wheels. CIRP Annals-Manufacturing Technology, 1989, 38(1): 557-560.
[164] 王西彬. 绿色切削加工技术的研究. 机械工程学报, 2000, 36(8): 6-9.
[165] 刘飞. 21 世纪制造业的绿色变革与创新. 机械工程学报, 2000, 36(1): 7-10.
[166] Gunter K L, Sutherland J W. An experimental investigation into the effect of process conditions on the mass concentration of cutting fluid mist in turning. Journal of Cleaner Production, 1999, 7: 341-350.
[167] Wang Z Y, Rajurkar K P. Cryogenic machining of hard-to-cut materials. Wear, 2000, 239: 168-175.
[168] Rahman M, Kumar A S, Salam M U. Experimental evaluation on the effect of minimal quantities of lubricant in milling. International Journal of Machine Tools & Manufacture, 2002, 42: 539-547.
[169] Dakin J. Vaporization of water films in rotating radial pipes. International Journal Heat and Mass Transfer, 1978, 21(10): 1325-1332.
[170] Lee J S, Kim C J. Heat transfer and internal flow characteristics of a coil-inserted rotating heat pipe. International Journal of Heat and Mass Transfer, 2001, 44: 3543-3551.
[171] Song F, Ewing D, Ching C Y. Experimental investigation on the heat transfer characteristics of axial rotating heat pipes. International Journal of Heat and Mass Transfer, 2004, 47(22): 4721-4731.
[172] Shi Z, Malkin S. An investigation of grinding with electroplated CBN wheels. CIRP Annals-Manufacturing Technology, 2003, 52(1): 267-270.
[173] Moylan S P, Kompella S, Chandrasekar S, et al. A new approach for studying mechanical properties of thin surface layers affected by manufacturing process. Journal of Manufacturing Process, 2003, 125(5): 310-315.
[174] Webster J, Tricard M. Innovation in abrasive products for precision grinding. CIRP Annals-Manufacturing Technology, 2004, 53(2): 597-617.
[175] Cai R, Rowe W B. Assessment of vitrified CBN wheels for precision grinding. International Journal of Machine Tools & Manufacturing, 2004, 44: 1391-1402.
[176] 中国航空材料手册编辑委员会. 中国航空材料手册 (第 2 卷). 北京: 中国标准出版社, 2001.
[177] 盛晓敏, 唐昆, 宓海青, 等. TC4 钛合金高效深磨磨削力及比磨削能特征研究. 中国机械工程, 2009, 20(1): 24-28.
[178] Xu X P, Yu Y Q, Huang H. Mechanisms of abrasive wear in grinding of titanium (TC4) and nickel (K417) alloys. Wear, 2003, 255: 1421-1426.
[179] 任敬心, 杨茂奎, 李雅卿, 等. 镍基高温合金的磨削特征. 航空学报, 1997, 18(6): 755-757.

[180] Tso P L. Studying on the grinding of Inconel 718. Journal of Materials Processing Technology, 1995, 55: 421-426.

[181] Gift F C, Misiolek W Z, Force E. Fluid performance study for groove grinding a nickel-based superalloy using electroplated cubic boron nitride (CBN) grinding wheels. ASME Journal of Manufacturing Science and Engineering, 2004, 126(8): 451-458.

[182] Obsterle W, Li P X. Mechanical and thermal response of a nickel-base superalloy upon grinding with high removal rates. Materials Science and Engineering A, 1997, 238: 357-366.

[183] Chen M, Li X T, Sun F H, et al. Studies on the grinding characteristics of dictionally solidified nickel-based superalloy. Journal of Materials Processing Technology, 2001, 116: 165-169.

[184] Gift F C, Misiolek W Z, Force E. Mechanics of loading for electroplated cubic boron nitride (CBN) wheels during grinding of a nickel based superalloy in water-based lubricating fluids. ASME Journal of Tribology, 2004, 126(4): 795-801.

[185] Upadhyaya R P, Malkin S. Thermal aspects of grinding with electroplated CBN wheels. ASME Journal of Manufacturing Science and Engineering, 2004, 126(2): 107-114.

[186] Ohmori H, Takahashi T, Bandyopadhyay B P. Ultra-precision grinding of structural ceramics by electrolytic in-process dressing (ELID) grinding. Journal of Materials Processing Technology, 1996, 57: 272-277.

[187] Huang H, Yin L, Zhou L B. High speed grinding of silicon nitride with resin bond diamond wheels. Journal of Materials Processing Technology, 2003, 141: 329–336.

[188] Ohmori H, Nakagawa T. Mirror surface grinding of silicon wafers with electrolytic in-process dressing. CIRP Annals-Manufacturing Technology, 1990, 39: 329-332.

[189] Brinksmeier E, Cinar M. Characterization of dressing processes by determination of the collision number of the abrasive grits. CIRP Annals-Manufacturing Technology, 1995, 44(1): 299-304.

[190] Li X P. A free-abrasive machining approach to dressing of resin-bonded CBN grinding wheels. Journal of Materials Processing Technology, 1995, 48: 223-230.

[191] Chen X, Rowe W B, Allanson D R, et al. A grinding power model for selection of dressing and grinding conditions. ASME Journal of Manufacturing Science and Engineering, 1999, 121(4): 632-637.

[192] Jackson M J, Mills B. Microscale wear of vitrified abrasive materials. Journal of Materials Science, 2004, 39: 2131-2143.

[193] Derkx J M, Hoogstrate A M, Saurwalt J J, et al. Form crush dressing of diamond grinding wheels. CIRP Annals-Manufacturing Technology, 2008, 57: 349-352.

[194] Chowdhury M A K, Kubo A, Tamaki J, et al. Computer-aided simulation of rotary diamond dressing based on kinematic analysis. Journal of Advanced Mechanical Design Systems and Manufacturing, 2013, 7(4): 506-520.

[195] 殷玲，刘忠，陈日耀. 陶瓷磨削中金刚石砂轮磨损形式及其生成原因. 华中理工大学学报，1996，24(4): 19-22.

[196] Teti R. Machining of composite materials. CIRP Annals-Manufacturing Technology, 2002, 51(2): 611-634.

[197] 高航，袁和平. 碳纤维复合材料构件干磨削砂轮研制及其加工性能研究. 兵工学报，2011，32(2): 186-191.

[198] Soo S L, Shyha I S, Barnett T, et al. Grinding performance and workpiece integrity when superabrasive edge routing carbon fibre reinforced plastic (CFRP) composites. CIRP Annals-Manufacturing Technology, 2012, 61(1): 295-298.

[199] Hintze W, Hartmann D. Modeling of delamination during milling of unidirectional CFRP. Procedia CIRP, 2013, 8: 443-448.

[200] Yashiro T, Ogawa T, Sasahara H. Temperature measurement of cutting tool and machined surface layer in milling of CFRP. International Journal of Machine Tools & Manufacture, 2013, 70: 63-69.

索 引

B

把持强度，67
靶距，141
白层，226
壁厚，304
边缘碎裂，285
标准自由能，70
表面粗糙度，47
表面蚀坑，105
表面完整性，41
泊松比，105

C

材料加工性，24
材料去除率，292
材料热导率，35
残余应力，109
超精密加工，67
超声辅助磨削，278
超硬磨料，67
成膜沸腾，132
成屑，7
充液率，162
脆性相，69

D

单层钎焊有序排布金刚石铣磨刀具，335
单颗磨粒磨削，9
单颗磨粒切厚，313
等效应力，119
低温喷雾射流，148
地貌优化，45

电镀 CBN 开槽砂轮，145
电镀砂轮，194
断续比，201
多孔金属结合剂金刚石砂轮，286

E

二元相图，71

F

沸腾换热曲线，42
分层模型，324
分层缺陷，324
锋利度，10
负前角，9
负前角磨削，317

G

干磨抛，194
感应加热，67
高速磨削工艺，1
高温合金，24
高效磨削，1
高效砂带磨削工艺，4
高效深切磨削工艺，4
高压水射流，134
耕犁，9
工件表面形貌，197
工件倾角，335
工件速度，1
工质，62
工作台进给速度，146
共晶合金，69

共晶线，91
固溶体，69

H

花岗石，297
滑擦，9
化学侵蚀，117
化学修整，260
化学冶金结合，68
环形热管砂轮，156
环形旋转热管，154
缓进给磨削工艺，2
换热系数，134
活性元素，68

J

机械化学复合修整，261
机械修整，259
激光钎焊，67
加工参数，335
加工缺陷，303
夹丝法，176
剪切滑移，35
接触修整，258
界面结构，67
金刚石，7
金刚石磨粒有序排布，307
金刚石磨粒运动轨迹，317
金属基复合材料，173
金属间化合物，173
进给速度，305
精密加工，67
静压强度，110

K

抗冲击强度，111
抗冲击韧性，68

孔壁粗糙度，309
孔出口形貌，312
孔入口形貌，312
孔隙率，288

L

拉曼谱，88
累计修整深度，266
冷凝端，156
冷却，134
立方氮化硼（CBN），67
裂纹，318
临界成屑厚度，10
临界切削厚度，256
临界烧伤功率，239

M

毛刺缺陷，331
毛细作用，82
摩擦损耗，301
磨耗磨损，112
磨耗平台，264
磨痕，18
磨粒尖端圆弧半径，10
磨粒粒度，304
磨粒排布，42
磨料等高性，258
磨损，15
磨削比能，41
磨削弧区，5
磨削力，15
磨削力比，179
磨削热，5
磨削深度，40
磨屑，14
磨屑剪切频率，37
磨屑形成机制，316

索 引

N

耐磨性, 68
扭矩, 304
浓度梯度, 80

P

排屑, 303
泡核沸腾, 132
喷雾射流速度, 150
破损损耗, 301
铺层方式, 336

Q

钎焊, 67
钎焊金刚石套料钻, 303
钎焊砂轮, 191
钎焊套料钻, 309
强化换热, 133
强化相, 69
强韧难加工材料, 173
切深, 1

R

热变形量, 316
热管, 154
热流密度, 132
热软化, 28
热损伤, 67
人造金刚石, 67
润湿性, 69

S

三维形貌, 105
砂轮, 1
砂轮线速度, 1
砂轮圆周速度, 146
射流速度, 141
生成热, 70

声发射, 16
石墨化, 68
撕裂缺陷, 305
撕裂缺陷产生模型, 329
速度效应, 24
塑性变形区, 168

T

钛合金, 28
碳纤维每齿切削长度, 347
碳纤维树脂基复合材料, 303
陶瓷砂轮, 192
套料钻几何模型, 315
脱落损耗, 301

W

微裂纹, 105
微破碎, 264
温度场, 315
温度效应, 27
无序排布套料钻, 307
雾滴平均粒径, 150
雾化, 149

X

铣磨加工, 303
铣磨加工表层缺陷, 344
铣磨加工表面粗糙度, 343
铣磨加工表面形貌, 340
纤维断口形貌, 319
纤维方向, 317
纤维切削角, 345
线膨胀系数, 100
相邻磨粒间距, 257
修锐, 258

Y

压痕裂纹模型, 255

亚表面损伤，285
延性域，255
杨氏模量，105
液相线，67
应变率，27
硬脆材料，59
有序排布多层钎焊金刚石锯，296
有序排布套料钻，307
元素偏析，69

Z

振动频率，278
振幅，278
蒸发端，154
整形，258
制孔加工，303
轴向力，306
主轴转速，305
钻削力，313
钻削温度，313
钻削温度模型，315
最大切削厚度，256
最大主应力，119
最小自由能原理，70

其他

Ag-Cu-Ti 合金钎料，68
Al_2O_3 工程陶瓷，289
CFRP 磨屑形态，317
CFRP 层合板，351
Cr_3C_2，76
Cr_7C_3，76
Cu-Sn-Ti 合金钎料，69
DTA 差热分析曲线，100
EDS，73
Gibbs 自由能，70
Ni-Cr 合金钎料，68
SEM，73
SiC，74
SiC 陶瓷，268
TiB，72
TiB_2，72
TiC，81
TiN，72
X 射线衍射 (XRD)，96